U0502787

失控的

炼金术

货币政策与通胀危机

(Thomas Moser)　　　　　(Marcel Savioz)

[瑞士]托马斯·莫瑟　　[瑞士]马塞尔·萨维奥◎编著　　李同良◎译

KARL BRUNNER
AND MONETARISM

中国科学技术出版社

·北 京·

© 2022 Massachusetts Institute of Technology.

Karl Brunner and Monetarism by Thomas Moser and Marcel Savioz.

Simplified Chinese translation copyright by China Science and Technology Press Co., Ltd.

北京市版权局著作权合同登记图字：01-2023-1895

图书在版编目（CIP）数据

失控的炼金术：货币政策与通胀危机 /（瑞士）托
马斯·莫瑟 (Thomas Moser),（瑞士）马塞尔·萨维奥
(Marcel Savioz) 编著；李同良译 . -- 北京：中国科
学技术出版社 , 2025. 7. -- ISBN 978-7-5236-1413-6

Ⅰ . F820.1

中国国家版本馆 CIP 数据核字第 2025VW7134 号

策划编辑	褚福祎	
责任编辑	褚福祎	安莎莎
版式设计	愚人码字	
封面设计	创研设	
责任校对	邓雪梅	
责任印制	李晓霖	

出　　版	中国科学技术出版社
发　　行	中国科学技术出版社有限公司
地　　址	北京市海淀区中关村南大街 16 号
邮　　编	100081
发行电话	010-62173865
传　　真	010-62173081
网　　址	http://www.cspbooks.com.cn

开　　本	880mm×1230mm　1/32
字　　数	320 千字
印　　张	13.75
版　　次	2025 年 7 月第 1 版
印　　次	2025 年 7 月第 1 次印刷
印　　刷	大厂回族自治县彩虹印刷有限公司
书　　号	ISBN 978-7-5236-1413-6
定　　价	89.00 元

（凡购买本社图书，如有缺页、倒页、脱页者，本社销售中心负责调换）

序

　　早在 20 世纪 50 年代，特别是 20 世纪 60 年代，一个新经济思想流派开始质疑凯恩斯主义的某些信条以及在此期间占据主导地位的经济理论和经济政策。这一流派很快便被称为货币主义流派。货币主义强调持续通货膨胀的货币特性，并且肯定了中央银行对价格稳定负有责任。因此，在 20 世纪 70 年代该理论盛极一时，当时通货膨胀和就业不足是政府面临的紧迫问题。然而，20世纪 80 年代初，货币主义设定宏观经济学研究议程以及影响货币政策的能力开始下降。那么，我们为什么还要继续关注它呢？原因很简单，因为货币主义相关知识能够让人们对当代宏观经济学基础以及现代货币政策概念拥有更深刻的认知。

　　将货币主义视为当代宏观经济学的先驱有三个原因。其一，从货币主义者的观点来看，对宏观经济的分析应基于经济主体的个体行为或者"价格理论"（Price Theory）。因此，他们拒绝凯恩斯主义的方法，即关注经济总量之间的统计规律（凯恩斯将其中一个规律称为"消费倾向"）。卡尔·布鲁纳（Karl Brunner）认为该观点是货币主义的核心特征："货币主义的基本原则是重申价格理论的相关性，并依此理解总体经济的运行状况。我们的基本观点是，价格理论是至关重要的范式——事实上，是经济学家拥有的唯一范式。"

　　其二，货币主义的三个核心命题：持续的通货膨胀仅与货币相关（长期货币中性），货币冲击以及由此产生的货币政策真正有效（短期货币非中性），区分名义利率和实际利率非常重要。这三个论点，虽然受到战后盛行的凯恩斯主义的挑战，但是它们早已成为当代宏观经济学的共同基础，因此很难想象它们曾引发了那么多的激烈辩论。

其三，让我们思考一下货币主义者的观点，即货币政策必须是固定法定货币名义锚定策略的一部分。该策略必须定义一个目标（价格稳定）和一个决策变量（货币总量）。在现代战略中，货币主义者赋予货币总量的角色已经被抛弃，但其为制定和传达货币政策而确立战略框架的重要性却已毫无争议。20 世纪 80 年代开始的"大稳健"（Great Moderation）——稳定增长和低通货膨胀——一定程度上得益于采取基于规则的货币政策，当然，不是货币主义者最初倡导的那种政策。

作为当代宏观经济学的先驱，货币主义者还对新古典宏观经济学发起了最早的批判。理性预期假设本身并非主要的争议点，实际上，遭到一些著名货币主义理论家批评的是其关于经济主体可用信息的假设。该假设倾向于认为经济主体信息不足，需要搜索并获得那些难以获得的信息。例如，一些经济学家就对经济主体必须对冲击的暂时性或永久性予以判定的后果进行了分析。假如你想了解一个经济体是如何应对一场持续时间未知的重大疫情时，这无疑是一个重要问题。

米尔顿·弗里德曼（Milton Friedman）是货币主义的主要代表人物。其他的标准制定者还包括一些著名的经济学家，比如美国的布鲁纳、菲利普·卡根（Phillip Cagan）、艾伦·梅尔泽（Allan Meltzer）和安娜·施瓦茨（Anna Schwartz），以及加拿大的大卫·莱德勒（David Laidler）、英国的迈克尔·帕金（Michael

序

Parkin）和艾伦·沃尔特斯（Alan Walters）。那么，我们为什么对布鲁纳的货币主义特别感兴趣呢？

第一个原因是"货币主义"一词与布鲁纳渊源颇深。该词可能并非由他发明，但却是由他引入当代经济学词汇表的，而且还对其含义进行了塑造。

第二个原因是布鲁纳和梅尔泽的货币主义在理论目标上雄心勃勃，他们合作密切，因此他们的观点经常被人一起引用。有两个实例应该可以说明这一点。他们二人均认为，应该用一个纳入银行和金融部门元素的模型来取代当时的标准模型——IS–LM标准模型。他们还试图使用一种交换经济模型来确定货币需求，但在该模型中，经济主体并未充分掌握商品和资产特征信息。依照该模型，以内生货币形式出现的商品或资产能够最大限度地节约处理市场交易所需的信息成本。

第三个原因是布鲁纳的货币主义本身就具有影响力。他深信，经济科学的进步促进了总体经济的发展。他的货币主义与当时的凯恩斯主义一样乐观——布鲁纳和梅尔泽希望将新的经济知识运用到经济政策制定过程中，同时希望促进经济研究的发展并将其结果传播给广大受众。其影响在美国和欧洲都是显而易见的，随后成立的机构如影子公开市场委员会（the Shadow Open Market Committee）、创办的著名科学期刊如《货币经济学杂志》（*Journal of Monetary Economics*）以及举办的会议如欧洲的康斯坦茨研讨会（Konstanz Seminar）等就是很好的例证。

对于中央银行来说，货币宏观经济学的发展至关重要，它们会使用最新的研究结果，聘用接受过最新培训方法的经济学家。2007年的次贷危机和随后的经济衰退及其对欧洲的影响已经充分证明了经济分析的重要性。正是在这场经济衰退之后，瑞士国家银行（SNB）决定推出一系列年度讲座，向那些对中央银行特别感兴趣的研究学者表达敬意。这样的系列项目通常是为了表彰一位著名的经济学家，不用说，布鲁纳是瑞士国家银行的自然候选人。我来列出三个关键原因。

首先，货币主义对瑞士国家银行具有历史意义。1973 年 1 月，瑞士退出布雷顿森林体系，货币主义在瑞士国家银行推行自主货币政策战略的决定中发挥了关键作用。这一策略基于货币目标，而货币目标是浮动汇率。尽管瑞士国家银行目前的货币政策战略不再基于这些目标，但可以说，这是一系列调整的结果，它与货币主义战略的许多原始特征相同，而非背道而驰。

其次，布鲁纳对瑞士国家银行货币政策战略的制定及其随后的一些修订产生了间接但无可争议的影响。尽管他从未担任过瑞士国家银行的官方顾问，但他以其他方式发挥了自己的影响力。尤其是，当时瑞士国家银行的经济学家经常参加他组织的康斯坦茨研讨会。

最后，布鲁纳与欧洲，尤其是瑞士一直保持着联系。除了在罗切斯特大学任职之外，他还经常去康斯坦茨大学以及伯尔尼大学任教，这显示了其对欧洲，尤其是瑞士经济和货币问题的兴趣。

因此，2016 年，在布鲁纳诞辰一百周年之际，瑞士国家银行推出了一年一度的"卡尔·布鲁纳杰出讲座系列"。布鲁纳的朋友和前同事梅尔泽、本杰明·M. 弗里德曼（Benjamin M. Friedman）、查尔斯·I. 普洛瑟（Charles I. Plosser）和恩斯特·巴尔滕斯珀格（Ernst Baltensperger）都在布鲁纳百年纪念活动的第

序

一阶段做了演讲。第一个做演讲的是肯尼斯·罗格夫（Kenneth Rogoff）。人们很快意识到，这些演讲应该结集成册出版发行。于是，它们便成为本书的基础，专注于布鲁纳及货币主义的研究。另外十位作者，其中包括莱德勒也希望为该项目做出自己的贡献，以便对布鲁纳的货币主义及其对货币政策辩论的影响进行更为全面的研究。在写作本书之初，其目标就是编撰一部内容连贯的著作，而非由孤立文章组成的合集。基于此，瑞士国家银行决定于 2018 年 10 月 29—30 日在苏黎世举办卡尔·布鲁纳及货币主义研讨会。举办此次研讨会目的有二：一是为本书的作者提供一个展示和讨论其贡献的平台，二是鼓励布鲁纳非常欣赏的那种刺激性对话和辩论。

本书共有十七章，包括卡尔·布鲁纳杰出讲座系列中罗格夫做的第一个演讲。一些作者曾亲自参与过凯恩斯主义者与货币主义者之间的辩论，一些作者对布鲁纳-梅尔泽货币主义某些具体方面进行了阐释，另一些作者则对布鲁纳-梅尔泽货币主义对美国和欧洲货币政策的影响展开了探讨，还有些作者从最先进的宏观经济学和货币模型的角度审视布鲁纳和梅尔泽的货币主义。本书作者多、主题广，有助于我们对当代宏观经济学的基础知识进行深刻的理解。

我要感谢每一位为本书的编撰做出贡献的人，他们付出了巨大的努力。我要向作者和编辑致以深深的谢意，尤其是麻省理工学院出版社的艾米丽·塔伯（Emily Taber），她从该项目启动开始便一直陪伴着我。我还要感谢瑞士国家银行相关的工作人员以及为本书编辑提供帮助的妮娜·胡格尔斯霍费尔（Nina Hugelshofer）和西里尔·普兰纳（Cyrille Planner）。此外，我还想感谢阿兰娜·比尔（Alannah Beer）、安娜·坎佩尔（Anna Campell）、尼古拉斯·库奇-科蒂（Nicolas Cuche–Curti）、塔玛拉·埃尔哈特（Tamara Erhardt）、莎拉·赫勒（Sarah Hörler）、拉斐尔·纽曼（Rafaël Newman）、塔玛娜·雷诺（Tamana Renaud）、恩佐·罗西（Enzo Rossi）和曼努埃尔·韦尔蒂（Manuel Wälti）。感谢他们为本书的编撰以及两次相关会议的举行所做的工作。没有这些人的努力，这本书便不可能与公众见面。

最后，让我分享一位匿名推荐人的观点，他将本书称为"唯一一部从时间流逝的角度总结货币主义思想的作品"。我希望广大读者能够像我一样欣赏其中的见解。

托马斯·J. 乔丹（Thomas J. Jordan）

瑞士国家银行理事会主席

前言：为什么卡尔·布鲁纳如此重要

布鲁纳与我们分享了足够多的理念，我们要不遗余力确保这些理念能够保留下来，并继续影响货币经济学的发展。

——大卫·莱德勒

今天，当人们问比特币是否可以成为一种货币，或者中央银行是否可以利用区块链技术时，他们被迫重新审视布鲁纳和梅尔泽提出的许多相关问题。

——肯尼斯·罗格夫

布鲁纳是他那个时代最有影响力的经济学家之一，他发表的文章和出版的著作多达200余篇（部），其中许多是与梅尔泽合著的。他对货币理论和货币政策的制定和实施做出了巨大的贡献。然而，他通过出版物发挥的影响力仅是其影响力的一部分而已，他更多的影响力应该是通过其建立的机构发挥出来的。他创办了两个顶级学术期刊《货币、信贷和银行杂志》（*Journal of Money, Credit and Banking*）和《货币经济学杂志》（*Journal of Monetary Economics*），以及三个颇具影响力的会议——在美国举办的"卡内基-罗切斯特公共政策会议"、在欧洲举办的"康斯坦茨货币理论及政策研讨会"和"因特拉肯分析与意识形态研讨会"。此外，1973年他与梅尔泽共同创立的"影子公开市场委员会"，对当时的货币政策产生了重大影响。因此詹姆斯·布坎南（James Buchanan）指出："布鲁纳是一位学术企业家，其活动超越了其所拥有的经济学家、教授和学者身份"。或者，正如布鲁纳自己所说："一位朋友告诉我，我的工作已经足够出色，但我觉得仍然需要改进。"

布鲁纳的兴趣不只局限于货币经济学，但这无疑是其影响力最大的领域。1943 年获得苏黎世大学博士学位之后，布鲁纳开始了他的职业生涯，在瑞士国家银行担任经济学家。虽然布鲁纳认为该行的文化氛围并不那么令人兴奋，但这份工作却能使他面对许多货币政策问题，特别是，那些制定政策的记录和内部文件为其未来的研究指明了方向，并有助于其对经济政策的思考。而在美国开始学术生涯之后，改善货币政策便成为他的使命之一。他对美国和欧洲货币政策的影响都是巨大的。

在布鲁纳的一生中，其地位得到了广泛的认可。1981 年，《华尔街日报》(*Wall Street Journal*) 称，布鲁纳通过其主办的会议和学术期刊发挥着巨大的影响力，并称"一些观察家认为，在影响政府官员和中央银行行长方面，他可能会超过米尔顿·弗里德曼教授"。然而，布鲁纳去世之后，其名字便从公众的视野中消失了。米歇尔·弗拉蒂亚尼（Michele Fratianni）认为，对于布鲁纳的研究一直不够充分。如今的经济学教科书甚至经济学史都很少提及他，即使有，也只是顺带提起，主要作用是为弗里德曼作脚注。梅耶尔（Mayer）认为，这并不是因为布鲁纳和梅尔泽的货币理论不如弗里德曼的货币理论影响大。梅耶尔推测，原因应该是他们的模型更为复杂、不易理解，而且他们还缺乏弗里德曼非凡的解释能力。另外，在科学的"社会学方面"，他们面临的局面不那么有利（例如，在芝加哥大学，弗里德曼有更多机会接触到高水平的研究生）。不可否认的是，布鲁纳的解释技巧并不

前言：为什么卡尔·布鲁纳如此重要

出众。他的演讲风格是学者式的，英语也不是他的母语。施瓦茨曾指出："弗里德曼具有化繁为简的能力，因此几乎任何人都可以理解他的理论，但是，布鲁纳的理论却晦涩难懂。"然而，从本质上而言，正如莱德勒在其对布鲁纳货币经济学的精彩概述中指出的那样，布鲁纳的著作包含了许多值得保存的内容。这也正是本书中大多数作者的观点。

在理论探索方面，布鲁纳全情投入，孜孜以求。尽管身体不好，他还是坚持不懈地工作，在去世前完成了与梅尔泽的最后一次合作。著作出版之后，阿克塞尔·莱乔霍夫德（Axel Leijonhufvud）在评价该书时说："布鲁纳撰写这本书时表现出了非凡的勇气和毅力——他的眼睛几乎失明，右手无法使用，癌症晚期疼痛难忍。他是一位极其诚实的学者，认为值得为经济学具有的重要社会价值付出如此巨大的努力。"

2016 年 2 月 16 日是布鲁纳百岁诞辰纪念日。为了缅怀他，瑞士国家银行推出了一年一度的"卡尔·布鲁纳杰出讲座系列"。2016 年 9 月 22 日，首届讲座在瑞士苏黎世举行了一场研讨会，主宾是梅尔泽。这一次，梅尔泽表现出了非凡的勇气和坚韧。他不仅前往苏黎世参加研讨会，还撰写并递交了一篇论文，该论文呈现于本书的第一章。这些努力足以证明他是多么地看重这次纪念布鲁纳的活动。其后不到一年，梅尔泽便于 2017 年 5 月 8 日去世，享年 89 岁。

除了梅尔泽，布鲁纳的前同事和朋友巴尔滕斯珀格、本杰明·M. 弗里德曼和普洛瑟都向研讨会提交了论文。这些论文与罗格夫的开篇演讲一起被转载于本书的第一部分。约翰·B. 泰勒（John B. Taylor）、奥特马尔·伊辛（Otmar Issing）和拉格拉

姆·拉扬（Raghuram Rajan）分别于 2017 年、2018 年和 2019 年
在研讨会上发表演讲。卡门·莱因哈特（Carmen Reinhart）原
定于 2020 年发表演讲，但受到新冠疫情的影响，不得不推迟到
2021 年。

2016 年的研讨会结束之后，莱德勒和米歇尔·德弗罗伊说
服我们，应该扩大本书的内涵，征集更多关于布鲁纳工作和遗产
的论文。因此，我们决定不仅从经济学史的角度，而且从当代货
币理论的角度来收集文章。我们的邀请得到了热烈的欢迎，入选
作者于 2018 年 10 月 29—30 日在苏黎世举行的"卡尔·布鲁纳
经济学专题研讨会"上提交了他们的文章。研讨会结束之后，作
者们对论文进行了修改。这些论文转载于本书第二至第四部分。

第一部分：致敬卡尔·布鲁纳

拜访布鲁纳是一次令人兴奋不已的经历。还有谁能够将对基
础科学和哲学问题的浓厚兴趣与广泛、高质量的分析以及对公共
政策的关注结合在一起呢？

——乔治·斯蒂格勒（George Stigler），
1982 年诺贝尔经济学奖得主

本书第一部分是布鲁纳的前同事和朋友对其本人及贡献的致
敬。这些文章的共同主题是，布鲁纳的理论仍然颇具价值，假如
之前他的理论能够更多地进入主流宏观经济学，那么经济学家们
可能就会更好地预防和应对 2007—2009 年的金融危机。

梅尔泽是布鲁纳的学生、朋友和最亲密的合作者。他们之间
的合作，被麦克勒姆称为"我能想到的在经济学上最杰出、最有

成效的合作"。在本书第一章中，梅尔泽对布鲁纳和他的理论以及他们之间的合作进行了介绍。他们两人都对经济学有着广泛的兴趣，但他们影响最大的领域还是货币经济学和货币政策。尽管布鲁纳是20世纪主要的货币经济学家之一，但其成果却未能成为主流宏观经济学的一部分，这让梅尔泽深感遗憾。梅尔泽特别强调了布鲁纳对不确定性的重视以及他们对中央银行过分短视的批评。此外，梅尔泽认为，布鲁纳的货币传导过程依赖于相对价格，远优于标准菲利普斯曲线，并且在经验上更具相关性。因此，梅尔泽认为布鲁纳可能会对关于所谓零下限的大量研究感到惊讶，因为他们的联合研究表明，在一个拥有多个资产市场的经济体中不可能出现流动性陷阱。正如量化宽松计划所显示的那样，短期利率为零并不能阻止货币扩张。"所谓的零下限，"梅尔泽指出，"事实证明，除了非常短期的利率，几乎没有其他约束。"

巴尔滕斯珀格是1968—1971年布鲁纳在俄亥俄州立大学的同事，两人后于1974—1986年在伯尔尼大学再次成为同事，他对布鲁纳的贡献和货币主义进行了更全面的回顾（第二章）。巴尔滕斯珀格认为，当前在分析货币政策时需要考虑金融部门细节的讨论表明，主流宏观经济学在范围上已经倒退，落后于布鲁纳及其货币主义同事的宏观经济学。在货币政策方面，货币主义者建议并由瑞士中央银行和德国联邦银行倡导的货币增长目标，在1973年布雷顿森林体系崩溃后，在降低通货膨胀方面发挥了重要作用。然而，货币需求的不稳定性导致各国中央银行放弃了货币目标，转而采用通货膨胀目标的概念，通过操作层面的利率控制来实现。但是，巴尔滕斯珀格指出，中央银行最近的量化宽松计划重新引入了强有力的货币控制量化元素，而当前关于均衡实际利率的不确定性似乎表明，通货膨胀目标面临的挑战与之前货币目标面临的挑战非常相似。

2007—2009 年的金融危机让大多数经济学家和决策者深感意外，而本杰明·M. 弗里德曼认为，布鲁纳应该不会对此感到惊讶。关于这场危机，弗里德曼在第三章中是这样描述的：就像 20 世纪 30 年代的大萧条和 20 世纪 70 年代、80 年代的大通货膨胀一样，这场危机一定程度上是由于未充分理解或未正确理解宏观经济学造成的。他认为，如果宏观经济学能够更密切地遵循布鲁纳和梅尔泽的思想，导致这场危机的某些因素就不会出现，许多应对措施也会有所不同。其中一个错误就是缺乏对信贷市场的关注，未能将信誉良好的借款人及负债和信誉不良的借款人及负债区分开来。弗里德曼指出，在标准宏观经济学中忽略私人信贷市场的一个主要原因是，人们依然将所有非货币资产视为完美替代品。布鲁纳和梅尔泽的货币主义明确纳入了私人信贷市场，包括家庭部门的资产负债表（包括资产和负债）。而与此不同的是，在米尔顿·弗里德曼绝大多数更受欢迎的理念中，排除了货币以外的资产，因此完全忽略了私人部门的负债。本杰明·M. 弗里德曼认为，这便是现代宏观经济思想无法预测或解决 2007—2009 年金融危机许多根源问题的原因。

在第四章中，普洛瑟也认为，布鲁纳的理论本应与 2007—2009 年的金融危机发生关联。普洛瑟是布鲁纳 1978—1989 年在罗切斯特大学的同事，也是布鲁纳的继任者，担任过《货币经济学杂志》的编辑（与罗伯特·金一起）。普洛瑟曾于 2006—2015 年担任费城联邦储备银行行长，事实上，在动荡的 2007—2009

年，当有货币政策出台时，他就会对布鲁纳的理论进行反思。普洛瑟认为，布鲁纳在其职业生涯中强调的许多有关经济政策的不足，直到今天都没有在宏观经济学中得到充分解决。普洛瑟还特别阐述了布鲁纳许多货币政策评论中交织的两个主题：不确定性和制度的重要性。

制度因素的重要性也是罗格夫在"卡尔·布鲁纳杰出讲座系列"（第五章）开篇演讲的一个主题。此外，罗格夫指出，梅尔泽和布鲁纳在许多领域经常超前于他们所处的时代，不仅在货币政策的传导方面，而且在理解货币基础的必要性方面也是如此，这在数字货币出现的今天显得尤其重要。关于现代中央银行，罗格夫认为，对通货膨胀目标制度过于严格的解读，给应对罕见事件留下了有限的空间，这是当今货币政策问题的核心。因此，他认为我们需要重新思考中央银行的设计。我们应该通过更有效的负利率政策来加强政策工具包，基本通货膨胀目标制度框架应包括一项免责条款，使各国中央银行能够在极端情况下暂时提高通货膨胀目标。我们不知道布鲁纳是否会对此表示赞同。但可以肯定的是，他应该很想参加这样的讨论。

第二部分：对货币政策辩论的影响

布鲁纳始终坚信，严格的经济分析应该在重大的政策决策中发挥重要作用。他经常批评美联储的政策，这已经不是什么秘密了。他的存在不是让决策者的生活变得轻松自在，相反，他遵从自己的良心，希望通过发声为自己的国家提供最好的服务。他之所以敢于批评，是因为他有一个固定的分析框架和强有力的论据。美联储在思考他的批评的过程中总是有所收获——尽管它没有采纳他的具体建议。

——艾伦·格林斯潘（Alan Greenspan），
1987—2006 年任美国联邦储备委员会主席

布鲁纳毕业之后在瑞士国家银行担任经济学家的经历，激发了他对经济分析与制定货币政策之间关系的兴趣。通过阅读政策纪要和其他内部文件，他意识到，要想搞清楚货币政策是如何制定出来的，必须了解政策制定者所依据的理论。研究货币政策的制定成为他研究计划的一部分，而改善中央银行的决策则成为他的执念。因此，布鲁纳也成为欧洲和美国货币政策辩论的重要参与者。本部分中的章节对其参与货币政策辩论以及产生的影响进行了回顾。

尤尔根·冯·哈根（Jürgen von Hagen）对布鲁纳在货币主义方面的见解进行了概述，并且展示了他是如何通过这些见解对 1980 年以来宏观经济学和货币经济学的一些重要发展进行预测的（第六章）。将布鲁纳和梅尔泽的框架与当前的动态随机一般均衡模型进行比较之后，冯·哈根发现，布鲁纳和梅尔泽的方法现在仍不过时。但是，为什么如今他们的框架基本上被遗忘了呢？冯·哈根认为，其原因应该是缺乏技术和方法上的自我约束。他们缺乏解决复杂模型所需的现代化计算设备，致使其分析显得烦琐而晦涩。此外，他们还觉得，不能采取现在经常采取的大胆和武断的方法，将其模型的关键参数赋值。对于经济学家来说，传统的凯恩斯主义框架或者弗里德曼的货币主义更容易理解。

在布鲁纳看来，理论和政策紧密相连，其目的就是为政

前言：为什么卡尔·布鲁纳如此重要

策制定提供信息支撑。在第七章中，爱德华·纳尔逊（Edward Nelson）就布鲁纳参与英国货币政策辩论展开论述。在学术生涯早期，布鲁纳与其研究生罗伯特·克劳奇（Robert Crouch）一起对英国货币政策的制定进行过研究。他们的研究指出了英国货币分析中存在的几个缺陷，这些问题与英格兰银行官员和英国主要经济学家所陈述的一样。尽管布鲁纳没有跟进这篇论文，继续进行深入探究，但他在 20 世纪 60 至 80 年代一直参与了英国货币政策辩论。20 世纪 70 年代，布鲁纳还与英格兰银行货币政策顾问查尔斯·古德哈特（Charles Goodhart）进行过交流，古德哈特曾参加过布鲁纳的康斯坦茨研讨会。布鲁纳对英国货币政策的影响在 20 世纪 80 年代初达到顶峰，当时他曾与英国首相撒切尔夫人进行过直接互动。布鲁纳主张将货币基础作为实施货币政策的工具，但其建议依然未被采纳，不过，英国政府开始将其作为货币政策的指标和目标。纳尔逊认为，布鲁纳对英国货币政策的影响甚至在 21 世纪依然存在。尤其是，英国中央银行自 2009 年以来实施量化宽松政策的理论依据便来自布鲁纳和梅尔泽的研究。

在美国，美国国会议员兼美国众议院银行和货币委员会主席赖特·帕特曼（Wright Patman）曾于 1963 年邀请布鲁纳和梅尔泽对美联储政策制定展开研究。次年，两人便发表了研究成果。布鲁纳后来指出，这项工作影响了他后来对中央银行行为的思考。事实上，在第八章中，迈克尔·D. 博尔多（Michael D. Bordo）指出，布鲁纳和梅尔泽 1964 年出版的专著是货币主义者反对美联储自由裁量稳定政策的重要依据。而其中提出的研究主题则频繁出现在他们后来的研究工作中，包括信息和不确定性的作用以及对流动性陷阱的批判等。这部早期作品还提出了一些关键性主题，这些主题几年后再次出现在梅尔泽重要的著作《美联储历史》（*History of the Federal Reserve*）中。布鲁纳和梅尔泽在这项早期研究中并没有像在 20 世纪 70 年代和 80 年代那样明确提出基于规则的货币政策，但他们认为美联储的短视行为是糟糕的货币政策得以制定和实施的主要原因之一。

布鲁纳也是欧洲大陆货币政策辩论的积极参与者，特别是在德国和瑞士。在他看来，较之美国和英国，欧洲大陆在经济学教学和研究方面相对落后，因此他在这里的工作主要是教育性质的。除了与学者和中央银行行长进行过许多非正式接触之外，其重要的理论和影响是通过其 1970 年创立的康斯坦茨货币理论与政策研讨会传播的。正如冯·哈根在第九章中指出的那样，研讨会的主要目的是让年轻的学术类经济学家接触美国和英国的尖端货币宏观经济学理论和顶尖的宏观经济学家。从该研讨会创立开始，瑞士国家银行和德国联邦银行就一直深度参与康斯坦茨研讨会，或派人参会研讨，或为其提供资金支持。

第三部分：卡尔·布鲁纳和艾伦·梅尔泽的货币主义

关于我提出的框架，我赞同布鲁纳和梅尔泽的看法，他们认为我的框架只是个雏形，而他们的模型，正如他们在其著作中阐释的那样，对该框架进行了专门的拓展与发展。我赞扬并欢迎他们在这方面的努力，但对于他们的模型的某些细节，我不一定会接受。

——米尔顿·弗里德曼，1976 年诺贝尔经济学奖得主

在对经济、金融部门和"传导机制"理论均衡模型的看法上，我认为我们之间没有太大的分歧。在对系统稳定性以及政策

前言：为什么卡尔·布鲁纳如此重要

和非政策冲击相对重要性的实证判断上，与你相比，我应该更加不敢肯定。在政策建议上，我们显然分歧巨大。

——詹姆士·托宾（James Tobin），1981 年诺贝尔经济学奖得主

1975 年 9 月 17 日写给布鲁纳的信

　　本书第三部分探讨了布鲁纳和梅尔泽货币主义的特点及其与米尔顿·弗里德曼货币主义的区别。人们通常认为，"货币主义"一词是由布鲁纳创造出来的。他在 1968 年发表在《圣路易斯联邦储备银行评论》（*Federal Reserve Bank of St. Louis Review*）上的一篇文章中首次使用了该词。但正如莱德勒和纳尔逊在本书中指出的那样，该术语之前已经被使用过：20 世纪 50 至 60 年代，拉丁美洲的结构主义者与货币主义者在关于通货膨胀的辩论中就使用过，该词还用于描述弗里德曼在 20 世纪 60 年代初对货币的看法。在给梅耶尔的信中，布鲁纳写道：他在与弗里德曼的电话交谈中提出了"货币主义者"一词，弗里德曼认为该词是拉丁美洲"结构主义者"恰当的对应词。这表明，弗里德曼至少知道该辩论，而这可能是因为来自芝加哥的经济学家们［比如阿诺德·哈伯格（Arnold Harberger）］参与了这场辩论。但毫无疑问，正是布鲁纳 1968 年的文章将该术语作为凯恩斯主义的替代物进行了传播。标签就这么贴在了布鲁纳的身上，而随后的货币主义者辩论在 20 世纪 60 年代末和 70 年代初对宏观经济学进行了定义。

　　莱德勒是这场辩论积极而有影响力的参与者。在第十章中，他描述了布鲁纳对货币主义概念的阐释，以及他是如何从 20 世纪 60 年代末最初的自信和乐观，演变成 20 世纪 80 年代中期的

不自信甚至焦虑的。这与政策经验和理论发展有关。关于政策经验，布鲁纳为货币主义进行辩护，反对人们普遍持有的观点，即1979—1982年联邦储备银行短暂的"货币主义实验"让货币主义者名誉扫地，极力否认该实验与货币主义有关。然而，这一事件及其通过因特拉肯研讨会推广的新的公众抉择概念，使其对总体货币政策的制定感到悲观。关于理论，布鲁纳对新古典宏观经济学越来越持怀疑态度。正如莱德勒所指出的那样，这种怀疑很大程度上是由方法上的差异造成的。

方法论对于布鲁纳来说很重要，这是凯文·D. 胡佛（Kevin D. Hoover）在第十一章中论述的主题。事实上，胡佛指出，很少有其他经济学家如此鲜明地表示自己采用了某种哲学思想，而试图在其经济学实践中如此系统地贯彻其尊崇的哲学思想的人则更少。布鲁纳在获得加利福尼亚大学洛杉矶分校的教职后，在其职业生涯早期就对哲学产生了兴趣。他后来声称，其哲学研究的第一个受害者便是自己的凯恩斯主义信念。胡佛指出，布鲁纳的认识论立场是详述与区分，这一立场致使其对凯恩斯主义宏观计量经济学建模者的方法论以及后来的新古典经济学家的方法论均持批评态度。布鲁纳反对理性预期模型，认为该模型未能充分考虑不完整信息、不确定性以及有限的计算能力，而这些都是其经济代理人概念重要的组成部分。

布鲁纳的经济代理人概念，正如皮埃里克·克莱克（Pierrick Clerc）在第十二章中指出的那样，深受阿尔希安关于信息成本研究的影响。正是阿尔希安把布鲁纳招进了加利福尼亚大学洛杉矶分校，从此两人便成了终生好友。克莱克认为，布鲁纳的货币主义与阿尔希安的信息经济学研究有着深刻的联系。这不仅适用

前言：为什么卡尔·布鲁纳如此重要

于布鲁纳和梅尔泽对货币作为交换媒介的解释，还适用于他们在货币政策传导方面的研究成果，同时还适用于他们与亚历克斯·库克尔曼（Alex Cukierman）就货币和实际冲击对产出的持续影响进行的研究。因此，布鲁纳特别关注货币经济学核心的信息问题，而这也是莱德勒所关注的。

梅耶尔曾指出，货币主义理论有两个版本：第一个是更为著名的弗里德曼版本，第二个则是布鲁纳和梅尔泽的版本。偶尔还有人认为，布鲁纳和梅尔泽的货币理论与托宾的货币理论相似。实际上，托宾和弗里德曼对凯恩斯主义的看法总是难以相合，史蒂芬·威廉姆森（Stephen Williamson）在本书中提到了这一点，而在之前托宾写给布鲁纳的信中也印证了这一点。如此一来，也就不难理解为什么布鲁纳和梅尔泽经常会成为弗里德曼的批评者。在第十三章中，克莱克和德弗罗伊对这两个版本的货币主义理论进行了清晰的比较。与弗里德曼不同，布鲁纳认为 IS–LM 标准模型并非合适的货币分析框架。因此，他力图设计一种可以与 IS–LM 标准模型相匹敌、强调金融中介作用的通用货币主义模型。弗里德曼则没有这么野心勃勃。克莱克和德弗罗伊认为，弗里德曼专注于政策，在他看来，否定凯恩斯主义理论并不需要推出另一种替代理论。但他们推断，正是因为这种更为温和的野心，弗里德曼的货币主义才得以幸存下来，而布鲁纳和梅尔泽的理论则受到卢卡斯模型的排挤，该模型后来演变为真实的商业周期模型，并最终演变为动态随机一般均衡模型。

除了理论野心，福德在第十四章中指出弗里德曼和布鲁纳货币主义版本之间的另一个区别。福德认为，弗里德曼将其货币主义革命描述为对凯恩斯主义革命的拒绝，是返璞归真。而布鲁纳则认为货币主义革命是前瞻性的，是向一个新状态的过渡。这种新的状态包括托宾的理论以及关于信息和交易成本新的研究成果，并非回到了凯恩斯主义之前的状态。

第四部分：卡尔·布鲁纳的当代遗产

如果我们采用了布鲁纳在近六十年前提出的理论，今天我们就能够更好地理解这些（"非常规"）政策所产生的影响，而本·伯南克（Ben Bernanke）也不会在布鲁金斯学会的一次讨论中发表著名的评论："量化宽松的问题在于它在实践中有效，但在理论上却行不通。"

——胡安·巴勃罗·尼科里尼（Juan Pablo Nicolini）

本书的几位作者指出，当代宏观经济学可以通过密切关注布鲁纳的研究议程而获益，但事实并非如此。第四部分探讨了布鲁纳遗产中的一些具体主题。根据库克尔曼在第十五章中的描述，布鲁纳和梅尔泽关于不确定性的研究，特别是他们关于经验变化的持续不确定性研究，非常有助于我们更好地理解和分析当前的经济形势。关于 2007—2009 年的金融危机，目前还不清楚经济结构、监管和货币政策工具的变化在多大程度上是永久性的还是暂时性的。这种不确定性限制了对未来经济变量的准确预测。库克尔曼从理论和经验上证明，由于这种普遍的信息限制，在预测未来时，即使在理性预期下，也应使用过去所有的信息。

因为货币需求的不稳定性，货币主义者建议的货币目标未成为货币政策的名义锚。尼科里尼在第十六章中指出，如果经济学家遵循了布鲁纳的研究建议，那么业内人士对货币需求关系不稳定的误解就可以避免。他认为，布鲁纳的工作是理解货币乘数如何应对经济环境变化的早期努力。假如遵循了这一研究路线，尼科里尼认为，结果应该会更好。首先，更好的判断有助于对货币总量的衡量。特别是，一种布鲁纳模型可能有助于解释监管变化，并调整货币的计量方式。因此，数据将证实，到今天为止，货币需求一直非常稳定。其次，在 2008—2009 年金融危机之后，各国中央银行本可以对"非常规货币政策"的运作方式有更好的理解。

威廉姆森和兰德尔·赖特（Randall Wright）最近将他们的研究项目标记为"新货币主义"，既与弗里德曼著作中的"旧货币主义"有所区别，同时又有所关联。布鲁纳的理论对新货币主义有何影响呢？在本书最后一章中，威廉姆森对两个主题进行了探讨，认为布鲁纳和梅尔泽与弗里德曼的观点有所区别，但他们对新货币主义的看法却是一致的。首先，布鲁纳和新货币主义者都非常重视金融中介。和新货币主义者一样，布鲁纳和梅尔泽对经济中的一系列资产以及中央银行替代资产互换的不同方式感兴趣。然而，威廉姆森批评布鲁纳和梅尔泽将货币和其他资产之间的替代作为其模型的结构特征，使得该模型受限于萨金特对托宾模型的批评。从现代角度来看，布鲁纳和梅尔泽的方法似乎与托宾的模型难以区分。其次，布鲁纳和梅尔泽与新货币主义者都认为，货币经济学需要开发包含明确摩擦因素的模型。与弗里德曼不同，布鲁纳对货币理论的基本原理和产生货币的基本摩擦感兴趣。为了说明货币经济学的现代方法是如何解决布鲁纳和梅尔泽感兴趣的问题的，威廉姆森构建了一个模型，用以验证布鲁纳和梅尔泽的推理。利用该模型，他发现，导致货币交换的关键摩擦更多地与抑制信贷市场的摩擦有关，而不是与布鲁纳和梅尔泽所设想的和易货交换相关的摩擦有关，尽管后者是前者的关键表现。然而，考虑到布鲁纳对开展新研究的热情，威廉姆森认为，布鲁纳很愿意看到在该领域出现超越他和梅尔泽成就的突破。

目录

第一部分

致敬卡尔·布鲁纳

第 一 章
卡尔·布鲁纳：一位令人崇敬的学者
——艾伦·梅尔泽

布鲁纳是我的老师和论文导师，后来我们一同著书立说，并成为终身好友。他是一位有着非凡学识的学者，执着于概念的分析与论证。

我们彼此见面的时间不多，讨论问题大多是通过电话或者利用参会时的短暂会面进行的。令我家几个孩子感到困扰的是，20世纪70年代，几乎每个星期三的晚上，我都会花2个小时或者更多时间与布鲁纳通话，与他一起讨论问题。

布鲁纳出生于1916年2月16日。其父母是在俄国大革命前相识相爱的。第一次世界大战之前，许多瑞士的年轻人都去那里寻找工作。他的父亲来自瑞士德语区，母亲来自法国。因此，在跟父亲说话时他使用德语，跟母亲说话时则使用法语。

布鲁纳继承了瑞士人对稳定的执念，这是一项宝贵的遗产。正是执着于这样的信条，才使得瑞士这个种族混杂的国家能够成为世界上最富裕的国家之一，而且平均通货膨胀率始终保持在低位。我们只需做一个简单的比较，就能清晰看到瑞士的稳定。第二次世界大战结束时，1瑞士法郎可以兑换20美分。最近，1瑞士法郎能够兑换大约1.1美元，增长了将近6倍。从长期来看，瑞士国家银行更稳定的中期政策比美国倾向于采用的短期政策更为成功。可以说，瑞士人的性格使其获益良多。

布鲁纳的父亲是苏黎世联邦理工大学的天文学教授，同时担任瑞士天文台台长。这让布鲁纳有机会了解科学，特别是应用科学，并使其一生都致力于科学研究。1937—1938 年，他在伦敦经济学院学习了一年，在那里他了解了盎格鲁–撒克逊经济学的一些最新发展。服完兵役之后，他于 1943 年在苏黎世大学获得博士学位。

由于撰写的论文不够优秀，布鲁纳未能在瑞士的大学里找到工作。第二次世界大战之后，他在欧洲经济委员会任职。利奥·赫维奇（Leo Hurwicz）教授在该委员会访问期间，非常认可布鲁纳的能力，帮助他获得了洛克菲勒基金会奖学金。1949 年，布鲁纳和妻子搬到了马萨诸塞州的剑桥，在那里，布鲁纳接受了哈佛大学的职位聘任。

布鲁纳的一个主要特点就是对学术——特别是经济学——兴趣盎然。他是一位能力出众且精力充沛的学者。布鲁纳觉得哈佛大学的经济系教学不太具有挑战性，所以请求洛克菲勒基金会允许他去考尔斯委员会任职，随后又去了芝加哥大学。1951 年，他接受了加利福尼亚大学洛杉矶分校经济学系助理教授的职位聘任。

在这里，布鲁纳开始追求他的两个主要学术兴趣：经济学，特别是货币经济学或宏观经济学以及科学哲学。鲁道夫·卡纳普（Rudolph Carnap）是一位杰出的哲学教授，1954 年加入加利福尼亚大学洛杉矶分校哲学系。布鲁纳经常去听他的讲座。布鲁纳对方法论和科学哲学兴趣浓厚，还就这些主题写过几篇论文。其中一篇题为《"假设"和理论的认知质量》的文章发表在《综合》（Synthese）杂志上。

后来，他在美国西北大学担任客座教授，还在俄亥俄州立大学担任埃弗雷特·D. 里斯（Everett D. Reese）银行与货币经济学讲席教授。1971 年，他到罗切斯特大学西蒙商学院担任布拉德利政策研究中心主任一职。1979 年，他成为西蒙商学院的弗雷德·戈文经济学教授。直到 1981 年，他还在德国康斯坦茨大学和瑞士伯尔尼大学任职。

布鲁纳于 1989 年 5 月 9 日去世，享年 73 岁。他当时在纽约罗切斯特的家里。在他去世的前几天，我和妻子去看望他时，问他有没有什么话要带给他在欧洲的朋友。他说："告诉他们，我的身体让我失望了。"那时，他的头脑依旧清晰而活跃。

谈及布鲁纳的主要著作以及他在经济学方面的主要贡献，其中很多都是我们共同完成的。本章的大部分内容都是讨论我们的研究和我们近 40 年的工作和个人关系。布鲁纳兴趣广泛、博览群书，经常讨论社会学问题和哲学研究。一年一度的因特拉肯研讨会将来自经济学和其他领域的人们聚集在一起。经常被引用的因特拉肯研讨会论文中，有威廉·梅克林（William Mechling）和迈克尔·詹森（Michael Jensen）关于代理成本的论文，以及梅尔泽和斯科特·理查德（Scott Richard）关于政治经济和政府规模的论文。

莱德勒曾经写道："布鲁纳是一位富有建设性和主动性的编辑，这些机构（期刊、会议）所取得的成就并不是偶然的，而是源于一位经济学家的创造性努力。他对哪些思想是重要的，以及它们是如何结合在一起的，有着卓越的辨别力。"后来，莱德勒又补充道："布鲁纳的著作远非只是分享自己的观点。他不仅机智，而且聪明。"

在 1980 年写的一篇论文中，布鲁纳讨论了他的学术兴趣，列举了三个主要的关注点：货币分析和政策、我们认知努力的木质以及随着时间的推移，人们逐渐认识到"经济分析为整个社会政治现实提供了一种系统方法"。在其后的著作中，他将自己的第三个兴趣缩写为 REMM（Resourceful, Evaluating, Maximizing Man）：足智多谋、具备判断能力、实现利益最大化的人。REMM 取代了教科书中描述的狭隘的效用最大化的个体，并被应用于所有的社会和政治活动中。布鲁纳认为人们总是在"搜索"和"摸索"，因为他们总是在信息不完整和不确定的情况下运用思维。正如本章所示，不确定性在他的思想中占有重要地位。

开篇

我首先简要介绍一下我们之间的关系是如何建立起来的。

当时，我们住在洛杉矶，我的妻子玛丽莲（Marilyn）也在那里工作，我便于 1953 年 2 月在加利福尼亚大学洛杉矶分校攻读博士学位。1948 年大学毕业之后，我曾在工业界工作了几年时间。

我与布鲁纳的第一次会面是在 1953 年的春季学期。当时，他在教授一门关于逻辑和科学方法的课程。他上课的教室里总是座无虚席，我后来才知道去那里旁听的全是经济学专业的学生。我和一名学数学和哲学的学生一起报名选修他的课程。当然，我最终拿到了学分。我就是这么与布鲁纳认识的。

第二个机会很快到来。卡尔自愿在晚上带学生学习萨缪尔森（Samuelson）的《经济分析基础》（*Foundations of Economic Analysis*）。第二年，我申请选修了他的宏观经济学研究生课程。当时布鲁纳是凯恩斯主义者。课堂上的大部分时间都用来探究和分析佛朗哥·莫迪利亚尼（Franco Modigliani）关于凯恩斯主义经济学的著名论文。后来，我们慢慢地发现并认为，和IS-LM标准模型一样，凯恩斯理论没有关注货币、信贷和资产市场的发展，而这些是货币传导的主要领域。

不久后，我选修了布鲁纳的阅读课程，而这门课报名的学生只有我一个人。这是一次很好的学习经历，而我讲这件事情的目的就是想说明，布鲁纳是如何将他对经济学的兴趣与我们建立命题的方法结合起来的。该课程使用的教材是考尔斯委员会论文集第10卷。每周我们都要讨论一到两篇论文，指出其中的主要命题，并就支持或拒绝该命题的证据展开讨论。

事实证明，该阅读课程并不仅仅是一门现代文学的入门课程。

虽然布鲁纳和我从未讨论过如何继续下去，但我们两人都非常欣赏卡尔·波普尔（Karl Popper）关于科学方法的态度。我们看重两个要素，一是波普尔注重命题的检验与证伪，二是凯恩斯认为的不确定性的重要性。与许多行业中人不同，我们从未认为我们的模型能够处理不确定性。当我在下文中讨论目标和指标时，这一点表现得最为明显。

阅读课程让我了解了布鲁纳的方法论原理。随后，在几乎所有的著作中，当对货币（及其他）进行分析时，他使用的均是这些方法论原理。其核心是即使没有理论基础，也要接受事实，人们绝不能将模型与"真相"混为一谈，经济和社会政治生活是变化无常的。

经过两年半的学习，我通过了考试，准备撰写毕业论文。我申请并获得了富布赖特和社会科学研究奖学金，实现了我一直想去法国深造的愿望。我的研究题目是德国占领期间的法国货币供应和战后早期的通货膨胀。1958年，我从加利福尼亚大学洛杉矶分校拿到了学位。同时，我也从卡耐基理工学院（后来的卡耐基梅隆大学）的讲师转为助理教授。

我对货币需求的实证研究基于美国的数据。尽管其他大多数早期研究使用的是短期利率，但我使用的却是长期利率，目的是更好地捕捉预期的通货膨胀和通货紧缩。我现在仍然认为，长期利率是正确的表述。由于我们的研究工作遵循了类似的思路，所以布鲁纳于1960年访问匹兹堡时，提议我们开展一项联合研究，将货币需求和供应结合起来，作为宏观模型的一部分。我们的计划是编写一本将货币分析和信贷市场纳入宏观经济学的教科书。遗憾的是，这一计划未能实现。

1960—1990年，再到1995年，我和布鲁纳一直密切合作。为了编写这个章节，我不得不对这段时间的往事进行回顾。一个明显的问题就是要把布鲁纳的想法和工作与我的区分开来。对于合作成果我们都分别做出了什么贡献？我只能给出非常有限的答案。我阐述了布鲁纳比我更感兴趣的话题，还讨论了他的方法论等问题。然而，无论是单独撰写论文，还是联合撰写论文，我们都进行过多次频繁的讨论，因此我们的成果无论是单独署名还是联合署名，并不能将其中的理念或分析来源拆分开来。我坚信我们从来没有计较过名利的分配。我们之所以能够长期合作，完全是因为彼此之间从未因嫉妒而产生嫌隙。在这一章中，我不讨论是谁首先提出了一个想法，又是谁最有效地发展了这个想法。我们的成果是通过彼此合作产生的。

我们的合作是从如何实现我们的共同愿景开始的。不确定性逐渐从前沿走到中心。几年来我们撰写的关于"货币用途"的文章给货币分析带来了一种特殊的不确定性，使不确定性成为货币作为交换媒介的理由。我们得出的结论是，如果商品及服务的质量和相对价格之间不存在不确定性，那么就不会有交换媒介。后来，我们与库克尔曼一起，将冲击持续性的不确定性作为宏观模型发展的动力。

1963—1964 年，我们开始对货币政策的制定展开研究。在此之前，我曾被邀请为美国政府证券交易商市场联合经济委员会做一项研究。1963 年，国会议员兼美国众议院银行和货币委员会主席怀特·帕特曼（Wright Patman）邀请我做一项跟踪研究。我得出的结论是，实施货币政策的主要问题并非来自交易商市场，而是因为美联储缺乏可用的理论或分析。帕特曼认可我的研究结论，所以给予我任命，不久之后，布鲁纳也受聘成为美国众议院银行和货币委员会的临时工作人员。这样一来，我们便有了与主要决策官员进行交流的机会，也从此开启了我们此生致力于改善中央银行绩效的研究之路。

接受过我们采访的有：时任该委员会的董事会主席威廉·麦克切斯尼·马丁（William McChesney Martin）和副主席 C. 坎比·巴德尔斯顿（C. Canby Balderston）以及时任纽约联邦储备银行行长兼联邦公开市场委员会副主席阿尔弗雷德·海斯（Alfred Hayes）。我们了解到联邦储备系统的分析非常松散，缺乏连贯性以及支持性证据。坦率地说，我对经济分析所发挥的微小作用感到惊讶。

马丁用图片来解释美联储的行动是如何影响经济活动的。他解释说，货币政策就像一条河流，它必须沿着河岸流动，但也必须避免溢出河岸。他从未提及金钱、银行信贷、就业和价格。

第一部分
致敬卡尔·布鲁纳

巴德尔斯顿和马丁一样也未进行任何的分析，同样使用河流来做比喻，但与马丁不同的是，在他看来，货币政策的目标是让河水漫过河岸，从而可以灌溉农田。我们发现，两人都试图从自己的角度认识这个问题，但让他们将自己的图片与行动联系起来时，我们得出的结论是，他们没有做到这一点。

联邦公开市场委员会商定的行动策略由纽约联邦储备银行负责执行。我们采访了时任纽约联邦储备银行行长海斯和副行长罗伯特·G.鲁塞（Robert G.Rouse），他们是直接负责决定在公开市场进行买卖的运营官员。当被问及买卖决定是如何做出来的时候，海斯说，通过对信贷的控制。我们询问他们，这是否意味着要对未偿还信贷总额或当前和近期股票增加或减少的流量进行某种衡量时。他们的回答是，我们的问题理论性太强，需要一名经济学家来解释。所以，他们把彼得·斯特赖特（Peter Sternlight）叫了过来。

这些访谈和我们在调查中收集的其他信息使我们确信，联邦公开市场委员会甚至没有一个基本的货币供应过程模型，也没有对货币供应过程进行过分析。我们向美国国会和广大公众提交的报告给出了我们的结论和支撑证据，成为国会听证会的主题。

我们为美国众议院银行和货币委员会编写了三本小册子报告我们的调查结果。第一本是 1964 年 2 月撰写的《美联储政策制定方法的一些普遍特征》（*Some General Features of the Federal Reserve's Approach to Policymaking*），该手册是我们读了美联储的出版物、政策决定和研究人员和官员的声明，包括与时任理事会主席和其他官员的访谈之后，对所获材料进行整理之后形成的。为了获得更多的素材，我们还向十二家储备银行的行长和董事会的每位成员发送了一份问卷。

我们提出的四个基本问题也是我们的研究重点：美联储对其政策行动影响货币体系的方式有何看法？美联储对后来所谓的传输机制的主要想法是什么？这些想法如何转化为决策和行动？指导性信念是否基于关于货币过程性质的"一系列"经过检验的命题？

美联储的讨论经常使用"调子""感觉""信用""流动性"等术语。我们试图解释这些术语的含义以及它们是如何被使用的。我们得出的结论是，美联储没有一个可以复制的连贯分析。

我们为这种情况提供了两种解释：第一，美国联邦储备系统将首要关注点放在货币和证券市场每周、每天甚至每小时的变化上；第二，金融体系的观点往往是个人银行家的观点，而不是作为货币体系和整个经济监管机构的观点。然后，我们举例说明了这种状况是如何发生的。

我们注意到，其中一个状况的出现是因为人们对储备头寸基本上随机且经常自我逆转这一变化的担忧。

五十年后，这个问题仍然十分明显。2009—2012年，美联储将就业人数的月度变化作为其经济的主要指标。这些数字于每月早些时候公布，通常会引起强烈的市场反应。但下一个月，之前的声明经常会被推翻。大幅度的增加经常会变成减少，或者反过来，减少变成增加。这个例子说明了美联储是如何通过将行动集中于短期事件（主要是随机事件）来增加可变性的。尽管由此催生了一流的经济学家队伍，其分析也比过去复杂得多，但对近期事件的过分强调仍然存在，而且，继续忽视货币和信贷总量的

第一部分

长期增长。

研究人员对季度预测模型的关注度越来越高，这不是一个好的发展趋势。经济学并不是一门做出准确季度预测的学科。今天依然没有这样的学科，部分原因是布鲁纳和我在 1964 年没有充分地对其进行研究。大部分月度和季度数据由随机变化主导。美联储的预测并不比私人的预测好，二者也没有什么太大的不同。它最近的预测就经常是错误的。

从早期的工作中，我们就已经认识到了伴随着货币政策行动的不确定性。当我们刚开始分析货币政策是如何减少不确定性时，我们把研究的重点放在了货币指标的作用上。在《货币指标的含义》一文中，我们通过几个不同的变量，对有关经济活动——实际国内生产总值——未来价值的信息进行了比较。变量包括广泛使用的自由储备、短期利率和货币总量。每个可能的指标不仅受到货币政策的影响，而且还受到财政行动和其他事件的影响。因此，没有一项指标能够清晰显示货币行动的作用，没有一项指标是准确或理想的，但研究表明，在货币总量增加之际，美联储使用自由储备有时会更加克制。一个主要的推论是，美联储受到了自由储备和短期利率变化的误导。而 20 世纪 70 年代的高通货膨胀政策再次让人们看到，自由储备和联邦基金利率的变化是如何误导美联储的。

在我们合作的这篇论文发表之后，布鲁纳又编撰了一本题为《货币政策的目标和指标》（*Targets and Indicators of Monetary Policy*）的会议论文集，其中收录了许多经济学家的论文。虽然托宾没有出现在那次会议上，但论文集也收录了他的一篇文章。

论文集中也有我们共同撰写的一篇文章，标题为《政策问题的本质》，阐述了货币政策作用指标的效用以及推断和预测相关的不确定性，特别是政策行动短期到中期的不确定性。

与会者中有些人并不认同不确定性的存在。他们的论文和评论都声称，只要有了一个好的经济计量模型，该模型的预测就会提供所需要的信息。会议讨论揭示了一个主要的分歧，一些（我相信很多）经济学家拒绝接受不确定性。他们坚持认为，当他们拥有"正确"的经济计量模型时，就能够控制经济体系。布鲁纳和其他人认为未来的事件具有不确定性，因此不可预测，任何模型都可能是错误的。这一根本分歧在会议上并没有得到解决。那些拒绝不确定性的人认为没有理由设立指标。

多年之后，伊兴教授似乎站在了我们这些喜欢设立指标的人一边。作为欧洲中央银行的首席经济学家，他依靠的是经济计量模型，但将货币指标作为模型的补充。实际上，他想利用货币数据来提醒其模型可能出错的时间。

在主题为"货币语义学"的会议讨论中，托宾赞同经济计量模型无法消除不确定性的观点。他原则上认同指标是有用的说法。与布鲁纳一样，他表示，用于指示当前货币政策作用的所有变量——自由储备、总储备、货币和利率均受到非货币变化的影响。他对利用货币或货币增长来提供有关货币政策作用的有用信息的建议持批评态度。托宾曾说："我可以看到，沿着一条很好的稳定平衡的增长道路……包括货币需求在内的一切都以普遍的自然增长率增长。但当我们离开这条路时，货币供应量就不应该以任何特定的速度增长。"

威廉·德瓦尔德（William Dewald）撰写了会议论文和讨论的摘要，摘要做出了这样的总结："大多数与会者一致认为，阐明指标问题的逻辑要素是有用的，但一些人认为使用利率测试货币供应没有价值。他们认为需要继续进行研究，以找到行为关系，据此预测政策效果。布鲁纳和梅尔泽等人坚持认为，这种观点太理想主义、不切实际，因为政策必须在不确定的世界中进行评估。"

近 50 年后回头看才发现，很显然，这个问题几乎没有取得什么进展。在从 2007 至 2009 年的金融危机中复苏的过程中，美联储依靠就业增长来表明其行动的作用。这个数字是可变的，可能会有相当大的修改。当一份修订后的估算结果出炉时，预计（比如说）22 万个新工作岗位可能会被削减一半。市场对这一嘈杂的指标做出了反应，因为他们预计美联储会依赖它。在依赖该指标数年之后，美联储将其抛弃，大概是因为它是错误的。

几年后，布鲁纳、库克尔曼和我提出了政策制定者犯错的一个原因：无法将永久性（或持续性）变化与临时（或暂时）变化区分开来。《滞胀、持续失业和永久经济冲击》是我们的第一篇论文，发表在《货币经济学杂志》上，文中论述了持续冲击的不确定性足以产生具有菲利普斯曲线特征的响应。后来，我们在更广泛的模型中嵌入了这种区别。

1964 年，我们认识到，改善政策需要更多地关注中期影响。1986—2002 年，美联储的证据支持了这个说法。

美联储前主席格林斯潘或多或少遵循泰勒规则。他没有把关注点从通货膨胀转移到失业和经济复苏上，而是着眼于两者的中期价值。这实现了较小的可变性——所谓的"大稳健"。它还带来了最长的低通货膨胀和低失业期，衰退幅度小，复苏速度快，这是美联储在其第一个百年历史中首次经历这样的事情。不幸的是，美联储在 2003 年左右不再遵循泰勒规则，转而关注短期变化。

1964 年，在我们发出批评声音之后，美国国会没有采取任何行动，但美联储理事会和许多储备银行扩大了他们的研究人员规模，并开始认真分析以及预测货币和信贷市场的反应，而他们大多把精力集中在联邦基金利率产生的影响上。

我们的下一步行动

1963 年，我们开始合作撰写论文，并在联合社会科学年会上发表了两篇论文。我们在其中一篇论文中扩展了对货币需求的研究，使用当时可用的大多数已知的货币供求函数，对货币流通速度预测进行了比较。另一篇论文将货币需求和供给函数相结合，文章发表在《金融杂志》（*Journal of Finance*）上，题为《货币供求函数的进一步研究》。这是我们两人第一次合作对货币供求函数进行估算。这篇论文继续了对信贷市场和后来被称为货币政策传导的最初分析，并引入了后来在《金钱的用途》一文中讨论的关于金钱使用的概念。我们 1964 年发表的论文是布鲁纳对其货币和信贷委员会工作回顾研究的延续。尽管批评人士继续声称，我们未能讨论货币政策到达产出和通货膨胀的方式，但布鲁纳在他对在货币和信贷委员会工作的回顾中就已经发起了这个讨论。

此后，我们进行了更为深入的分析。1966 年，我们在意大利的《纪念马尔科·范诺文集》上发表了一篇文章，题名为《货币供应的信贷市场理论以及对美国货币政策中两个难题的解释》。后来，在《政治经济学》上，我们发表了一篇名为《货币、银行信贷和利率的流动性陷阱》的文章，对"信贷市场理论"进行了

第一部分

致敬卡尔·布鲁纳

拓展。

《货币、银行信贷和利率的流动性陷阱》使用了货币和信贷市场的发展模型，以表明在具有多个资产市场的经济体中不可能出现流动性陷阱。我很惊讶，我相信布鲁纳也曾经很惊讶，我们会对所谓的零下限进行大量的研究。正如美联储和其他中央银行的量化宽松计划所示，短期利率为零并不能阻止货币扩张。美联储购买了中长期债务。正如我们关于流动性陷阱的结论所暗示的那样，资产价格上涨，汇率贬值。所谓的零下限结果是，除了非常短期的利率外，几乎没有其他约束。

我们想指出的一点是，大家应该关注信贷市场在从中央银行决定增加或减少银行准备金到准备金变化对实际变量的影响的传导中的作用。货币分析中的一个核心问题是解释货币的变化（名义变化）如何导致实际变量的变化。在《货币、银行信贷和利率的流动性陷阱》一文中，我们发现货币变量通过改变资产价格来影响实际变量。资产价格的上涨增加了实际投资，因为与现有资产价格相比，新的资本生产相对便宜。在随后的文章中，比如《货币、债务和经济活动》和《封闭经济的聚合理论》，我们将这个主题作为货币主义研究的一部分。大约在同一时间，托宾在《货币、信贷和银行杂志》第一期上发表的题为《货币政策的一般均衡方法》的论文中进行了类似的分析，而布鲁纳对该主题的研究在他在俄亥俄州立大学任职时就已经开始。托宾的传导机制和我们的一样，强调了资产和产出的相对价格，在他的论文中被称为"q"。

美联储关于货币传导的讨论集中于劳动力市场，仅限于名义政策变化如何影响菲利普斯曲线的实际变量。我们认为，随着储备的增加或减少以及利率的相应变化，劳动力需求也会随之增加或减少。我们当时相信，现在我依然相信，美联储忽略了股票和房屋相对价格的传导，而这正是货币政策传导的一个明显特征。美联储之所以忽略了这一点，是因为他无视货币和信贷的变化。

我不打算对我们合著的文章进行详细的阐述，相反，我将再讨论一下我们的一个主要研究成果以及布鲁纳在其他方面的兴趣。布鲁纳和我从未讨论过哪篇文章是我们合著的，哪篇文章不是合著的。在我们长期的交往中，我们每个人都以个人身份或与其他合著者一起撰写过论文。

资金的使用

20 世纪 60 年代末，布鲁纳和我对货币和信贷市场展开联合研究，而托宾的研究方向与我们的大致相同，但彼此之间存在一个很大的差异。正是由于这些原因，我们开始对货币性质进行长期研究。托宾认为，货币只能作为一种方便的交易方式。我们对不确定性和交易成本的兴趣表明，我们更充分地发挥了货币的作用。

经过多次的反复讨论后，我们最终撰写了一篇题为《货币的用途：货币在交换经济理论中的作用》的文章。我们对一位消费者的购物资源分配情况进行了分析。该消费者通过不同的渠道获取商品的价格和质量信息，却无法确定市场机会。货币是用来交易的资产，它减少了有关交换所需机会的信息量，以及获得所需商品组合需要的交易数量。

在这种情况下，对个人来说是正确的，对群体来说也是正确的。货币是用作交换媒介的资产。如果将同一资产用作记账单位，则可实现节约。

我们的论文表明，货币的使用涉及一个不确定的世界。在一个确定的世界里，汇率和价格是透明的，因此，货币服务和间接交换就会消失。这篇文章将我们对货币作用的兴趣与我们的信念联系在一起，即经济和社会政治生活发生在一个不确定的环境中。如果没有不确定性，我们使用货币的主要原因也将不复存在。

计量经济学

20 世纪 80 年代，几乎每年春季学期，布鲁纳都要到伯尔尼大学任教。他的主要任务是教授计量经济学。早在 1971 年和 1972 年，他就组织了经济计量模型会议，将其对科学方法的长期兴趣与对了解世界和经济政策的浓厚兴趣结合在一起。

1972 年出版的《当前计量经济学实践中的问题》（*Problems and Issues in Current Econometric Practice*）收录了罗伯特·巴斯曼（Robert Basmann）、劳伦斯·克莱因（Lawrence Klein）、戴尔·乔根森（Dale Jorgenson）等人的会议论文。该书对当时大型经济计量模型——例如美联储-麻省理工学院模型或布鲁金斯模型——认知层面的问题进行了探讨。

布鲁纳为这本书写了一篇简短的导言。他指出，"通常，经济计量企业最初引入该公式时，里面往往没有内容……第一章由巴斯曼提供……声称，计量经济学实践在某些方面已经演变成类似占星术的数学命理学"。一个例子便是态度指数的使用，该指数任意性极强，可以被任何保序变换代替，但标准误差和其他指标一样会发生变化。因此，巴斯曼表示，报告的结果毫无意义。

克莱因和弗洛姆对巴斯曼的批评做出了回应。他们直接反驳说："如果我们深究巴斯曼的论文，最终的结论是，归纳科学必须灭亡。没有什么是绝对可以量化的。"

会议还讨论了模型的频繁重新评估问题。一些人为这一程序辩护，另一些人认为，它可能反映了经济结构的潜在可变性。在这种情况下，我们只进行记录，但不评估经济结构。布鲁纳认为其未能达到科学标准，尽管他没有继续对计量经济学模型进行方法论批判，但其批判仍然没有得到回答。

布鲁纳的货币理论

布鲁纳经常撰写有关货币理论和政策的文章。为了总结他的观点，我选择了他 1971 年在《瑞士经济与统计杂志》上发表的一篇论文。这篇论文完整地阐述了他当时的理念，且表明他精通货币分析。这是我见过的最长的期刊文章，涉及货币的微观分析、传导机制和其他主题。我将总结一些要点，但对其中的主题也只能浅尝辄止。通读整篇文章，读者朋友将会获益良多。虽然我非常熟悉布鲁纳的理念，但是当我重读这篇论文时，他广泛的兴趣和渊博的学识还是令我颇感钦佩。请大家记住，我们今天所熟悉的一些理念，布鲁纳在 1971 年写的这篇文章中就已经进行了阐述。

这篇论文分为八个部分：我们问题的本质、货币微观分析、传导机制、与传导机制的其他观点相关的问题、经济波动的冲击力及其动态、货币主义假说阐述、货币的供给与控制以及货币政策分析。我将对该论文的一些主要命题进行讨论。我的简短总结不能与他富有洞察力的分析相提并论。

致敬卡尔·布鲁纳

我们问题的本质

该论文引言部分介绍了科学分析所走过的不平坦道路。在凯恩斯主义盛行时期，货币分析受到冷落，如今已经有了很大的发展。布鲁纳强调了货币政策与货币理论之间的重要变化。经济学家已经开发出一种与货币理论相关的货币政策分析方法，以取代"印象主义反应"指导政策。此前，关于"银行体系或信贷市场的制度安排"的讨论与政策分析无关。本节最后指出，所有的政策问题都可以被视为一个信息问题、一个解释问题和一个"各国货币当局面临的"决定问题。

货币微观分析

布鲁纳思考的核心是货币作为交换媒介的价值。在我们1971年合著的论义之前，对交换媒介的分析还没有发展起来，也不能在忽略不确定性的模型中进行。价格水平的不确定性以货币为前提，利率的不确定性意味着资产的组合调整。为了解释货币作为交换媒介的作用，就需要了解信息不完整世界中商品质量的不确定性。要解释货币作为交换媒介的用途，我们必须放弃完全信息模型。对不确定性和不完整信息的坚持与充分、理性的期望形成对比。尽管存在这种主要差异，卡内基-罗切斯特会议为学者（如卢卡斯和普雷斯科特）提供了发表研究理性预期模型的主要论文的机会。不确定性会提高持有和使用货币的效益。一旦货币被持有，它可能会获得一个适当的收益，但只有当货币被作为交换媒介持有时，收益才会出现。

通过使用货币，个人减少了他们必须获取、处理或存储的信息量，也减少了他们参与的交易数量，而他们从事这些交易的目的是用初始财富换取最佳的一篮子商品。通过减少每个货币使用者面临的不确定性、交易链的长度、价格比率的变化以及增加预期财富和休闲时间，货币的使用增加了每个货币使用者的福利。

布鲁纳随后讨论了其他解释，包括鲍莫尔（Baumol）和托宾的研究成果（当时被称为"新观点"）、米尔顿·弗里德曼对货币的分析以及弗里德曼、施瓦茨和哈里·约翰逊（Harry Johnson）三人对货币的分析。然后，他将微观分析用于最佳货币数量研究。

在长期货币中性问题上，布鲁纳谨慎地将相对价格变化导致的价格水平效应与中性命题分开。他的分析解释了实际产出和价格水平对货币变化反应速度的差异。几年后，当油价上涨时，这个分析变得非常有价值。美联储和其他中央银行将相对油价变化视为通货膨胀。经济体被迫在1973—1974年以及1980年对这个错误做出反应。到2000年，美联储承认了这个差异，但不承认先前的错误。布鲁纳的结论是，预期价格变化率的社会成本可以忽略不计，但向这种状态的过渡需要……巨大的成本。

传导机制

关于货币变化对实际变量的影响，布鲁纳分为三个小节对其进行讨论。研究的问题是名义上的变化是如何对产出、生产和就业等实际变量产生影响的。

凯恩斯传导机制

布鲁纳在讨论 IS-LM 标准模型之前，简要论述了收入支出模型，主要是经济计量模型。IS-LM 标准模型分析的核心是 IS 和 LM 曲线的斜率。关于 IS-LM 标准模型，布鲁纳批评的一个重点是，政府稳定了一个不受约束的私营部门。萨缪尔森对此也抱有同样的观点。这与布鲁纳所看到的事实相反。他认为，私营部门是稳定的，而政府带来了破坏稳定的冲击。IS–LM 标准模型忽略的是财富效应而非实际平衡效应，同时被忽略的还有开放经济对策。利率主要是借款成本。布鲁纳认为 IS–LM 标准模型有缺陷，缺乏信贷和相对价格调整的作用，而布鲁纳认为这是宏观分析的核心要素。

将银行信贷引入凯恩斯模型

普通的凯恩斯主义模型未包含银行信贷，但许多人认为应该将它纳入其中。布鲁纳提供了一个带有信贷市场的凯恩斯主义模型。该模型强调"信贷可用性"。大量的信贷流动增加了总需求。

其主要含义是，利率由信贷市场决定。对于额外信贷的边际反应取决于增加的是贷款还是债券购买。对于新贷款的反应更大。由于利率是由信贷市场决定的，和托宾的研究一样，IS–LM 标准模型决定了实际资本的实际利率。

在信贷模型中，货币冲击影响 IS 和 LM 曲线的斜率。信贷流量的增加导致总需求的增加，通过改变货币存量，LM 曲线的斜率也发生了变化。因此，货币政策的传导不再仅仅依赖于两条曲线的斜率（忽略了实际平衡效应）。此后，伍德福德模型受到了美联储和其他中央银行许多经济学家的青睐，大家不妨将这些理念与这种吸引力进行一下比较。伍德福德模型起初否认信贷和金钱的重要性。2008 年信贷市场崩溃后，伍德福德（Woodford）承认它们有很小的影响。但是，托宾、布鲁纳和梅尔泽则认为，情况恰恰相反。

在关于传导的最后一节中，布鲁纳讨论了他所称的"新价格理论"，重点是反对利率只是借贷成本的观点。瓦尔拉斯模型未能解释名义冲击具有实际影响，布鲁纳认为凯恩斯认识到了这一点，但他并没有解释这种情况是如何发生的，而主流凯恩斯主义者对这个问题的探讨依然无法摆脱对菲利普斯曲线的依赖。

布鲁纳认为，货币或其他冲击通过首先改变资产——例如股票和房屋——价格来影响相对价格。这改变了现有资本相对于新生资产的价格。降低资产价格的货币冲击提高了新资本的相对价格，减少了投资。货币扩张的作用与此相反，它会增加实际投资。这个分析近似于托宾的分析。

受到凯恩斯批评的经济理论不能解释失业问题，布鲁纳对此表示赞同。他补充道，该问题不仅仅局限于劳动力市场。人们所继承的价格理论无法对失业问题做出解释。凯恩斯试图重构价格理论和宏观理论，但凯恩斯主义者抛弃了价格理论的观点，导致我们看到了一个未包含价格理论的宏观理论。本节的其余部分，探讨了一个价格理论模型。该项研究成果后来在几个地方发表了，其中包括我们一起撰写的论文《货币、债务和经济活动》。

与传导机制的其他观点相关的问题

在这两个较长的章节中，布鲁纳分析了当时以及宏观经济学中长期存在的一些问题。其中一个问题就是财富效应的作用，而现在该问题已经不再是一个问题。财政政策分析涉及财富和替代效应研究，该分析与其在传导过程中对利率的处理同样重要。从这些章节中，我们可以看到，正如上文对相对价格作用的讨论那样，布鲁纳的宏观分析以及对宏观分析与价格理论问题之间关系的阐述不仅质量高，而且非常清晰。

一个例子是他对政府支出增加的分析。他讨论了三种支出：现有实际资产支出、当前产出支出和劳动力支出。每种支出的相对效应和财富效应与将财政政策视为 IS 曲线位置变化的标准做法都有很大的不同。结果更加丰富，相关性更强。布鲁纳的分析包括赤字对当前和未来活动的影响。

宏观分析相对价格的一个主要特点在我们后续的工作中得到了扩展和发展。布鲁纳根据相对价格对财政和利率变化进行分析，而该分析从一开始便从微观层面与宏观层面同时展开。

货币主义假说阐述

在本节中，布鲁纳对经济活动和价格水平的货币主义进行了分析。他解释说，货币主义分析有两个特点：首先，与财政理论不同，货币主义认为实体部门是动态稳定的，而且认为货币机制是产生波动的主要推动力；其次，财政行动被认为是次要的，其主要影响体现在私营部门和公共部门之间的资源分配上。

本节还占用很大的篇幅讨论了几个问题。一个是对米尔顿·弗里德曼货币主义研究成果的彻底讨论。其中一个主要的批评是，弗里德曼在讨论货币传导时忽视了相对价格。布鲁纳借此机会发展了一些动态，这些动态就是我们对货币主义进行修正的部分。后文还分析了货币增长加速和减速对产出增长的影响。本文还对复杂动态分析进行了概述。这种方法被称为货币主义分析，单独有一节对此进行了更详细的讨论。

货币的供给与控制以及货币政策分析

本节首先回顾了 20 世纪 20 年代货币供应理论的发展与 20 世纪 30 年代至 50 年代几乎完全忽视货币供应理论之间的差异。20 世纪 20 年代和 30 年代初，美联储开发了将成员银行借贷分析作为银行信贷主要决定因素的"里弗勒–伯吉斯分析"。这使美联储得出了错误的结论，即 20 世纪 30 年代的低借贷水平是货币政策扩张的结果。随后，劳克林·柯里（Lauchlin Currie）进行了更彻底的分析。柯里的"杰出成果"仔细分析了制度安排的作用，指出了货币和信贷之间的区别，他的研究远远超出了美联储迄今为止所进行的研究。与美联储关于政策的声明相反，柯里指出，在大萧条期间，美联储在放款政策和扩大活动方面做得很少。

本节的其余部分讨论了货币供应分析的四个假设或方法。美联储的做法与布鲁纳–梅尔泽以及托宾的做法不同，但他们全都"赋予（货币）基础重要的因果作用，无论基础是外生的还是内生的"。布鲁纳提出了实证分析，对不同的理论进行了区分。他认为，所谓从产出到货币供应的反向因果关系虽然存在，但只是货币供应对产出的直接影响的一小部分。

货币政策分析

正文的最后对货币政策进行了讨论，主题有三个：信息的问题、阐释的问题和决定的问题。回想一下，这篇文章写于1970年，发表于1971年，多年之后信息才成为经济学家关注的主要话题。经济变化和官方承认之间存在时间上的延迟，布鲁纳对这种延迟进行了研究，也使其重新审视了前面章节讨论的指标选择。正如我们在1964年为美国国会联合经济委员会所做的研究中发现的那样，美联储使用自由储备来显示其行动的现实影响，这种做法对它产生了误导。

决定的问题

布鲁纳认为，在现行制度安排下，应该先讨论政策制定者所遵循的最佳策略，然后再讨论制度安排。最佳策略涉及目标的选择。布鲁纳的分析再次强调了围绕我们反应机制的知识不确定性、影响反应的延迟时间长度以及随机和可逆变化对货币、信贷和其他利益变量的影响程度。

在本文和其他地方，以及在他的思考和文章中，其对不确定性的研究远远超出美联储、其他中央银行以及中央银行之外的其他机构的分析工作。然而，当代经济学家却对此视而不见。

文章的最后一部分讨论了制度结构。因此，布鲁纳对固定汇率或浮动汇率的选择展开了讨论，而这一话题在之前的章节中未被论及。

本节中提出的一个新问题涉及这样一个事实，"要求越来越高的任务被分配给货币当局，而没有考虑这些任务是否可以在现有安排下被有效地完成。更重要的是，安排是非常复杂的，并且在没有考虑理性决策的后果的情况下进行了扩展"。

货币主义

正如莱德勒曾经指出，布鲁纳不喜欢"货币主义"这个词，尽管这个词是他自己创造的。他认为，他研究的是货币理论，在一个不确定的世界中将微观和宏观分析结合在了一起。莱德勒引用了约翰逊极具影响力的《货币理论与政策》一文中的调查，在这篇文章中，约翰逊引用了布鲁纳对"货币和信贷委员会报告"的三段评论。我把它们复制到这里，因为从中可以看到，布鲁纳有关分析和货币理论至关重要的思想是如何形成的。遗憾的是，它们至今尚未成为主流宏观分析。

政策变量的变化导致经济单位资产负债表中资产（或负债）的重新分配，从而溢出到当前产出，然后影响价格水平。注入基础货币……修改银行和其他经济单位可获得的金融资产和总财富的构成。吸收新的基础货币需要适当改变资产收益率或资产价格。因此，银行和公众被诱导对资产负债表进行重组，以调整预期和实际资产负债状况。

银行和公众之间的互动构成了货币供应理论的核心，这种互动产生了特殊的杠杆效应或乘数效应，将基础资金注入银行资产和存款，并相应地注入公众资产负债表中的特定资产和负债项目。调整过程会导致资产的相对收益率（或价格）结构发生变化，这对于货币政策行动向经济活动率的传导至关重要。基础货币及其替代品的相对价格下降，其他资产的相对价格上升。

实际资本存量支配着这些其他资产。资本价格相对于金融资产价格的上涨同时提高了实际资本相对于资本存量重置成本的市场价值，增加了相对于实际库存的期望库存。预期资本存量的相对增加会通过新的生产诱发实际库存的调整。以这种方式，耐用商品的当前产量和价格受到资产负债表调整和基础货币注入引起的相关价格变动的影响。整个传导过程中涉及的财富、收入和相对价格效应也往往会增加对非耐用商品的需求。

即使早在那时，布鲁纳对传导过程的研究就已经依靠相对价格将货币变量与实际变量联系在了一起。他完善的论述远远优于许多中央银行依赖的菲利普斯曲线，而且在经验上也更具相关性。此外，与 IS-LM 标准模型不同，IS-LM 标准模型将分析局限于货币和债券之间的差额，而布鲁纳的分析将政策效应扩大到了实际资本和新的投资。与凯恩斯一样，布鲁纳认为复苏的途径是增加投资，而不是消费支出。

莱德勒曾提醒我们，布鲁纳的方法与托宾的方法有很多共同之处。不同之处在于"它穿越雅各宾派森林的方式……通过结合这些互动关键方面的具体假设，并通过使用一个极简的一般均衡模型"。两者的另一个关键差异体现在价格水平上，托宾一直保持着固定的价格水平。

1983年，布鲁纳在《卡托杂志》（*Cato Journal*）发表了另一篇特别长的论文，题名《货币主义失败了吗？》。在这篇文章中，他对货币主义再次进行了讨论。在介绍这篇文章之前，我先摘录一段布鲁纳在1978年与圣路易斯联邦储备银行的访谈中对货币主义的描述：

公众舆论偶尔会将货币主义解释为，货币和货币政策是一种包罗万象的力量。这是一个严重的误解。

货币主义者的分析主要强调政策问题的两个方面：货币增长与基本通货膨胀率的关系，以及货币加速（或低于预期的货币增长）与产出或就业的暂时变化之间的关系……此外，货币分析表明，货币操纵不能提高实际增长的趋势。

布鲁纳接着讨论了三个问题，这些问题说明了当时货币主义和凯恩斯主义分析之间的差异。

这些问题包括：

（1）基于最佳控制技术的积极政策的可能性和有用性的问题；

（2）私营部门和政府部门的相对稳定性问题；

（3）影响政府部门行为的观点方面的问题。

新凯恩斯主义主张最佳控制技术的潜力和积极的决策方法。传统凯恩斯主义也认为，需要一个稳定的政府部门来遏制或抵消私营部门固有的不稳定性。最终，该传统反映了政府行为的"公共利益"或"善意"理论所表达的一种政府概念。该理论的假设是，官僚机构和政客通常试图将社会福利最大化。有人拒绝接受新凯恩斯主义的这种观点。这种观点特别强调，最佳控制技术和能动性可能会给经济过程带来不稳定性。

当被采访者问及"价格稳定是否是政府唯一的经济目标"时，布鲁纳回答说，"不太可能是，政府的主要责任是提供一个稳定和可预测的框架"。

1983 年春天，在发表《货币主义失败了吗？》一文时，布鲁纳简洁地重述了货币主义者和凯恩斯主义者之间的差异："区别……超出了一些狭隘的'技术'问题。在关于机构和政策制定的政治经济学观点上，两者有着本质的不同。它们解决宏观经济问题的许多方法也不相同。"

凯恩斯主义的分析是在 IS-LM 框架内进行的。凯恩斯主义者在写作、交谈和行动时，就好像他们知道这两条曲线的位置，以及引导曲线达到充分就业位置的财政和货币行动。

货币主义者发现 IS-LM 框架并不完整，尤其是因为它不承认相对价格调整的作用，也不承认弥漫在经济生活和政策中的不确定性。

然后，论文的中心部分讨论了构成货币主义核心的五个主题：传导机制的本质、系统内部稳定性、动力问题、货币供应过程和货币政策以及政治经济的各个方面。

布鲁纳按照前面详细讨论的思路，对五个主题进行了详细分析。他对比了不同的观点，阐述了为什么我们认为 IS-LM 标准模型不完整从而拒绝了它，还解释了我们不完全接受理性期望的原因。它解决了一个主要问题，但忽略了获取信息成本的不确定性，而获取信息成本是使用货币的经济体的核心问题。他对"反向因果关系"进行分析，以表明即使它存在，但相对于货币对产出的影响而言，它的影响也是比较小的。

第一部分
致敬卡尔·布鲁纳

布鲁纳探讨了货币主义者和凯恩斯主义者在对待充分就业问题上的主要区别。凯恩斯分析认为，经济体达到了一个非充分就业均衡，低于由偏好和技术决定的最充分就业。其主要原因就是不确定性。

关于不确定性，布鲁纳选择了一个指标来显示，即无论是经济政策分析还是经济计量政策分析，在当前情况下都是错误的。最近大量闲置准备金余额的累积，以及一长串的预测误差，都充分说明布鲁纳的理念是正确的。

布鲁纳在讨论货币供应时说："信贷和货币市场的冲击对货币供应过程的影响非常不同。"最近，在马文·古德弗伦德（Marvin Goodfriend）的著作及其与麦克勒姆合作的著作中，这一核心理念得到了进一步的拓展。布鲁纳对货币政策政治的讨论强调，准确的政府公共利益理论有两个条件：充分利用信息；为公众利益利用信息。布鲁纳写道，这两个条件在实践中都难以满足。

供给学派、凯恩斯主义者以及另外一些人宣称，美联储的货币主义实验是失败的。他们使用不同的理由来阐释不同的"失败"。

供给侧经济学家希望货币持续高速增长，以帮助他们的减税计划取得成功。一些批评家认为，货币主义政策在1982年严重衰退期间给人们造成了相当大的痛苦。他们没有提供以更低的社会成本降低通货膨胀的替代方案。因此，布鲁纳认为这些批评缺乏充分的分析。

不过，他指出，在半年一次的影子公开市场委员会会议上发表的声明表明，货币主义者并没有声称结束通货膨胀将没有社会成本。最后，他们声称未来稳定的现值超过了经济衰退的暂时成本。

布鲁纳引用了影子公开市场委员会会议上对可变美联储政策及其控制货币增长的不当程序的批评。这些反复的批评表明，影子公开市场委员会的货币主义成员并不认为，1979—1982 年的美联储政策是对货币主义的考验。然而，它确实表明，如果坚持足够长的时间，坚决防止通货膨胀的努力可能会成功。

布鲁纳在对本节进行总结时指出，主要媒体报道了批评者的观点。这是对"失败"说法的支持。以下是他对货币主义失败说法的评述：

所讨论的问题都涉及实证问题。任何答案……都可能是错误的……但是，讨论的结果并没有解决所提出论点的正确性或实证错误。我强调的重点是争论的质量。它们很难达到专业标准。其中偶尔出现的印象主义语言的水平与平地协会成员提出的论点相差无几。

对于货币主义的批评，托宾的批评比大多数人的批评都更让布鲁纳感到烦恼。托宾声称，"弗里德曼、布鲁纳和梅尔泽……将多资产方程组转变为只有单一方程式的货币主义"。

布鲁纳引用了此前的资产市场模型以及科特韦格（Korteweg）、弗拉蒂尼（Fratianni）和迈尔曼（Myrman）等人对美国和其他国家所做的实证研究，对托宾的说法进行了反驳。他将自己和梅尔泽合作的基于多种资产的论文与托宾–比特基于 IS–LM 的论文进行了比较。两篇文章都是 1976 年货币主义会议上提交的论文。

经济社会制度

1969 年，布鲁纳成为康斯坦茨大学的客座教授。这是他一年一度欧洲之旅的开始，他先到了康斯坦茨，后又去了伯尔尼。他开始筹措资金举办因特拉肯研讨会，该研讨会每年召开一次，从 1974 年开始一直到他去世。

虽然没有官方身份，但我从一开始就参与其中，而且每年都参加。

因特拉肯研讨会的目的是将经济分析扩展到社会政策的众多领域。会议的组织与会议上讨论的主题一样不同寻常。我和布鲁纳只在上午参加研讨，下午则到瑞士阿尔卑斯山徒步旅行或者偶尔打打高尔夫球，其间聊聊某些话题，晚上我们又一起共进晚餐。

会议吸引了形形色色的学者。其中一些，比如阿尔希安、汉斯·阿尔伯特（Hans Albert）、詹森以及布坎南几乎每年都来参会。

1979 年，卡尔出版了一本书，书名为《经济和社会制度》（*Economic and Social Institutions*），其中收录了他的一些早期论文。在对该书的简短介绍中，他提出了亚当·斯密将经济学视为社会科学的观点。该书的第一篇论文由汉斯·阿尔伯特撰写，他将经济学视为社会科学的一个研究项目，并对此展开了论述。阿尔伯特是一位受人尊敬的德国哲学家，任教于曼海姆大学社会学系。阿尔伯特首先指出，经济理论是唯一能够扩展到广泛社会问题的社会科学理论。通过对其优势的深入分析，他也认识到，它缺乏充分发挥信息和期望的作用。

在 1977 年联合社会科学午餐会上，布鲁纳发表了一篇文章，庆祝米尔顿·弗里德曼获得诺贝尔奖。该文也被收录在这本书中。布鲁纳利用这个机会谈论了亚当·斯密把经济学作为社会科学的概念，以及与弗里德曼研究的关系。

在该书收录的 11 篇论文中，布鲁纳转载了麦克林和詹森写的一篇题为《企业理论：管理行为、代理成本和所有权结构》的文章，这篇文章当初在第一届因特拉肯研讨会上发表。此外，还收录了布坎南、阿尔希安、彼得·鲍尔（Peter Bauer）、斯维托扎尔·佩约维奇（Svetozar Pejovich）和哈罗德·德姆塞茨（Harold Demsetz）等人在因特拉肯研讨会上发表的论文。

结语

在对布鲁纳的研究成果进行回顾之后，我们发现他志趣广泛、成果丰硕且诲人不倦。但就其学术兴趣、经济想象力和创造力而言，上面的描述只能算得上是浮光掠影、窥见一斑而已。我没有辟出篇幅，讨论他筹资创办的出版物：《货币、信贷和银行杂志》《货币经济学杂志》以及"卡内基-罗切斯特公共政策会议系列"，也没有讨论他和瑞士国家银行、玛格丽特·撒切尔（Margaret Thatcher）以及其他政治领导人的交往。在我们共同的朋友库尔特·席尔特诺赫特（Kurt Schiltknecht）的巧妙协助下，他为时任瑞士联邦委员会主席的弗里茨·勒特维特勒（Fritz Leutwitler）提供建议，解决了瑞士 20 世纪 70 年代通货膨胀时面临的一些棘手的货币问题。

我收到了一封来自席尔特诺赫特的电子邮件，邮件上描述了

第一部分
致敬卡尔·布鲁纳

他与布鲁纳的关系以及布鲁纳对勒特维勒总统的影响：

他经常来我的办公室讨论勒特维勒的立场……与布鲁纳的关系日益密切。他每隔两三天就会给我打电话，询问问题、发表评论或向我提供有关最新研究的信息……

我不认为瑞士国家银行和布鲁纳之间有正式的关系，但勒特维勒非常喜欢与他交谈，并接受他的一些建议。

当撒切尔向勒特维勒总统提出一系列有关货币政策的详细问题时，勒特维勒便将布鲁纳引荐给她。布鲁纳与她见了面，后来我和布鲁纳以及另外两个人一起到唐宁街 10 号参加了一场会议。

布鲁纳在瑞士与撒切尔第一次会面结束时，他敦促撒切尔任命一个人来维护她的利益。他们一致认为沃尔特斯为最佳人选，而此后数年沃尔特斯便一直担任这个角色。

最后，我没有提及的事情是，布鲁纳为美国、德国和瑞士培养了很多学生，可谓桃李满天下。他的一些学生，比如 J. 乔丹和曼弗雷德·诺伊曼（Manfred Neumann），对他们国家的政策产生了重要影响。诺伊曼多年来还一直负责康斯坦茨研讨会的组织工作，并在波恩大学任教，为德国培养了一代代货币经济学家。

作为他的学生，以及后来三十年的挚友和同事，我是他的见解和分析的主要受益者。我们多年来一直互相支持。这是一次美妙的经历。早在 1961 年，布鲁纳就强调了信息、制度、不确定性以及微观分析在宏观经济学中的重要性。为了回答两个关键问题，布鲁纳给出了这样的解释，即名义货币的影响通过将资产的相对价格改变为产出价格从而改变了实际变量。他认为，经济波动是因为公共部门不稳定，特别是货币部门，它们扰乱了更稳定的私营部门。令人遗憾的是，许多中央银行尚未达成这些与我们类似的观点。

第 二 章

卡尔·布鲁纳与货币主义遗产

——恩斯特·巴尔滕斯珀格

记得布鲁纳的人都知道，他是那个时代顶级经济学家之一。他和米尔顿·弗里德曼、梅尔泽、卡根以及其他几个人共同创造了货币主义（人们通常认为该术语是他发明的）。此外，他还是几种著名学术期刊和系列会议的创始人，比如《货币、信贷和银行杂志》《货币经济学杂志》、卡内基–罗切斯特公共政策会议以及影子公开市场委员会等。通过不懈的努力，他成了那个时代最具影响力的经济学家之一。在我人生的不同阶段，我有幸与布鲁纳都保持着密切的联系，对此我心怀感恩，甚感荣幸。

在本章中，我主要讲述两个部分。首先，对货币主义进行回顾，特别是布鲁纳对货币理论和宏观经济政策发展的贡献，即货币主义的遗产。其次，根据我与布鲁纳的交往经历，增加了一些传记材料。对于那些关心布鲁纳及其生活时代的人来说，这些材料可能会引发他们的兴趣。

货币主义在货币思想史上的地位

"货币主义"一词到底是什么意思？当然，和所有这样的术语一样，这是一个定义问题，从这个意义上说，它并不重要。就定义发生争执毫无意义。布鲁纳对货币主义的本质有自己的特殊解释，而他的解释在某些方面可能与其他货币主义者有所不同。再者，鉴于人们认为他是该词的创造者，那么他当然有权利对其进行定义。但是，这并不是我本章关注的要点。

货币主义是一场智力运动，是对现有货币和经济思维状态的反应，是对当时最先进的主流经济学的回应。我想把注意力集中在所有自称为该运动成员共同的核心思想和信息上，这些思想和信息与其盛行时主导货币思维的观点相反。我想问问：今天这些想法对我们还意味着什么？它们在意义上是否仍然相关，在货币思想史上的地位又如何？回答这些问题可以让我们对货币主义者在货币理论和政策发展方面做出的贡献进行衡量。我相信，他们的贡献比今天许多人认识到的要大得多。

在对政治家、记者甚至经济学同行进行观察之后，我发现他们对这些问题的反应存在巨大的差异。少数人极端地认为，货币主义是"被遗忘的真理"，是丢失的财富，必须找回并使其复活，这样才能拯救世界。我的看法与此不同，在我看来，这并不符合货币主义者的实际贡献。另一个极端的观点是，货币主义是一种根深蒂固的意识形态，是一种已经失败的教条主义，应该迅速彻底地抛弃，然后将其忘掉。这同样是错误的。以这种方式看待货币主义的人通常不知道从历史角度来理解该术语的真正内涵，也不知道智慧观念和经济思想史的演变。货币主义的真正贡献更为微妙和普遍。

毫无疑问，布鲁纳的货币主义和所有其他货币主义变体的一个核心要素是，深信市场体系和经济的私营部门从根本上是稳定的。货币主义者断言，过多的政府影响会削弱而不是强化经济稳定。除了这个时至今日仍备受质疑的基本主张之外，我想通过五个标题对货币主义者的贡献进行回顾。

致敬卡尔·布鲁纳

货币很重要

请注意，20 世纪 40 年代和 50 年代的原始凯恩斯主义者——在某种程度上与凯恩斯本人相反——并不推崇货币理论和货币政策，认为后者作为宏观经济政策的工具在很大程度上是无用的。早在 20 世纪 60 年代，许多教科书对货币影响经济活动的能力表示严重怀疑，要么是因为总需求对利息不敏感，要么是因为货币的需求具有极高的利息弹性（流动性陷阱）。对于早期凯恩斯主义者来说，选择的宏观经济政策工具是财政政策，即政府支出和税收，而不是货币。他们相信，财政政策对货币政策的强大支配作用是影响经济活动的工具。早期的凯恩斯主义观点广泛反映在 20 世纪 60 年代经济学学生使用的课本中。在 1959 年英国政府发布的政府报告《拉德克利夫报告》（*Radcliffe Report*）中，货币政策受到极度怀疑，货币及其对经济增长的重要性被完全淡化。幸运的是，我那时开始在苏黎世大学学习经济学。我们有两位老师——弗里德里希·卢茨（Friedrich Lutz）和尤格·尼汉斯（Jürg Niehans）没有坚持这样的观点，并且坚守货币和货币政策的经典传统。因此，与我在其他大学的许多同时代人相比，我得到了拯救，没有成为一个货币文盲。

货币主义者开始反击这种对货币的偏见。（对宏观经济波动来说）"货币很重要"成为早期货币主义的口号。根据布鲁纳的观点，货币主义的核心主张之一是，拒绝接受凯恩斯主义关于财政主导货币冲击的主张。当我在 20 世纪 60 年代中期抵达美国时，凯恩斯学派的部分人士仍然对这些努力持怀疑态度。然而，公平地说，由莫迪利亚尼、萨缪尔森和托宾等经济学家领导的新一代凯恩斯主义推动成立了所谓的"新古典综合派"，越来越多地将货币带回凯恩斯主义的分析中。还有一些经济学家，如埃德蒙·菲尔普斯（Edmund Phelps），并不执着于某个阵营或者学派，他们追求的目标与货币主义者相似。

到 1970 年，由于所有这些努力，凯恩斯主义者重新找回了他们对货币政策的信心。积极使用货币政策和财政政策稳定经济，消除所有周期性波动并克服商业周期，成为凯恩斯主义经济学的标志，并一直保持至今。在他们看来，货币主义者将反过来挑战这些过于雄心勃勃而又适得其反的稳定经济的做法。但很明显的是，它们在恢复货币在宏观经济分析中的应有地位、重新将货币政策作为一种值得考虑的工具，以及修正凯恩斯主义者早先对货币政策的蔑视方面发挥了决定性作用。

积极性和政策规则的作用

20 世纪 60 年代和 70 年代主要的凯恩斯主义者，如莫迪利亚尼、萨缪尔森、托宾和克莱因等经济学家，一直坚信短期宏观经济稳定政策的可能性和可取性。他们认为，适当使用货币和财政工具可以对宏观经济发展进行很好的控制。这导致他们建议采取积极的短期、周期性稳定政策。他们将大规模使用经济计量模型视为实现这一目标的主要手段，这些模型建立在凯恩斯主义理论的基础上，但包括一个详细的货币模块。对凯恩斯主义者来说，经济政策是一系列离散的、单独的政策措施，每一项都具有历史的独特性。

相反的，货币主义者对这种短期政策行动主义持批评态度，建议更加温和地使用货币和财政工具。他们强调政策规则的重要性，并强烈支持使用这些政策。在某一特殊情况下采取的政策措施可能会对经济产生一定的影响，但在某些条件下，反复和经常

致敬卡尔·布鲁纳

采取类似的政策措施可能会提高人们的预期，产生不同的效果。正如弗里德曼在其 1961 年的著作中所言，货币政策对经济的影响具有长期和可变的滞后性，而这些滞后性很难提前预测，比如会受到预期状态的影响。因此，一般而言，自由裁量政策不太可能优于固定政策规则。货币主义者收集的经验证据表明，从历史上看，善意但错误的货币政策往往会破坏经济稳定。所以，他们认为，政策规则应该取代一次一个的自由决定。以稳定的速度扩大特定货币供应量的固定规则成为他们青睐的货币政策处方。毫无疑问，货币主义者对政策规则及其作用的强调对 20 世纪 70 年代后几十年经济理论和政策的发展产生了巨大的影响。《新古典宏观经济学》(*The New Classical Macroeconomics*) 对其进行了分析和提炼，逐渐被凯恩斯主义取向的经济学家所接受，最后，基本上发展成为主流宏观经济学的核心组成部分，特别是在 20 世纪 90 年代新凯恩斯主义宏观模型流行的背景下更是如此。然而，还应提及的是，在实际的政策应用方面，货币主义者一直认为需要具有一定的灵活性，例如，在支持瑞士国家银行或德国联邦银行等中央银行时，他们就遵循了货币主义政策理念，但发现需要以具有弹性的、灵活的方式进行使用。事实证明，货币主义者强调的货币增长和货币目标（与利率或汇率目标相比）更具争议。我将在下面对此进行讨论。

通货膨胀、通货膨胀预期和通货膨胀预测错误

20 世纪 40 年代和 50 年代的早期凯恩斯主义者不具备分析通货膨胀的能力。事实上，通货膨胀并没有出现在他们的大多数模型中。通常情况下，假设价格水平是固定的，名义价格和实际价格也没有进行区分，或者说即使区分了，也是以一种纯粹的形

式和分析上毫无意义的方式进行的。早在 20 世纪 60 年代初，美国的通货膨胀率就很低，但这并没有被视为一个问题。美国（和许多其他国家）的货币政策侧重于货币市场状况，旨在保持低名义利率。

但即使在 20 世纪 60 年代和 70 年代，对于他们所建议的政策导致的通货膨胀后果，凯恩斯主义者依然没有在分析上做好准备。萨缪尔森和索洛（Solow）在 1960 年发表的一篇著名文章中指出，阿尔班·W. 菲利普斯（Alban W.Phillips）1958 年做的实证研究——所谓的菲利普斯曲线表明，失业和通货膨胀之间存在着长期而稳定的平衡，这种平衡也应该被经济政策所利用。菲利普斯曲线成为凯恩斯主义经济学的有力武器，他们借助该曲线将货币政策转变成就业政策的一个主要工具。然而，正如今天大家都知道的那样，要想将失业率稳定在特定的低水平，就需要越来越大的通货膨胀，这必然导致通货膨胀加速，进而成为一个严重的公共问题，人们也因此对凯恩斯主义经济学感到担忧。20 世纪 60 年代和 70 年代主流凯恩斯主义宏观模型——新古典综合模型——无法以令人满意的方式对通货膨胀的过程进行分析。众所周知，通货膨胀经常被归因于结构性因素、劳动力市场问题以及心理或社会影响，而其根本的货币原因却被无视。除了货币政策，收入政策、工资和价格指导方针以及类似的手段也被推荐作为抑制通货膨胀的方法。

这一缺陷的核心是缺乏预期分析工具，以及未能将实际通货膨胀和预期通货膨胀（以及名义利率和实际利率）清晰地区分开来。正是货币主义者和菲利普斯提出了解决这个问题的方法，恢复了长期菲利普斯曲线的纵向本质以及长期通货膨胀的货币本质。如果你愿意，也可以认为这是复兴了旧古典主义的见解，并使其重新获得了在主流经济学中应有的位置。他们采用直接的学习机制来解释预期的形成（适应性预期），并强调通货膨胀预测误差是短期周期变化的主要决定因素，他们为分析通货膨胀过程提供了一个简单的工具，使通货膨胀和货币政策分析发生了革命性的变化。货币增长和通货膨胀加速会刺激经济的发展，但这也只是暂时的。一旦惊喜效应消失，其对实体经济的刺激也会消失，但高通货膨胀的不良影响仍然存在。降低（稳定期）通货膨胀需要限制货币发行，也与抑制期危机（周期性衰退）相关。货币政策具有不同的短期效果，难以用于短期稳定，但对长期通货膨胀却具有决定性的作用。可以说，所有这一切都只是古典经济学家早就知道的古老智慧的复兴，但长期以来它们却一直遭人忽视。然而，正是货币主义者将这些见解带回了主流经济学，因为它们属于主流经济学，并且从那时起就一直存在。

货币增长目标设定

在提出货币政策实施规则建议时，货币主义者设想的是实现货币的稳定增长。布鲁纳和梅尔泽倾向于将中央银行货币（货币基础）作为设定目标，而弗里德曼和其他人则倾向于为更广泛的货币总量设定目标。然而，他们之间的共同观点是，与试图通过控制利率来控制货币市场状况相比，为货币总量设定目标将在整个商业周期内产生更好的政策效果。重要的是，他们认为这是控制长期通货膨胀趋势的唯一途径。

到 20 世纪 80 年代，设定货币增长目标，正如货币主义者所建议的那样，已经成为许多中央银行政策制定程序的一部分。瑞士国家银行和德国联邦银行是使用货币增长目标的先驱，成功地将通货膨胀率降低到与布雷顿森林体系于1973年崩溃后价格稳定一致的水平。布鲁纳在这些事态发展中扮演了重要的顾问角色。然而，瑞士国家银行和德国联邦银行在设定货币目标时，运用的方法都比纯粹货币主义理论中提出的方法更为灵活、更具弹性。他们时刻牢记的是，价格稳定是他们的终极目标，其设定的货币目标只是实现最终目标的中间工具。关于这种做法，他们通常会得到货币主义顾问的理解和支持。

货币目标的最大挑战来自货币需求（或其速度）的不稳定性。事实证明，20世纪80年代末和90年代，瑞士对中央银行货币的需求非常不稳定。解释和预测货币的行动和信息内容变得越来越困难，中央银行的中间目标与其最终政策目标之间的关系也变得更加不可靠。因此，各国中央银行开始为其政策寻找更可靠的名义锚，并转向基于直接通货膨胀目标的概念。应对偏离通货膨胀目标和预期产出差距情况的通货膨胀预测和（隐性或显性）控制中央银行利率的"泰勒规则型"反应函数，成为中央银行政策策略的决定性因素。

与货币增长目标相比，通货膨胀目标并不依赖于货币与通货膨胀之间的稳定关系。事实上，有关通货膨胀目标的分析——通常被嵌入新凯恩斯主义宏观模型之中——没有发挥货币和货币需求的作用，只是把它们当作一个与分析无关的附录。然而，有趣的是，关于作为中央银行利率政策基准的实际均衡利率的适当衡量标准，现在存有争议——正如一些人所说的那样，它们是2%、1%、0，甚至是负数。这些争议表明，在实际操作中，通货膨胀目标和"泰勒规则型"反应函数面临的挑战与货币目标之前面临的挑战非常相似。鉴于均衡实际利率的不确定性，通货膨胀目标可能会像过去货币目标一样成为一种不好施行的政策手段。

货币、信贷和金融部门细节

分析货币政策及其影响时需要考虑金融部门的细节，当前关于这个需求的讨论指出，相对于 20 世纪 60 年代和 70 年代的宏观经济学，主流宏观经济学在范围上有所倒退。货币主义者，尤其是布鲁纳和梅尔泽，一直强调货币政策和货币政策措施传导过程的信用观。这一观点明确区分了不同资产及其回报率，包括实际资本回报率，并侧重于调整相对资产回报率，以解释货币政策的威力和有效性。在这一努力中，货币主义者与托宾可谓是灵犀相通，因为托宾在货币理论和政策的一般均衡方法中遵循了类似的研究计划。

顺便说一句，布鲁纳在其创办的《货币、信贷和银行杂志》第一期上发表了一篇关于托宾方法的著名的概论。这似乎是一场发生在货币存量决定替代理论和货币政策传导——布鲁纳和梅尔泽的货币乘数和信贷市场方法与托宾的一般均衡方法之间的激烈竞争。事实上，这场竞争充分表明他们志同道合，为了共同的目标而在不懈奋斗。与这些比较遥远的方法相比，近几十年来，主流货币宏观经济学几乎完全回归到只有一种赢利资产和一种利率的模型，而该利率同时代表中央银行设定的利率和一般的资产收益率。直到最近，作为对 2008 年金融危机的回应，人们才重新对金融市场细节和关注这些细节的模型感兴趣。

融合和新挑战

20 世纪 70 年代和 80 年代，货币主义者对经济学专业和经济政策的影响达到高潮。随着时间的推移，货币理论不断向前发展，同时也面临着新的挑战，这些挑战与货币主义者和凯恩斯主义者之间过往的争论并无直接关系。理性预期理论及其在经济模型和经济政策中的作用日渐凸显，它更加强调学习的重要性以及可用信息的有效利用。这一假设最初被大多数凯恩斯主义者拒绝，也未被许多货币主义者立即接受，它强化了货币主义者对政策能动性和周期性稳定政策的怀疑。在卢卡斯之后，新古典经济学开始了在市场出清条件下以微观经济原则严格重建宏观经济理论的计划；而在斯蒂格利茨和其他人之后，新凯恩斯主义则强调各种市场不完善情况和摩擦的作用。新出现的新古典综合派开始将两者进行结合。在有关货币和财政政策的辩论中，信誉、声誉、时间一致性和承诺等问题成为核心议题。

随着时间的推移，货币主义者和凯恩斯主义者之间以往的争议问题日渐趋同。20世纪80年代和90年代，更为开明的新凯恩斯主义开始接受许多既往的货币主义立场，尤其是不存在长期失业、通货膨胀权衡以及长期通货膨胀的货币性质的观点。尽管凯恩斯主义者从根本上仍然相信周期性稳定的可能性，但对过于雄心勃勃的稳定努力却变得更加怀疑。对于通货膨胀预期的重要性和实际通货膨胀和预期通货膨胀之间的区别，不再有人怀疑。货币主义者对通货膨胀的重视使其重新成为货币理论和政策讨论的核心。作为建立政策可信度和锚定预期的手段，政策规则的吸引力远远超出了货币主义阵营的吸引力。

然而，对于这场争论，货币主义者并未大获全胜。事实证明，凯恩斯主义的某些因素颇具韧性。在某种程度上，货币主义者已经开始接受这样的观点，即鉴于外部冲击，政策规则必须在坚定承诺和短期灵活性之间找到平衡。在货币政策实践中，货币主义者一直主张，在任何情况下都要适度应用这种灵活性。正如货币主义者所建议的那样，20世纪70年代和80年代，在世界各地，尤其是在德国和瑞士，货币目标被成功地用作高通货膨胀中的反通货膨胀政策工具。然而，20世纪90年代和21世纪，由于货币需求的不稳定，货币目标让位于旨在实现利率目标和直接通货膨胀目标的政策。在操作层面，今天的货币政策几乎都是通过利率控制来实施的，而不是通过布鲁纳、梅尔泽和其他货币主义者所建议的基础货币控制实现的。然而，具有讽刺意味的是，近年来，美联储和其他重要中央银行发起并推行的量化宽松计划重新引入强有力的货币控制量化要素，但在近年来主导中央银行思维的新凯恩斯主义模型中该要素并未被纳入其中。

货币主义的遗产

经济理论和一般科学的演变通常不会按照黑格尔描述的过程发生，由此，一种在过去占据主导地位的观点被彻底推翻，取而代之的是一种全新的、不同的观点。相反，它是一个持续的过程，在这个过程中，现有理论和模型中那些被证明有用的部分得到了保留，而那些没有经受住时间考验的部分则被淘汰，取而代之的是主流思想中新的、更有前途的想法。当然，这是一个反复尝试的过程。偶尔我们会相信，我们学到了一些重要的东西，但最终证明它们并不重要，我们会把我们以为学到的东西忘掉。但总而言之，这都是发生在货币主义者和凯恩斯主义者身上的事情。

经常会有这样的声音，货币主义已经过时甚至不足为信。凯恩斯主义过去也曾面临这样的情形。但如今，它依然没有消失，而是以新凯恩斯主义的形式顽强地活着。这显示了此类标签的模糊性和不透明性。当然，20世纪40年代和50年代的凯恩斯主义和20世纪60年代和70年代的凯恩斯主义已经没有任何严肃的经济学家作为其代表。货币主义的支持者在20世纪60年代和70年代所倡导的货币主义也是如此。从这个意义上来说，它们已经消亡了。然而，两者却都以决定性的方式影响了宏观经济理论的演变及其在货币政策中的应用，并且都以后世发展和使用的概念、理论和模型延续至今。从这个意义上来说，它们并没有消亡，依然活力十足。最近的新凯恩斯主义模型与20世纪60年代的传统凯恩斯主义非常不同，当然，与20世纪40年代至50年代的凯恩斯主义就更加不同了（并非所有的政治家和记者都意识到了这个事实）。这既要归功于旧货币主义者的思想，也要归功于旧凯恩斯主义者的观点。从这个意义上来说，被冠以凯恩斯主义之名多少有点不幸，会让人产生误解。然而，没有那些前辈，也不会有现在的它们。正是以这种方式，古老的传统才得以延续，并在当代人和后代人的思想上留下印记。

如果我们想欣赏布鲁纳和他的货币主义朋友及同事为我们今天的生活带来的好处，我们无须再回到20世纪60年代和70年代的货币主义。我们不应该试图再回到过去，把时钟往回拨，过回以往的生活——当然，我们也不应该试图再次打响过去曾经打过的战争。我们应该考虑的是，他们的见解和成就在他们那个时代以及之后是如何与其他学者的见解和成果相互影响，并创造出新的观点和概念的，同时又是如何影响我们对经济以及到目前为止货币政策作用的理解的。如果这样做了，我们就会发现很多值得我们感激的事情。无论谁相信货币和货币政策很重要、政策规则很重要、通货膨胀和通货膨胀预期分析很重要以及银行信贷和金融市场细节很重要，他都应该向布鲁纳与其货币主义同事表示感谢，感谢他们的智慧结晶。

一些传记随笔

20 世纪 60 年代，我在约翰·霍普金斯大学读研究生时，第一次见到了布鲁纳。当时，他是以访问学者的身份去那里出席一场部门研讨会。那时，我是一名研究货币经济学的学生，正在撰写一篇与此相关的论文，而且，作为一名瑞士人，我经常听到他的名字，我在约翰·霍普金斯大学（之前在苏黎世大学任教）的老师和导师尼汉斯更是经常提到他。第二次世界大战之前和战争期间，布鲁纳和尼汉斯在苏黎世大学读书并成为好朋友。1968 年秋，完成论文后，我便成为布鲁纳的同事，当时我还是俄亥俄州立大学的年轻助理教授，而他是该校经济学系的领军人物。1971 年布鲁纳离开俄亥俄州立大学前往罗切斯特大学任职，但在后来的多年时间里他仍与俄亥俄州立大学经济学系保持着密切联系（并继续编辑他在那里创办的《货币、信贷和银行杂志》）。后来，我到伯尔尼大学的经济学系工作，布鲁纳是那里的特聘教授，1974—1986 年的夏季学期他都会到那里授课，所以我们再次成为同事。

我对我在俄亥俄州立大学和伯尔尼大学与布鲁纳共事的那段时光以及我们之间的多次接触，尤其是我们与瑞士国家银行的关系，有着非常美好的回忆。有两个人对我的职业生涯影响最大，布鲁纳便是其中之一（另一个是尼汉斯）。我非常感谢他为我（以及其他许多人）所做的一切。

从欧洲到美国再回到欧洲

布鲁纳于 20 世纪 40 年代末离开家乡瑞士前往美国，原因是他对自己在瑞士大学的境况感到不满（这种情况在当时的欧洲大陆具有相当的代表性）。在伦敦经济学院度过了一年（1937—1938 年）的时光之后，布鲁纳敏锐地意识到自己从苏黎世大学教授们那里受到的教育尚有不足之处。和他持有同样观点的尼汉斯曾将苏黎世大学的教师描述为值得尊敬的人，他们正直诚信，但在专业上"落后于时代大约半个世纪"。布鲁纳和尼汉斯都很喜欢谈论他们和一两名同学共同组建一个小俱乐部并进行自主学习的往事，后来尼汉斯将其称为"大学内部自主教育"。他们阅读当时一些专家的现代经济理论——包括罗宾逊、凯恩斯、希克斯、维纳以及威克塞尔等，这些人的著作都是他们在接受正规大学教育期间没有接触过的。他们还经常去苏黎世一家名为"绿色亨利"的艺术家咖啡馆，就他们读过的书进行讨论。

1943 年，布鲁纳在苏黎世大学完成了自己的博士论文（主题是国际贸易理论中的盎格鲁-撒克逊文献），但他对这篇论文的评价并不高。他说，这不符合他为自己设定的标准。1969 年，布鲁纳创办了《货币、信贷和银行杂志》，邀请我担任该刊的书评编辑。这个身份需要我经常查看市场上出现的新出版物。有一天，我看到桌上有一本关于国际贸易的书，阅读时，发现作者引用了布鲁纳的论文。后来，当我跟布鲁纳提及此事时，他说："哦，如果他引用了这样的文献，这本书就没有太大价值了，把它扔了吧。"

在获得博士学位之后，布鲁纳曾在瑞士国家银行经济部和圣加仑大学短暂任职。然而，他觉得那里的学术研究氛围不够浓厚，难以激发他的灵感。之后，他也经常发表这样的评论。当他有机会去美国时，他便申请并获得了两年的洛克菲勒基金会奖学金，很快他便和妻子去了那个新世界。在哈佛大学和芝加哥大学短暂任职后，他于 1951 年秋天前往加利福尼亚大学洛杉矶分校任教，开始了一段杰出的学术生涯，之后去了俄亥俄州立大学，最后进入罗切斯特大学。至此，他的学术生涯便开始深深植根于美国这片土地。

然而，随着时间的推移，他开始与自己在欧洲的家乡建立起更密切的关系。1969 年，他接受了康斯坦茨大学（当时刚刚成立）夏季学期长期客座教授的职位。在那里，他创办了康斯坦茨货币理论和政策研讨会——一个高质量年度会议系列，对 20 世纪 70 年代和 80 年代的德国、瑞士甚至整个欧洲大陆的货币思想产生了巨大影响。1974 年，布鲁纳将欧洲夏季活动的基地转移到了伯尔尼大学，在那里担任教授。两年后，布鲁纳和从美国回到瑞士的尼汉斯一起加入了伯尔尼大学，布鲁纳为货币理论、货币政策研究和教育传统奠定了基础，这一基础现在依然十分牢固。在伯尔尼大学期间，布鲁纳创立了另一个年度会议系列，即因特拉肯会议，这一年度会议经常有著名学者参会。

布鲁纳的人格与使命

布鲁纳对其在欧洲的活动充满热情，除了情感因素之外，还有另外两个原因。首先，他想推动欧洲大学的结构改革，尤其是经济学方面的改革。他认为欧洲的经济学非常落后（他的认知是正确的），在学术上与美国的经济学还有很大的差距。他将返回欧洲的机会转化成一个平台，积极主动加强学术开放与学术交流，将学术竞争引入一个在他看来（但不仅在他看来）既没有激情又缺乏活力的封闭系统。他想打破他曾经描述的"限制相互辩论和批判性分析的隐性卡特尔协议"。在研讨会上，他鼓励自己的助手和博士研究生大胆地向演讲者提出刁钻而关键的问题，无论演讲人是谁。毫无疑问，他的这种做法并没有使其受到其他瑞士或德国大学客座教授同事的欢迎。其次，他想传播自己的经济学观点，特别是货币主义的见解。在这两个方面，他认为自己是一个反叛者和创新者；在这两个方面，他都证明自己是非常成功的。在了解了他的性格之后，人们可能会对他取得的成功有更好的理解。

熟悉他的人都知道，布鲁纳是一个非常热情而外向的人，但又有点像传教士。在他看来，对年轻学者的支持与栽培是一件非常重要的事情。他积极寻找并创造与有前途的学生和年轻同事交流的机会，传播他对经济学和一般科学的热情。我记得在俄亥俄州立大学的第一年，他经常到我或其他年轻同事的办公室，询问一下我们项目的进展情况，谈论一下他人的成果，告诉我们他对这些成果以及对整个世界的看法。我一直认为这是一次很好的经历，也是一位大学教师能够传给下一代的最好榜样。我知道，我不是唯一一个有这种感受的人，许多人都具有同样的感受。（说些题外话，布鲁纳这样做偶尔也会产生一些花费。正如我之前提到的那样，布鲁纳与俄亥俄州立大学经济学系一直保持着联系，离开俄亥俄州立大学前往罗切斯特大学之后还定期返回这里一段时间。他之所以这样做，是因为他要继续编撰《货币、信贷和银行杂志》，而我仍然担任他的书评编辑。他过去经常来我的办公室，进来之后没多久，他便会与世界各地的朋友和熟人进行长时间的电话交谈。此外，布鲁纳除了是一位出色的同事和讨论伙伴之外，还是一位电话迷，当时的电话费特别是长途电话费特别高，所以，我最后不得不向我的系主任解释，证明巨额电话费的合理性。幸运的是，布鲁纳和我的系主任也有所耳闻，因此我没有被学校解雇。）

当然，布鲁纳在做这些事情的时候并不是完全无私的。他想让我们相信他的观点和信念。但他以学术上的诚实和开放的态度做到了这一点，在我看来，这就是典范。当布鲁纳看到学生有进步和提升的潜力时——这几乎是不可避免的，无论这个人的年龄和地位如何，无论他有没有通过他的考试——他都会非常慷慨地向他们发出其筹办会议和研讨会的邀请函，安排他们和与会专家进行交流接触，同时还提供一些建议。从这种慷慨中获益的 20 世纪 70 年代和 80 年代的年轻经济学家，现在都成了大洋两岸的传奇人物。作为交换，他期待着某种学术忠诚，我必须承认，假如你碰巧在一个对他来说很重要的问题上与其产生了分歧，那么有时候可能会导致彼此之间的关系出现某种程度的紧张。但考虑到布鲁纳给予我们的一切，这应该算不得什么。

毫无疑问，布鲁纳在德国和瑞士的活动，以及一些具有相同理念的经济学家同事的活动，对这些国家（以及其他国家）将经济学定为一门学科产生了深远的影响。他影响了该学科的教学、经济研究的组织以及未来一代经济学家和经济学教师的思维方式。此外，他坚持将经济学理论应用于公共政策问题上，这对经济政策辩论和实际政策的制定产生了巨大的影响。这在货币经济学领域表现得最为明显，毕竟这是他最感兴趣的领域。这又让我回到了货币主义。正如我之前所说，传播货币主义的信念是布鲁纳的首要任务。

　　布鲁纳的兴趣非常广泛，远远超出了货币，涉及计量经济学、科学哲学和科学方法论、公共选择和制度理论以及经济政策的各个方面。是的，我们可以毫不夸张地说，提高我们对货币的理解以及货币对经济的影响始终是布鲁纳工作的核心。

第三章

金融危机的思想根源

——本杰明·M.弗里德曼

> 经济学家和政治哲学家的思想，无论对错，都要比人们通常理解的更为强大。
>
> ——凯恩斯
>
> 我的确相信，从长远来看，人类的事务是受思想力量指引的。
>
> ——哈耶克

我很荣幸参加了瑞士国家银行举办的纪念卡尔·布鲁纳百年诞辰的大会。布鲁纳既是一位伟大的经济学家，同时又是一位才智超群的人。和许多与我同时代的经济学家一样，我从他身上学到了很多东西，而这一切都是在我经济学之旅的早期，也就是形成阶段发生的。此外，对我来说很幸运的是，我不仅通过阅读他的著作向他学习，而且还通过与其本人的交往向他学习。我了解他、尊敬他、喜欢他。二十多年后，再次回顾我们的友谊，我感到非常高兴。我还记得他挚爱的妻子。在他妻子去世的那一天，布鲁纳给我打了一个电话，而那次谈话成为我最痛苦的记忆之一。

我也很荣幸能够与梅尔泽一起参加这次纪念大会，同样，他从我职业生涯的早期开始就一直是我的良师益友。唉，他现在也离开了我们，布鲁纳纪念大会上的相逢竟成为我们最后的诀别。我也一直记着他，心中充满了对他的喜爱和敬意。我所知道的布鲁纳的著作——多年前我从中学到很多东西的著作——都是他与梅尔泽一起撰写的。

任何一个知识学科都是一个思想领域，经济学也不例外。与大多数的学科相比，在经济学这门学科中，思想会给人们带来影响，而且就是为了带来影响。事实上，从一开始就是这样。亚当·斯密 1776 年撰写的奠定了现代经济学基础的《国富论》（*Wealth of Nations*）是 1739 年他和大卫·休谟（David Hume）合作项目的一个组成部分，该项目旨在创造一种"人类科学"，类似于牛顿（Newton）早期为无生命世界创造的那种科学。但从某种程度上来说，这本书还只是一个操作手册，一个将一个生活水平较低的国家提升到更高经济发展水平国家的配方。随后整个 19 世纪经济学的演变——在英国，有 1817 年李嘉图（Ricardo）的国际贸易新概念、1848 年密尔（Mill）对稳定状态的分析以及关于银行业务和《谷物法》的长期争论等；在美国，有 1837 年韦兰（Wayland）对技术进步在推动经济增长中的作用的早期理解（我们现在认为这是理所当然的，但亚当·斯密和李嘉图却都完全忽略了）以及 1889 年伊利（Ely）对法律和制度作用的强调——同样将理论结合起来，以增强对理论的理解，并将理论作为实际行动的基础。

在 20 世纪，无论是凯恩斯关于 20 世纪 30 年代大萧条的理论，还是米尔顿·弗里德曼关于第二次世界大战后物价上涨的理论，都反映了思想与事件之间的双向联系。他们均认为，之所以会出现这样的问题，部分是因为人们对理论理解得不够透彻。每一种理论都意在产生政策影响，而事实上两者都做到了。正如 2006 年菲利波·塞萨拉诺（Filippo Cesarano）在一些细节中所表明的那样，第二次世界大战后出现的布雷顿森林体系和制度在很大程度上是当时经济理论的产物。

在这个经济发达的世界里，布鲁纳百年诞辰之际发生的最大事件，即 2007—2009 年的金融危机及其长期后果，同样是不完整经济理论的产物，也是（人们可以期待）激发新思维的动力。这场危机及其引发的经济衰退是第二次世界大战以来最重大的经济事件之一。在许多国家，实际经济成本——生产减少、失业、投资萎缩以及收入和利润下降——超过了战后任何一次衰退的成本。在美国，实际产出的峰谷跌幅标志着当时创下了一个战后纪录（然而，由于新冠疫情引发的经济下滑，现在的降幅超过了这一纪录）。在欧元区，金融危机后的经济下滑是欧洲共同货币欧元建立以来的首次彻底的经济收缩。在日本，这次衰退也同样创下了战后的纪录。经济衰退几乎影响到世界上的每个国家，世界贸易量也急剧萎缩。在纪念大会召开时，许多国家的经济尚未完全恢复。时至今日，有些国家的经济依然还一片萧条。

然而，受冲击最大的应该是金融领域。主要金融公司倒闭、资产价值的下降和随之而来的纸面财富的破坏、信贷流动中断、人们对公司和信贷市场工具失去信心、对交易对手违约的恐惧以及中央银行和其他政府机构的干预等，其规模和范围都非同寻常。无论 2007—2009 年的金融危机是否造成了第二次世界大战以来最严重的实际经济衰退，对许多国家来说，他们都还是死里逃生了。毫无疑问，对世界金融体系来说，这是自 20 世纪 30 年代以来最严重的危机。

就像 20 世纪 30 年代的全球大萧条和 20 世纪 70 至 80 年代高企且持久的通货膨胀一样，2007—2009 年的金融危机部分是由于偶然事件和特殊事件相互叠加引发的。然而，正如这两起影响巨大的事件那样，金融危机是由于我们未能完全理解理论以及由此产生的思维缺陷造成的，它是经济学领域，尤其是宏观经济学领域的一门学科。我们有充分的理由相信，如果在金融危机之前的几十年里，宏观经济学能够更紧密地遵循布鲁纳和梅尔泽的思想要义，那么，无论是经济学家还是政策制定者，其危机思维模式就会有所不同。而且，如果遵循了凯恩斯和哈耶克都认同的理论能够而且确实能够驱动政策和机构的原则，危机的一些重要基础至少不会出现，而且危机的许多应对措施也会有所不同。

关于金融危机对经济的影响，过去和现在进行的公开讨论都主要集中在两个问题上：（1）几乎所有经济学家都未能预见会发生什么；（2）大多数国家的财政应对措施不够充分。尽管大约四十年前人们对"积极经济学"理论十分着迷，该理论将预测能力作为检验未来科学准确性和有用性的唯一标准，但大多数经济学家并不从事预测工作。而且，如果反思一下，你会发现将预测能力作为检验科学有效性的唯一标准是不正确的。例如，今天几乎所有的科学家都接受达尔文（Darwin）和华莱士（Wallace）在一个半世纪前首次提出的物种进化理论。但由于假设突变的随机性，该理论在任何形式上都不具有预测性，这可能与经济学有几分相似之处。

大多数政府财政应对措施不足应该说是一个值得借鉴的经验教训。例如，2009年年初美国实施了约7870亿美元的减税和增加支出的措施。当时，大多数经济学家都明白，该项目的规模约为美国一年国民收入的5%，还要分散在大约三年内实施，所以不足以抵消自20世纪30年代以来最大的经济衰退。他们还明白，

第一部分
致敬卡尔·布鲁纳

该计划组合远远不是刺激经济活动的最佳方式。因为减税措施广泛适用于所有人群，而不是针对最有可能快速花钱的人群；支出计划广泛地指向整个政府，而不是以有针对性的方式，将重点转移到州和地方政府身上，因此无法控制他们的资金使用方式。

然而，民主并不总是能够提供技术专家们推荐的东西，而成为法律的一揽子方案大概是国会和总统能够达成一致的最佳方案。如果不是，那么这便是一场政治失败，而不是经济学的失败。对危机中的失策情况进行评估也需要采取更具针对性的方法。

因此，危机前宏观经济思维的四个要素便成为人们考虑的重点。一是对信贷市场的普遍忽视，同时，对各种信贷市场资产之间的差异缺乏关注。尽管这一主题是早期经济学的核心，但在现代宏观经济学方法论中，经济体私人代理发行债务工具的市场却未受到重视。如果两家公司或两个家庭是一模一样的，那么他们彼此之间就没有理由进行借贷。因此，代表性主体结构（一种方便的、现在可以在宏观经济学中进行许多正式理论研究的工具）直接将私人资产和负债市场排除在外，除非从抽象意义上讲，市场是可以存在的，并且有隐含的价格或回报。在这种情况下没有交易量意味着没有实际的借贷。

相比之下，如果某个家庭或者公司是借款人或者贷款人，甚至两者皆是，那这种借贷实际上是一种常态，而非例外。

打破代表性主体结构限制的常用方法包括：区分年轻家庭和老年家庭（世代交叠模型），区分风险承受家庭和风险规避家庭。最近，经济学家们对分析经济主体之间更丰富的异质性形式表现出了兴趣。尽管这是朝着正确方向迈出的有益一步，但这些高度程式化的偏离未能捕捉到实际信贷市场中发生的大部分情况。

在目前标准的宏观经济学代表性代理技术中，私人信贷市场的缺失几乎是一个不争的事实，而产生这种情况的主要原因是那份根深蒂固的概念遗产，即将所有非货币资产视为完美的替代品。20世纪60至70年代的布鲁纳–梅尔泽货币主义通过纳入家庭资产负债表（资产和负债）的方式，明确将私人信贷市场融入其中。1972年的经典布鲁纳–梅尔泽模型包括三个明确的市场：产出、银行信贷和货币。该模型还将实际资本和政府证券各自的数量作为外生变量，并适当关注这些资产的定价。

相比之下，更受欢迎的弗里德曼的货币主义模型通常忽略了货币以外的资产，因此也完全忽略了私人部门的负债。可以肯定的是，他和这一思路的其他支持者都明白，家庭和企业既有资产也有负债。但基于经验推断的假设是，公众持有的非货币资产，尤其是公众持有的非货币资产数量，随着时间的变化，对于宏观经济问题而言并不重要。不重要的还有非货币资产之间的差异以及私营部门借款人发行的任何债务的数量或性质。简而言之，所有非货币资产都是完美的替代品，私营部门的债务无关紧要。

由于缺乏对私人信贷市场的普遍关注，加之如果存在这样的工具，它们都是完美替代品的假设，导致了这一版本的货币主义的出现（与布鲁纳–梅尔泽版本不同），同时还导致了随后的许多宏观经济思想无法预测或解决2007—2009年金融危机的根源性问题。在金融危机爆发前的几年里，许多经济学家都明白，美国建造了太多的新房（在2004年、2005年和2006年的大部分时间里，每年超过200万套）。但很少有人注意到信贷市场的状况，这导致了房屋建设异常激增：越来越宽松的承销标准导致其中的许多房屋出售给了承担债务前景脆弱的购买者；同时，如果借款人拖欠或违约，贷款人（其中一些是高杠杆的）就会面临重大的风险；衍生工具的泛滥进一步加剧了这些问题，扩大了风险敞口，吸引了更多类别的投资者来承担风险。

这些问题在金融危机爆发的前几年逐渐积累起来，引起了金融经济学家和市场从业者的关注，但没有引起宏观经济学家的注意，这种情况并不令人感到意外。如果更多宏观经济学家关注了布鲁纳-梅尔泽早期模型，那么他们不仅可能会更早地看到这些不断积累的危险，而且还可能会更充分地理解它们对经济政策的影响。

布鲁纳-梅尔泽早期模型通常都包含银行部门，这是大多数现代宏观经济模型中缺失的，但该部门却处于金融危机的中心。1972 年的布鲁纳-梅尔泽模型包括一个明确的资产负债表，将银行负债的数量（与其他变量一起，进而成为一个货币基础函数）与银行持有的资产数量保持一致；还包含一个明确的市场出清条件，将银行创造的存款数量（与其他变量一起，同样形成一个货币基础函数）与公众需求的货币数量保持一致。正如 1977 年我和肯尼斯·弗罗维斯（Kenneth Frowiss）所指出的那样，通过所需的附加约束，该模型还隐含了一个银行定期存款供应的方程式。

所有这些都与传统的现代宏观经济分析有很大的不同，特别是世界上许多主要中央银行使用的动态随机一般均衡模型（在金融危机发生时，该模型通常不包含银行业）。金融危机以来的新研究分析了银行和其他金融机构在这个事件中扮演的角色，在概念上更符合布鲁纳-梅尔泽模型的广义经济学概念，而不是现代宏观经济学概念。

对信贷市场缺乏关注，无法将信誉良好的借款人和债务与可疑的借款人和债务区分开来。出现这些问题的部分原因是，随着时间的推移，布鲁纳和梅尔泽成果的核心部分被忽视了。宏观经济学家普遍未能预测导致2007—2009年金融危机的第二个原因，布鲁纳和梅尔泽的著作中没有明确指出这一点。关于这个问题，布鲁纳的表达刻意留有很大的余地：家庭和企业使用了严格的优化概念，包括这些行为者根据所谓的理性预期评估其经济环境的假设。

个人和企业为促进自身利益而采取行动的概念可以追溯到现代经济学的最初阶段。与之前的重商主义者不同，亚当·斯密认为，当作为商品和服务的生产者时，人们大多了解自己的利益。（有趣的是，亚当·斯密并没有将这一假设应用于人们作为消费者的行为中；相反，他对消费者因误导而做出的愚蠢选择表示不屑，甚至持轻蔑和鄙视的态度。）有了这样的假设，于是他继续假设人们会据此行事。19世纪后半叶边际分析的出现，最终促使人们在追求自身利益时进行明显的优化，也就是说，人们不仅采取行动促进自身利益，而且尽可能地做到利益最大化。

一路走来，每个人都自然而然认识到，对未来经济状况和事件的预期对许多与经济相关的选择来说都至关重要。20世纪初，凯恩斯强调了预期的作用，但对它们的形成几乎没有论述。20世纪的后几十年，继穆斯（Muth）和卢卡斯的研究之后，宏观经济学家的标准工作假设变成了"理性的"期望假设。这意味着，个体代理人基本上形成了他们对未来的看法，就好像他们知道并应用了与实际交付所讨论的未来结果流程相对应的模型。

第一部分

致敬卡尔·布鲁纳

标准的宏观经济分析伴随着这条带有横截性条件的分析线，进一步要求个体代理人在任何市场上都不要犯行动上的错误，就好像一个不能永远持续下去的过程会这样做一样。

就其自身而言，这套假设并不一定是约束宏观经济分析的坏方法。在没有优化或确定的替代方案的情况下，对经济行为的一系列令人望而生畏的描述都可能与追求自身利益相一致。同样，在没有模型一致性预期或确定替代方案的情况下，任何关于未来信念的表述都有可能被接受。鉴于经验识别和推断的实际局限性，这种无约束的思维有可能吸收超出大多数宏观经济分析所能承受的自由度。

但假设也无法限制思维，2007—2009 年金融危机就是一个很好的例子。问题是该如何严格地应用这样一种假设：人们总是以最佳的方式行事，或者说他们一般都会"理性"地形成了对未来的信念，或者说他们知道什么时候某些过程不能永远持续下去，因此采取相应的行动。当然，没有人将优化假设解释为没有人做过蠢事。但愚蠢的行为能在多大程度上主导一个或另一个市场？同样，也没有人将"理性"预期解释为，在任何市场中任何价格都不会处于不适宜的水平，也就是说，它是与决定结果的过程相对应的模型求解所隐含的适当条件来平衡不同的水平。但什么样的偏离是可以接受的呢？

大多数经济学家都承认，市场可能会对任何一家企业的股票或任何一家借款人的债券进行错误定价。市场是否会对某一类企业的股权进行错误定价，或者对某类借款人的债务进行错误定价？股票市场作为一个整体，会为一个经济体投资资本的未来收益流制定一个"错误"的价格吗？债券市场能否设定一个"错

61

误"的利率？某个市场——比如说，房屋市场的价格能上涨到一个只有在买家认为价格上涨将无限期持续（即使当然不能）的情况下才能解释的水平吗？即使他们没有采取这些熟悉的假设，从逻辑上讲，大多数宏观经济学家在2007—2009年金融危机期间都不愿意认真考虑这样一种前景，即正在建造的许多新房（以及二级市场）的价格过高，或者一系列抵押贷款的利率过低，或者这些工具支持的证券价格因此过高，或者大量投资这些证券的机构所承担的风险远远超出了它们的安全承受范围。

由这些具有限制性但标准化的假设所形成的思维模式，不仅能够阻碍标准宏观经济思维预测危机，甚至能够阻碍其理解危机开始后发生的事情，而且通常还会阻碍其对纠正政策的认真思考。最明显的例子是抵押贷款监管。早在危机爆发之前，不仅是一些个人，就连美国政府的各个机构也敦促相关部门收紧抵押贷款标准，限制杠杆金融机构投资抵押贷款支持的证券产品的自由，或两者兼而有之。2001年，美国财政部试图让次级贷款机构采纳"最佳实践"准则，并接受监管部门的监督。美国住房和城市发展部也提出了一套新的房地产交易规则。直到2006年，才出台了一个跨部门的倡议来管理非传统抵押贷款产品，包括次级贷款。2007年，时任联邦储备委员会理事的爱德华·格拉姆利奇（Edward Gramlich）出版了一本书，呼吁公众关注他已经在美国中央银行内部表达了一段时间的对次级抵押贷款的担忧。

这些警告被忽视，倡议中的举措遭到了阻挠或拒绝，很大程度上是因为政府觉得没有必要对理性投资者占据的信贷市场进行监管。投资者会理性地判断他们购买的工具的价值。危机如何演变非常重要，传统的想法是，投资账户超过存款保险限额的银行存款人以及其他形式未投保任何金额的银行负债持有人，将会监控贷款银行的资产负债表，并通过不向承担过度风险的银行放贷来行使私营部门的非政府监管职能。这种私人强加的安全性和可靠性监管更适用于"影子银行"，这些银行的负债完全没有保险，在遇到困难时，它们无法获得中央银行的贷款。

最后，这些信念被戏剧性地证伪了。正如 2008 年格林斯潘所言，在美国最大的银行只有转求政府救助才能避免倒闭之后，"我们中那些指望贷款机构保护股东权益的人，包括我自己，都处于震惊和难以置信的状态"。

布鲁纳大概不会如此惊讶。1983 年，在采访阿乔·克莱默（Arjo Klamer）时，布鲁纳强调了"交易和信息成本"的经济重要性。他代表自己和其他货币主义者呼吁"更多地关注交易和信息成本的作用"，并指出"它们的出现解释了在缺乏信息和交易问题的价格理论背景下无法理解的许多重要制度安排"。

在基本层面上，交易成本和信息成本都破坏了个体代理优化行为的简化概念，而信息成本对现代宏观经济学中体现的"理性"预期的应用具有深刻的颠覆作用（这里的关键问题是，经济主体应该如何获得形成预期所需的知识，就好像他们知道产生某种经济结果的真实模型一样）。正如布鲁纳在采访中所说："不完整和分散的信息基本上与应对代理主体的自发互动中的各种社交工具相关联，并为这些工具的出现提供了条件。"这种高度简化的模型是现代宏观经济学的主要特征，因此，"他们省略了一些相关的约束条件。他们通过引入随机过程来引入不确定性，并假设人们享受有关这些过程的全部信息"。

即使有复杂且通常不透明的抵押贷款投资工具，人们还是依然期望私人投资者能迫使其贷款银行实施风险标准，就是这种类型的错误。布鲁纳强调的"信息和交易问题"让下面的想法显得貌似有理，即私人投资者各自独立行动将会有效监控其贷款银行资产负债表中所体现的风险。

私人投资者对风险监控能力的过度自信，以及政府不作为造成的破坏性后果，在一定程度上都是现代宏观经济学依赖优化行为和"理性"预期这两个假设造成的。然而，另一方面的原因是，在一个关键金融机构"太大而不能倒闭"的世界里，没有考虑到委托代理关系——一个世纪之前，即将成为大法官的布兰代斯（Brandeis）于1914年给这种现象贴上了"别人的钱"的标签，以及道德风险问题。

公平地讲，布鲁纳–梅尔泽模型没有明确涉及委托代理关系或道德风险。然而，由于他们的模型没有严格遵守苛刻的、实际上已成为现代宏观经济学标准的优化原则。这些原则包含了委托代理安排或道德风险的关键含义，一旦这种现象凸显，这些原则就不会显得不合时宜。在经济学的某些领域，一个人代表另一个人行事会使事态复杂化，这一点很好理解；而管理者或投资者都相信，他们可以依靠政府来保护他们免受自己所犯错误造成的影响，这种想法所产生的后果也很好理解。但在大多数情况下，宏观经济思维没有将当前金融市场的这些方面纳入其认真考虑的范围，其理由可能是，对于理解一个经济体的总体表现来说，它们并不重要。

许多个人购买了错误定价的抵押贷款支持证券，这些证券最终在2007—2009年的金融危机中发挥了巨大作用——拉低这些工具的利率，从而刺激人们更多地使用这些工具——但他们购买证券所使用的资金并不是自己的，而是其雇主机构的，彼此的利益就此被松散地联系在一起。此外，他们都认为这些利益太大，不允许失败。最后，其中许多机构的关键人物——其行为导致失败——大多都表现得很好。（在危机结束后的某一时刻，格林斯潘非正式地评论说，他个人不知道，也没听说过，美国银行的任何高管在危机中破产，或者失去了自己的房子。）尽管政府的救助避免了雇佣这些个人的大多数银行和其他机构的破产，也使其债权人免于损失，但在许多情况下，这些机构股东的境遇却没那么好。同样的，在经济领域之外，在美国，这种模式同样适用于刑事和其他违反现行法规的行为。当银行的官员违反法律时，惩罚通常针对的是银行的股东，而不是犯罪者个人。

最后，就像依靠私人市场参与者对贷款机构实施有效的监管导致经济学家和政策制定者误入歧途一样，执着于现代宏观经济学的另一个标准要素——市场总是清晰、无处不在的假设——同样也给许多宏观经济学家对中央银行拟议行动的评估造成了不良影响。与委托代理问题和道德风险一样，这里的问题不是布鲁纳-梅尔泽模型中明确包含了什么，而是如果增加了某个内容，它是合适还是不合适的问题。

当布鲁纳和梅尔泽合作研究时，微观经济学家，例如施蒂格利茨（Stiglitz）和韦斯（Weiss）和宏观经济学家，例如米尔鲍尔（Muellbauer）和波特斯（Portes）都在研究市场（包括金融市场）的理论和后果，但都还没有搞清楚。将他们的见解添加到布鲁纳-梅尔泽模型中似乎是一个合理的扩展。事实上，布鲁纳明确表示，他知道这个问题，并且予以了认真对待。在1983年对克莱默的采访中，他观察到，"如果相关约束包含信息和交易成本，我们会发现，由此产生的平衡反映了这些约束"。因此，"我不认为新古典经济学中包含的市场出清的狭隘概念提供了一个可行的解决可观察问题的方法"。我们需要一个涉及均衡概念的更广泛的分析，来定义与信息问题相关的约束。然而，今天，经济学家——尤其是宏观经济学家——推出的非均衡理论很少。

2007—2009 年金融危机期间，在中央银行行使最后贷款人职能的背景下，市场失衡的影响显得最为重要。一旦金融危机真的爆发，许多长期学习货币经济学的学生就会敦促各国中央银行遵循沃尔特·白芝浩（Walter Bagehot）的著名格言，即以良好的抵押品，以惩罚性利率向有偿付能力的机构自由放贷。白芝浩原则（在金融危机时，银行应当慷慨放贷，但只放给经营稳健、拥有优质抵押品的企业，而且要以足够高的、能吓走非急用钱者的利率来放贷）还是非常值得推荐的——条件是知道哪些机构具有偿付能力，哪些抵押品是好的。然而，与美国住宅抵押贷款市场和基于抵押贷款的衍生工具市场的普遍情况一样，在市场功能失调的情况下，对上述两个条件做出正确的判断绝非易事。

此外，在无序的市场下，与简单地评估某些信贷市场工具或者某些投资机构的投资组合相比，在这种条件下应用白芝浩原则的问题更具概念性和基础性。在经济危机期间，市场已经彻底崩溃，某款信贷产品是值 80 美元还是 40 美元，或者一文不值，关键看中央银行自己将采取什么行动。中央银行会干预吗？如果会，它会购买什么工具，数量是多少？因此，哪些工具属于"优质抵押品"，哪些机构具有偿付能力，这些都是中央银行自身行为的内在因素。在这种情况下，白芝浩原则在操作上就毫无意义——这不仅是因为实现它的技术难度，而且还因为它的基本

第一部分

致敬卡尔·布鲁纳

逻辑。

对于这些问题，布鲁纳不会感到惊讶。他当然明白，家庭和企业都在尽其所能实现自己的目标，人们不会轻率地忽视可用的和潜在的有价值信息。他明白市场出清的含义，明白为什么人们相信至少在经济和金融体系完善的发达经济体中，许多市场在大部分时间里是透明的。然而，他并没有将这些有用的原则转化为一种方法论，让经济学家对高度程式化的理论分析领域之外发生的事情视而不见。鉴于其丰富的西方哲学背景（除经济学之外，哲学是他的另一个主要兴趣），在 1983 年的采访中，他将日益严格的优化和市场出清与"笛卡儿传统"（Cartesian tradition）进行了比较。"笛卡儿传统坚持所有的陈述都源自一小套'第一原则'"。具体说来，正如他所看到的新宏观经济学那样，"任何不是源自'第一原则'的东西都不能算作知识。如果你没有从'第一原则'中推导出所有货币项目的规范，你就没有资格谈论货币"。布鲁纳直言不讳地表达了自己的意见："这种方法论立场是站不住脚的，与我们有史以来认知进步的现实相冲突。"

因此，布鲁纳对宏观经济学的新趋势感到担忧。在他看来，宏观经济学"反映了一种或多或少含蓄的立法态度，即任何未明确和严格形式化的东西都不能算作知识，也不可能贡献任何相关知识"。到金融危机爆发时，这种趋势又持续了 25 年。

在与我们相处的漫长且硕果累累的岁月里，布鲁纳和梅尔泽形成了他们自己的思维方式。如果宏观经济学家在处理 2007—2009 年金融危机及其后评估危机反应时所依据的想法和采用的方法——不只是他们工具包中的具体模型，而是影响他们直觉的潜在假设——在某种程度上更紧密地遵循了这种思维方式的话，那么，就不可能不知道会发生什么不同的事情。但正如凯恩斯和哈耶克所认同的那样，"人类事务是由思想力量引导的"，而经济学家们的观点，"比人们通常想象的更为强大"。

布鲁纳知道这一点，梅尔泽也知道。这就是为什么他们做了他们所做的工作，以及为什么他们关心其在经济学家、政策制定者以及更广泛的政治群体中的接受程度。他们是对的。我想念他们。

第 四 章

致敬卡尔·布鲁纳

——查尔斯·I. 普洛瑟

很高兴有这次机会对布鲁纳的贡献进行回顾。布鲁纳是一位造诣非凡的学者，他兴趣广泛、著作等身，涉猎的领域包括经济理论、经济学、政治学、社会学和科学哲学，且善于交叉研究。透过布鲁纳的学术贡献，人们可以看到一位能力超群的智者、一位矢志不渝的学者灿烂辉煌的职业生涯。然而，布鲁纳的贡献远不止其学术著作所能代表的。

1975年，我第一次见到布鲁纳，从1978年到1989年他去世，我非常幸运地成为他在罗切斯特大学的同事。关于布鲁纳对于我们职业的贡献，本章从一个更为宽泛、稍微与众不同的视角予以评述，而不仅仅局限于其学术成就。我将通过重点强调布鲁纳的某些贡献及其对我职业生涯某些方面的影响，来做到这一点。我将阐述三个相互交织的主题：第一个主题是，布鲁纳具有企业家精神，深信公开对话和讨论的价值；第二个主题是，布鲁纳执着于对年轻学者的培养，这是其工作与生活的鲜活遗产；第三个主题是，布鲁纳对公共政策的兴趣，他对公共政策情有独钟，这一点超过了许多像他一样的学者。

布鲁纳的创业精神充分体现在其试图建立的机构中，他希望这些机构能够推动其认为的重要问题的解决，搭建平台促进思想辩论与研讨。其中的许多倡议一直延续至今。例如，他创办的两个研究货币和宏观经济学的著名期刊：1969年创刊的《货币、信贷和银行杂志》和 1973 年创刊的《金融经济学杂志》。他致力于将这些学术期刊转变为推动学术辩论的工具。1983 年，布鲁纳请我和鲍勃·金（Bob King）担任《金融经济学杂志》的编辑。他强调指出，编辑有责任刊发代表各种观点、经过验证且深思熟虑的研究成果。同时他还指出，编辑还有责任确保获得高质量的推荐报告。同他的其他努力一样，在这里，他也强调了该杂志为年轻学者提供帮助的职责。我们的任务不只是接受或拒绝年轻学者的论文，还要帮助他们提高学术水平和写作水平。他想鼓励年轻学者并为他们创造机会，而且认为推荐是达成这个目标的一个重要方式。

为了促进思想辩论，除了创办这些期刊，布鲁纳还在其他方面付出了很大的努力。他还主办会议，将学者、政策制定者和其他相关各方召集在一起，就重要问题进行讨论交流。1970 年，布鲁纳和他的学生兼长期合作者梅尔泽一起创办了康斯坦茨货币理论与政策研讨会。布鲁纳一直担任康斯坦茨大学的客座教授。会议在德国康斯坦茨举行，来自世界各地的经济学家齐聚一堂，讨论诸多现实中的货币问题。它还是一个论坛平台，让年轻学者与经济学国际学术专家及中央银行的专家接触互动。扶持年轻学者是布鲁纳持续倡议的一个主题。就我个人而言，布鲁纳曾于1981 年邀请我和金在研讨会上发表了一篇论文，当时我们还是年轻的助教。有趣的是，布鲁纳不喜欢我们的论文，梅尔泽也不喜欢。然而，他们还是在这次研讨会上发表论文，为我们提供了一次参与国际讨论并从中学习的绝佳体验。

1972 年，布鲁纳来到罗切斯特大学，在那里，他建立了"政府政策和商业研究中心"。该中心成为布鲁纳许多创业成果的平台，并为研究人员和年轻学者提供支持。卡内基-罗切斯特公共政策会议就是其中一个成果。该会议由布鲁纳和梅尔泽于1972年创办。该会议有两个目的，第一是加强和鼓励学术界和决策者对政策问题展开进一步的讨论。布鲁纳希望鼓励高水平的学者认真思考政策问题。罗伯特·卢卡斯、斯坦利·费舍尔（Stanley Fischer）、埃德·普雷斯科特（Ed Prescott）、约翰·泰勒（John Taylor）和其他许多人都对此做出了重要的贡献。会议不仅仅局限于货币政策或宏观经济学，还涉及一系列广泛的经济政策和经济分析。正如他对年轻学者承诺的那样，该会议也成为向他们介绍高质量公共政策研究的工具。布鲁纳和梅尔泽邀请年轻学者撰写论文，并参与对其他人论文的讨论。《金融经济学杂志》不仅发表资深知名经济学家的文章，还刊登该会议的论文，使得该会议对年轻研究人员具有很强的吸引力。与布鲁纳的许多其他倡议一样，卡内基-罗切斯特会议在他去世20年后仍在继续举行。

布鲁纳发起的另一系列会议是因特拉肯分析与意识形态研讨会。该研讨会反映了布鲁纳对科学哲学以及经济学家与其他社会科学家（包括政治科学家、社会学家和哲学家）之间互动的兴趣。

布鲁纳的创业活动经常反映出他对政策的兴趣，而1971年影子公开市场委员会的成立就是一个很好的例证。该委员会的目的是从学术环境中获取可靠的政策见解，并让新闻界和公众知晓这些见解。我有幸在该委员会工作了15年，在我加入美联储之前的5年里，我和施瓦茨共同执行该委员会的主持工作。

对布鲁纳来说，政策和理论是紧密交织在一起的，但是执行政策从未像遵循特定模型的规定那样简单。正如他经常指出的那样，并非所有的模型都是错误的，但你必须清楚它们的优点和缺点，这样你才能够将它们合理地应用到政策当中。然而，布鲁纳在其职业生涯中强调的货币政策实施中的许多不足至今仍未得到充分解决。我在美联储任职期间（2006—2015年），金融危机爆发，每当有货币政策推出时，我都会想到布鲁纳的见解和观点。

在本章中，我重点讨论两个贯穿于布鲁纳许多政策评论中的主题：不确定性和制度的重要性。

在布鲁纳和梅尔泽的研究工作中，不确定性是一个永恒的主题。他们强调了几种不同的类型，例如，经济预测的不确定性、政策影响的不确定性以及衡量货币政策冲击的不确定性。在过去的十年中，联邦公开市场委员会（FOMC）面临着巨大的不确定性，我认为，现在这些不确定性仍然是需要解决的关键问题。

在金融危机期间，经济预测存在很大的不确定性。我们的经济模型设计得不够完善，无法处理这些不确定性。我们的历史经验是有限的，至少在美国是如此。即使在危机结束之后，预测经济衰退后的复苏依然充满挑战。联邦公开市场委员会及其工作人员的预测一直是高估国内生产总值的增长，而低估失业率的改善速度。

政策效果的不确定性也异乎寻常地大，部分原因是在短期利率达到零上限后，政府采取了非常规政策。美联储几乎没有大规模资产购买经验，传导机制也不确定。资产购买对长期利率的影响是通过购买存量还是通过流动体现出来的还存在争议。长期利率变化将如何影响就业和通货膨胀，尚存在不确定性。此外，前瞻性指引的影响也存在不确定性。虽然已经有一些关于前瞻性指引作用的理论，但几乎没有关于其有效性的定量或实证经验。部分原因是，前瞻性指引与联邦公开市场委员会传达其意图和承诺可信度的方式密切相关。

如何衡量货币政策驱动力的不确定性是另一个主要挑战。联邦公开市场委员会必须确定货币、信贷和短期利率的哪些措施或措施组合是发挥政策驱动力的恰当措施，必须解决如何确定恰当的资产购买规模问题，以及努力将资产购买行为转化为相应降低的短期利率。这种做法欠缺推敲，效果令人失望。

布鲁纳得出的一个结论是，在实施有效稳定政策的能力方面，货币政策制定者应该保持谦逊的态度。但可以肯定的是，在过去的 10 到 15 年中，尽管存在重大的不确定性，但联邦公开市场委员会和许多其他中央银行似乎表现得越来越像执着的调音师。似乎不确定性越大，决策者试图进行微调的力度就越大。我想，布鲁纳会对当代中央银行行长在这方面表现出的傲慢感到沮丧。布鲁纳进行政策评论的一个相关主题是，联邦公开市场委员会无力将不确定性连贯和系统地纳入其决策过程。你会经常听到决策者们谈论风险。事实上，在过去 10 年中，联邦公开市场委员会经常引用各种风险来证明其不愿开始正常化进程的合理性。

然而，在其他方面，比如在向公众传达不确定性以及不确定性在审议中的作用方面，美联储表现得非常糟糕。以"经济预测调查"为例，联邦公开市场委员会每年发布 4 次结果。虽然该调查在技术上不是预测，因此很难将正式的标准误差分配给单独预测或者中值或模态预测，但联邦公开市场委员会几乎没有帮助公众理解伴随着这些预测而来的潜在的、重大的不确定性。虽然工作人员尽职尽责地报告更为正式的计量经济模型的典型预测标准误差，但他们只是将这些作为材料的附录，很少有人讨论或报道与预测相关的巨大不确定性。

许多中央银行通过展示更为传统的、带有预测近似概率边界的扇形图，来更加开诚布公地说明不确定性的大小。尽管几位参与者一再敦促，但联邦公开市场委员会尚未迈出这一步——这一步可能会极大地帮助公众开始认识到政策制定者面临的巨大不确定性。这也有助于减少当预测发生少量变化而头条新闻却报道这种变化非常显著时，你经常会表现出的那种反应。例如，明年美国国内生产总值预测中值可能从 2.7 个百分点降至 2.5 个百分点，而你看到的新闻标题将会是"联邦公开市场委员会大幅下调预测"。当然，我们都知道，这种变化在统计上没有任何意义，政策制定者应该做更多的工作，让公众更加清楚这一事实。

现在，我来谈一谈布鲁纳持续关注的另一个议题：制度很重要。布鲁纳认为，决策者的视野应该超越模型，思考我们制度的实质——包括其优势和劣势。他特别强调，了解机构为其内部员工创造的激励措施对于从积极的角度理解决策以及做出正确的决策都非常重要。事实上，忽视中央银行或政府其他部门的激励政策可能很危险。我已经看到这种情况引发的几种情形。

首先，让我通过一个积极的方式来说明制度的重要性。我的观点是，历史和政治都强烈支持这样一种认知，即与受政治当局严格控制的银行相比，独立的中央银行经济效益更好。联邦储备系统的治理结构，无论是有意的、偶然的，还是两者兼而有之，都为我们的经济提供了良好的服务，因为它支持并帮助维护了美联储的独立性。特别是，储备银行的半私有、非政治性结构为更具政治决心的董事会提供了重要的制衡力量。

第一部分

致敬卡尔·布鲁纳

例如，较之政府官员，联邦储备银行的 12 位行长与公众和商界的关系更为密切。他们能够更有效地争取人们对中央银行独立性的支持，而从某种程度上来看，被任命的政府官员却会感到做这件事比较困难。因此，从很多方面来看，去中心化的治理结构是支持美联储独立的重要机制。如今有很多讨论和建议，试图破坏治理结构，其结果或目标可能是使中央银行成为一个更加政治化的机构，从而降低其独立性。

其次，美联储在与其他机构（尤其是国会）打交道时有时显得非常天真。美联储，特别是其董事会，经常被国会和政府搞得措手不及。它忽视了国会的政治激励措施，而且认为其"优点"毋庸置疑。有些时候，美联储还选择忽视迫在眉睫的挑战，希望它们会自动消失。这就是机构内部有时会出现傲慢的原因。

美联储拒绝认真对待这样一个事实，即它所采取的许多行动（包括紧急财政救助、声称希望提高资产价格、强化信贷分配计划以及支持某些行业而非另一些行业等）都有可能最终破坏其独立性。然而，联邦公开市场委员会和董事会的大多数成员都真诚地认为，他们正在做"正确的事情"。也许，他们短期内是这样，但如果考虑到国会正在讨论的"改革"美联储的建议，我们就可能不得不面对这样的现实：就美联储的独立性而言，或者对于经济而言，所付出的代价可能相当高。这凸显了布鲁纳的另一个担忧，即美联储对短期的关注削弱了其保持长期观点的能力或意愿。此外，美联储似乎允许其批评者设定政治议程，相信自己最终能够获胜。这可能是一个严重的错误，使其更难实现长期目标。

因此，制度很重要，而制定好政策需要了解这些制度以及与之相关人员的动机，它不像解决某个经济模型中的最优控制问题那么简单。在布鲁纳看来，制定好的政策要复杂得多。你不仅要有正确的经济学观点，而且还需要知道如何理解这些制度。

布鲁纳孜孜不倦地工作，致力于促进思想论领域、经济学和公共政策的发展。他热衷于鼓励年轻学者。他认为，学术界可以为改善公共政策做出重要贡献，且设法将其变为现实。就我个人而言，我从布鲁纳那里学到了很多经济学知识，我希望，自己能够吸收他在公共政策方面与我们分享的一些智慧。毫无疑问，我们不仅认识了一位伟大的学者，而且还认识了一位杰出的导师、朋友和同事。

第五章

中央银行设计再思考

——肯尼斯·罗格夫

引言

为了表彰布鲁纳在货币政策分析方面做出的重大贡献，以及在对瑞士和世界各地经济学家的激励方面所发挥的作用，还有通过创立影子公开市场委员会对经济政策产生的影响，瑞士国家银行创办了"卡尔·布鲁纳及货币主义研讨会"。我此次将重点关注三个问题：一是近年来一直困扰着发达国家中央银行的功能瘫痪问题；二是我们这个世界是如何走到这一步的；三是推进货币政策进步的替代方案。我觉得在首届年会上就这个主题进行发言是合适的。布鲁纳是两个著名货币经济学期刊《货币经济学杂志》和《货币、信贷和银行杂志》的联合创始人，也是货币主义的创始人，或许还是第一个明确阐述从货币政策到实体经济传导机制现代观点的人。后来，他与其长期合作伙伴梅尔泽一起对该机制进行了充分地模拟。

我对当代货币政策的批评也许比四十年前布鲁纳的批评温和一些，这在一定程度上是因为此时大多数中央银行的状况比浮动汇率开始时要好得多，具有强大的独立性，设有顶级研究部门，能够与学者和评论家进行公开交流，最重要的是，建立起了令人信服的政策框架。毕竟，人们普遍认为各国中央银行是处理金融危机的英雄，它们以政府没有的方式迅速行动，扩大其职权范围，实施紧急财政权力，防止信贷市场进一步恶化，并为金融业提供支持。研究金融危机的人士会意识到，对许多人来说，中央银行采取的行动可能是非常规行动，各国中央银行广泛利用资产负债表应对第一波危机是很正常的，而政府通常会在晚些时候介入，接管坏账并清理烂摊子。不幸的是，在这种情况下，许多政府已经太满足于将大部分问题交给中央银行来处理。随着中央银行继续承担通常属于财政部门的责任，人们有理由担心，这种情况对中央银行独立性的不利影响将会持续很长时间。

不过，一部分问题是，正常的货币政策已经陷入利率零约束的泥潭，暴露出中央银行工具包的根本局限性，我认为这才是真正需要解决的问题。各国中央银行需要为全面有效的负利率政策奠定基础。这不是一朝一夕就能够做到的事情，而当前各国中央银行与负利率政策摩擦很多——特别是零利率纸币的存在——不容忽视。但人们希望，应及时为有效负利率政策创造前提条件，以应对下一次金融危机。

我还想指出的是，除了修复中央银行工具包，未来通货膨胀目标的设定制度需要改进，可以加入一个临时的"免责条款"，比如说 2% 的通货膨胀目标，在发生严重的系统性金融危机或国家出现紧急情况时使用。我知道，这样的免责条款将会使人们重新对货币政策产生一些温和的通货膨胀偏见。出现这种情况的主要原因是，让市场相信免责条款不会被滥用可能需要一些时间。然而，为了加速去杠杆化和刺激经济复苏，为了应对深层次的系统性金融危机，故意允许通货膨胀在很长一段时间（也许几年）内高于目标，损失一点抗通货膨胀信誉似乎是一个很小的代价。对通货膨胀目标的过度苛求，会让我们在应对罕见事件时缺乏足够的空间，这是我们今天所面临问题的核心——至少与无力启用负利率一样。

对货币政策自身能够实现的目标的一些看法

积极的货币政策基本上是一种周期性工具。当国家面临生产力长期下降、人口快速老龄化以及大面积"僵尸银行"等局面时，货币政策充其量只能起到一点调节作用。它无法让患有"慢性病"的经济体彻底康复（当然，正如布鲁纳和其他货币主义者在 20 世纪 70 年代初指出的那样，除非"慢性病"是糟糕的货币政策）。即使在应对周期性衰退，特别是深度金融危机时，货币政策也只是一个政府的政策工具而已。它不能替代更好的监管政策（尽管中央银行对此有一定的发言权），它不是财政政策的替代品（尽管在紧急情况下，如果监管中央银行的政府默许，中央银行可以利用其资产负债表实施准财政政策），它当然也不能代替提高生产力的结构改革。此外，它更不能替代旨在让税收系统变得更简单、更公平和更高效的根本税收改革。

我们不妨做一个类比，在美国有四个军种：空军、海军、陆军和海军陆战队。当执行一些规模有限的军事行动时，一个军种就可以解决问题。然而，当面对的是一场全面战争时，总司令通常会设法让所有的部队都参与其中。如果海军陆战队被迫独自投入一场真正需要空中和海上支援才能取得一定胜利的战斗时，那么他们可能会失败，或者只能取得部分成功。

这正是各国中央银行在金融危机之中和之后所秉持的立场。事实上，在不清楚政府其他部门想法的情况下，他们必须对政策做出选择和校准。财政政策将有多大的扩张性，又会持续多长时间？监管机构会硬着头皮，迫使羸弱的银行进行资本重组，或者自欺欺人地认为破产的银行通过监管的宽容而重获偿付能力吗？政府会采取提高生产力的政策，比如提高税收系统的效率，还是会陷入瘫痪呢？

关于危机中应该做什么的激烈辩论

关于政府其他部门在危机期间如何可能表现得更好存在着大量激烈的争议。其中许多似乎基于这样的观点，即尽管事实上所有的私人和官方预测都一再被证明过于乐观，但"我们都知道"事情可能会变得多么糟糕。

一种观点认为，政府应该采取更多措施来重启信贷市场，比如，通过实施创造性的策略来拯救美国的次贷房主。我们中的许多人从欧洲债务危机早期就认为，欧洲本应迅速减记欧元区外围国家的债务，否则，债务积压将阻碍经济复苏。尽管一些人认为，对发达国家，尤其是欧洲外围国家来说，公共债务负担从来都没那么重要，但过去的证据表明，情况恰恰相反。早在20世纪90年代初，意大利和希腊就已经出现了大规模的公共债务问题，而认为这些都没有限制政府应对危机的选择是愚蠢的。与日本（其债务与国内生产总值的比率甚至更高）一起，它们在过去20年中的增长表现是发达经济体中最差的。大多数政府没有注入公共资金（以换取股权）清理私人银行部门的资产负债表并为新的贷款铺平道路，而是更加关注未来私人贷款风险的防范；没有意识到他们应该专注于快速启动贷款，而不是阻止其过热。许多政策制定者似乎不明白这样的道理，即使在当前的金融危机过去之后，资产负债表疲软的僵尸银行以及过度负债的家庭和公司，将在未来几年影响经济的复苏。可以说，这一问题因为过分生硬的监管而变得更为复杂，在许多情况下，这种监管会把较小的借款人拒之门外。如果有人相信，一个经济体的大多数真正的创新最终来自中小型企业，那么贷款条件的急剧收紧可能应是近年来创新步伐缓慢的原因之一。同样的现象似乎在大萧条时期也出现过。

还有人认为，当政府自己有大量借贷需求的时候，其就会随意限制私人进入信贷市场。这是我和莱因哈特在我们 2009 年合著的书中讨论过的一种金融压制。莱因哈特依然认为，这种压制在偿还第二次世界大战债务方面发挥了巨大作用。因此，在某种程度上，生产率下降和低利率有一个内生因素，该因素可以追溯到金融危机期间公共债务的（必要）飙升。

另一种观点认为，各国政府本应在政府支出方面进行更大、更持久的投入。这在理论上无懈可击。然而，大多数模型没有考虑到政府支出快速大规模增长时选择和管理支出的实际障碍，布鲁纳敏锐地察觉到了这一点。请注意，经济学家都认为，在一场拥有大量闲置劳动力和超低利率的深度衰退期间，政府应该增加基础设施支出，并通过赤字融资来支付（为什么不能利用私人资金，没有人给出理由）。在政府本应该做得更多这件事情上，经济学家之间从未有过任何争论，现在也很少。也就是说，这一领域的许多学术经济学家的理论并不完全能够与实际问题相结合。在现实世界中，环境保护、路权问题以及分散支出的政治压力造成的各种障碍使项目的策划和管理在实践中不像纸面上看起来那么容易。当支出迅速大幅增加时，情况更是如此。奇怪的是，经济学家们写了那么多关于需要更多基础设施的文章，却很少询问政府需要哪些机构来更好地规划项目，尤其是在需要快速大规模做出决定的时候。

有人可能会说："谁在乎呢？在经济衰退时，政府把钱花在可以增加需求的东西上不是很好吗？"一些人认为，在危机中，即便是纯粹的消耗性支出（可能是债务融资）也非常有用，所以谁还会在乎一个基础设施项目有没有真正的生产力呢？众所周知的凯恩斯让工人挖掘沟渠然后再填起来的公共工程项目有什么错？嗯，我们只能说，经过大量研究，这个凯恩斯主义教条没有经受住时间的考验。布鲁纳自然会对刺激措施的作用有更细致的解释。凯恩斯主义提供了非常重要的见解，但其更具争议性的支持者往往低估了供给侧经济的重要性，以及政府政策对私人储蓄和投资动机的影响。事实上，一些经济学家认为，处于零利率下限的经济体不应进行结构性改革或签署贸易协议，因为这两种行动都会降低通货膨胀、提高实际利率并抑制需求。

在认识到危机暴露出的局限性之后，中央银行该如何改进其设计？

今天，我要讨论一个似乎更狭隘的问题：如何改进中央银行设计。但我认为，如果成功的话，更好的中央银行设计可能会非常有助于消除当今许多争论不休、旨在打破零利率下限的政策辩论。我认为，中央银行工具包及其通货膨胀目标框架都需要维护完善。首先，更有效的负利率政策将大大增强政策工具包的功能，如今执行负利率非常困难，中央银行无法完全自主执行。其次，中央银行需要制定能够在深度衰退期间深入参与通货膨胀的政策，并在强烈的通缩预期出现之前，合理而迅速地将政策制定出来。也就是说，基本的通货膨胀目标框架需要包括一个安全阀——一项在极端情况下，中央银行可以暂时提高通货膨胀目标的免责条款。即使在今天，大多数中央银行对通货膨胀目标框架的承诺过于狭隘，以至于他们忽视了这样一个事实，即在这个时期的大部分时间，尤其是危机的早期，通货膨胀"超调"实际上可能非常有益。在 2008 年和 2009 年进行现实预测的人（中央银行迟迟没有意识到金融危机前后的衰退是一样的）都已经明白，在危机期间，通货膨胀造成的危害要小得多。

我们应该铭记布鲁纳的贡献

在深入探讨政策利率有效下限所引发的政策问题之前，让我再补充一些布鲁纳的贡献，因为它们与我的讨论有关。

当然，布鲁纳的许多杰出贡献都是与其好友兼同事梅尔泽一起完成的。这两位研究者在很多领域都领先于他们所处的那个时代。例如，今天，即使经济学家们距离建立可靠的货币模型还很远，但大家都意识到货币基础（为什么人们需要使用货币）是一个绝对基本的话题。现代技术研究是由约塔基（Kiyotaki）和赖特开启的，他们对货币在交易中的作用做出了一个尽管狭隘、程式化但却极其优雅的解释。然而，事实上，正是布鲁纳和梅尔泽预先确定了一些关键的理念。

对一些人来说，人们为什么持有货币似乎是一个纯粹的哲学命题。显然，每个人都喜欢有钱，钱可以用来进行交易，这是一种社会惯例。然而，经济学家早就意识到，关于为什么使用实物货币以及怎样使用实物货币，其中存在着重要的细微差别。随着世界变得越来越数字化，他们对实物货币是否真的像人们想象的那样重要感到困惑。有一些深层次的问题（例如，货币和价格之间的关系），我们还没有答案。今天，当人们问比特币是否可以成为一种货币或中央银行是否可以利用区块链时，他们其实需要重新审视一下布鲁纳和梅尔泽提出的许多相同问题。

在布鲁纳和梅尔泽的研究工作中，还有另一个富有远见的主题，即货币和信贷都很重要。他们一再重复这个主题。在创办《货币、信贷和银行杂志》时，他们刻意包含了"信贷和银行业"字样。我们需要重述一下，在撰写论文时以及此后的多年时间里，他们把重点全都放在了弗里德曼相对狭义的货币定义上。信贷仍然还在幕后，可能是因为芝加哥–明尼苏达学派认为金融市场运作良好，信贷市场上的摩擦基本上不是问题。今天，在2008年金融危机之后，已经没有人再接受真实的商业周期观点。正如我已经说过的那样，我们有一个很好的理由相信，未能有效重启银行业，尤其是欧洲推迟债务解决和债务减记的日式做法，是其经济增长缓慢、生产率低下和复苏缓慢的主要原因。

1973年，布鲁纳创立了影子公开市场委员会，通过该委员会他对货币政策产生了重要影响。今天，大多数中央银行都设有大型研究部门，与学术界的联系也非常紧密，因此人们很容易忘记当时的货币管理机构在理论问题上是多么失败。布雷顿森林固定汇率体系崩溃后，欧洲和日本的货币当局突然需要考虑自己的货币政策，而不是被动地追随美国的货币政策。其实，美国的货币政策在伯恩斯时代就进入了高度功能障碍状态。影子公开市场委员会在理解稳定货币和信贷增长作为长期通货膨胀基础的重要性方面遥遥领先于决策者。该小组提出了简单有力的事实和分析，而这些事实和分析在当时本应得到更多的关注和尊重。

事实上，1979 年夏末，当我加入美联储国际金融部时，许多政策制定者认为影子公开市场委员会里都是些古怪的局外人，他们对货币政策的狭隘、机械的理解与现实世界经济的复杂性几乎没有联系。直到保罗·沃尔克（Paul Volcker）在当年晚些时候接替威廉·米勒（William Miller）担任美联储主席之后，现代货币主义才开始得到应有的尊重。突然之间，影子公开市场委员会的观点似乎不再那么微不足道。当然，从那时起，中央银行和货币经济学的学术研究都发生了巨大的变化。

卡内基-罗切斯特公共政策会议系列

很遗憾，我本人没有与布鲁纳密切合作过，但他实实在在对我产生过影响——例如通过他编纂的卡内基-罗切斯特公共政策会议文集，这些文集在很多年中都与《货币经济学杂志》联系密切。该会议系列是布鲁纳和梅尔泽的又一项重大专业贡献。该会议经常邀请一些学者，有时是年轻学者，以稍微不同的格式撰写论文，较之传统期刊内容，该文集的论文内容更为广泛，文章更注重对不同的观点进行综合和批判性的讨论。这种方法对于研究的转向具有特别的价值，著名的例子有 1976 年罗伯特·卢卡斯（Robert Lucas）的论文《卢卡斯批判》和 1986 年爱德华·普雷斯科特（Edward Prescott）的论文《商业周期衡量的前沿理论》。还有许多其他的经典作品，但与现代研究相关度较高的是迈克尔·穆萨（Michael Mussa）1986 年发表的论文。该论文指出，不可否认的是，国内商品价格的调整远比资产价格的调整慢，这与当时宏观经济研究的主流（代表人物为卢卡斯和普雷斯科特）看法相反。

作为编辑，布鲁纳和梅尔泽对文献中的重要转向有着敏锐的洞察力。通过对论文的编辑，当然也得益于会议上的各种评论，他们将一些晦涩难懂的论文修改为更加通俗易懂的论文。最重要的是，通过他们的选择与编辑，许多卡内基–罗切斯特公共政策会议的经典论文都具有了鲜明的观点。

1987 年，我有幸被邀请在卡内基–罗切斯特公共政策会议上发表了一篇论文。论文的标题是《货币政策的声誉约束》。我非常感谢有这样一次机会，因为多年来，我一直在独立研究一种不同的方法，认为中央银行的独立性和设计对其表现影响巨大，事实上，这对于中央银行获得解决其面临的信用问题的强有力解决方案也至关重要。这一点在今天看来可能十分明显，然而，我的博弈论和制度方法却与当时的主流思维格格不入。这里主要指的是基德兰（Kidland）和普雷斯科特，特别是巴罗（Barro）和戈登（Gordon）。他们的理论倾向于将中央银行的政策描绘成一场大型超级游戏，其中真正重要的是政府的潜在激励和基本经济摩擦。超级博弈论将任何试图设置制度约束的行为都视为一条马其诺防线，而政府可以随时越过这条线。尽管博弈论从数学层面来看十分完美，但不包含制度因素的博弈论方法根本无法解释为什么中央银行政策设计和政策策略在实践中显得如此重要，而在效用或提供政策指导方面却较差。然而，在 20 世纪 80 年代中期，声誉理论在学术界更受欢迎，这不仅在很大程度上是因为研究这些模型很有趣，而且还因为该行业正在经历一场浪潮，即认为制度方法"软弱"且不可靠。

灵活性与承诺之间的权衡

因为我 1987 年的论文预测了这次演讲的一些主题,所以我将简要解释一下。几十年前,关于如何使各国中央银行在其反通货膨胀立场上更具可信度的研究,有两个宽泛的分支。制度方法认为,中央银行需要被赋予显著的独立性,而中央银行在设计时就应该使其具有强烈的动机或者至少是强烈的倾向来对抗通货膨胀,这样他们将能够抵制过度降低政策利率的短期冲动。然而,制度方法也认为,各国中央银行不应过分关注通货膨胀,而应重视产出稳定。具有非常严格的通货膨胀目标的优点是——比如,像欧洲中央银行的设计那样——它是抑制通货膨胀预期的一个非常有力的手段。低通货膨胀预期反过来又压低了名义利率,而名义利率当然包含通货膨胀预期。正如人们有时也会看到的那样,欧洲中央银行设计的缺点是,如果对通货膨胀的影响过大、没有免责条款,那么,与采取更积极的货币政策相比,经济可能会遭受更大的商业周期波动,因此需要有一个平衡。

不幸的是,各国中央银行近年来一致认为,无须什么平衡,他们完全可以鱼与熊掌两者兼得。也就是说,他们可以保持精确的 2% 的长期趋势通货膨胀,同时采取极端激进的短期政策。对于"灵活通货膨胀目标"的现代解读基本上是,只要中央银行完全致力于实现长期通货膨胀目标,那么短期内它可以拥有很大的自由度。随着 2008 年金融危机的爆发,各国中央银行犯下的最大错误的核心就是"通货膨胀目标福音"——认为最优货币政策不涉及灵活性和承诺之间的权衡。各国中央银行采取了大胆的行动,但都程度有限。他们没有意识到,在深度金融危机时期,暂时升高的通货膨胀有助于（在边际上）减轻债务负担，降低实际工资有助于维持就业，而且，极为重要的是，支撑通货膨胀预期，以避免不断下移至零。

我 1987 年发表的卡内基-罗切斯特会议论文，由布鲁纳和梅尔泽编辑，着重论述了那些否认中央银行制度因素重要性的方法的根本问题。从技术角度来说，声誉方法的基本见解是正确的，即货币政策是一场反复的游戏。如果金融当局滥用公众信任，那么人们可能会期望将来也能滥用他们的信用，通货膨胀预期和名义利率将迅速冲高。这种对声誉损失的担忧抑制了中央银行的"欺诈"欲念，但还不足以将通货膨胀控制在令人满意的水平。

原则上，声誉因素为中央银行提供了很大的自由度，使其能够在不损害其长期保持低通货膨胀声誉的同时，采取积极的政策。事实上，这种逻辑隐含在这样一种观点中，即如果有一个适当的通货膨胀目标框架，灵活性与承诺之间就不存在任何权衡。声誉可以通过多种方式发挥作用，但所有这些方式都会受到某种潜在脆弱性的制约。特别是，在一个声誉良好的世界里，不仅有理想的平衡，还可能有很多的替代平衡。多重平衡的可能性既限制了模型的预测能力，也打开了市场不稳定的大门。当然，从1987 年以来已经发生了很大变化，各国中央银行和学者现在非常关注制度的细节。我们回头将谈一谈这个问题。

处于流动状态的中央银行：零下限

可以肯定地说，金融危机之后，中央银行在理论和政治上都处于剧烈的变化状态，其独立性在许多方面都受到了挑战。奇怪

第一部分

致敬卡尔·布鲁纳

的是，人们普遍认为，今天的中央银行行长似乎无所不能，但又一无所能。当然，他们的言行在市场上仍然具有巨大的影响力，媒体和投资者都非常关注他们的一言一行。然而，与此同时，投资者对中央银行试图引导人们对未来利率和通货膨胀路径进行预期的做法越来越表示怀疑。这导致了在中央银行说要做什么与市场所认为其将做什么之间存在明显的反差，人们对中长期利率的反应便是很好的例证。事实上，人们甚至越来越怀疑，各国中央银行是否真的有意愿和能力使通货膨胀符合长期目标，更不用说短期目标了。

某种程度上来说，民众对中央银行缺乏信任是由其在金融危机之后多年糟糕的预测记录导致的，他们对增长和通货膨胀的预测都过高。即使是美联储也遭遇过这样的尴尬。国际货币基金组织在其半年度旗舰出版物《世界经济展望》（*World Economic Outlook*）中，连续八年夸大全球经济增长规模，并一直延续到第九年。总体而言，预测增长是困难的，但连续这么多年对经济增长的预测总是过高，这表明传统预测方法存在一个更深层次的结构性问题。当然，在这个问题上，国际货币基金组织并不孤单。总的来说，同样的问题困扰着几乎所有的国际组织和中央银行。

尽管对危机之后经济增长缓慢的原因仍有很多争论，但关于增长的共识却一直在变化。每个人都同意"降低的时间再长一些"，但具体降低多久则是另一个问题。2009 年，我与莱因哈特合著了一本书，书名《这次与众不同》（*This Time Is Different*）。该书的核心主题是，深度系统性金融危机之后的经济衰退往往是十分漫长而严重的。此外，如果政治系统无法采取必要的行动来恢复信贷系统的健康——其恢复通常需要使用现实资产估值对坏账进行必要的重组机制，并迫使银行快速进行资本重组——那么增长缓慢的情况可能会持续很长时间，日本就是这样。一些人可能会认为，危机发生 8 年之后，去杠杆化和债务积压不可能仍然在发挥作用。事实上，情况是否如此还远远没有搞清楚。银行业疲软依然让欧洲不胜其扰。在正常时期，私人债务会不断增加。正常增长通常与信贷上升趋势相关——这一趋势在全球大多数市场中都恢复得非常缓慢。增长缓慢也有其他原因（缺乏创新和私人需求持续疲软），但最重要的是，相对于传统模型的预测，或者相对于公众的预期，金融危机后的经济增长速度与规模极度令人失望。

政策利率大幅下降

然而，中央银行行长们显得如此无能的主要原因并不是经济增长缓慢，而是利率的大幅下降，导致政策利率降至零（甚至是负值），迫使中央银行不得不依赖疲软的次优工具，比如量化宽松（QE）和前瞻性指引等。利率下降主要有两个原因，而且两者都非常重要。第一个原因是通货膨胀持续下降，从某种程度上来说，这或许可以作为现代中央银行技术取得巨大成功的证据。既然超低通货膨胀已在全球范围内根深蒂固，那么各国中央银行成功压低通货膨胀似乎是一把双刃剑。通货膨胀过度下行以及各国中央银行难以使其恢复正常的局面，凸显了在面临大规模危机时纳入临时避险条款的重要性。

今天许多年轻人都从未见过温和的通货膨胀——更不用说高通货膨胀了。他们可能认为关于通货膨胀罪恶的著作类似于他们

第一部分

致敬卡尔·布鲁纳

祖父母的音乐：曾经是一件大事，但现在基本上已无关紧要（至少对发达国家来说如此）。在最近的许多学术研究中，这种观点得到了呼应，他们认为就像一种被现代医学根除的疾病那样，通货膨胀问题已经被彻底解决。这种说法言过其实，而且十分危险。

20 世纪 70 年代末，当我还是一名研究生时，许多经济学家认为通货膨胀将永远居高不下。20 世纪 70 年代，美国的通货膨胀率达到 13%，英国和日本的通货膨胀率高达 20% 以上。即使大多数发达国家在 20 世纪 80 年代成功地控制了通货膨胀（当然，意大利和希腊的表现没有这么好），但对于新兴市场来说，它依然是一个巨大的祸患。事实上，如表 5.1 所示，1992 年有 40 多个国家的通货膨胀率超过了 40%。尽管表中没有单独列出来，但少数国家的通货膨胀率甚至达到了卡根所定义的恶性通货膨胀水平。世界通货膨胀，如表 5.1 所示，在 20 世纪 90 年代初很多国家的通货膨胀率超过了 20%。即使如此，有几个国家经历了彻底的通货紧缩（价格下跌），特别是非洲的法国法郎区国家，由于它们与法国法郎挂钩，所以当低商品价格给工资带来巨大的下行压力时，它们就会遭受损失。法郎区的经验表明，固定汇率制度，即使在全球高通货膨胀的情况下，也可能产生通货紧缩。当然，20 世纪 90 年代，日本实行灵活汇率制度，但也出现了这样的情况。原因主要是极低的基准通货膨胀和大规模的金融危机。

表 5.1　世界通货膨胀情况

	通货膨胀≤0%		10%<通货膨胀≤20%		20%<通货膨胀≤30%		30%<通货膨胀≤40%		40%<通货膨胀	
	1992年	2015年	1992年	2015年	1992年	2015年	1992年	2015年	1992年	2015年
发达经济体（国际货币基金组织）		希腊、西班牙、瑞士、塞浦路斯、芬兰、以色列、立陶宛、新加坡、斯洛伐克共和国、斯洛文尼亚、中国台湾	希腊、以色列							
撒哈拉以南非洲	布基纳法索、中非共和国、乍得	津巴布韦	博茨瓦纳、佛得角、冈比亚	安哥拉、埃塞俄比亚、加纳	埃塞俄比亚、马拉维、坦桑尼亚	马拉维	肯尼亚、圣多美和普林西比民主共和国		安哥拉、几内亚比绍、莫桑比克	刚果民主共和国

续表

地区	通货膨胀≤0% 1992年	2015年	10%<通货膨胀≤20% 1992年	2015年	20%<通货膨胀≤30% 1992年	2015年	30%<通货膨胀≤40% 1992年	2015年	40%<通货膨胀 1992年	2015年
撒哈拉以南非洲	科摩罗 刚果民主共和国 刚果共和国 马里 尼日尔 塞内加尔 多哥		加纳 几内亚 莱索托 马达加斯加 毛里塔尼亚 纳米比亚 南非	赞比亚			索马里		尼日利亚 塞拉利昂 苏丹 乌干达 赞比亚 津巴布韦	
中东和北非	巴林 科威特 沙特	阿富汗 约旦 科索沃 黎巴嫩		埃及 伊朗 苏丹	埃及 伊朗		阿尔及利亚	也门	伊拉克 黎巴嫩 土耳其 也门	
欧洲和东亚		波黑 保加利亚 克罗地亚	捷克	白俄罗斯 俄罗斯	匈牙利				阿尔巴尼亚 亚美尼亚 阿塞拜疆	乌克兰

93

失控的炼金术：货币政策与通胀危机

续表

	通货膨胀≤0%		10%<通货膨胀≤20%		20%<通货膨胀≤30%		30%<通货膨胀≤40%		40%<通货膨胀	
	1992年	2015年	1992年	2015年	1992年	2015年	1992年	2015年	1992年	2015年
欧洲和东亚		匈牙利							白俄罗斯	
		马其顿							保加利亚	
		波兰							克罗地亚	
		罗马尼亚							爱沙尼亚	
									格鲁吉亚	
									哈萨克斯坦	
									乌兹别克斯坦	
									拉脱维亚	
									马其顿	
									蒙古	
									波兰	
									罗马尼亚	
									俄罗斯	
									斯洛文尼亚	

94

续表

	通货膨胀≤0%		10%<通货膨胀≤20%		20%<通货膨胀≤30%		30%<通货膨胀≤40%		40%<通货膨胀	
	1992年	2015年	1992年	2015年	1992年	2015年	1992年	2015年	1992年	2015年
欧洲和东亚									塔吉克斯坦	
									土库曼斯坦	
									乌克兰	
亚洲		文莱	不丹	缅甸	缅甸		越南		阿富汗	
		所罗门群岛	印度						柬埔寨	
		泰国	马尔代夫							
		汤加	尼泊尔							
			所罗门群岛							
			斯里兰卡							
美洲		伯利兹	玻利维亚		阿根廷		委内瑞拉		巴西	委内瑞拉
		多米尼加	智利		哥伦比亚		玻利维亚		牙买加	
		萨尔瓦多	萨尔瓦多		哥斯达黎加				尼加拉瓜	
		格林纳达	危地马拉		圭亚那				秘鲁	
		圭亚那	墨西哥		海地				苏里南	

续表

美洲	通货膨胀≤0%		10%<通货膨胀≤20%		20%<通货膨胀≤30%		30%<通货膨胀≤40%		40%<通货膨胀	
	1992年	2015年（2003年）	1992年	2015年	1992年	2015年	1992年	2015年	1992年	2015年
		波多黎各	巴拉圭						乌拉圭	
		圣基茨和尼维斯								
		圣卢西亚								
		圣文森特和格林纳丁斯								

注：该表列出了1992年（2003年）和2015年保持通货膨胀低于0%或高于10%的所有国家及地区。通货膨胀率在0%～10%之间的国家及地区被省略。

1992年，45个国家及地区的通货膨胀率超过40%，而在2015年，只有乌克兰和委内瑞拉达到了这个水平。

如今，较之高通货膨胀，通货紧缩威胁到的国家及地区更多。许多国家和地区出现通货紧缩和极低的通货膨胀（介于0%和5%之间）。

资料来源：国际货币基金组织世界经济展望数据库。

　　快进到 2015 年，图 5.1 现在描绘了一幅完全不同的图景。与 40 多个通货膨胀率极高的国家不同，有 30 多个国家和地区正在经历通货紧缩，其影响范围非常广泛，许多发达国家和地区都受到了影响，包括希腊、西班牙、芬兰和瑞士，还有以色列和中国台湾。中等收入国家，如保加利亚、匈牙利、罗马尼亚和波兰等国的商品价格下跌，泰国也是如此。美国的自由邦波多黎各也受到债务危机的困扰，其危机与希腊有很多相似之处。在中东，约旦和阿富汗等国在 2015 年经历了通货紧缩。2015 年，只有饱受冲突蹂躏的乌克兰和委内瑞拉出现了非常高的通货膨胀。

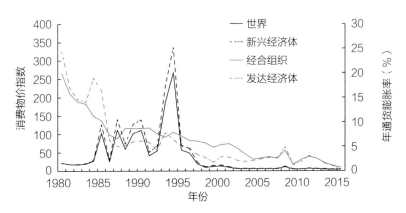

图 5.1 世界消费物价指数与年通货膨胀率

资料来源：国际货币基金组织，《世界经济展望》数据库，2016 年 4 月。
注：各国权重相等。

　　图 5.2 以不同的方式讲述了同样的故事，给出了 1992 年与 2015 年新兴经济体［图 5.2（a）］和发达经济体［图 5.2（b）］的通货膨胀分布。如图 5.2 所示，发达国家的平均通货膨胀率已降至 1%，新兴市场和世界性通货膨胀率也处于非常低的水平，但个别国家的通货膨胀率仍然相对较高。这种急剧下降的趋势是设

定通货膨胀目标的结果吗？答案并不确定。图 5.3 根据国际货币基金组织的定义，将通货膨胀目标国家和非通货膨胀目标国家分开。非通货膨胀目标国家的平均通货膨胀率并不是很高。正如即使没有欧元，欧洲的通货膨胀率可能已经下降一样，发达经济体和新兴经济体无论是否设定通货膨胀目标，其通货膨胀率也已大幅下降。

随着实际的通货膨胀率呈下降趋势，通货膨胀预期也随之下降。当然，大多数消费者和市场仍然期望肉眼可见的极低通货膨胀率。

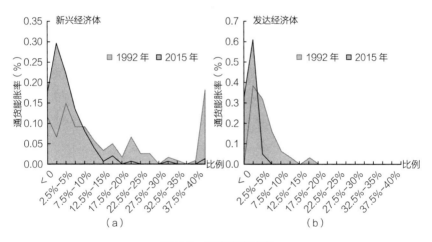

图5.2 通货膨胀分布

资料来源：国际货币基金组织，《世界经济展望》数据库，2016 年 4 月。
注：各国权重相等。数字是按通货膨胀阈值计算出的国家百分比（例如，100% 的发达经济体和新兴经济体处于 0%~2.5% 区间）。

图 5.4 显示了根据通货膨胀指数和非指数国债推断的基于市场的美国通货膨胀预期（该计算从流动性溢价、风险和其他因素中提取）。该图显示了从每个日期开始的 5 年内的预期。在很长

致敬卡尔·布鲁纳

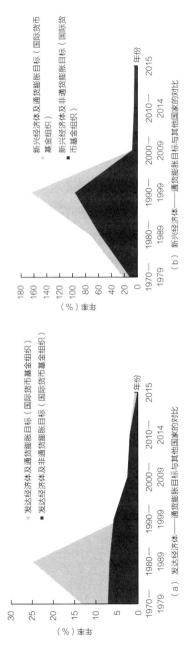

图 5.3　不同国家和地区通货膨胀目标对比

资料来源：国际货币基金组织，《世界经济展望》数据库，2016 年 4 月。

注：各国权重相等。

一段时间里，通货膨胀预期一直稳定在 2.5% 左右（这大概是美联储 2% 隐含目标的平均值，而政府发现需要大幅提高通货膨胀率的可能性很小）。然而，在 2016 年，基于市场的长期通货膨胀预期指标开始崩溃。它们现在接近 1.5%，表明人们对美联储将通货膨胀率提高到目标水平的能力几乎没有信心。

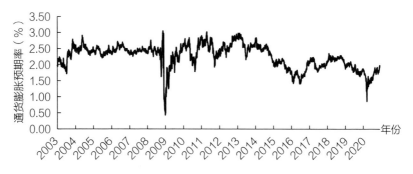

图 5.4　美国 5 年期通货膨胀预期率

资料来源：圣路易斯联邦储备银行。

　　图 5.5 显示了消费者预期的调查指标，虽然远期的预期仍保持在 2% 附近，但也有显著下降。这似乎令人感到宽慰，但长期通货膨胀预期继续下降，似乎没有考虑到未来通货膨胀上升的任何重大可能性，在一个高负债和低增长的世界，这一定是一种风险。

　　欧洲也出现了同样的现象。图 5.6 显示了英国、法国、德国、意大利和瑞士的消费者通货膨胀调查结果。该图给出了 2013 年 2 月—2015 年 11 月的数据，显示了近年来通货膨胀率的低水平和降低的趋势。根据欧洲中央银行的说法，专业预报员已经将 5 年后通货膨胀的预期锁定在 1.9%（略低于 2%），自欧元诞生以

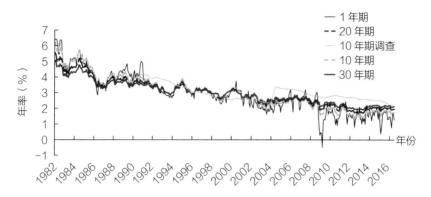

图 5.5　美国消费者通货膨胀预期

资料来源：利文斯顿调查、费城联邦储备银行和克利夫兰预期通货膨胀。

来就一直如此。但最近，这一预期已降至 1.8%。尽管这一变化很小，但鉴于人们的期望几乎是绝对不变的，因此必须将其视为重大变化。

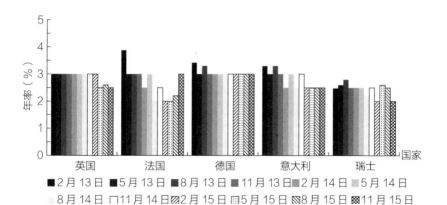

图 5.6　公众对未来 5 年通货膨胀趋势的看法

注：通货膨胀数字参考了截至 2015 年 10 月的消费者物价协调指数 / 消费者物价指数。

资料来源：彭博社，2015 年 12 月 1 日，M&G YouGov 2015 年第四季度通货膨胀预期调查。

主要国际组织也发布长期通货膨胀预测，这些预测呈现的也是下降趋势；尽管与专业的欧元预测一样，但较之市场指标，它们可能更重视中央银行的目标。图 5.7 显示的是经济合作与发展组织对 2060 年的预测。其对一些主要国家及地区的基线预测接近 2%。国际货币基金组织（图 5.8）认为，即使在 5 年后，欧洲仍会努力将通货膨胀率提高到 1.9%，尽管现在已经接近了这个目标。

当然，日本陷入通货紧缩已经很长一段时间了，如图 5.9 所示，2016 年 6 月的 Tankan 调查显示，日本企业预计 5 年后的通货膨胀率仅为 1.2%。

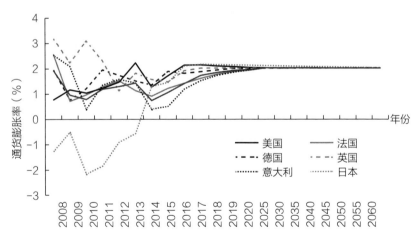

图 5.7　经济合作与发展组织对 2060 年世界通货膨胀率的预测

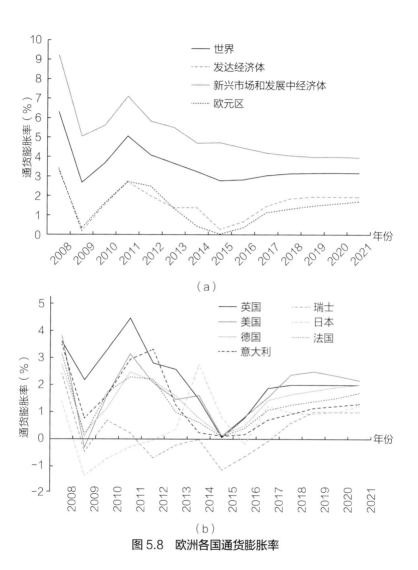

（a）

（b）

图 5.8　欧洲各国通货膨胀率

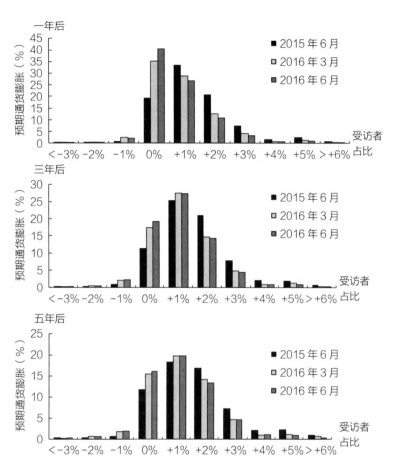

图 5.9　日本：通货膨胀预期分布
（选择每种备选方案的受访者人数的百分比）

资料来源：日本银行，2016 年 6 月调查。

当前名义利率和通货膨胀预期组合中最引人注目的是，市场对通货膨胀将再次像过去那样飙升的重大风险视而不见。有人猜测，布鲁纳可能会认为，如果世界真的像戈登所说的那样，在下个世纪里生产率增长缓慢，如果民粹主义者要求大幅提高政府支出和转移支付的巨大压力继续存在，那么很难想象通货膨胀会无限期地保持在低水平。但这正是消费者和私人预测者所期望的。

实际利率暴跌

通货膨胀和通货膨胀预期的惊人下降只是引起名义利率崩溃的一个原因，而另一个非常重要的因素则是短期和长期实际利率的大幅下降。当然，实际利率是名义利率减去预期通货膨胀率。图 5.10 显示的是美国 30 年期债券平均实际收益率的基于市场的实际利率估计值。利率从 2011 年的 2% 以上下降到 2016 年年中的 1% 以下。当然，这些还是基于基本理论结构的粗略近似值，忽略了市场利率中的流动性、期限和风险溢价。

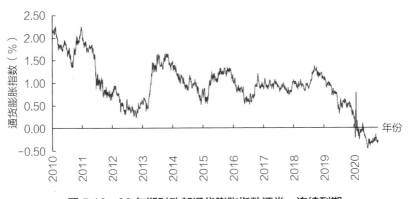

图 5.10 30 年期财政部通货膨胀指数证券，连续到期

资料来源：联邦储备系统理事会。

必须认识到预期通货膨胀和实际利率是理论结构，经济学家使用的经验近似值可能会显著偏离概念。通货膨胀预期很难精确衡量（请注意，专业预测与消费者预测有很大不同，而这两者又与基于比较通货膨胀指数债券与非指数债券收益率的指标有所不同）。事实上，比起统计局让我们相信的那个通货膨胀，实际通货膨胀要难测量得多。原则上，通货膨胀反映了代表性消费者购买一篮子与他们早期购买的商品具有同等效用（福利）的商品所需的成本。但事实上，这很难做到，因为有些重要的新商品在前一年并不存在。虽然理论上可以进行调整，但在实践中却是极其困难的。总的来说，服务业的产出质量比制造业的产出质量更难衡量，这使得服务业通货膨胀极其难以衡量。此外，服务业现在在国内生产总值中所占的份额远远大于制造业。仅卫生服务就占美国国内生产总值的 17% 以上，但这里衡量的是投入，而不是产出。对政府服务进行衡量更加困难，而在一些国家，政府在商品和服务上的支出占其国内生产总值的 40% 以上。

2016 年，费尔德斯坦（Feldstein）对这些问题进行了出色的阐述。他有力地指出，尽管美国国家统计局尽了最大努力修正通货膨胀指数的偏差，但测得的通货膨胀仍然远远大于实际通货膨胀（支配行为的基本理论结构）。此外，有一个强有力的证据表明，随着时间的推移，偏差一直在增加。例如，费尔德斯坦指出，美国政府统计人员基本上是通过测量计费时间来衡量法律服务的产出。然而，法律研究领域已经出现了巨大的技术进步——例如，数据库的使用。几乎可以肯定的是，统计学家低估了社交媒体和其他新娱乐渠道的价值。费尔德斯坦指出，中产阶级生活水平的增长速度可能比人们普遍认为的要快得多。他还指出，实际利率可能并没有看起来下降得那么多。至少，随着时间的推移，人们所做的长期福利比较（例如，富国中产阶级的境况比 25 年前更差的说法）的科学确定性是完全无法证实的。

第一部分
致敬卡尔·布鲁纳

即使承认测量存在很大的误差，也无法否认近年来实际利率大幅下降的事实。当然，人们后来意识到，20世纪70年代某些时段出现了实际利率急剧下降的情况，但造成这种状况的主要原因是通货膨胀远远高于预期。要为人们今天看到的极低的实际利率找到先例，我们必须追溯到20世纪30年代，但即使是那时，情况似乎也与现在不那么相似。图5.11显示了美国、英国和其他几个国家20世纪30年代的实际利率。大萧条时代和今天的一个区别是，在20世纪30年代上半叶，实际利率实际上相当高。名义利率接近于零，大多数国家都经历了通货紧缩（价格下跌），这意味着实际利率实际上相当高。直到各国最终放弃金本位制并开始通货膨胀，实际利率才转为负值。但有人可能会说，许多通货膨胀都是意料之外的，人们并没有预料到这一点，因此，从20世纪30年代中期开始的实际利率敞口措施很可能夸大了真实的事前措施。

值得注意的是，如果采用基于市场的措施，那么短期实际利率预计将在未来五到十年内保持负值。这一预期也与古兰沙（Gourinchas）和雷伊（Rey）2016年的实验结果一致，他们发现消费与财富的比率是未来利率的良好预测指标，上一次这个比率与现在一样低是在20世纪30年代。根据他们的估计，实际利率将在至少五年内保持显著低位，估计约为-2%。

极低（负）的实际利率和极低的次级目标通货膨胀预期相结合，使得中央银行很难调整其利率政策。造成这种情况的原因是，没有人真正知道几年后的实际利率会是多少。想一想20世纪90年代初泰勒的货币政策，他建议根据通货膨胀和产出与趋势的偏差来设定政策利率。当泰勒1993年设计他的货币政策规

失控的炼金术：货币政策与通胀危机

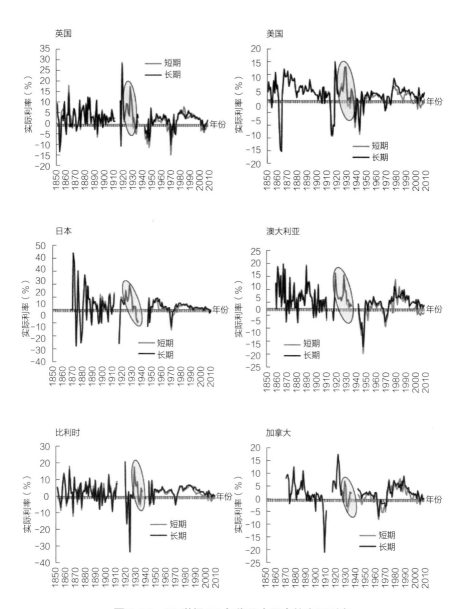

图 5.11　20 世纪 30 年代几个国家的实际利率

致敬卡尔·布鲁纳

则时，他的设想是，正常的政策利率大约为 4%，2% 的通货膨胀率加上 2% 的实际利率。当然，许多中央银行都在想，即使在全球经济恢复到充分就业之后，未来几年的正常政策利率是否可能是 2% 或更低（即使考虑到更高的结构性失业率，美国已经接近这个水平，但欧洲可能还有很长的路要走）。

那么，为什么实际利率仍然如此之低呢？2013 年，劳伦斯·萨默斯（Lawrence Summers）阐述了一种独特的思想。他认为，因为 15 年或更长时间缺乏需求，低实际利率是"经济长期停滞"的标志。我个人的观点是，事实上，世界正处于超级债务周期之中，其负面影响始于美国的次贷危机，在欧洲债务危机期间转移到欧洲。2015 年，汉密尔顿等人有力地指出，实际利率较低的时期之后不一定是低增长时期；事实上，实际低利率的预测价值不大。古兰沙和雷伊 2016 年也发现，虽然低消费与财富比率可能预示着长期的低实际利率，但它们不一定预示着低增长。相反，他们认为，在经历了长期的信贷繁荣之后，全球经济正在去杠杆化，因此才有了今天的高储蓄 / 低实际利率均衡。持有类似观点的有莱因哈特、罗格夫、米安（Mian）、苏菲（Sufi）、乔尔达（Jorda）、舒拉里克（Schularick）、泰勒和罗戈夫。毫无疑问，这场辩论将会继续下去。当然，现代全球经济存在着大量的尾部风险，包括网络攻击、流行病、严重气候事件，以及系统性新兴市场债务问题的回归等。

还有一些其他的解释。2015 年，莱因哈特和罗格夫采用巴罗 2009 年的模型表明，无风险的实际利率对经济灾难风险的感知十分灵敏，灾难风险评估稍有增加（例如，从 2% 增加到 3%）就可以使无风险债券的均衡实际利率下降 1% 或更多。当然，许多人在金融危机后变得更加谨慎了。

负利率

不管当前实际利率低的根源是什么，几乎没有人认为未来几年低利率会一直这样持续下去。中央银行能做什么？正如罗戈夫曾指出的那样，简单的做法是清除阻碍自由负利率政策实施的体制障碍。其中包括对法规、税法和市场惯例的一系列修改，只要有足够长的准备时间，这些事情都还是很容易做到的。到目前为止，负利率政策的最大障碍就是政府发行的零息无记名债券（即现金）的存在。有多种方法可以解决这个问题。在我看来，最稳健、简单的办法是，大幅缩减纸币发行规模，而且只发行小面额纸币，并利用监管政策阻止现金囤积行为。如有必要，也可以对在中央银行的大规模纸币取款或再存款征税。还有其他的方法可以实现这一点，包括威廉·比特（Willem Buiter）2005年提出的非常聪明的创建两种货币体系的建议；阿加瓦尔（Agarwal）和金博尔（Kimball）2015年对此进行了阐释与完善。2016年，罗格夫指出，在中央银行征收纸币兑换税的基本理念可以追溯到13世纪。我知道，关于中央银行早期悄悄进行负利率实验的做法存在很大的争议，很难从这些政策中判断一个不受约束的负利率政策将如何发挥作用。可以说，如果全球实际利率真的在很长一段时间内保持大幅度的负增长，那么，人们肯定会对改善负利率政策的实施方案进行深入探讨。事实上，现在应该成立委员会来研究这个问题，而不是屈服于金融部门的游说，或者来自那些在利用纸币促进逃税和监管方面特别成功的行业的压力。

第一部分

致敬卡尔·布鲁纳

在零下限上实施货币政策还有其他选择，例如量化宽松，即中央银行发行隔夜银行准备金并购买长期资产。罗格夫2016年再次提到了这些问题。重点是，对于所有的招数来说，量化宽松就是缩短政府债务的期限结构，是财政部可以在没有中央银行帮助的情况下实施的行动。此外，虽然缩短政府债务的期限结构确实有助于降低政府债务的利息负担，但它是通过增加政府对利率飙升和信心丧失的风险敞口来做到这一点的。随着经济实现正常化（美国即将实现这一目标，而欧洲还有更长的路要走），政府为什么不应该利用超低长期利率来锁定低成本，这一点还远没有搞清楚。更有效的量化宽松形式包括中央银行购买私人债务。这种量化宽松应该恰当地称为"财政量化宽松"，因为它涉及两种操作：第一种是纯粹的量化宽松，即中央银行购买政府债券；第二种是将政府债券换成私人债券（或者相当于，政府通过明示或暗示担保承担私人债务的风险）。后者的做法与一些发展中国家在私人市场（例如印度）直接信贷的做法相同。尽管在下一次衰退中，中央银行可能被迫再次依赖量化宽松政策，但毫无疑问，它们更倾向于使用不同的方法。纯粹量化宽松政策的效果并不十分明显，财政量化宽松使中央银行面临资产负债表风险，而这些风险应该直接记入财政部的账簿。这个问题在欧元区尤为突出，因为那里没有真正的中央政府，欧洲的中央银行正被迫承担发展中国家才会承担的负担和风险，而且它们不一定有明确的权限可以这样做。

处理零下限的其他想法："直升机撒钱"与提高通货膨胀目标

  另一个非常流行的想法就是让中央银行参与所谓的直升机撒钱。不幸的是，直升机撒钱只是货币政策和财政政策的结合。直升机撒钱对政府的总体预算没有任何影响。这个想法可以被简单地解释为对赤字融资财政政策的呼吁，而赤字则由超短期借款融资。换句话说，这种方法好处和风险都十分清晰。这种组合并不一定是一个糟糕的组合，但如果认为这是免费的午餐，那就忽视了一个明显的观点，即总有一天，通货膨胀率和利率可能会上升，为了避免通货膨胀大幅飙升，所有"免费午餐"资金都将被有息债务所取代。和任何使用短期债务为消费提供资金的借款人所面临的情况一样，政府的总利率成本可能也会急剧飙升。

  应对当前的低名义利率还有其他的选择，例如永久提高通货膨胀目标（比如，达到4%）或进行前瞻性指引，鲍尔和罗戈夫认为，这些是为自由负利率政策扫清道路的简单直接的方法。因此，我们可以得出这样的结论，如果中央银行能够将成熟的负利率政策纳入他们的工具包，那么对于解决现在的问题将会起到很大的帮助作用。然而，必须认识到，中央银行难以独自做到这一点，他们需要政府的支持性立法。因此，这不是一件一蹴而就的事情。

通货膨胀目标制是否应该纳入免责条款？

  到目前为止，我们讨论的主要是货币政策工具，而不是制度设计。接下来我将谈一谈这个问题。货币政策工具是唯一的问题，还是中央银行设计中存在一个更深层次的问题？正如我已经提到的那样，金融危机表明，今天的通货膨胀目标制过于僵化，如果在遭遇严重经济创伤的情况下能够更明确地规定"免责条款"，那么效果应该会更好。特别是，在金融危机爆发期间，在通货膨胀预期陷入螺旋式下降之前，各国中央银行的行动过于缓慢，无法暂时（而非永久）放弃通货膨胀目标。更高的通货膨胀将通过更低的实际利率助推增长，但这也会极大地消除私人去杠杆化的一些优势，并激励社会对实体经济的投资。现在需要的是带有免责条款的通货膨胀目标。我明白，这样一个条款的存在必然会推高通货膨胀预期，但这是一个合理的代价，因为这样一来我们就不会被困在一个为正常情况而非紧急情况（我们现在面临的实际情况）设计的通货膨胀目标制度中。

我们必须承认，事实证明，与 20 世纪 60 年代和 70 年代初货币主义者倡导的简单货币供应规则相比，现代通货膨胀目标是制定货币政策的一个更灵活的基准。弗里德曼 1965 年提出的固定货币供应量增长规则是基于这样的假设，即货币增长的某些度量（例如 M1）与中长期通货膨胀趋势之间存在合理稳定的联系。不幸的是，随着货币市场共同基金、信用卡、借记卡、电子支付和其他替代交易媒介的发展，大多数国家的货币增长与通货膨胀之间的任何联系都被证明是高度不稳定的，而这种情况早在零下限时代之前就已经开始。

通货膨胀目标通过直接针对通货膨胀来解决这个不稳定问题。诚然，中央银行控制通货膨胀并不像控制强力货币（货币加银行储备）那样直接，无法对其实施彻底的控制。正如弗里德曼经常强调的那样，布鲁纳和梅尔泽也指出，货币政策的实施与其对通货膨胀的影响之间存在着很大的差距。然而，通货膨胀目标具有自动调整交易技术长期趋势变化的优势。

当然，拥有一个明确且相对不灵活的目标是稳定长期名义利率和长期价格路径的重要理由。然而，面对 2008 年罕见的金融危机，货币当局本应认识到，正确的做法是让通货膨胀长期上升，这将（至少在一定程度上）有助于公共和私人债务的去杠杆化，也有助于将利率保持在零下限之外。1992 年，洛曼（Lohmann）就直截了当地提出了货币政策规则需要一个免责条款的观点。

中央银行家不喜欢免责条款这种说法。当我在 2008 年年末提出"通货膨胀现在是小恶魔"（意味着两三年的通货膨胀率为 4%~6%）时，大多数中央银行行长都认为这是一个奇怪且令人不快的暗示。我怀疑他们现在依然是这么想的。（顺便说一句，我没有也不建议永久性地改变通货膨胀目标。相反，这本应该是一种紧急应对之策。）各国中央银行确实在许多方面采取了极其激进的行动，特别是利用政府资产负债表来支撑银行和金融市场。但目前最有效的武器——将通货膨胀目标暂时提高到一定的数值，比如说，4%~6%，持续两到三年时间——从未被认真考虑过。在一个金融市场和监管制度极不完善的世界里，货币政策规则需要一个例外条款。是的，这将给中央银行带来一定的信誉问题，但这种灵活性和可信度之间的权衡是货币政策面临的一个根本挑战，不能一弃了之，需要认真对待。

不幸的是，关于通货膨胀目标，斯文松（Svensson）、伯南克、米什金（Mishkin）、劳巴赫（Laubach）、波森（Posen）、泰勒以及其他许多人的解释是，货币政策中的信誉问题已经（特

别是通过增加中央银行独立性的方法）得到解决。因此，我在
1985 年的论文中强调的可信度和灵活性之间的平衡也得到了解决。货币政策可以在没有任何通货膨胀偏差的情况下有效平稳地产出。这种对于货币政策的乐观看法现在必须受到质疑。

在不完全破坏正常时期通货膨胀预期稳定性的情况下，如何制定免责条款？1992 年，洛曼的设想是，赋予政府在极端形势下任命新中央银行行长（或者，如果需要，任命新的中央银行董事会）的权力。另一个想法是，各国中央银行可以利用这些极端情况来引发对通货膨胀变化规则的讨论，例如，房价暴跌 20%、信贷市场持续瘫痪，或者发生重大灾难，如战争等。

不再有通货膨胀和债务的观点是想吃免费的午餐

最后，我很好奇有多少政治经济学评论员会持有这样的观点，即发达国家永远不可能发生公共债务危机，因为人们总是在夸大这种危机。然而，在当今拥有强大独立中央银行的世界里，通货膨胀目标非常严格，因此现在还不清楚，在面对严重局面时，他们会不会允许通货膨胀及时上升。如果只允许缓慢上升，那么利用通货膨胀部分拖欠政府债务的选择价值就会大大降低。

此外，我们今天生活在一个高度美元化的世界里，各国政府可以用本币借款，但其他大多数公司借的却都是美元。各国政府不能简单地摆脱系统性的公司债务危机，因此将不可避免地被迫吸收相当一部分以美元计价的债务。美国处于一个独特的地位。一些辩论家向我们保证，可能会迫使政府财政捉襟见肘的巨额资金需求再也不会出现了。这不是一个明智的建议。当然，财政政策和中央银行担保将是应对未来危机的重要措施，但如果正常的

利率政策因为利率的有效下限而一直难以发挥作用，那么这最终将成为一个大问题。

结语

总之，今天的通货膨胀目标制定是为稳定价格和高增长的金发女孩经济[1]而设计的。虽然它们有很多优点，但显然过于死板。正确和充分地引入负利率选项将解决当前系统的最大问题，这可能是需要做出的最重要的改变。但除此之外，该系统需要纳入应对极端事件的免责条款，不幸的是，这些极端事件在大多数人的一生中几乎肯定会再次发生。布鲁纳无疑是一位出色的研究型学者，但同时也是一位思想家。我认为他也会相信，任何实用的中央银行政策必须考虑金融危机、战争、国家灾难或其他极端事件引发严重冲击的可能性。

中央银行在上一次危机中是英雄，但在下次开战时，他们应该拥有新的武器（负利率）和更灵活的授权（尝试获得所谓的通货膨胀目标免责条款，事实上，这样的操作有时显得过于死板）。即使在第一波危机中用不到这些新工具，它们也可以在危机后发挥重要的作用。

---

[1] 指某个经济体内高增长与低通货膨胀并存，而且利率可以保持在较低水平的经济状态。——编者注

第二部分

对货币政策辩论的影响

第六章

历史语境中的卡尔·布鲁纳的货币主义观点

——尤尔根·冯·哈根

20 世纪 60 年代末，布鲁纳为其宏观经济框架及经济政策观点创造了"货币主义"一词。20 世纪 60 年代和 70 年代，他又与长期合作者梅尔泽一起构建了货币主义宏观经济模型。在本章中，我将就布鲁纳对货币主义的理解展开论述，同时展示自 20 世纪 80 年代以来，货币主义在宏观经济学和货币经济学预测方面取得的一些重要进展。

1968 年，布鲁纳在圣路易斯联邦储备银行的一次演讲中首次使用了"货币主义"一词，并对货币主义论点进行了概括：

（1）随着时间的推移，美联储的行动主导着货币基础的移动；

（2）货币基础的变动在整个商业周期内主导货币供应的变动；

（3）货币供应的加速或减速之后是经济活动的加速或减速。

因此，货币主义论点提出了这样一个命题，美联储的行动通过由此产生的货币基础和货币供应的变动而传导至经济活动，从而引发资产、负债和新资产生产的相对价格调整。

然而，1970 年发表在当时德国著名经济学期刊《世界经济文汇》（*Weltwirtschaftliches Archiv*）上的一篇论文中，布鲁纳赋予货币主义更广泛的含义，解释货币主义包含四个主要论点：

（1）在货币冲击的传导过程中，实际资本的相对价格比利率更重要；

（2）经济的私营部门和市场体系本身是稳定的，比政治部门更稳定；

（3）货币冲击是造成产出和就业波动的主要因素；

（4）至少从长远来看，聚合力与配置力是分离的。

总之，这四个论点构成了一个世界观和一个特定的宏观经济模型。因此，布鲁纳非常恰当地将它们称为"我的哲学"。这种世界观的一个重要观点是，不信任公共政策制定者的仁慈以及呼吁出台限制其自由裁量权的制度和规则。

早在 1961 年，布鲁纳题为《货币和信贷委员会》的论文就第一次陈述了布鲁纳货币主义思想原则。20 世纪 60 年代和 70 年代，布鲁纳与梅尔泽合作，基于这些想法开发了一种独特的宏观经济模型，他们将该模型称为聚合框架，包含产出、货币、信贷和实际资本市场，但不包含劳动力市场。为了便于分析，他们在瓦尔拉斯定律（Walras's Law）的背景下保持了真实资本市场。标准凯恩斯主义模型（信贷和实际资本是完美的替代品）与瓦尔拉斯定律之间的区别在于它们分析的核心不同。布鲁纳与梅尔泽认为，实际资本必须被视为不同类型的资产，因为信息和投资组合调整的成本存在显著差异。

该模型中的信贷有两种形式：为预算赤字融资而发行的政府债券和银行信贷。货币供应（非银行部门持有的货币和活期存款）是非银行部门、银行部门和中央银行之间相互作用的结果，银行信贷供应也是如此。政府预算约束部分是内生的，一方面在产出市场和资产市场之间建立重要的联系，另一方面在货币政策和财政政策之间建立重要的联系。为了策略分析的目的，内生货币供应和政府证券内生供应的结合需要明确的货币和财政制度建模。

失控的炼金术：货币政策与通胀危机

三个资产市场之间的相互作用决定了该模型在短期、中期和长期内对货币和财政刺激的反应。财政刺激之所以重要，是因为它们扰乱了资产市场的平衡，并使相对资产价格偏离其平衡值。在这方面，该框架神似托宾的"一般均衡方法"。这种冲击向产出市场的传导主要是通过其对实际资本相对价格的影响而不是像在 IS–LM 标准模型中那样通过利率传导。

该模型还区分了预期的货币增长率和该增长率的意外变化。预期的货币增长只影响通货膨胀率，并无真正效果。除了上文第四个命题中所述的货币的经典二分法和中立性之外，在布鲁纳-梅尔泽的框架中，货币是中立的。调整成本和不完善的信息导致私有主体对外部冲击反应迟钝，而信息摩擦是布鲁纳和梅尔泽货币微观经济理论的核心。

在此框架内，实际产出和价格水平对货币和财政政策刺激的反应主要取决于预期和非预期发展之间的差异，以及政策变量的暂时性和永久性变化之间的差异。只有意料之外的货币刺激才会产生真正的影响，而永久性的变化比暂时性的变化具有更强大的影响。此外，这些反应取决于货币、信贷和资本存量变化的简化形式关系的一系列部分弹性的绝对和相对大小。布鲁纳和梅尔泽只是通过对个体弹性的相对大小进行的假设来确定这些反应的迹象，但缺乏强有力的依据。因此，他们的分析和主张最终似乎非常晦涩，而且武断。这是吕迪格·多恩布施（Rüdiger Dornbusch）和罗伯特·拉斯奇（Robert Rasche）1976 年在讨论杰罗姆·L. 斯坦（Jerome L. Stein）版本模型时给出的主要批评。20 世纪 70 年代末，布鲁纳和梅尔泽提出了自己的模型，该模型嵌入了劳动力市场部分均衡模型，但没有货币主义元素。

第二部分
对货币政策辩论的影响

然而，在那个十年结束时，布鲁纳和梅尔泽将注意力转向了信息问题——经济行为体无法区分永久性和暂时性的外部冲击。他们与库克尔曼共同开发了一个新方法，该方法可谓是一个有劳动力市场加持的 IS-LM 标准模型。在《滞胀、宏观经济和冲击的持久性》一文中，他们指出，尽管价格和工资本身并不具有黏性，但短暂的货币冲击导致了价格、工资和失业率的持续波动，造成短暂的或永久的混乱。而在《货币和经济活动、库存和商业周期》一文中，他们指出，同样的混乱加之库存机制导致社会对短期冲击以及产出和就业的周期性行为的调整缓慢。面对其聚合框架的建模挑战，布鲁纳和梅尔泽显然对严格分析信息摩擦的后果更感兴趣，其代价是放弃货币主义者对通过更丰富的资产市场结构进行货币传导的关注。尽管如此，货币主义者更丰富的资产结构仍然隐含在他们对经济政策的许多讨论中。

结合综合框架的核心原则——货币存量是非银行部门、银行部门和中央银行相互作用的结果——货币主义的第三个主张要求将货币供应量的变化分为中央银行政策引起的变化和私营部门行为引起的变化。布鲁纳和梅尔泽开发了货币供应的乘数模型来实现这种分离。其基本概念是乘数的变化主要反映了非银行和银行投资组合调整的影响，而货币基础的变化主要体现了中央银行的政策。因此，货币乘数在模型中对银行和非银行的投资组合行为进行了假设，显示了货币供应量与信贷供应量是如何被共同决定的。

我们不妨将这个框架与当今使用的动态随机一般均衡宏观模型进行一下对比。布鲁纳和梅尔泽对预期和意外政策之间的区别进行了预测，这对于理性预期建模非常重要。他们认为信息成本导致反应迟钝，这与当前理性注意力不集中和黏性信息的观点类似。他们强调银行部门在宏观经济冲击传导中的作用，这一点早于基于不完全合同或不完全市场以及货币政策传导的"信贷渠道"开发的金融和信贷市场宏观模型。财政政策与货币供应的互动产生了早期版本的"价格水平财政理论"。根据该理论，除其他因素外，价格水平由政府预算约束决定，政府债务和财政政策的长期发展可能导致持续的通货膨胀。

总之，这看起来很现代。布鲁纳和梅尔泽分析背后的许多思想都源于至今依然还在流传的古老智慧。然而，正如莱德勒在对布鲁纳的货币经济学进行评论时所写的那样：

很难想象，20世纪50年代和60年代，当弗里德曼、布鲁纳和其他一些人开始提出货币主义理念时，货币主义思想体系会显得多么的古怪与迂腐；或者说，20世纪70年代，当他们的坚持与现实经济环境的综合影响引发争论时，争议有多么的大。事实上，萨缪尔森的"新古典主义综合"体现了20世纪60年代早期的传统智慧：市场机制无法协调某些分散的选择，尤其是关于储蓄和投资的选择；货币部门是通过相对价格信号传播信息和激励措施的主要障碍；当局所掌握的货币知识特别是财政知识显然足以使它们采取行动，系统地改善私营部门的业绩。

莱德勒对于20世纪60年代和70年代经济学家的整体思想氛围的描述肯定是正确的。凯恩斯主义和新古典主义综合理论主导了宏观经济学和货币政策的思想，而布鲁纳的新想法在许多圈子里遭到了明显的仇视。这场争论之所以激烈，很大程度上是因为布鲁纳呼吁采取政策约束，这与人们普遍认为的政府有能力而且应该积极控制宏观经济状况的想法形成了鲜明的对立，因为他们应该比政府私人代理人更了解什么对经济有利。

然而，如果布鲁纳和梅尔泽的框架看起来很现代，那么它今天为什么会基本上被遗忘了呢？我的解释是，它缺乏技术和方法上的自我约束。他们根本没有今天每个研究生都拥有的计算技术和设施来解释这种复杂的模型。因此，与传统凯恩斯主义的两资产加产出市场框架相比，他们的分析往往显得过于烦琐和晦涩难懂。

此外，宏观经济学家现在似乎赞同在其模型中给一系列布鲁纳和梅尔泽无法确定的弹性类型的关键参数赋值，只要这些数字可以被称为深层参数（可以描述偏好和技术等"第一原则"）和微观参数（基于微观经济证据），而且其他宏观经济学家也可以使用它们。布鲁纳和梅尔泽显然觉得他们无法接受这种大胆且经常武断的做法。布鲁纳本人对此进行了这样的批评：

我们应该首先认识到，没有什么"第一原则"。这是一个笛卡儿幻想出来的东西。它既没有确定性的谷底，也没有不变性的谷底。波普尔爵士有效地提出了这一要点。其次，这篇方法论论文似乎也说服了新古典宏观经济学家，所有工作都需要从"第一原则"开始，其他任何事情都是不可接受的。这种方法论是对科学的嘲弄。我们拥有很多（特别是医学领域甚至经济学领域）关于经验规律的有用知识，但没有足够的基础理论。新古典宏观经济学家提出的抛弃这些知识的建议毫无意义。这篇补充了全面"严格化"要求的方法论论文，可能会导致他们把自己封闭在一个角落里，从而忽略了最相关的问题。

对当代宏观经济学家来说，布鲁纳的宏观经济分析方法似乎很麻烦，而且在对弹性施加符号限制方面，常常显得非常武断。

然而，他的批评却提醒我们，需要用批判性思维来看待我们所遵循的方法，尤其当这些方法让我们对经济政策改善总体利益的潜力感到乐观时，更应该如此。

第七章

卡尔·布鲁纳与英国货币辩论

——爱德华·纳尔逊

引言

从 20 世纪 60 年代凯恩斯主义与货币主义争论的鼎盛时期一直到他 1989 年去世，布鲁纳始终密切关注并参与了欧洲和美国的货币政策辩论。就欧洲而言，这场辩论超越了欧洲大陆（包括他的祖国瑞士），覆盖了英国，而他于 1937—1938 年作为伦敦经济学院的学生第一次接触到这种经济场景。布鲁纳在 1970 年题为《货币理论中的"货币主义革命"》的论文中强调了对英国货币辩论的关注。文章的开头是这样描述的："1959 年出版的《拉德克利夫报告》对货币分析的发展几乎没有给予任何的鼓励或留有任何的空间。"他接着将美国货币主义运动的发展描述为对《拉德克利夫报告》的部分回应——这是一份由英国政府委托编写的报告，关注的是英国的货币体系。

布鲁纳对美国以外的经济辩论非常感兴趣，希望参与某些关于货币问题的研究和公共讨论，特别是，他倾向于撰文对他不赞同的货币分析进行反驳，所有这些都体现在他参加的与英国相关的活动中。他对英国货币问题进行的一项重要研究是对英国当局的控制方法及其对确定货币存量方法所持观点的批评。但在 20世纪 60 年代和 70 年代的其他著作和活动中，布鲁纳还对英国凯恩斯主义经济学家提供的应对措施提出了批评，其中包括几位在政策界具有高度影响力的人士。他特别反对的是，这些经济学家低估了货币政策对产出的重要影响，以及他们拒绝将货币存量或货币增长作为评估政策立场的有用变量的做法。20 世纪 60 年代和 70 年代，这些批评出现在布鲁纳关于英国的研究论文中，还出现在他为英国商业新闻界提供的众多稿件中。

通过这些媒介，布鲁纳直言不讳地反对了英国几位主要凯恩斯主义者提出的经济分析，其中包括理查德·赛耶斯（Richard Sayers）、罗伊·哈罗德（Roy Harrod）、尼古拉斯·卡尔多（Nicholas Kaldor）和约翰·希克斯（John Hicks）。然而，尽管布鲁纳对这些著名经济学家进行了直接反驳，但他在英国货币辩论中仍未获得较高的知名度。特别是，他未被公认为货币主义观点的主要支持者。他意识到，出现这种情况的主要原因是当时英国辩论中爆发的"弗里德曼恐惧症"。1980 年，情况发生了巨大的变化，布鲁纳因与英国首相撒切尔夫人会面并向她提供建议而登上头条新闻。

本章对布鲁纳从 20 世纪 60 年代到撒切尔时代参与英国货币辩论的情况，以及他的货币分析对英国的影响进行了批判性分析。

20 世纪 60 年代布鲁纳参与英国货币辩论

1978 年，在接受《银行家》杂志采访时，布鲁纳将经济学家关于货币主义的交流描述为"在学术期刊和公众辩论的舞台上交锋"。关于这些交流中涉及英国的部分，布鲁纳 20 世纪 60 年代的贡献主要局限于研究性文章，而不是公共政策和媒体观点方面的著作——这种情况在 20 世纪 70 年代有所改变。

第二部分
对货币政策辩论的影响

布鲁纳和克劳奇 1967 年对英国货币分析提出的批评

1951—1966 年，布鲁纳就职于加利福尼亚大学洛杉矶分校。正是在这里，布鲁纳于 20 世纪 60 年代初与当时在该校攻读研究生学位的克劳奇合作起草了一份关于英国货币政策的长篇论文。论文题目为《货币供应理论和英国货币经验》，1961 年 12 月在纽约举行的计量经济学会会议上宣讲，1962 年进行了修改。20 世纪 60 年代中期，该论文仍未发表，随后论文中的货币分析部分被布鲁纳与梅尔泽的合作成果所取代。在这种情况下，一种选择是全面更新论文，并将其作为期刊文章正式刊出；或者，对其进行修改，使其变成一本书。但是，这两件事情布鲁纳都没做。与此同时，布鲁纳对英国货币体系项目的热情明显减弱。事实上，1966 年，他委托施瓦茨撰写了一份关于英国货币政策实施背后的思想研究报告时，他没有要求她引用他与克劳奇一起写的关于这个问题的论文中的观点。他后来确实着手发表了他们的这份研究成果，但并没有放在美国和英国的出版物上，而是刊登在了一家非经济学专业的杂志上，从而导致这篇文章很快被大家遗忘。这篇已经发表的文章后来出现在一本名为《运筹学方法 Ⅲ》（*Methods of Operations Research Ⅲ*）的晦涩难懂的书中。这本书收录了 1966 年在德国举行的一次纪念会议上发表的论文。

已出版的这篇论文对 20 世纪 60 年代初的草稿进行了大幅删减，但修订版仍然使用了 1960 年的数据，这证明了该论文的最终出版是一个事后决定。尽管如此，布鲁纳还是在他 1969 年和 1973 年的著作中提到了该论文中的观点（尽管没有特别引用这篇文章）。此外，如下文所示，布鲁纳–克劳奇的文章中对英国的调查结果为布鲁纳在 20 世纪 60 年代为美国制定的政策提供了依据。布鲁纳在随后的十五年中积极参与英国货币辩论，使该分析格外引人关注。

尽管有布鲁纳–梅尔泽货币供应分析的"信贷市场"方法作为指导，但布鲁纳和克劳奇的论文主要是对英国 1945—1960 年的实证研究。人们可以检查论文中使用的数据，因为他们将年度数据集制成了表格。鉴于这篇文章是在一个英国官方货币供应量和货币基础统计数据基本缺失的时代撰写的，而且当时大多数关于英国货币数据的权威研究尚未完成，因此，他们的数据集与后来研究人员收集和使用的货币系列数据之间形成的对应关系令人印象深刻。这种对应关系如图 7.1（a）—图 7.1（c）所示，该图将布鲁纳–克劳奇 1967 年数据所暗示的货币增长（货币和银行存款总额的增长）、货币基础增长以及货币 / 存款比率的变化值与卡普（Capie）和韦伯 1985 年关于英国货币统计的著作所暗示的相应系列进行了比较。

布鲁纳–克劳奇实证研究指出了英国货币分析中的几个缺陷，这些缺陷在英格兰银行官员和赛耶斯的声明中也有所反映。赛耶斯来自伦敦经济学院，他不是政策制定者，但实际上是制定政策的"内部人士"，与英国政府有着长期的联系，是货币和银行业的顶级专家。赛耶斯在《拉德克利夫报告》的编写和起草过程中发挥了重要作用。在讨论布鲁纳和克劳奇对英国主流货币分析持异议的关键点之前，应该关注一下与该分析有着共同点的重要领域。这个重要领域就是广义货币定义的使用。

第二部分
对货币政策辩论的影响

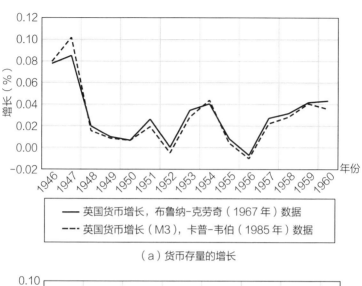

（a）货币存量的增长

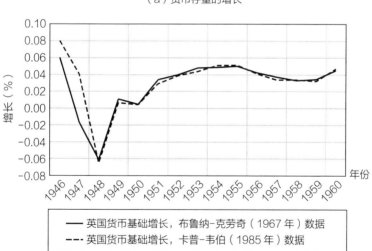

（b）货币基础的增长

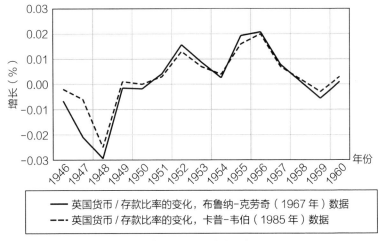

（c）货币/存款比率的变化

图 7.1　布鲁纳和克劳奇的货币数据与后来估计值的比较

注：显示的数据为对数差，除图 7.1（c）的情况除外，该图描绘了算术一阶差分。

英国货币定义

20 世纪 60 年代和 70 年代，在布鲁纳和梅尔泽对美国货币行为的实证研究及相关理论分析中，他们赞成 M1 货币定义——货币被定义为包括货币加活期存款，但不包括定期存款。这与弗里德曼与施瓦茨在其合著的《美国货币史》（*A Monetary History of the United States*）中提出的广义货币 M2（M1 加上定期存款）不同。

然而，在对英国进行研究时，布鲁纳和克劳奇显然使用了广义的货币概念。也就是说，货币被定义为货币加上所有商业银行存款，而不仅是活期存款（英国经济术语中的"活期账户"），也包括定期存款（当时在英国通常称为"存款账户"）。事实上，图 7.1（a）显示，布鲁纳和克劳奇的货币增长系列与英国 M3 货币定义的增长非常接近。20 世纪 50 年代和 60 年代，M3 型系列在概念上也与《美国货币史》中的 M2 系列接近，因为这两个系列都包含货币和商业银行的存款负债。

布鲁纳和克劳奇接受了比 M1 更宽泛的货币定义，这与广泛观察到的现象一致，即英国家庭的定期存款与活期存款有着共同的重要特征，这一点与美国大不相同。具体而言，有人认为，英国定期存款可以直接用于第三方交易，即商业银行的客户在向另一家非银行代理开具支票时，可以直接提取其定期存款账户余额，或者从持有人的角度来看，活期存款和定期存款余额可以互换，这样，英国定期存款账户的持有人可以轻松地将资金从该账户转入自己的活期存款账户。因此，1982 年，在布鲁纳等人的呼吁下，英格兰银行重新启动了英国官方 M2 总量，这一新的货币总量被标记为"交易货币"。

布鲁纳接受了英国的一系列广泛的货币政策，但在 20 世纪 80 年代初他对此进行了重新审视。促使他回到这个话题的一个关键因素是批发银行业的出现。1960 年之前，在分析商业银行的存款负债时，几乎没有必要考虑零售存款 / 批发存款的区别。当时，英国批发银行市场非常小。但随后，批发存款成为英国商业银行负债的一个非常重要的组成部分，特别是在 1971 年希思政府的"竞争和信贷控制条例"改革之后。

20 世纪 70 年代，与美国的 M2 广义货币概念不同，英国主要官方广义货币总量（M3 和英镑 M3）包括批发存款。20 世纪 80 年代初，布鲁纳总是对 M3 型总量作为英国货币政策指标和目标的价值表示严重怀疑。如上文所述，引发这些疑虑产生的原因主要有两个：一是 M3 中存在大量的批发存款；二是该部分是否真的应该算作经济相关货币存量的一部分。然而，正如我们之前谈到的那样，根据布鲁纳和克劳奇对 1945—1960 年阶段经济进行的研究，M2 和 M3 类型的货币总量基本一致：银行存款在很大程度上是零售存款，布鲁纳承认，将所有银行存款包括在内是确定英国货币存量的适当方法。

挑战英国货币分析

布鲁纳和克劳奇以及英国货币政策从业者之前的共同点并未延伸到货币分析的其他领域。特别是，他们对后者认为的英国货币存量确定方式的官方立场持有异议。其他货币供应量确定理论是他们论文的研究重点。这一点值得强调一下，因为，与布鲁纳其他有关英国货币问题的著作相比，布鲁纳和克劳奇的这篇文章对经济总量对货币政策的反应或者政府当局对这一问题的看法几乎没有进行什么讨论。此外，作者想当然地认为，货币总量问题是他们自己和英国政府当局都感兴趣的话题。事实上，布鲁纳和英国政府当局在货币政策的力量以及货币增长作为货币指标的价值上也存在分歧。然而，布鲁纳和克劳奇的研究主要关注的并不是这些分歧。

现在，我们来谈一谈布鲁纳和克劳奇分析中的四大要素。

（1）债务管理与货币存量行为之间的关系。这是布鲁纳和克劳奇对赛耶斯、《拉德克利夫报告》和英国政府当局批评最多的问题。布鲁纳和克劳奇确信，20 世纪 50 年代和 60 年代的英国货币正统理论认为，债务延长（即当局发行长期国债，而不是短期国债，或作为短期国债的替代品）与货币存量控制之间存在直接的机械联系，这种观点存在严重缺陷。布鲁纳-克劳奇的批评特别重要，因为，尽管他们将矛头指向了赛耶斯和其他人在 20 世纪 50 年代和 60 年代提出的观点，但长期债务发行是控制货币存量的重要手段的观点一直延续到下一代英国货币分析当中。在20世纪70年代和80年代的货币目标时代，它嵌入了英国官方分析中流行的货币分析"相对信贷供应"方法之中。

债务延长减少货币存量这一概念的关键部分建立在银行的行为上。正如赛耶斯1956年指出的那样，20世纪50年代初，英国政府当局放弃了长期挂钩的"廉价货币"政策，商业银行对持有长期证券持保留态度，因为这些证券的市场价值存在波动情况。赛耶斯的观点是，浮动（即短期）国债的发行容易导致商业银行存款的增长。这是因为，与长期债务相比，短期可售债务通常由商业银行购买。此外，商业银行在扩大资产持有量的同时，也产生了新的存款负债。这种推理导致赛耶斯于1964年指出，英国财政部发行新证券后，几乎"肯定会增加银行存款量"，除非发行的证券是非流动形式（如长期政府债券）。

1967年，布鲁纳和克劳奇特别将这一立场归因于赛耶斯，但他们表示，这也是英国政府的共识。英国政府的这一观点是有充分依据的。他们对浮动债务、存款增长联系的信念推动了20世纪50年代（及以后）英国采取的一些货币政策和债务管理行动。例如，1957年5月20日，《金融时报》（*Financial Times*）报道称："英国政府当局一直被一个问题困扰着，即是否可以将国库券转换为债券，这种热情源于这样一种信念，即这样的行动会造成资金紧张……通过清理银行存款，从而减少货币供应"。

这一观点意味着，短期国库券未偿还量的减少对货币存量（尤其是M3型总量的存款部分）产生了近乎自动的下行影响。之所以被认为是自动的，是因为货币存量的减少不需要也不取决于债务管理操作对利率或银行准备金余额的任何影响。

相比之下，布鲁纳和克劳奇认为，这种自动反应是不可能发生的。相反，"公共债务的融资（主要通过公开市场操作特定模式使未偿还国债到期日延长的官方操作，即上述债务的延长程序）和未融资不太可能对货币存量产生重大影响"。他们并不否认商业银行是短期债务的潜在买家。他们还认为，任何购买证券的银行在执行该交易时都可能产生存款。然而，他们辩称，政府当局从这些观点中做出了错误的推断。布鲁纳和克劳奇坚持认为，政府当局的推理——导致他们采取一种货币控制的方法，即限制银行倾向于购买的证券（国债）的发行——混淆了两件不同的事情：个别银行对其资产的某一部分的决定，以及推动总体商业银行系统收购资产的因素。

特别是，布鲁纳和克劳奇认为，政府当局改变了公共债务的到期日，使商业银行可以购买的国库券存量减少，不会自动造成银行存款量低于其他原因造成的存款量。这样的债务延长操作减少了银行可以购买的票据数量，但它留给银行的准备金余额与之前相同。因此，他们认为，如果在一定数量的储备中，商业银行可以购买的国债减少，它们将通过向私营部门提供更多贷款来扩大资产负债表。因此，存款总额将与没有债务延长时的情况相同。如果债务延长操作没有改变商业银行期望的准备金 / 存款比率，那么，银行将通过延长贷款期限来扩大其资产，直到达到先前预期的准备金与存款比率。

布鲁纳和克劳奇指出，储备的数量，而非政府债务的到期结构，才是更为关键的影响银行存款的政策决定变量。原则上，这种推理并不排除公共债务的规模和管理决策作为货币存量驱动因素所起的重要作用。然而，布鲁纳和克劳奇 1967 年曾强调，国债发行产生的货币创造并不是在商业银行从财政部购买债券时发生的，而是在中央银行购买时发生的。中央银行这种购买行为（无论是购买短期债务还是购买长期债务）会增加货币储备的基数，并使其他银行能够扩大其存款数额。因此，他们认为，货币基础，而不是商业银行投资短期国债的机会，或许是将公共债务和存款创造联系起来的因素。

（2）货币基础的作用。从以上内容可以看出，正如布鲁纳在货币供应方面所做的其他研究那样，货币基础在布鲁纳和克劳奇对英国货币行为的分析中发挥了关键作用。他们的分析强化了布鲁纳1961年提出的观点："《拉德克利夫报告》显然忽略了货币基础的重要性。"尽管货币基础由某些中央银行负债（特别是货币和商业银行的储备余额）组成，但与其他地方一样，英国的政策制定对货币基础的影响实际上是由中央银行对其持有资产的操作所产生的（用布鲁纳最喜欢的术语就是基于基础货币的"来源"）。包括英格兰银行在内的中央银行可以通过公开市场操作来改变总货币基础（特定货币的总储备），只要这些操作的影响不会被其他政策措施抵消，例如影响其资产持有的贴现窗口贷款。1967年，布鲁纳和克劳奇发现，在英国，公开市场操作影响了总准备金，而不仅仅是中央银行持有的证券和贴现窗口贷款之间的资产细分。和其他许多人一样，布鲁纳和克劳奇进一步注意到了英国（在战后最初几十年的样本期）的准备金/存款比率的稳定性。在这种情况下，改变总储备的公开市场操作提供了一种影响货币存量的方式。他们认为，"公开市场操作对货币存量产生了明显而肯定的影响"，然后进一步强调了"货币基础在货币供应过程中的根本重要性"，英国也是如此。

（3）货币／存款比率在关键事件中的重要性。尽管刚刚引用了关于货币基础重要性的结论，但布鲁纳和克劳奇关于英国货币供应过程的故事涉及一个重要的警告，因为他们认识到货币／存款比率变化的实证重要性。货币供应量的变化，无论定义为 M1 还是 M2，都可以写成货币基础的变化以及货币／存款比率和准备金／存款比率的变化（这些比率的定义符合货币的定义，因此选择了存款总额）。这两个比率的变动是货币乘数变化的两个来源。20 世纪 60 年代，布鲁纳和梅尔泽的研究通过假设货币／存款比率和准备金／存款比率虽然具有一定的周期依赖性和利率敏感性，但通常不是中期货币存量变化的主要来源，从而将基础／乘数框架从同一性转变为货币供应量决定理论。在他们的理论分析中，这一观点得出结论，即尽管模型具有内生货币乘数，但他们模型的行为模仿了在固定货币乘数环境中观察到的情况。他们的实证工作得出的相应结论是，（调整后的）货币基础是战后美国货币存量变化的主要来源。这使得布鲁纳将这一发现列为货币主义的主要结论之一，即"货币当局的行为在商业周期内主导着货币存量的变动"。同样的，根据对 1948—1965 年 M1 增长来源的经济计量研究，布鲁纳指出，对美国而言，"基础增长率的变化……主导了货币增长的波动"。

相比之下，对于英国，布鲁纳和克劳奇发现，货币／存款比率在战后货币存量变动中发挥了重要作用。20 世纪 40 年代末，这一比率急剧下降，而 20 世纪 50 年代（1952 年和 1956 年），这一比例急剧上升（也就是说，转向持有货币）。尽管货币基础不断增长，货币存量在 1956 年仍在下降，但这些年货币／存款比率的连续上升足以主导货币存量行为。布鲁纳习惯于将从存款到货币的大规模转变视为美国的过去，这些转变与布鲁纳所称的"1930—1933 年货币比率的灾难性增长"等事件有关。与美国不同的是，英国货币/存款比率在 20 世纪 50 年代出现了几次明显的同比增长，而当时的银行系统运行得十分平稳。

英国货币行为的这一特点给布鲁纳留下了深刻的印象，他后来多次引用这一发现，而且正如下文中讨论的那样，他在为美国提出政策建议时所提供的条件中也引用了这一发现。

战后货币/存款比率的急剧波动成为布鲁纳和克劳奇无法解决的难题：他们承认，关于比率变化，他们还无法给出合理的解释。布鲁纳后来承认，英国数据显示"货币比率 k 的变化很难与当前信贷市场流程或者来自真实部门的反馈"相关联——也就是说，很难与布鲁纳和梅尔泽通常引用的导致货币比率变化的变量联系起来。相反，布鲁纳承认，英国货币/存款比率变动"似乎涉及公众行为的重大'自主'调整"。

然而，货币/存款比率的波动并没有影响布鲁纳的立场底线，即中央银行可以影响货币存量。布鲁纳和克劳奇发现，根据货币/存款比率的变化，货币基础对货币存量行为影响很大。布鲁纳和克劳奇将问题归纳如下："因此，货币基础和公众相对货币需求的变化主导了货币供应的行为。"此外，相对货币需求的变化使中央银行能够使用货币基础来确定货币存量的走向，前提是它以抵消货币/存款比率变化导致的货币乘数变化的方式来改变货币基础。这一点连同从他们为英国所做的研究的结果中吸取的教训，都反映在布鲁纳 1964 年的国会证词中，他在证词中为美国提出了政策建议。布鲁纳阐明了一个反映他和梅尔泽对美国数据进行研究的立场，重申了货币基础对货币股票行为的主导作用：

"它（调整后的货币基础）也是货币供应增长的最重要的决定因素。"然而，在显然是基于其英国研究成果的评论中，他也警告称，"基础增长率的变化应考虑到货币供应的其他主要决定因素，特别是公共和银行之间的货币流动"。因此，布鲁纳提出的持续货币增长（特别是M1增长）的政策建议，导致了一项关于货币基础增长的禁令："基础增长率应当稳定在一个恒定的趋势线附近。只有当补偿公众在货币和支票存款之间分配货币余额的实质性变化对货币供应的影响时，才会偏离这一趋势。"因此，在为美国提供政策建议时，他有所保留，其原因很可能就是英国20世纪50年代货币乘数的可变性。

事实上，英国20世纪60年代的货币/存款比率不稳定性与上一个十年相比要小得多。部分原因是货币基础增长和广义货币增长之间的二元关系显著改善（见图7.2）：1952—1960年的相关性-0.003到1961—1968年的相关性0.751。布鲁纳很可能意

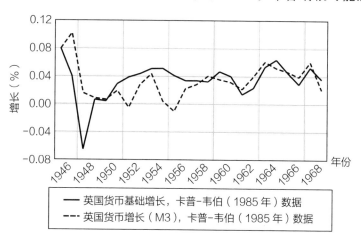

图 7.2　1946—1968 年货币基础增长和货币存量增长

注：增长率是卡普-韦伯（1985 年）报告的水平系列的年平均值的对数差。

识到了这种关系的改善，因为 1970 年他曾这样表示，"迄今为止，所有国家货币供应的主要变动都以货币基础为主"。

（4）利率在货币政策中的作用。与布鲁纳的其他著作一样，布鲁纳和克劳奇在 1967 年的著作中批评了将短期利率作为衡量货币政策立场手段的做法。然而，与布鲁纳和梅尔泽从 20 世纪 60 年代中期开始发表的作品相比，他们这一次的批评似乎还很初级。特别是，尽管布鲁纳和克劳奇认为英国官方当局相信利率作为指标的重要性，但他们并没有找到充分的证据说明英国官方当局的确将短期利率用作了政策工具。特别是，布鲁纳和克劳奇认为，自 20 世纪 50 年代初以来，英国官方基本上是让市场来决定短期利率的。他们对英国战后几年的利率可变性进行了观察，并将其作为反对英国官方当局遵循利率稳定做法（尤其是短期利率管理政策）的证据。因此，他们未能充分考虑中央银行根据经济因素调整利率时短期内稳定利率的可能性。另外，他们也没有认识到，英国年度数据中利率的变化可能不是反对利率稳定政策的证据，而是反映了一个事实，即许多利率反应函数很可能导致年度数据的利率大幅波动。

随着 20 世纪 60 年代和 70 年代数据的积累，这种区别将变得更加清晰。此后的事实表明，为了维持短期利率的短期稳定，英国官方当局可谓不遗余力。这种过度稳定导致货币总量和通货膨胀的过度增长——提高了中长期利率波动性。

事实上，英国官方当局的确对短期利率实施了管理，这实际上推翻了布鲁纳和克劳奇 1967 年关于英国预算赤字与货币基础增长之间联系的结论。如上所述，他们坚定地认为，政府债务发行与货币存量增长之间的关系在很大程度上取决于一个过程的存在，在这个过程中，一旦出现预算赤字，货币基础就会定期增加。然而，他们也指出，这种增长很可能是为应对政府预算赤字而实施的稳定短期利率政策导致的。布鲁纳和克劳奇认为，根据这一政策，中央银行将通过基础货币创造来抵消财政部向私营部门寻求贷款导致的利率上升压力。他们声称，官方当局实际上并未稳定住利率。因此，他们错误地得出了这样的结论，即货币基础并非由财政部借款所驱动。

然而，事实上，货币基础增长与英国财政平衡之间存在密切关系（见图 7.3）。1948—1979 年，二者之间的相关性为 0.809。的确，正如布鲁纳和克劳奇所观察到的那样，20 世纪 50 年代货币基础增长相当稳定，但事实上，这种稳定本质上反映了财政平

图例：英国货币基础增长（左轴）　英国财政赤字与 GDP 之比（右轴）

图 7.3　1948—1979 年英国财政平衡和货币基础增长

注：货币基础增长的计算方法与图 7.2 相同。从 1971 年开始，这是英格兰银行调整后的 M0 年平均值的对数差。财政平衡是英国预算赤字的年度系列，之前在国际货币基金组织的《国际金融统计》（*International Financial Statistics*）中报告，表示为从圣路易斯联邦储备银行的 FRED 门户网站获得的英国年名义 GDP 的现代系列的比率。

衡的稳定性。20世纪40年代、60年代和70年代的财政平衡波动幅度更大，它们在很大程度上影响了货币基础增长的变化。

到20世纪70年代初，布鲁纳对利率反应函数的分析变得更加复杂，更明确地将利率可变性概念与利率由市场决定的情况区分开来。他承认英国政府当局对短期利率进行了有效的管理，与此同时，虽然他强烈反对卡尔多对经济活动对货币变量做出重要反应的可能性的否定，但他似乎确实接受了卡尔多关于英国预算赤字与英国货币增长之间联系的证据（因此，英国预算赤字和基础货币增长之间也存在联系）。同样，梅尔泽1980年也指出，"目前的（英国的）制度几乎保证了英格兰银行将会为公共部门大规模、出人意料增长的借贷需求提供资金"。

英国政府对总需求的控制

布鲁纳没有对英国政府在总需求决定上的立场进行全面的批评，但他偶尔会对20世纪50年代和60年代英国政府实施的货币政策方法的各个方面进行批判性评论。其批评主要涉及四个方面。

第一，与美国相比，20世纪50年代和60年代英国的政策制定者和具有影响力的英国凯恩斯主义者并没有充分认识到货币政策本身以及其与财政政策相关的影响。对布鲁纳来说，《拉德克利夫报告》中货币政策限制总需求的范围值得怀疑，这与20世纪30年代初美联储政策制定者的声明如出一辙，即货币政策无法刺激总需求："《拉德克利夫报告》将不作为误解为政策无效。"

第二，20世纪60年代英国的决策共识是不承认货币总量作为货币政策立场指标的重要性。即使在20世纪50年代，货币只是英国官员在讨论货币政策时提到的众多金融变量之一。他们可能更重视银行贷款总额而非货币总额。然而，20世纪50年代中期，英国官员在分析经济形势时对货币总量给予了相当多的关注，1957年，包括财政大臣在内的最高决策者在其关于通货膨胀的公开声明中说，货币供应控制发挥了极为重要的作用。

1958年年初的政府人事变动以及1959年8月的《拉德克利夫报告》对货币总量的否定都表明，这种做法遭到了强烈的反对。该报告——人们普遍认为对20世纪60年代英国经济政策的制定产生了重大影响——阐述了各种利率对总需求的重要性。就其本身而言，该方法与布鲁纳和梅尔泽研究的传导机制理论并不矛盾。然而，与布鲁纳-梅尔泽的观点相反，该报告强调大多数利率与货币存量之间缺乏联系。其假设是，"流动性"是一种远大于货币总量的未被观察到的总量，包括非银行用户的许多非货币资产及其部分负债，是与资产价格和总需求决定相关的数量变量。《拉德克利夫报告》未论及货币股，政府当局从中得到了启示。例如，詹姆斯·卡拉汉（James Callaghan）（1980年接受独立电视新闻电视台采访）曾回忆说，在他担任财政大臣期间（1964—1967年），他和他的顾问并不重视货币供应。

第三，政府当局在实践中忽视了名义利率和实际利率的区别。正如莱德勒在1982年的著作以及巴蒂尼（Batini）和纳尔逊在2005年的著作中所讨论的那样，在《拉德克利夫报告》中，这一区别得到了承认，但直到20世纪70年代初，它才在英国官员讨论利率设定问题时发挥了显著的作用。布鲁纳和克劳奇1967年的著作或者（正如莱德勒2018年强调的）布鲁纳1968年的货币主义纲要都讨论了名义利率和实际利率的差异。然而，

142

至少从 1966 年开始，布鲁纳在讨论美国的发展时确实提到了费希尔效应。20 世纪 70 年代初，他在关于英国货币的辩论发言中提到这一点。

第四，布鲁纳对英国政府当局依靠直接控制信贷的做法提出了批评。在他看来，这些措施误导了政策制定者，使其将注意力放在了信贷而不是货币上。此外，只要信贷控制是一个有价值的目标，那么政府当局就会以错误的方式来实现它。布鲁纳认为，较之对银行贷款总额或对私营部门特定类型贷款的强制性限制，影响资产价格和金融机构扩张动机的货币政策措施（如公开市场操作）才是影响总信贷创造的更有效方式。直接信贷控制可能会失败，因为它们会导致信贷市场中不受监管的部分逐渐扩大。此外，正如布鲁纳和克劳奇认为的那样，如果不鼓励银行购买国债，银行可能会向私营部门提供更多贷款，而对银行贷款的直接限制可能会导致它们通过增加证券投资来扩大资产和负债，结果是"这种控制对货币供应和银行盈利资产总量的影响微乎其微"。

《拉德克利夫报告》虽然阐明了信贷对总需求的重要性，但同时也强调了逃避直接信贷控制的可能性。因此，报告对这种控制的价值作出了负面评论。然而，在《拉德克利夫报告》发布之后，英国的政策行动便朝着维持和扩大信贷直接控制的方向发展。布鲁纳曾抱怨，20 世纪 60 年代英国政府当局采取了他们认为具有限制性的信贷控制措施："然而，很多时候，实际采取的行动对货币供应和总需求没有影响。"

英国的成本推动通货膨胀共识

正如莱德勒和纳尔逊曾经讨论过的那样，20 世纪 50 年代和 60 年代的英国官员一致赞成采用非货币方法对通货膨胀进行分析和控制。这种方法基于纯粹的成本推动通货膨胀理论。1970—1979 年，该方法在英国依然盛行（在这 10 年里，美国官员处理通货膨胀问题时也十分推崇这种成本推动的观点）。

1950—1979 年的英国政策制定者认为，通货膨胀和名义工资增长对负产出差距不敏感。根据英国的共识，可能会因将产出推到潜在产出之上而加剧通货膨胀，从而用需求拉动压力来补充对通货膨胀的现有成本的推动压力。但在一段时间内将产出保持在低于潜在产出的一个固定水平的措施并不能消除通货膨胀压力。相反，当产出低于潜在产出时，推动通货膨胀的力量就是不依赖于输出差距的自主力量。通货膨胀的自主力量来源主要包括工资推动——据说，这是由工会制造出来的。在抑制工资上涨或遏制名义工资增长向通货膨胀的传导方面，负输出差距是无效的。因此，英国政策制定者一再转向工资和价格控制以及旨在影响特定价格的措施，作为其反通货膨胀政策。

这种对英国官方思维的描述似乎与菲利普斯曲线分析的事实相矛盾，菲利普斯曲线分析强调了价格和工资对资源缺口的依赖性，该曲线分析部分源于 20 世纪 50 年代和 60 年代的英国研究文献。然而，菲利普斯曲线分析虽然出现在英国研究期刊上，但并未被英国政策制定者或英国高级凯恩斯主义者接受。例如，在 1969 年《沃顿评论》（*Wharton Review*）的一期关于通货膨胀的专刊中，哈罗德就指出，尽管"菲利普斯曲线已引起广泛关注"，但英国战后的数据显示，"失业率与工资增长率之间没有任何关联"。

英国的成本推动通货膨胀共识与布鲁纳的货币主义通货膨胀观点相悖。凯恩斯认为自主工资推动通货膨胀可以转变为价格推动通货膨胀。布鲁纳对此进行了批评，称他这样做是为了宣扬成本推动的通货膨胀观点。在与哈罗德参加的同一场《沃顿评论》研讨会上，布鲁纳观察到，从历史上看，"无论是否有工会，是否有禁止或支持工会的立法，都会发生通货膨胀"。他进一步指出，货币主义者的分析并没有否认造成通货膨胀的许多短期影响因素，但他们的分析坚持认为，这些因素对通货膨胀的持续影响是有前提的，那就是它们导致了"货币供应量（相对于产出）大幅增加"。

他们也承认，货币增长与通货膨胀之间的联系取决于经济活动与价格之间的联系（即菲利普斯曲线机制）。此外，20世纪60年代中期，布鲁纳曾写道："从长远来看，就业和就业潜力密切相关"。因此，他十分赞同弗里德曼-菲尔普斯曲线对菲利普斯曲线的拓展，该曲线调和了布鲁纳认为的三种现象：货币政策对商业周期通货膨胀的影响、货币政策对实际变量的长期和短期影响以及长期的零产出缺口。正如麦克勒姆于1994年所指出的那样，布鲁纳并未对菲利普斯曲线做太多的实证研究。然而，在下一节中我们会看到，他在关于英国货币辩论的著作中支持并推广了短期非垂直和长期垂直菲利普斯曲线的观点。

布鲁纳与20世纪70年代英国货币主义辩论

20世纪70年代，凯恩斯主义者和货币主义者的辩论在英国愈加明显和激烈。1970年9月7日，布鲁纳在《泰晤士报》（*Times*）上发表了一篇题为《控制货币供应》的客座评论文章，正式加入这场辩论。布鲁纳的文章中一些关于英国背景的细节存在错误：他将《拉德克利夫报告》的完成日期写成1958年，其实应该是 1959 年，他将英格兰银行的正式管理机构称为"Board of Governors"而不是"the Court of the Bank of England"（两者意思都是"理事会"），而且他似乎误解了理事会在阐明和塑造官方货币政策思想方面的重要性。事实上，理事会没有制定货币政策，该政策是 1997 年由英国财政大臣最终决定的。此外，与财政部的声明、银行行长和其他官员的演讲以及英格兰银行的出版物〔如《季度公报》（*Quarterly Bulletin*）〕相比，理事会对公开解释政策的贡献微不足道。

但与布鲁纳和克劳奇 1967 年的著作相比，布鲁纳发表在《泰晤士报》的文章清楚地认识到，英国的货币政策旨在控制短期利率。事实上，这篇文章表明，他的首选政策——以货币基础为政策工具的持续货币增长规则——经过一段时间的过渡之后可能会在英国施行。在过渡期间，利率可以继续作为政策工具，但在制定政策时，控制货币增长将受到更多的重视。

与卡尔多的较量

布鲁纳在 1971 年 10 月出版的《劳埃德银行评论》（*Lloyds Bank Review*）上发表的一篇题为《凯恩斯主义思想的货币主义观点》的文章，其中也对英国遵循的利率控制程序进行了重点阐述。这篇文章是对卡尔多题为《新货币主义》文章的反驳，该文于一年前发表在同一期刊上。弗里德曼 1970 年提出了一个非常简短的反驳，但布鲁纳显然希望做出一个更为明确的回应。在 1970 年发表的文章中，卡尔多着重强调从收入增长到货币增长的反向因果关系，并依次观察货币与收入之间的相关性。卡尔多还指出，英国政府当局历史上使用过利率工具，这让货币主义者对历史关系的大部分解释变得毫无意义。布鲁纳的回应强调，使用过利率工具并不意味着货币增长没有反映货币政策的发展。此外，他强调了货币与收入关系在不同利率政策下的弹性。他还为货币乘数方法进行了辩护，认为它可以用来分析基于利率的货币政策情况下的货币供应决定："人们会发现，货币基础在货币供应过程中发挥着核心作用"，而这种"基础对货币存量的作用并不取决于其外生或内生性"。

回应的前几页传达了布鲁纳对卡尔多对美国货币主义者研究成果描述的愤怒反应。卡尔多称有关美国的这些研究几乎完全被弗里德曼一个人主导。布鲁纳对此进行了批驳，称其对"货币主义思想的起源"进行了"戏剧性的简化"，反映了卡尔多的"弗里德曼恐惧症"。布鲁纳坚持认为，货币主义起源于"很多不同大学"的研究，卡尔多认定货币主义由弗里德曼一个人主导，"要么是无知，要么是粗心大意"。

尽管布鲁纳的文章几乎没有参考书目，但他显然关注的是，卡尔多等人的论述已经将他在促进货币主义发展方面所发挥的作用降到了最低，他要确保这样的论述不会成为标准解释，同时确保他本人在1957—1969年发表的成果被公认为是对货币主义研究的贡献。就在回应卡尔多之前，布鲁纳刚在德国举行的一次研讨会上表示，他不想"贬低弗里德曼研究成果的独特重要性"，但他想明确指出，"货币主义思想的学术史不能由弗里德曼一个人代表"。

因此，布鲁纳在对卡尔多的回应中强调，"货币主义"和弗里德曼不是同义词。然而，尽管许多作者认为布鲁纳是"货币主义者"或"货币主义"一词的创造者，但在该回应中布鲁纳并未对此发表过任何声明。事实上，在布鲁纳使用这两个词之前，拉丁美洲关于通货膨胀的辩论中就已经在频繁使用它们了。将这些术语引入美国凯恩斯主义和货币主义辩论中的也不是布鲁纳。早在 1963 年，以及随后的几年里，它们就被用来描述弗里德曼对货币的看法。例如，1966 年西格尔曾提及"弗里德曼等货币主义者"。布鲁纳是这两个术语的传播者，而非发明者。

尽管布鲁纳很愤怒，但卡尔多没有对此做出任何回应，在讨论货币主义时还是一如既往地关注弗里德曼。的确，1971 年之后，布鲁纳与强硬的英国凯恩斯主义者之间的辩论似乎一触即发。1970 年，布鲁纳在《货币、信贷和银行杂志》上刊登了琼·罗宾逊（Joan Robinson）关于货币主义的一篇文章，但他本人却没有对这篇文章进行任何回应。此外，布鲁纳也没有在其后来创办的《货币经济学杂志》和《卡内基-罗切斯特公共政策会议》杂志上发表他与英国凯恩斯主义者之间的任何直接辩论，尽管他确实在这两份杂志上发表了其他作者关于英国货币问题的文章。1971 年之后，他与英国凯恩斯主义者最近的一次交流是在 1981 年，当时他和卡尔多在《劳埃德银行评论》上刊登文章，进行你来我往的交锋。然而，布鲁纳和卡尔多在各自的文章中均未提及彼此的名字。

解释英国的高通货膨胀

20 世纪 70 年代，布鲁纳确实与英国政策机构的成员有过广泛的接触，特别是英格兰银行的古德哈特。古德哈特和克罗克特（Crockett）1970 年发表在英格兰银行《季度公报》（*Quarterly Bulletin*）上的一篇文章表明，英国官员对货币总量在货币分析中的重要性越来越感兴趣。但布鲁纳对这一转变并不满意，认为这篇文章仍然展示了"通过标准凯恩斯主义框架进行的出色调节"。布鲁纳和古德哈特随后进行了对话。然而，古德哈特过去和现在都强烈反对布鲁纳提出的将中央银行操作程序转向货币基础控制体系的建议。

20 世纪 70 年代，成本推动通货膨胀观点在英国颇有市场，部分原因是 70 年代初该国经历了通货膨胀和失业率同时上升的局面，这些观点似乎得到了验证。这些结果不仅与简单的菲利普斯曲线不一致，而且一些评论，如约翰逊的评论，表明它们也不能用货币主义观点来解释。然而，布鲁纳坚持认为，增强菲利普斯曲线关系中的预期项可以解释滞胀的原因，所以，将"滞胀……归咎于工会的邪恶"的成本推动观点难以将滞胀现象合理化。

1968 年，布鲁纳在一本德语货币理论读物中收录了一篇弗里德曼关于自然利率假设的文章。1971 年，布鲁纳全心全意地支持这一假设，并将"货币主义分析"与"长期菲利普斯曲线不承认失业和通货膨胀之间权衡"的见解联系在一起。

然而，布鲁纳在 1971—1972 年就此事发表的其他声明中表述得却比较含糊。和莱德勒一样，布鲁纳注意到，菲利普斯曲线关系中的预期项系数不需要像统一系数那样高，就能产生相当大的滞胀动力。任何一个系数，只要够大都能够导致这样的结果。事实上，1972 年 7 月，在牛津大学召开的一次会议上，布鲁纳和梅尔泽称，研究人员对长期菲利普斯曲线的实证调查还在进行中，尽管再次确认期望系数相当大，但他们认为长期菲利普斯曲线未来是否会完全垂直仍然是一个悬而未决的问题。然而，1973年 4 月，布鲁纳和梅尔泽召开了第一届卡内基-罗切斯特公共政策会议，主题是"菲利普斯曲线和劳动力市场"。除了布鲁纳和梅尔泽对已发表论文的介绍之外，其他会议论文也都对自然利率假设表示了强烈的支持，这反映了一个事实，即前一年的研究结果和数据结果为自然利率理论提供了强有力的支撑。当然，会议关注的焦点是美国。但1975年布鲁纳在转述其观点时认为，长期菲利普斯曲线也很好地反映了英国的经济行为。

然而，布鲁纳并没有完全依靠预期动态来解释英国的滞胀，而这种状况在1973—1975年变得愈加糟糕。1975年，布鲁纳在引用其他导致失业与通货膨胀关系恶化的因素时，提到了英国改善就业福利的规定提高了自然失业率的事实，而1979年布鲁纳和梅尔泽也指出，英国劳工法亦是其中一个因素。

凯恩斯主义-货币主义的其他争论

在关于总供给的争议中，布鲁纳在论及英国问题时继续强调货币主义对总需求的决定性立场。他发现很多凯恩斯主义分析都忽视了费希尔效应。1971年，布鲁纳发表了对哈罗德货币理论著作的评论。在其中一个段落，布鲁纳对哈罗德提出了批评，批评他赞同凯恩斯主义关于预期通货膨胀对名义利率至关重要观点的否认。此外，在对卡尔多进行回应时，他强调，如果不将货币化作为改变总需求的手段，那么财政行动的效果将是有限的。20世纪70年代中期，布鲁纳既强调实际利率又强调"纯财政政策"的有限有效性，认为挤出私人支出对于理解20世纪70年代的发展可能非常重要。他和梅尔泽在伦敦的期刊《银行家》（*The Banker*）上发表了一篇重点关于挤出效应的文章，这意味着挤出效应与英国近期宏观经济发展的解释具有实证相关性。

然而，英国的经验并没有为挤出效应提供一个理想的例子，原因主要有两个。首先，挤出效应理论最适用于货币政策无法调节的财政政策行动。但如图 7.3 所示，直到 1979 年，英国的财政赤字通常都是由货币政策来调节的。事实上，首先，布鲁纳曾经强调，希思政府在 1972 年和 1973 年进行财政扩张的同时也进行了货币扩张。其次，正如布鲁纳和梅尔泽随后于 1977 年承认的那样，20 世纪 70 年代初期和中期英国通货膨胀期间，其实际利率是下降的。这与人们对标准的挤出效应的描述形成了鲜明的对比，因为这些描述均认为财政赤字会推高实际利率。后来布鲁纳于 1986 年再次强调，财政政策对总需求的影响有限，而且较之传统的挤出效应，他更看重机制的重要作用，因为挤出效应可能会限制财政赤字（对于特定货币政策）的扩张效应。他特别强调了李嘉图的等价定理，并将其作为一种理论上的可能性在他 1970 年的著作以及他和梅尔泽 1973 年的合著中加以引用。而这篇两人合著的论文已经在 1972 年 7 月牛津大学举办的会议上发表。该会议是为了纪念希克斯爵士而举行的，而布鲁纳与梅尔泽的文章既对希克斯开创的 IS-LM 框架提出了挑战，同时又对其进行了推广普及。与他们自己及其他一些人在 20 世纪 60 年代阐明的货币主义立场一致，他们认为，IS-LM 框架在资产结构规范方面过于严苛。由于 IS-LM 框架在 IS 方程中只有一个利率，他们声称，人们必定会将该框架理解为或者只有一种非货币资产（即一种证券），或者所有非货币资产都可以合并为单一资产，而 IS 方程中具有一个相应的单一（实际）利率。他们认为，对于宏观经济分析而言，这种将资产合并为单一代表性证券的做法牺牲了太多有关货币政策影响的信息，而一个结构模型中至少要包含两种非货币资产。他们坚持这一观点的原因是，他们认为货币注入对基准利率（如英国政府当局管理的短期利率）以及将该利率与对总需求至关重要的其他资产价格联系起来的利差或风险溢价都有明显的影响。

超越标准 IS–LM 框架以获取货币政策的多种渠道的问题将在 21 世纪的英国政策制定中变得非常重要。布鲁纳和梅尔泽的研究成果在这一时期得到了新的认可。事实证明，在 21 世纪最初的几十年中，货币主义者对 IS–LM 版本的传导机制的批评——布鲁纳和梅尔泽 1973 年的论文是这一批评的主要贡献者——在为英国货币政策提供信息方面起到了非常重要的作用。然而，这种批评并不是 20 世纪 70 年代英国货币主义辩论的主流声音。

不过，这一批评应该还是有一定的重要性，因为它肯定了一些方法，而这些方法可以表明对于总需求来说货币政策非常重要。此外，尽管这种关于传导机制的观点聚焦的是资产价格，但它却强调货币增长是衡量货币政策立场的一种手段。布鲁纳和梅尔泽认为，尽管出现在经济真实 IS 方程中的是资产价格而非货币，但货币增长可能比单一利率更能说明关键资产价格的行为。

20 世纪 70 年代初的货币增长

因此，布鲁纳在研究 20 世纪 70 年代上半叶英国的经济发展时关注的是货币增长。以 M3 衡量，1971—1973 年，英国的货币增长极为迅速，致使布鲁纳称英国的“货币存量在以骇人的速度增加”。除了这一时期的货币高增长外，另一个显著特征（如图 7.4 所示）货币基础增长和（英镑）M3 增长在 20 世纪 60 年代密切关联后分道扬镳，广义货币的增长远高于货币基础的增长。M3 总量的强劲增长部分反映了批发存款的快速增长，其行为可能与货币基础增长没有密切关系。然而，不包括批发存款的 M2 型系列——不适用于这个时期的英国——在这些年中也可能会出现非常快速的增长，而且增长速度快于基础增长。因此，对于各种广泛的货币衡量方法而言，20世纪70年代初，货币增长率的上升在很大程度上反映了货币乘数的增加。这在一定程度上反映了政府当局在1971年年末大幅削减准备金的要求。

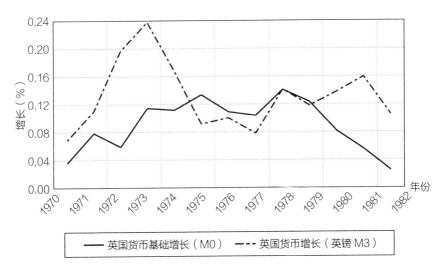

图7.4　1970—1982年英国货币基础增长和英镑M3增长

注：关于货币基础增长，参见图7.3的注释。1970—1976年，英镑M3增长是丹巴特（den Butter）和费斯（Fase）的季度系列的年平均值的对数差，用以代替卡普–韦伯的这一时期关于英镑M3的数据，因为卡普–韦伯系列似乎存在大量的中断。1977—1982年，英镑M3增长是卡普–韦伯的季度英镑M3系列的年平均值的对数差。

在这个问题上，布鲁纳认为，1971年竞争与信用控制条例改革后实施的复杂的准备金要求制度导致了1972—1973年间英国货币基础占货币存量关系的不稳定。因此，他对"最近英国引入越来越复杂的储备安排"表示遗憾。尽管竞争与信用控制条例取消了对银行贷款的控制（布鲁纳对此表示赞许），但仍有非常多的数量控制机制，到 1973 年年底，英国政府当局对商业银行实施了 4 种不同类型的准备金要求。在这些准备金要求计划中，有 3 项可能在 1972 年，在英国货币基础与货币存量关系的松动中没有发挥主要作用。然而，第四项——特别补充存款计划，即 1973 年年末推出的"严格控制"计划——却显著扭曲了 1974—1980 年英镑 M3 与其他变量（货币和经济）之间的关系。该计划是一种边际准备金要求，旨在限制银行有息存款负债的增长。随着时间的推移，它的存在可能促进了 M3 以外的存款类工具的增长。部分原因是，英镑 M3 的增长是 20 世纪 70 年代中期预测未来通货膨胀行为的一个很好的指标，但之后其作用变得越来越小。

严格控制计划的出现也让政府当局相信，他们需要在抑制货币增长方面采取更少的措施，例如采取可能会降低货币基础增长的行动等。事实上，尽管 20 世纪 70 年代货币乘数有所变化，但当局有充分的理由相信，本可以通过一项政策来避免过度的广义货币增长，而该政策就是对基础货币增长施加更大的限制。相反，20 世纪 70 年代，基础增长的实际行为既满足了财政赤字的要求（见图 7.3），又使名义利率相对于通货膨胀下降（见图 7.5）。

在 1971 年年末至 1972 年年初的一段时间内，英国通货膨胀率再次上升，1972 年 8 月的通货膨胀率约为 6.5%。次月，布鲁纳参加在威斯康星州举行的一次会议，英格兰银行的莱斯利·迪克斯–米罗（Leslie Dicks–Mireaux）也出席了本次会议。据报道，他在会议讨论中表示，"目前成本通货膨胀率的来源仍然是个谜。尽管货币政策变化很大，但通货膨胀似乎是自我产生的"。在

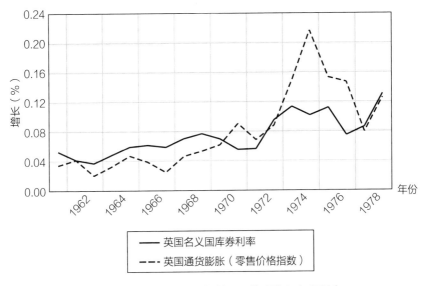

图 7.5 1962—1978 年英国通货膨胀和名义利率

注：英国名义国库券利率定义为圣路易斯联邦储备银行 FRED 门户网站提供的英国国库券利率月度数据的年平均值。英国通货膨胀率定义为 FRED 门户网站提供的英国每月零售价格指数年平均值的对数变化。利率直接以年百分比表示，但图中的利率除以 100，以提供其单位与通货膨胀系列的大致可比性。然而，因为通货膨胀系列是价格的对数变化——因此，这只是实际通货膨胀率百分比的近似值，这一数字明显低估了在通货膨胀达到两位数的年份中，通货膨胀率超过名义利率的情况。

1972 年 10 月弗吉尼亚召开的一次会议上，布鲁纳作报告时说，他曾听到欧洲大陆各国中央银行官员对本国通货膨胀做出了类似的成本推动诊断。他抱怨道："我们对通货膨胀问题的诊断，在很大程度上仍然被世界各地大多数国家和中央银行拒绝。"与其抱怨不谋而合的是，1972 年 11 月，希思政府在英国实施了强制性的工资 / 价格控制措施。1973 年，布鲁纳在其文章中对"政府决策者对通货膨胀原因明显的无知"表达了愤怒，而经常将收入政策用作对抗通货膨胀的工具便是其无知的一个很好的例证。

坚持非货币方法控制通货膨胀

1974 年 7 月 17—19 日，布鲁纳出席了在曼彻斯特大学举行的一次关于开放经济体通货膨胀的会议。曼彻斯特大学已经成为英国货币主义学术活动的中心，在这里任职的有莱德勒、帕金和理查德·哈林顿（Richard Harrington）等经济学家。尽管与会者对一个经济体的开放程度及其汇率安排的选择在多大程度上改变了对通货膨胀的分析持不同看法，但从会议上发表的论文来看，他们还是达成了一个共识，即货币存量会影响通货膨胀。

会议结束几天后，这一共识与英国官方圈子中普遍存在的共识之间的差异显著缩小。1974 年 7 月 22 日，财政大臣丹尼士·希利（Denis Healey）提交了一份迷你预算，其核心内容就是——作为一项反通货膨胀举措——大幅削减间接税。其实，早在希思执政期间，就曾经将削减间接税作为一项反通货膨胀措施。希利任职的威尔逊新政府沿用了希思政府的做法，继续将收入政策作为对抗通货膨胀的手段。特别是，威尔逊政府以及随后的卡拉汉政府（1976—1979 年）与英国工会组织签订了旨在限制工资增长和通货膨胀的"社会契约"协议。正是根据这一记录，布鲁纳在 20 世纪 70 年代末写了一篇文章，将削减间接税和"社会契约"划归近年来各国针对通货膨胀采取的"一系列不相关政策"之列。

1973 年年末，英国的通货膨胀率以 12 个月计超过了 10%，1975 年年初超过了 20%，而其中有几个月超过了 25%。威尔逊政府于 1975 年中期就"社会契约"重新进行谈判，宣布目标是到 1976 年年底将通货膨胀率降至 10%。当这种情况没有发生时，政策制定者便认定英镑贬值是导致英国通货膨胀率远高于 10%

的根源。这一结论与布鲁纳在其曼彻斯特大学会议论文中的观察形成了鲜明对比，布鲁纳认为浮动汇率并没有"以任何方式"加剧持续的通货膨胀问题。因此，他对近年来英国政府将通货膨胀行为归因于英镑汇率下跌的说法不屑一顾。

尽管其他地方针对通货膨胀控制与分析的观点正在发生改变，但英国的态度却依然如故。1974 年 9 月，布鲁纳及其影子公开市场委员会的同事指出，德国、瑞士和荷兰属于减少货币增长的国家。6 个月后，《商业周刊》（Business Week）报道称，"罗切斯特大学经济学家布鲁纳最近从欧洲各国首都旅行归来，然后做出了这样的评论：'我从未见过中央银行行长们对需要围绕降低通货膨胀率来调整货币增长达成如此多的共识。'"但英国在这一点上却固执己见。尽管货币增长的官方目标（最初是 M3，然后是英镑 M3）始于 1976 年，但较之货币控制足以控制通货膨胀的理念，英国官方更愿意接受货币增长与名义收入增长之间的关系。他们依然认为通货膨胀本质上是由成本推动造成的。在此背景下，英国政府当局认为，在实际增长加快的同时，降低货币增长是可行而适当的。收入政策继续被视为降低通货膨胀的核心举措，因此，当通货膨胀在 1978 年年初缓慢下降到 10% 时，"社会契约"获得了相当多的赞誉。

20 世纪 70 年代末的发展

1975 年，英国经济陷入衰退，但政府当局似乎不愿意在之后的五年时间里再次对实际总需求进行下调，部分原因是他们（错误地）认为产出差距太大。然而，布鲁纳在 1978 年中期接受英国媒体采访时做了这样的观察，即不允许暂时降低产出和就业水平，就相当于"排除了任何有意义的反通货膨胀运动"。

失控的炼金术：货币政策与通胀危机

　　在总需求政策的一个重要领域，政府当局确实取得了相当大的进展，威尔逊政府后期以及卡拉汉执政时期都采取了以削减公共支出和预算赤字为中心的重大财政整合行动。布鲁纳强调，为了实现对货币的持续约束需要对财政政策进行整合。他在曼彻斯特大学会议上发表的论文就曾坚称，"从长远来看，为了实现旨在遏制通货膨胀的适当货币增长，财政控制是必要的"。事实上，在财政紧缩初期，货币基础增长确实从 20 世纪 70 年代中期的峰值向下回落了。然而，与布鲁纳的警告——货币紧缩需要暂时提高名义利率相反，政府当局在 1977 年大幅削减短期利率，导致出现了一个古德哈特称之为对经济气候来说"低得离谱"的政策利率水平。货币基础的增长也随之加快。利率和货币基础的这些变化是在广义货币目标的背景下产生的。这在一定程度上可能是因为政府当局严重依赖"严格控制"计划来抑制英镑 M3 的增长。然而，在截至 1978 年 3 月的一年中，英镑 M3 的增长目标甚至也被超越了。

　　为了 1977 年 11 月召开的卡内基–罗切斯特会议，布鲁纳和梅尔泽委托他人撰写了两篇关于英国十年来宏观经济表现的论文。由于这些论文是该会议的组成部分，因此本次会议的论文集被布鲁纳和梅尔泽描述为对英国经济政策的生动讨论。然而，布鲁纳和梅尔泽组织这次会议的初衷，并非要让货币主义者和英国凯恩斯主义者就英国经验展开直接对决。相反，这两篇论文均由剑桥大学的作者所撰写。其中一篇的作者为费瑟斯顿（Fetherston）和戈德利（Godley），文章阐述了"新剑桥宏观经济学"，但本质上支持了传统的（卡尔多那一代人遵循的）剑桥凯恩斯主义传统，认为英国通货膨胀是成本推动造成的。

相比之下，波斯纳（Posner）为本次会议撰写的论文中的分析更多融合了货币主义对凯恩斯主义的批判。波斯纳承认，货币扩张对英国通货膨胀和名义工资增长的影响比他曾经认为的更大，他表示，他现在对自己支持"希思政府实行的财政和货币政策"感到遗憾。尽管有这些让步，但波斯纳还是将自己的立场和货币主义者的观点进行了区分。特别是，他既没有将货币政策视为对抗通货膨胀的利器，也没有将长期菲利普斯曲线视为垂直曲线。他相信货币限制可以降低通货膨胀，但他同时也相信收入政策措施也可以降低通货膨胀——事实上，后者是一种更好的工具，因为货币限制可能会导致永久的高失业率。

布鲁纳和英国货币辩论（1979—1989 年）

关于布鲁纳在英国货币辩论中的作用，1979 年 5 月是一个分水岭，原因有两个。首先，这是他最后十年货币辩论活动的开始，十年后的 1989 年 5 月他便离开了人世。其次，撒切尔夫人的保守党赢得了 1979 年 5 月的英国大选，新政府采取了货币主义通货膨胀分析的观点。

撒切尔夫人上台几天后，梅尔泽与诺贝尔经济学家瓦西里·里昂惕夫（Wassili Leontief）一起到国会委员会作证，这凸显了布鲁纳和梅尔泽对于英国货币主义政策命运的重要性。虽然里昂惕夫主要研究的并非宏观经济学，但他强烈反对货币主义。在 1979 年 5 月 9 日的国会听证会上，他说："我提议，在遵循梅尔泽教授的建议之前，我们应该看看撒切尔夫人在英国的激进政策将会带来什么结果。"梅尔泽尖锐地回应道："我们不必等待撒切尔夫人。在这个国家的前 155 年里，我们就已经有了一些经验了。"

然而，梅尔泽慢慢接受了这样的观点，即人们认为撒切尔夫人的任期将会为货币主义提供重要的证据。这一认识反映在梅尔泽对撒切尔夫人前两年任期所做的一篇评估的标题中《英国实验室的通货膨胀理论测试》。布鲁纳的观察是，"在过去的 10 年中，英国推行的金融政策创造了一个高而不稳定的通货膨胀记录。1979 年在撒切尔夫人领导下成立的政府为基本的改革提供了一些承诺"。

在撒切尔夫人执政的第一年，关于英国的经济政策，布鲁纳和梅尔泽仍然只是兴趣盎然的旁观者。1979 年 11 月，他们主持了卡内基–罗切斯特会议，萨姆纳（Sumner）在本次会议上发表了一篇关于迄今为止货币目标国际经验的论文。在对萨姆纳论文的介绍性评论中，布鲁纳和梅尔泽观察到，迄今为止的经验"并不令人感到鼓舞"。他们特别指出了英国在 1977—1978 财政年度经历的高货币增长（以及对已宣布的货币增长目标的大幅超调）。

1978—1979 年，货币增长（以货币基础增长和目标英镑 M3 总量增长衡量）确实有所下降；在截至 1980 年 3 月的财政年度，英镑 M3 增长处于撒切尔政府当年设定的目标范围之内。然而，在 20 世纪 80 年代中期，英镑 M3 的增长开始大幅超过为 1980—1981 年设定的目标范围。正是在这个时间节点，布鲁纳开始直接介入英国的政策讨论。

布鲁纳参与英国经济政策制定（1980—1982 年）

布鲁纳说："众所周知，1980 年夏天首相对货币政策制定的关键部分非常关注。"她之所以关注，部分是因为她不能肯定英国政府当局是否真的会采取他们原本确定采取的紧缩货币政策立

场。自撒切尔夫人上台以后，短期名义利率一直在提高，经济
已经进入深度衰退。1980 年，通货膨胀率再次超过 20%，英镑
M3 的增长率急剧上升。通货膨胀读数很可能与紧缩的货币政策
一致。1980 年的高通货膨胀并没有反映当时的需求状况，而是
反映了 1977—1978 年实施的货币宽松政策以及撒切尔政府 1979
年大幅增加增值税带来的后果。然而，20 世纪 80 年代中期英镑
M3 的快速增长与货币紧缩是否可以调和还尚不清楚。的确，"严
格控制"计划刚刚被废除，人为地促进了广义货币的增长。尽管
如此，英国官方仍然担心，潜在的货币增长可能很高，而货币政
策又相应宽松，这与当局的意图正好相反。

在这种背景下，1980 年 8 月 20 日，在瑞士楚格湖举行的一
次午餐会上布鲁纳被介绍给了撒切尔夫人。布鲁纳将英镑 M3 目
标的超调归因于政府当局使用短期利率而不是货币基础作为其政
策工具。布鲁纳建议撒切尔夫人将货币政策操作集中在货币基础
控制系统上——这是几位英国货币主义者已经敦促其做出的改变。

布鲁纳与货币基础控制辩论

货币基础控制的提议相当于呼吁与现有做法彻底决裂。正如
1979 年 10 月美联储的情况一样，1980 年（及之前的几年），英
国的货币目标是由政府当局设定短期利率。原则上，这一政策利
率的设定值被认为会随着时间的推移产生与货币目标一致的（名
义）货币需求量。布鲁纳认为，这种货币目标制定方法是有缺陷
的，因为利率的设定存在太多的不确定性。他认同这种情况，即
在任何时候短期利率的某个值都会与货币增长目标完全相符。但
是，他强调，没有人知道这个值是多少。

然而，除了在政策利率上采取行动外，英国政府当局认为他

们还有一种额外的供给侧手段来影响货币存量，并实现英镑 M3 增长目标。他们的想法是基于确定货币供应的"信贷对应"方法。根据这种方法，商业银行的存款创造可以（通过一个恒等式）来源于银行资产的相应增长。据说，这种资产增长不仅可能受到利率政策的影响，还可能受到政府出售给银行的债务数量的影响。由此进行推理可以得出这样的结论：在短期利率已经设定的情况下，英格兰银行依然可以使用（冲销的）债务管理操作可靠地影响货币增长。1980 年 3 月政府当局发布了一份关于货币控制的官方公开文件——《英格兰银行和财政部绿皮书》，其中备受批评的开场白正是以这一结论为基础撰写的。开场白将"财政政策和债务管理"列为首选的两个"政府当局可用来影响货币状况的工具"。

布鲁纳对这种货币控制方法嗤之以鼻。布鲁纳表示，《英格兰银行和财政部绿皮书》所依赖的信贷对应等式是一个"本身就相当空洞的陈述"。这是因为，方程是一个恒等式，它只能是货币供应过程"连贯公式"的一部分。这样的公式将需要一个带有行为方程和恒等式的模型（如布鲁纳和梅尔泽的分析，该分析已经将基数 / 乘数框架应用于美国系统）。英国政府当局从信贷对应恒等式中得出的政策结论包括布鲁纳和克劳奇 1967 年批评过的谬论：与其他方式相比较，将 X 个单位的政府借款作为长期债务而非短期债务进行营销会使 X 个单位的货币存量降低更多。在 1982 年 4 月召开的卡内基–罗切斯特会议上，达比（Darby）和洛锡安（Lothian）受布鲁纳和梅尔泽之托撰写了一篇论文，他们对信贷对应方法进行了分析，再次声明这是一种谬论。

布鲁纳认为，控制货币的正确方法确实存在于货币市场的供给侧，但它应该存在于货币基础控制而非信贷对应方法中。因此，他和梅尔泽 1980 年 9—10 月访问英国时便极力推动货币基础控制。这次访问——同行的还有其他几位海外货币专家——日程安排包括 9 月 30 日上午的货币基础控制论坛（主要是与英格兰银行高级职员的对话）和下午在唐宁街 10 号（首相办公室）与撒切尔夫人的会面。而与首相的会晤成为英国广播公司第一台和第二台当天新闻广播中的头条新闻。布鲁纳不被英国评论员视为主要货币主义者的日子已经成为过去。

然而，有大量迹象表明，布鲁纳会晤时的发言并没有受到普遍欢迎。布鲁纳与撒切尔夫人会晤的官方备忘录标题暗示了这一点，其中布鲁纳的代表团被称为"外国专家"，而不是海外或国际专家。据称布鲁纳从 8 月在瑞士举行的会晤开始就与撒切尔夫人建立起了直接的对话，这一事实也令人关注，因为 9 月 30 日会晤后的第二天，英国中央银行副行长在一份备忘录中将"布鲁纳及其公司"称为"她（撒切尔夫人）的外国顾问"和"外国货币主义者"。撒切尔夫人除了接受政府或党内官员的建议外，还接受反渠道建议的做法由来已久。但是，多年后，撒切尔夫人的前下属克里斯托弗·巴顿（Christopher Patten）评论说，撒切尔夫人的做法令她的助手们感到担心，因为她喜欢先与政府官员会面讨论某个问题，然后再单独去"见一位疯狂的瑞士教授"，就同一问题征求意见——这位疯狂的瑞士教授指的便是布鲁纳。

布鲁纳和梅尔泽也感受到了一些对话者对他们参与英国政策辩论的疑虑。梅尔泽记得，当他和布鲁纳向英国货币专家提出货币基础控制的理由时，他们受到了极大的怀疑。布鲁纳在访问后写给撒切尔夫人的信（写于 1980 年 10 月）中强调了英格兰银行事件的积极方面。但他随后写道，反对货币基础控制的官员一直不愿充分参与对话。布鲁纳 1980 年 12 月下旬发表的一篇文章宣称，英格兰银行是"一个强大但几乎没有公共责任感的机构"。他认为，这种缺乏责任感的情况反映在他们对货币主义批评者（如他本人）不充分的回应上："英格兰银行隐藏在幕后，反对一切学术批评……1980 年的事件便是一个典型例子"。

如果他们之前被迫对这些批评做出回应的话，那么英国中央银行的官员可以理直气壮地说，多年来，他们一直在与无数英国货币主义者进行着互动，包括谈论货币控制问题。至于对布鲁纳批评的回应，银行实际上根本没有什么机会回复他，因为，截至 1980 年年末，布鲁纳一直没有写过专门涉及英国货币问题的文章。特别是，布鲁纳没有就英格兰银行对货币基础控制的批评做出详细的公开回应，也没有对富特（Foot）、古德哈特和霍特森（Hotson）1979 年的批评做出公开回应，他们三人合著的文章发表在《英格兰银行季度公报》（*Bank of England Quarterly Bulletin*）上。

英国官场的货币专家倾向于强烈反对货币基础控制。反对者提出的主要论点是，货币基础控制将导致金融市场和银行体系的稳定性降低。这一论点强调，货币基础控制可能意味着短期内利率波动性更大。此外，英国中央银行向银行提供准备金范围的改变可能意味着银行系统的运转不那么有序。人们认为，虽然货币基础控制可能会减少目标货币总量增长率的变化，但这些货币基础控制倡导者宣称的益处可能不及货币基础控制的成本。人们担心，货币基础控制系统将催生一个不理想的金融市场，因此，货币基础控制不是一个理想的改革方向。

货币基础控制的反对者提出一个辅助论点是，货币基础控制不会改善对货币增长的控制。富特、古德哈特和霍特森承认货币乘数机制的有效性。此外，他们也没有明确表示，所有版本的货币基础控制都无法确保政策制定者对货币增长的短期控制得到改善，但他们真的对此表示怀疑。这种怀疑集中在准备金／存款比率严重不稳定的可能性上，1980 年，针对货币基础控制，银行官员内部也表达了类似的怀疑，而费舍尔则将其视为英国官员对货币基础控制的主要立场。

布鲁纳拒绝 M3

布鲁纳不赞成使用货币基础控制程序无法可靠地锁定英镑 M3 的观点，他最初倾向于建议将英镑 M3 继续作为货币总量目标。1980 年 10 月，从英国访问回来之后，他在给撒切尔夫人的信中写道："M3 或其他货币总量在任何时间段内都不会偏离货币基础设定的基本趋势。"然而，9 月 30 日英格兰银行研讨会对 M3 的评价却转为负面；一个突出的担心是，总量覆盖了太多不同类别的存款。事实上，在布鲁纳 1980 年 10 月给撒切尔夫人写信时，梅尔泽也给她写了一封信，信中说英国货币增长的"许多指标"正在崩溃——这个判断暗示他关注的是英国 M1 和货币基础，而不是 M3。

布鲁纳向撒切尔夫人表示 M3 是可控的，这与他对更窄集合的传统偏好并不矛盾。他之前已经向美国表明，包括银行管理负债在内的 M3 型广义总量最终确实对影响货币基础的政策措施做出了反应，但他不喜欢将如此广泛的系列作为目标。然而在 1980 年的最后几个月里，布鲁纳很可能对 M3 和他与克劳奇在 20 世纪 60 年代研究过的广义货币概念之间的差异有了更深入的理解。特别是，M3 大量批发成分的存在，以及 1980 年 M3 增长与狭义总量增长的相关偏差，可能导致布鲁纳得出了 M3 不是分析非金融经济活动的最佳货币总量的结论。1980 年 12 月 12 日，布鲁纳在伦敦城市大学举行的货币控制研讨会上发表演讲（这已经成为英国货币主义分析的主要依据之一）。一位参加了布鲁纳讲座的英国财政部官员撰写的报告称，"自从我们上次会面以来，布鲁纳已经非常清楚，英镑 M3 中包含的批发货币'非常不适合'作为目标总量"。布鲁纳的态度勾起了劳森的回忆："没有人比布鲁纳更鄙视'你的 M3'了，而布鲁纳正是玛格丽特（撒切尔夫人）十分崇拜的瑞士裔美国经济学家。"

布鲁纳对 M3 的负面看法因 1981 年年初的事态发展而得到加强。在 9 月写给撒切尔夫人的信中，他将沃尔特斯列入了首相可以咨询的英国货币主义者名单中。事实上，撒切尔夫人认识沃尔特斯已有好几年时间，而且早已安排他担任了自己的经济顾问。鉴于货币政策立场的混乱，以及英国汇率高企的状况，沃尔特斯帮助安排发表了尼汉斯撰写的一份报告。尼汉斯于 1981 年年初拿出了该报告的初稿。该报告对 M3 持负面态度，支持将货币基础作为近期货币发展的指征。基于货币基础的行为，尼汉斯判断，在撒切尔夫人执政时期，出现了"货币扩张突然停止"的现象，这种紧缩已经反映在最近的产出和汇率行为中。尼汉斯所描述的货币紧缩趋势在英国制造业生产行为中表现得也非常明显，如图 7.6 所示。

尼汉斯也对作为货币状况指标的英镑 M3 不屑一顾。他宣称，"货币政策几乎不可能控制英镑 M3"。这与布鲁纳在 1980 年 10 月表示的对 M3 可控性的乐观形成了鲜明对比。但就短期控制而

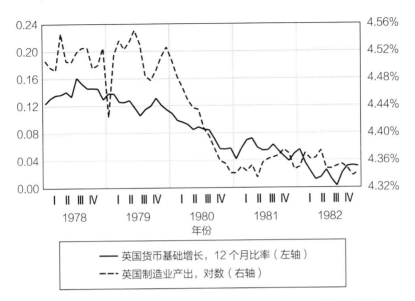

图 7.6 1978—1982 年英国制造业产出和年度货币基础增长（月度）

注：货币基础增长是通过调整后的 M0 系列中的 12 个月对数差获得的。制造业产出来自英格兰银行在线千年宏观经济数据文件。

言，他现在同意尼汉斯的观点。

　　然而，布鲁纳对广义货币可控性的怀疑，不及他对总量重要性的怀疑。1981 年，他发表在《新苏黎世报》（*Neue Zürcher Zeitung*）上的一篇关于英国货币政策的长文公开表达了这种怀疑态度。这是一篇专门为瑞士报纸写的德语文章。事实上，布鲁纳是在重现 1967 年他与克劳奇一起为自己创造的问题：当时，他在一份很少有英国经济观察人士会看到的出版物上发表了一篇关于英国货币政策的文章。

　　这篇文章（发表于 1981 年 2 月 21 日）叙述了 1979 年以来货币基础的紧缩问题。布鲁纳认为，英镑 M3 的同时快速扩张与非金融经济活动无关。他担心政策声明中对英镑 M3 行为的关注减缓了公众对货币紧缩的认识，他认为这会使经济衰退恶化。布鲁纳建议，更为狭义的货币可能是一个合适的目标，但目标设定程序应使用基数 / 乘数分析，而不是基于信贷对应方法。

备选目标

在 1980 年城市大学演讲的问答环节中，布鲁纳承认，尽管他热衷于货币基础控制，但英国没有实证研究来证明货币乘数分析的可行性。此后不久，美联储的戴维·霍华德（David Howard）对 20 世纪 70 年代的英国货币关系进行了分析，这一空白随即就被填补上了。霍华德发现，商业银行对准备金的需求函数可以被识别出来。由于霍华德样本中周期较短，而需求函数中包含的变量又少，因此结果具有不确定性。然而，结果确实表明，使用货币基础控制系统可能会控制英国银行存款创造，甚至控制 M3 目标。这项研究于 1981 年 2 月以研究成果论文的形式公开发表，而布鲁纳于 1982 年年初将其刊登在《货币经济学杂志》上。

然而，当霍华德发表研究报告时，布鲁纳不仅对 M3 目标产生了严重的怀疑，而且还对包括银行存款在内的中间目标是否是英国最好的直接选择产生了严重怀疑。但他仍然希望，货币基础控制最终将被用来瞄准比货币基础更广泛的总量。然而，布鲁纳表示，他对自 1971 年以来英国在储备创造和存款创造之间明显缺乏密切的二元关系感到不快。1981 年 12 月，他表示，英国银行体系所依赖的超额准备金数量非常低，而造成这种状况的原因就是上述二元关系比较弱。布鲁纳推测，超额准备金数量过低反映出英格兰银行对于提供准备金的态度过于宽容。他说，商业银行可以几乎没有准备金，因为英格兰银行的做法几乎没有激励它们保持准备金余额库存。他暗示，货币基础控制系统将会使商业银行拥有更高的超额准备金与存款负债比率，使准备金创造与银行存款创造之间的关系变得更加密切。相比之下，银行官员一致认为，货币基础控制可能会增加储备需求，但他们认为，这种情况可能会让货币基础和更广泛货币总量之间的联系变得更加松散。

布鲁纳还坚信，最终的货币基础控制系统必须针对定义比M3更窄的广义货币系列。在1980年12月的演讲中，他对英国当局将M2（即货币和零售存款）作为目标表示赞同，并敦促构建这样的一个总量。英国财政部已经开始着手M2定义的创建，而1981年年初，英格兰银行宣布它将在未来发布一个M2系列。然而，直到1982年中期，该银行才推出新的M2总量。此外，该系列没有历史运行记录，20世纪80年代初，随着零售存款利率与市场利率的关系变得更加密切，英国M2经历一段难以解释的时期。因此，M2成为目标货币总量的可能性很小。

在这些事态的发展过程中，布鲁纳敦促应该将货币基础本身（以及工具）视为目标总量。1981年，克拉克曾指出，"从一开始，我们就告诉她（撒切尔），部分原因是数据问题：M1太窄，M3太宽。我们需要一个介于M1和M3之间的合适指标来衡量货币存量。只要存在数据问题，中央银行就应该关注货币基础"。

梅尔泽说了出来

1981年，梅尔泽非常关注撒切尔政府的经济表现。他在美国和英国多次就这个问题发表了自己的观点。到1981年夏天，梅尔泽似乎对撒切尔政府的表现做出了基本否定的评价。英国媒体称，他正在为《纽约时报》（*New York Times*）撰写一篇关于撒切尔任期的"毁灭性分析"文章。在英国的新闻报道中，梅尔泽表示，尽管货币政策收紧，通货膨胀率下降（到1981年中期约为11.5%），但他怀疑撒切尔能否承受政策掉头的压力："她未能赢得对内阁和英格兰银行的控制权。"他还发现她在微观经济改革方面做得不够："她没有出售议会大厦或国有化的产业，而是提高了税收。"梅尔泽进一步暗示，他的文章将提供以下假设：这些结果反映了撒切尔夫人作为领导人的缺点，特别是与美国总统罗纳德·里根（Ronald Reagan）相比："我非常尊敬撒切尔夫人，但她不是那种意义上的领袖……她和里根之间的本质区别在于，里根似乎能够贯彻自己的哲学，而她却不能。"

布鲁纳不太可能认同梅尔泽对撒切尔夫人决心的负面看法。他对撒切尔夫人的看法更为积极，这很可能跟他独自参与的活动有关，而这些活动梅尔泽都没有参与。与梅尔泽相比，布鲁纳与撒切尔夫人的互动更为广泛，而且他还密切关注外交政策和国防的发展，部分原因是他担任了国家安全期刊《战略评论》（*Strategic Review*）的编委。到1981年，作为首相的撒切尔有一项工作已经得到了人们的认可，当然，认可她这项工作的都是赞成西方国家为应对苏联能力的增长而加强军事力量的人，布鲁纳就是其中之一。非经济领域的这种行为可能增强了布鲁纳的信心，即撒切尔不会改变国内宏观经济政策的方向，最终可能会在梅尔泽提到的微观经济和财政问题上取得更多进展。也许，当梅尔泽为《纽约时报》撰写的文章定稿时，布鲁纳也对他产生了影响，因为与其在英国媒体上发表的评论相比，这篇文章对撒切尔夫人的工作评价更为积极。1981年梅尔泽提及的撒切尔成就中没有私有化改革，而1981年之后，这却成了她经济成就的重要组成部分。

布鲁纳对英国货币政策改善的评估

布鲁纳认为，1979 年和 1980 年，由于英国政府当局关注的是 M3 行为而不是货币基础，因此比预期更为严格。尼汉斯的报告也得出了这一结论，但由于这一结论是对撒切尔政府的含蓄批评，所以英国官员要求尼汉斯不要发表他的报告。这一要求冒犯了尼汉斯，布鲁纳对其遭遇表示同情，因此通过他自己负责的罗切斯特大学政府政策和商业研究中心将这份报告分发了出去。当尼汉斯的报告正式刊出时，布鲁纳在前言中解释道，是他促成了这份报告的出版，因为它"值得更多公众关注"。

尽管他的这种做法是对撒切尔政府的蔑视，但布鲁纳与撒切尔夫人的关系仍然良好，1982 年 8 月 19 日，他在瑞士再次与她见了面。布鲁纳在次月发给撒切尔夫人的备忘录中记录并详细阐述了他 8 月份的讲话，展示了 1981 年和 1982 年双方在英国货币政策方面达成的共识。

这种前景的改善并不是因为英国政府当局采用了货币基础控制。相反，到 1981 年年底，撒切尔夫人很明显已经接受了反对货币基础控制的建议。布鲁纳的货币主义同沃尔特斯支持拒绝货币基础控制的做法一致。沃尔特斯担心，货币基础控制的初始阶段——在这段时间内，银行的准备金需求将根据新制度进行调整——将会导致金融市场不稳定，利率急剧上升的情况。沃尔特斯还着重强调了一点，英国货币过度扩张的主要历史例子显示的是有意识的刺激政策举措，而不是主要反映操作程序的失误。回想起来，1980 年并没有被证明是这一概括的例外，因为那一年货币紧缩，英镑 M3 的快速增长形成了一个错误的信号。

然而，在撒切尔夫人第一个任期的后半阶段，英国的货币政策受到了布鲁纳的青睐。一个重要原因是，在拒绝货币基础控制的同时，英国政府在政策讨论中对货币基础更为重视。尼汉斯依据货币基础控制的成分构建了一个货币基础系列，他同时哀叹道，"令人意想不到的是，竟然没有任何官方的基础货币系列"。但在 1981 年 3 月，英格兰银行开始报告基础货币数据（标记为"M0"）以及该系列的历史运行情况。1982 年《金融时报》的一篇报道指出，最近的 M0 进程"得到了布鲁纳教授——深受撒切尔夫人尊敬的瑞士裔美国货币专家的认可"。

此外，在 1982 年，M0 在英国货币政策的制定过程中受到了越来越多的关注。布鲁纳自己认为 M0 值得作为英国的目标总量，这个信念在 1982 年 4 月的卡内基–罗切斯特会议上得到了强化。达比和洛锡安的论文报告了英国基础增长和名义收入增长以及通货膨胀之间值得信任的历史关系。1982 年 9 月，布鲁纳公开重申了自己的立场，"在未解决或无人参与 M1 和 M2（如在英国）测量问题的情况下，货币政策制定者应暂时直接针对货币基础"。

英国货币政策也显示出比 1979 年之前更接近布鲁纳愿景的其他迹象。货币政策的实施方式使货币基础不再能够容纳财政赤字（见图 7.7）。与 20 世纪 70 年代相比，20 世纪 80 年代的短期利率（见图 7.8）在很大程度上高于通货膨胀率。1982 年 4 月通货膨胀降至个位数，1982 年年底，这一比率降至 6% 以下，为十年来的最低水平。

随着这些事件的发生，布鲁纳在 1982 年 9 月写给撒切尔夫人的信中表达了更多他对英国货币当局的尊重。1980—1981 年，布鲁纳和英格兰银行曾公开交锋，双方互相指责对方缺乏经济严谨性，布鲁纳指责英国中央银行行长们依赖"神秘主义"以及

图 7.7 1980—1998 年英国财政平衡和货币基础增长

"对于货币事务和货币政策制定，本质上采用的是形而上学的方法"，但该行执行董事约翰·福德（John Forde）告诉《华尔街日报》，"货币主义是一种神学，但中央银行不是神坛"。与之形成鲜明对比的是，布鲁纳的备忘录充满了和解的意味，"所有的迹象都表明，英格兰银行坚决致力于推行反通货膨胀政策……对反通货膨胀政策的明确承诺，在我看来，是英格兰银行观点重大进步的标志"。

布鲁纳接着指出，"其他迹象表明，英格兰银行的思维和政策构想出现了（令人愉快的）变化"。他对英格兰银行在英国货币数据方面做出的改进——包括引入 M2 系列——表示赞许。他还称赞中央银行"降低了一直以来对根本不合适措施（M3）的关注"。然而，布鲁纳认为，当局应该更加关注 M0，而最近几

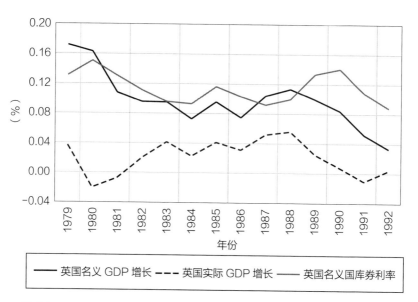

图 7.8　1979—1992 年英国名义利率、名义 GDP 增长和实际 GDP 增长

个月，因为过于关注汇率，所以对货币基础增长的稳定性关注太少，因此他们推行了过于紧缩的政策。

　　布鲁纳对该行的通货膨胀观点表示欢迎，但同时也对其过度专注于避免因汇率变动而导致的短期通货膨胀波动表示担忧。他强调，重要的是，货币政策行动不要试图阻止价格水平的短期飙升。

布鲁纳和英国货币辩论（1983—1989 年）

　　让我们再回到研究领域，1981 年 3 月，托宾在《经济杂志》（*Economic Journal*）上曾发表过一篇文章，题为《今天的货币主义者反革命评估》。这篇论文源自其 1980 年 7 月在伦敦皇家经济学会会议一次专题讨论会上发表的论文，该论文对货币主义和货币总量都持高度批评态度。此外，关于布鲁纳和梅尔泽对货币主义理论的贡献，托宾只给予了形式上的认可。布鲁纳认为托宾的这些言论是对货币主义的"诽谤"，因此感到非常愤怒，并着手撰写反驳文章。在《经济杂志》上发表回应托宾的文章可能会受到版面或内容的限制，布鲁纳显然是考虑到了这些不便，所以选择在一份名为《卡托研究杂志》（*Cato Journal*）的美国公共政策刊物，在其 1983 年春季版上发表了一篇长文对托宾的言论进行批驳。

布鲁纳的文章几乎没有谈论英国的发展，但在一个主要方面间接地有所涉及。托宾注意到，货币主义已经与自由市场经济联系在一起，他认为，两者在逻辑上是可以分离的："货币主义者可能喜欢大而活跃的政府"。相比之下，布鲁纳似乎看到了货币主义和小政府观点之间的密切联系。这是一个有点令人惊讶的立场，正如人们经常观察到的那样，货币主义的宏观经济立场并不排除对大型公共部门的青睐。因此，在很大程度上，对货币主义立场的信仰实际上与市场解决方案的倡导是分不开的。

然而，英国的经验确实为这一结论提供了一个必要条件，而这一条件或许是布鲁纳既强调坚持货币主义又相信市场机制的重要动机。货币主义者对通货膨胀的看法的一个暗示是，1979 年之前英国实行的强制性或近乎强制性的收入政策对通货膨胀是无效的。根据定义，这些收入政策基本上是对市场体系的干预。因此，通货膨胀的货币观点支持基于市场的工资和价格决定。事实上，1979 年明确将通货膨胀控制权分配给货币政策的一个必然结果是放弃了对收入政策的尝试。1982 年英格兰银行行长理查德森的证词强调了这一转变的重要性，他在证词中指出，在目前的框架出现之前，"试图阻止通货膨胀的收入政策受挫"。

失控的炼金术：货币政策与通胀危机

1983 年 4 月 27 日，布鲁纳在唐宁街 10 号与首相撒切尔夫人以及沃尔特斯再次会面。这次会晤显然主要关注的是国际债务危机，而不是英国的货币政策。

次年 11 月，布鲁纳和梅尔泽邀请沃尔特斯加入他们最新的卡内基–罗切斯特会议项目，希望他为评价撒切尔第一个四年任期提供一个视角。除了强调撒切尔时期发生的一些微观经济和财政政策变化的重要性之外，沃尔特斯还强调指出在她的任期内通货膨胀率持续大幅下降。在评论沃尔特斯的论文时，布鲁纳和梅尔泽自己也认为，撒切尔夫人"最大的成功是货币政策的改变和由此带来的通货膨胀的降低"，同时也指出她未能引入货币基础控制或者明确的货币规则。受布鲁纳和梅尔泽的指派，帕金参与了沃尔特斯论文的讨论，他对通货膨胀是否会持续下降表示怀疑。帕金认为，他们没有做出任何根本性的政策改变，以维持货币基础增长减少的势头。可以说，随后于 1984 年 3 月正式推出的 M0 增长目标是朝着这个方向迈出的正确一步。

到 1987 年，M0 是撒切尔政府选定的唯一货币总量。布鲁纳和梅尔泽指出了一个货币基础可能具有的优点："对货币和货币基础的需求几乎不受金融放松管制的影响"。这是一种概括，不可能适用于监管或运营框架的所有变化。事实上，2005—2006年英国引入了支付准备金余额利息时，由于预计银行准备金与其他变量之间的关系将发生重大变化，英国中央银行停止了正式的 M0 系列。然而，货币基础在很大程度上没有受到 20 世纪 80 年代英国金融放松管制和创新（例如废除严格控制计划和分散活期存款利息支付等）的重大影响。图 7.9 凸显了这种情况，这表明，在撒切尔执政的几年时间里，货币基础增长与未来通货膨胀保持

着非常好的关系（这种关系一直持续到 1992 年，这一年开始设
定新的通货膨胀目标）。

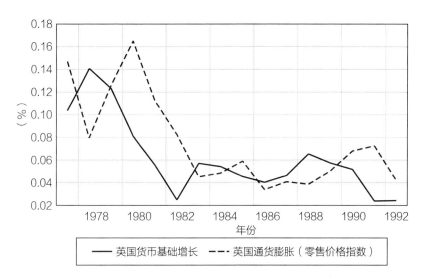

图 7.9 1978－1992 年英国通货膨胀和货币基础增长

1985 年,《新帕尔格雷夫经济学词典》(*The New PalGrave A Dictionary of Economics*) 正在筹备中，编辑们正在挑选话题并邀请撰稿人。由于英国关于货币基础控制的辩论是最近发生的事件，编辑们意识到货币经济学家在这一替代控制系统上存在分歧，于是决定通过委托两个词典条目的编撰工作来弥补这些分歧：一个是古德哈特负责的"货币基础"条目，主要是对货币基础控制的批评；另一个是由布鲁纳负责的"强力货币与货币基础"条目。这两个条目均出现在公开出版发行的《新帕尔格雷夫经济学词典》中。布鲁纳的条目主要是阐述性的。然而，他在开场白中表示，货币基础"在任何确定国家货币存量决定因素的分析中都是一个重要术语"，这暗示了他 25 年来对英国货币供应分

析的不满。他为该词典编撰的另一个条目——"货币供应"——更直接地参与了关于货币基础控制的辩论。在本条目中，布鲁纳指出，1985 年年底美国的统计证据表明了旨在控制货币总量的货币基础控制系统的可行性："控制程度对于货币管理的所有实际目的来说都是足够的。"

布鲁纳的"货币供应"条目还指出，如果一个国家不浮动汇率，其设定货币基础的特权就会受到限制："即使是一个更大的国家，固定汇率制度最终也对其形成制约。"这一现象的另一个现实例子甚至出现在《新帕尔格雷夫经济学词典》出版发行的时候。1987 年和 1988 年，汇率的稳定应该与货币基础增长回升至高于其目标范围相关，这加剧了英国当局的担忧。尽管撒切尔政府长期承诺将名义收入增长率稳定降至与长期价格稳定一致的水平，但扩张性货币条件与名义收入增长速度加快有关。较高的名义收入增长最初主要与更快的实际 GDP 增长相关（见图 7.9），但在 20 世纪 80 年代后期，通货膨胀率明显更高。

1986 年 11 月 5 日，布鲁纳时年 70 岁，他在伦敦城市大学举办了一年一度的桑顿讲座。1987 年 2—3 月，他对讲座内容进行了修改，题名为"宏观经济学的灾难"。该讲座最终收录在一本桑顿讲座集中，于 1989 年 1 月出版。布鲁纳的讲座主要关注美国宏观经济学的最新发展，但他在文章中加入了一部分关于他的老对手"激进凯恩斯主义者"的内容——"拉德克利夫式"立场的拥护者们对货币政策的有效性表示强烈反对。布鲁纳指出，这一立场"通常为英国经济学家持有"。他还补充说，这些经济学家大多是他那一代的人，英国很少有年轻的经济学家坚持拉德克利夫式的立场。事实上，在布鲁纳撰写这份讲座的那段时间里，参与凯恩斯主义者与货币主义者之间相安无事辩论的几个人物正在逐渐淡出这个舞台。哈罗德爵士于 1978 年去世，而罗宾逊于 1983 年离世。布鲁纳发表演讲时，卡尔多也已于 1986 年 9 月逝世。1989 年布鲁纳的著作出版几周后，赛耶斯于 1989 年 2 月去世，希克斯爵士于 1989 年 5 月 20 日过世，而布鲁纳本人在 11 天前的 1989 年 5 月 9 日辞世。

布鲁纳对英国现代货币分析的影响

布鲁纳的研究成果在英国已经获得了重生，官方在量化宽松时代使用的货币分析中就有其印记。特别是，政策制定者借鉴了布鲁纳和梅尔泽对传导机制的多重资产观点，即在短期利率已达到其下限且相关政策行动不会影响短期利率的预期未来路径的情况下，也允许货币政策行动具有刺激性。

布鲁纳和梅尔泽在 1973 年的论文和其他文章中对他们的多重资产模型的阐述通常集中在"债券"和"真实资本"之间的区别上，而不是不同类别的有息证券之间的区别上。这可能会给人造成这样的印象，即他们认为不同类型的金融证券——特别是短期和长期证券——是彼此的完美替代品。这似乎表明，在短期利率为零的情况下，中央银行的公开市场操作（将基础货币转换为债券）本身能够提供刺激的可能性很小，这可能意味着，在这种情况下，有效的货币宽松政策必须涉及中央银行历史上很少采取的行动，例如购买实物资产等。

然而，事实上，布鲁纳相信，即使中央银行购买的只是政府债券，货币政策也可能影响经济的下限。他深信，实际资产与名义资产的区别对于货币传导分析至关重要。然而，他也指出，就那些拥有组织良好的金融市场的国家而言，金融市场的反应为货币政策的传导提供了更为令人满意的指示。此外，他还赞同不同类型的债券并不是彼此完美替代品的观点，尤其是，货币政策影响长期利率的方式之一是通过投资组合平衡效应影响期限溢价。然后，如果短期利率已降至零，则可以通过公开市场购买长期政府债券，对长期利率施加下行压力，刺激经济活动。关于这一政策选择，布鲁纳和梅尔泽 1968 年就已经指出，尽管最初购买的不是公司债券，但购买长期政府债券会降低债券利率，这种降低会（通过套利）影响公司债券利率。1976 年，布鲁纳详细阐述了这一点，他指出，在 20 世纪 30 年代，美联储通过联邦基金市场提供刺激的能力可能已经耗尽，但"所有其他金融市场"都还是可以使用的——因此，这些市场可以用于"将货币刺激传导给经济活动和价格水平"。

可以毫不夸张地说，自 2009 年以来，英格兰银行在大部分时间内采取的量化宽松政策都受到了布鲁纳与梅尔泽的货币著作的影响。事实上，英国的政策制定者不论是通过记录还是通过多种场合都已经非常清楚地表明了这一点。

1997 年，英格兰银行获得全面的独立性，其后便开始对布鲁纳–梅尔泽货币分析产生了兴趣。该银行副行长默文·金（Mervyn King）出席了德国中央银行会议（于 1999 年 3 月 26—27 日举行），会上梅尔泽介绍了布鲁纳–梅尔泽的传导机制。在本次演讲中，梅尔泽强调多重收益率传导机制与理解历史事件的相关性，包括 20 世纪 30 年代初的美国。金在 1999 年 8 月的杰克逊霍尔会议上发表讲话，引用了梅尔泽这方面的论文，对传导过程这一观点进行了进一步的讨论。

2009 年，金担任英格兰银行行长，在政策利率处于下限的情况下，银行开始量化宽松：购买长期证券。在概述量化宽松的基础时，副行长查尔斯·比恩（Charles Bean）引用了布鲁纳和梅尔泽的分析："经典的新凯恩斯主义 / 新古典宏观经济模型中没有资产购买影响经济的机制……资产购买理论——相对资产供应会影响资产价格和回报——依据存在于理论研究的更古老的部分，它可以追溯到托宾、布鲁纳和梅尔泽。"

结语

上述分析关注了近五十年来布鲁纳与英国货币辩论之间的关系——从 1959 年布鲁纳对《拉德克利夫报告》的敌意反映到布鲁纳去世二十年后的 2009 年，这一年英格兰银行推出了量化宽松计划，而该计划的部分灵感就来自布鲁纳的货币分析。

作为主要的货币主义者，布鲁纳在 20 世纪 60 年代和 70 年代曾呼吁英国政府当局从几个方面改变其宏观经济战略方法。他提出了四项关键建议：加大货币政策对总需求的影响、使用货币政策对抗通货膨胀、放弃针对通货膨胀的非货币措施以及使用货币总量作为货币政策的目标和指标。到 20 世纪 80 年代初，英国在政策制定方面发生了巨大的变化，其方式与前三项建议一致。然而，20 世纪 70 年代，英国政策制定者将包括银行存款在内的货币总量作为目标，但事实证明这种做法难以持久，20 世纪 80 年代终被放弃。布鲁纳本人已经对英国的广义货币目标不抱有什么幻想。到 1981 年中期，他建议将货币基础本身作为目标总量。20 世纪 80 年代的大部分时间里，英国当局将货币基础作为指标或目标，这与布鲁纳的建议一致。不过，布鲁纳最终未能说服英国当局采纳货币基础控制系统，而且他们从未放弃将短期利率作为其主要政策工具。

21世纪，量化宽松对短期利率政策进行了大规模补充。布鲁纳曾强调中央银行资产负债表行动与资产价格和经济活动之间的联系，这一观点在当今的英国再次引起人们的关注。

第 八 章

卡尔·布鲁纳和艾伦·梅尔泽：从货币政策到货币历史再到货币规则

——迈克尔·D. 博尔多

引言

布鲁纳和梅尔泽以及弗里德曼、施瓦茨和克拉克·沃伯顿（Clark Warburton）都是货币主义的先驱。20 世纪 60 年代和 70 年代，布鲁纳和梅尔泽基于货币数量理论对货币供应、产出和价格之间的关系进行了开创性研究，向当时盛行的凯恩斯主义正统理论发起了挑战。他们还有效地批评了联邦储备系统的货币政策策略，在 1979 年沃尔克担任主席期间，他们促成了美联储政策制定的巨大变化。他们的研究包括货币理论、货币政策和货币史。

本章我将对他们两人早期的工作关系进行探讨，使用的材料包括 1964 年布鲁纳和梅尔泽为美国国会编写的一份美联储前 50 年自由裁量的逆周期货币政策策略评估报告、梅尔泽于 2003 年和 2010 年出版的两卷巨著《美联储历史》（*A History of the Federal Reserve*）以及他们的货币规则案例。梅尔泽后来书中的许多关键主题都是两人之前在其 300 页的专著中探讨过的。其中包括美联储错误的货币框架在导致货币政策重大失败中的作用，特别是 1929—1933 年的大萧条以及后来的 1965—1983 年的大通货膨胀中的作用。布鲁纳和梅尔泽指责美联储遵循了有缺陷的自由储备学说，而该理论源于20世纪20年代发展起来的伯吉斯-里弗勒（斯特朗）学说。在1964年的专著中，他们认为，一个更好的基于货币基础、货币供应乘数和货币供应的框架应该可以避免许多这样的错误。为了反对美联储的框架，他们对20世纪20年代至60年代的联邦储备政策进行了多次讨论。这些情节后来出现在了梅尔泽的《美联储历史》中。

在1964年的专著中，他们没有确切表明应该采用哪种货币规则，因为他们的任务是对美联储自由裁量的反周期政策进行批判性评估。在后来的著作中，他们基于美联储在执行自由裁量的货币政策时错误使用预测的情况，推出了一些货币规则。梅尔泽遵循着这条研究路线，依据从实体经济中得到的反馈于1987年推出了货币基础规则。此外，梅尔泽后来倡导的泰勒规则也与这条研究路线有关。

布鲁纳和梅尔泽还谈到了他们后期著作中出现的主题，包括信息和不确定性的作用以及永久性和暂时性冲击的区别。他们1964年专著中首次出现的另一个主题是对流动性陷阱概念的批判，而此概念是凯恩斯主义的核心。后来，这项关于流动性陷阱的研究出现在他们的一篇文章中，这篇文章发表在他们自己主办的著名的《政治经济学杂志》上。该研究还被纳入布鲁纳和梅尔泽的马蒂奥利讲座以及梅尔泽关于凯恩斯的著作中。布鲁纳和梅尔泽在他们1964年的专著中没有明确提出货币政策传导机制，但他们收集的反对美联储政策的证据对他们后来在20世纪70年代和80年代对布鲁纳-梅尔泽模型的研究，以及90年代对货币政策信贷渠道的研究都提供了很大的帮助。

布鲁纳和梅尔泽关于美联储货币政策的研究

1964 年，布鲁纳和梅尔泽受美国国会银行和货币委员会主席赖特·帕特曼（Wright Patman）的委托撰写了一份专题报告。在这份冗长的报告中，两位作者对联邦储备系统前 50 年的框架和运作进行了批判性的评价。作者提出了以下问题：（1）美联储政策框架的关键思想是什么？（2）他们的框架如何转化为政策？（3）对照经验测试，美联储的框架成功吗？该研究分为四个部分：美联储政策方法的一般特征、自由储备、货币基础和货币乘数方法以及货币基础与货币供应之间关系的证据。

美联储政策方法的一般特征

在这份专题报告的第一部分，布鲁纳和梅尔泽对其研究结果进行了概述。他们的评估是基于联邦公开市场委员会、联邦储备委员会和联邦储备银行的记录以及他们分发给联邦公开市场委员会成员和储备银行行长的调查问卷展开的。他们阐述了美联储的框架，对其提出了批评，并将其与数据和历史经验进行了对比。然后，他们又依据货币基础和货币乘数将美联储的框架与他们自己的框架做了比较。

这项研究得出的关键结论是，美联储没有有效的货币政策框架，也没有将其货币政策行动与货币供应联系起来的切实可行的分析。由于美联储没有一个合适的框架来说明其政策影响货币供应的方式，因此也就无法制定出好的货币政策。在该报告的后面，两位作者将美联储有缺陷的政策框架归因于其对不同版本政策框架的坚持，而这些版本都源自 20 世纪 20 年代 W.W. 里弗勒（W.W.Riefler）开创的一个版本，之后，20 世纪 30 年代和 40 年

失控的炼金术：货币政策与通胀危机

代 W. 伦道夫·伯吉斯（W.Randolph Burgess）和埃马纽埃尔·A. 戈德韦瑟（Emmanuel A.Goldenweiser）又对其进行了拓展。

布鲁纳和梅尔泽在报告中列出了美联储失败的原因：（1）美联储重视短期因素（后来他们将其称为"短期主义"）；（2）美联储从单个银行而非整个银行系统的角度看待货币过程。

布鲁纳和梅尔泽认为，美联储对短期事件的担忧，使得制定有效框架所需的长期研究无法进行。此外，美联储主要关注短期因素的主要原因是，其不了解货币政策与货币供给之间的关系，也不了解货币供应量与实际收入和价格水平之间的关系。在布鲁纳和梅尔泽撰写该报告的那个时期，美联储通过调整商业银行的储备头寸来影响货币市场。美联储的短期重点是市场的"感觉和语气"以及自由储备水平。他们认为，这导致联邦公开市场委员会向其交易部门经理提出了相互冲突的目标，这反过来又给了经理相当大的自由裁量权。

在美联储看来，银行准备金和联邦基金利率受市场力量的影响，具有很强的随机性。联邦公开市场委员会交易部门经理必须将随机因素与系统因素分开。联邦公开市场委员会使用了"感觉"和"语气"的概念来处理这个问题。"感觉"意味着市场专业人士的一系列线索和行为暗示，这表明他们了解随机和系统因素的相对重要性。"语气"是指联邦储备系统对其总证券持有量的立场。正如布鲁纳和梅尔泽后来所说，关注货币供应会减少"短期主义"所带来的问题。

布鲁纳和梅尔泽对美联储相关操作的第二个批评是，它总是从单个银行家的视角看待其操作。随着系统的运行，成员银行需要通过联邦基金市场借款或进入美联储的贴现窗口来缓和其准备金的波动。每周三结束时，他们都需要达到最低储备，否则就要支付罚款。根据当时的想法，在成员银行向美联储借款的情况下，这样做会对银行系统产生负面影响，而这正是美联储从单个银行视角看待该系统的结果。相比之下，布鲁纳和梅尔泽则认为，借入准备金将增加准备金总量，从而增加整个银行系统的货币供应量，而且美联储对个体银行和银行系统的误解已嵌入自由储备学说之中。

此外，美联储的单个银行视角导致货币和信贷之间出现混乱。对于单个银行来说，信贷的增加会导致货币供应的增加；然而，这并不适用于整个银行系统。对货币和银行信贷的冲击会以不同的速度发生变化。如果银行体系的存款准备金率上升，那么货币和银行信贷的增长率就会出现分歧（背离）。

本节最后讨论了几个重要的历史事件，当时（1936—1937年、1949年、1952—1954年）美联储遵循其有缺陷的框架而犯了重大的政策错误，这些事件在后面的章节中有详细的阐述。

布鲁纳和梅尔泽在其报告的这一部分提出的许多主题在梅尔泽的《美联储历史》以及他们合著的其他著作中也都再次出现过。

自由储备

布鲁纳和梅尔泽对指导美联储从后协议时代到 20 世纪 70 年代政策制定的自由储备理论进行了批判性评价。他们将净自由准备金（NFR）定义为超额准备金减去成员银行借款。布鲁纳和梅尔泽首先阐述了自由储备学说是如何从 20 世纪 20 年代发展起来的伯吉斯-里弗勒学说演变而来的。根据伯吉斯-里弗勒学说，成员银行借款不是为了盈利，而是为了需要——也就是说，他们并没有将贴现率与公开市场利率进行比较之后才决定是否进入贴现窗口，而是仅在储备不足时才转向贴现窗口。

根据伯吉斯-里弗勒学说，成员银行低借款和低利率是货币宽松的标志，而成员银行高借款及高利率则是货币紧缩的迹象。此外，根据这一学说，美联储应该利用其公开市场操作来影响成员银行借款。公开市场购买将促使成员银行偿还贷款，从而导致政府出台宽松的货币政策以及降低利率。公开市场出售将增加成员银行的借贷，减少货币供应，并提高利率。

布鲁纳和梅尔泽以及维洛克（Wheelock）论证了人们在 20 世纪 20 年代和 30 年代对伯吉斯-里弗勒（斯特朗）学说的追求是如何导致美联储犯下重大政策错误，并导致了大萧条的。在 20 世纪 20 年代的经济衰退中，成员银行借款和短期利率按照伯吉斯-里弗勒学说执行，但在 1930—1933 年，他们没有这样做。成员银行低借款和低利率反映了经济活动的崩溃和通货紧缩预期。

到了 20 世纪 30 年代，成员银行持有大量超额准备金，成员银行借款却微不足道。大量超额准备金和低借贷——高自由储备——让美联储看到货币条件过于宽松，从而无法实施正常的稳定政策。这些主要状况与 20 世纪 20 年代使用伯吉斯-里弗勒学说时的状况不一样，当时是将成员银行借贷水平作为衡量货币状况的关键指标。这就是戈德韦瑟在 1936 年和 1937 年将准备金率提高一倍的理由。他认为，为了使货币政策有效，成员银行必须借款。戈德韦瑟和其他美联储官员还认为，超额准备金代表了流动性过剩，如果不被更高的准备金率所吸收，将重新引发 20 世纪 20 年代那样的资产繁荣。20 世纪 50 年代，伯吉斯-里弗勒学说进行了修改，将超额准备金和成员银行借款纳入其中。

　　布鲁纳和梅尔泽查阅了 20 世纪 50 年代以来公开发表的记录发现，联邦公开市场委员会一直将自由储备作为一个指标和货币政策目标。他们认为，这样使用自由储备具有误导性，而且由于美联储遵循伯吉斯–里弗勒学说，因此没有一个连贯的货币政策运作理论。为了证明这一点，他们首先对 1946—1962 年的相关政策行动记录进行了总结，使用 +1 到 –1 的范围来反映货币宽松和紧缩的程度。然后他们展示了美联储采取的政策行动：公开市场操作、准备金要求的变化以及贴现率的变化。接下来，他们计算了自由储备的移动平均值，以显示已宣布的政策行动与自由储备水平之间的联系。他们还研究了政策行动的时机及其对自由储备的影响。研究表明，政策行动通常发生在国家经济研究局决定的转折点附近。他们对 1953—1962 年每一个商业周期的详细研究表明，在大多数情况下，自由储备在转折点和采取政策行动之前上升（尽管有时仍为负值）。布鲁纳和梅尔泽通过实证分析认为，美联储将自由储备用作指标并不比将货币基础用作指标好。

　　布鲁纳和梅尔泽称，根据自由储备行为，联邦公开市场委员会交易部门经理被赋予了相当大的行动自由裁量权。正如他们指出的那样，问题在于，几乎没有证据表明自由储备与货币供应量或银行信贷相关——这些都是对影响价格和产出的货币政策至关重要的变量。他们的这个论点是基于詹姆斯·梅格斯（James Meigs）的一项研究以及他们自己的计算得出的。梅格斯将期望自由储备和实际自由储备进行了区分。在他的模型中，商业银行对自由储备的需求取决于市场状况，尤其是利率。此外，实际准备金与预期准备金的调整会导致货币供应量的变化。

布鲁纳和梅尔泽以及梅格斯的实证分析表明，自由储备对活期存款的月度变化有负面影响。自由准备金与活期存款的比率越高，存款的百分比变化就越低，利率和公开市场操作保持不变。根据他们的说法，这个观点是有强大证据支撑的，证据就是他们的发现与美联储将自由储备解释为宽松和抑制的指标完全相悖。而梅格斯的分析结果则与伯吉斯–里弗勒的观点相反。他发现，无论是通过借入还是非借入准备金的运作，公开市场操作对活期存款的增长都会产生同样的影响。布鲁纳和梅尔泽计算了自由储备、国库券收益率、货币供应 M1 和银行信贷之间的决定系数。他们发现，与自由储备和 M1 的变化相比，自由储备和利率变化之间的相关性更大。他们还发现自由储备变化与 M1 或银行信贷变化的相关性很小。

根据他们自己以及梅格斯的分析，布鲁纳和梅尔泽指出，必须放弃将自由储备作为货币形势指标和货币政策目标的做法。

布鲁纳和梅尔泽的货币机制替代方法

在提交给美国众议院小组委员会的第三份报告中，布鲁纳和梅尔泽阐述了基于货币基础和货币供应量的货币机制的替代方法。他们认为，这种方法比美联储的自由储备方法更能稳定商业周期。

在他们的方法中，货币供应量由三组参与者决定：美联储、非银行公众和商业银行。公开市场操作的货币政策行动、贴现率的变化或准备金要求的变化导致货币基础（定义为货币 + 准备金）的变化。货币基础与货币乘数相互作用，货币乘数反过来又由公众的货币比率、定期存款与活期存款的比率以及商业银行的准备金与存款比率（也称为货币需求、活期存款与定期存款需求以及准备金需求）决定。货币乘数的每个决定因素又取决于经济选择变量，特别是利率。

货币政策行动，如公开市场购买，增加了银行系统的储备，导致相对于银行期望的（为应对潜在准备金不足而持有的）超额准备金的准备金盈余。银行系统利用通过货币乘数运作的投资组合调整机制应对准备金盈余。准备金的增加导致银行贷款的增加，从而增加存款。公众通过货币持有行为分流部分增加的存款。在这个过程中，存款注入持续不断地减少，直至达到平衡，然后货币供应量以货币基础变化的倍数增加。其他货币政策行动也产生了类似的效果。布鲁纳和梅尔泽认为他们的货币乘数过程概念——该过程"取决于准备金率、公众持有货币和定期存款相对于货币财富的边际倾向、银行对存款负债持有超额准备金的边际倾向以及通过代理银行系统进行的银行间存款模式"，优于美联储的货币乘数衡量标准："平均准备金率的倒数……因为它没有将货币外流的操作作为乘数过程的一部分加以考虑"。

布鲁纳和梅尔泽重新整理了美联储的资产负债表，以确定货币基础的用途和来源。用途就是货币和储备，而来源则包括储备银行未偿信贷（储备银行持有的美国政府证券、折扣和预付款以及浮动）、国库现金和货币黄金股。这样的划分使他们能够对美联储运作的历史根源展开分析。在他们对美联储50年历史的研究中，货币黄金股和美联储信贷是变化的主要根源，但在20世纪20年代，折扣窗口发挥了至关重要的作用。

然后，布鲁纳和梅尔泽使用他们的方法对美联储政策行动的历史进行了评估。其中的亮点包括：

（1）美联储的贴现率政策延长了20世纪20年代的商业周期。

（2）和弗里德曼、施瓦茨以及威克尔一样，布鲁纳和梅尔泽将 20 世纪 30 年代的银行业恐慌归因于公开市场操作无法抵消的货币外流。

（3）他们认为，1937—1938 年经济衰退期间货币供应的崩溃是由美联储在 1936—1937 年将准备金率提高一倍造成的。像弗里德曼和施瓦茨以及梅格斯一样，布鲁纳和梅尔泽认为，为了应对 20 世纪 30 年代的银行倒闭，银行应该持有大量超额准备金。当美联储将准备金率提高一倍时，银行的超额准备金就会增加，从而进一步减少了银行贷款和货币供应。

（4）凯恩斯主义的观点认为，过剩储备的增加证明了 20 世纪 30 年代银行储备中存在流动性陷阱，布鲁纳和梅尔泽对此提出了批评。根据这种观点，推行扩张性货币政策就像"推绳子"，因为货币供应量会对国民收入的变化做出充分的内生反应。像弗里德曼和施瓦茨以及卡根一样，布鲁纳和梅尔泽认为，尽管银行系统的储备持有量以及货币乘数是市场利率的函数——它们在实体经济体中是确定的——但经济体对货币供应的反馈效应被政策导致的货币基础外生变化抵消。

（5）他们认为，第二次世界大战期间通货与现金比率的增加与劳动力流动的大幅增加有关。他们还解释了美联储如何在战争期间通过购买新的国债来将政府债务货币化，以及从 20 世纪 30 年代中期到 1951 年协议期间美联储是如何根据自己的框架确定利率的。

（6）布鲁纳和梅尔泽对上一节（布鲁纳和梅尔泽）的分析进行了拓展，将美联储的自由储备货币政策方法与其货币基础和货币乘数方法进行了比较。根据美联储的观点，成员银行借款的增加是通货紧缩，而超额准备金的增加是通货膨胀。在布鲁纳和梅尔泽看来，成员银行借款的增加提高了货币基础、货币供应量和物价水平。

因此，在本章中，梅尔泽在《美联储历史》中描述的许多历史性措施40年前就已经实施过。

货币基础和货币供应

在本节中，布鲁纳和梅尔泽根据1949—1962年的季度数据，通过实证表明，货币基础和自由储备之间的竞争决定了货币供应量的变化。使用决定系数，他们发现货币基础变化与M1变化之间的相关性很高，而自由储备变化与M1变动之间的相关性非常低。

然后，他们将其基础方法与美联储的货币基础方法进行比较，对美联储1946—1961年的政策行动展开分析。他们认为，在包括1949年经济衰退在内的几次事件中，美联储基于对自由储备的关注都采取了错误的行动政策。在每一起事件中，货币基础行动都能够解释实体经济发生的事情，但自由储备却不能。他们对战后四个商业周期中的货币基础行为进行研究表明，在每一起事件中，货币基础收紧后经济就开始下滑。在每一起事件中，美联储关注的指标（联邦储备水平）都升高了。

因此，布鲁纳和梅尔泽提出了他们的观点，即如果美联储遵循基于货币基础、货币乘数和货币供应量的方法，它在逆周期货币政策方面的表现可能会更好。美联储记录如此糟糕的关键原因是，它遵循了一个有缺陷的框架。

布鲁纳和梅尔泽关于规则与自由裁量权

自19世纪初以来，关于货币政策规则与自由裁量权的争论

失控的炼金术：货币政策与通胀危机

一直十分激烈。长期以来，布鲁纳、梅尔泽、弗里德曼、施瓦茨以及其他货币主义者一直在倡导货币规则。布鲁纳和梅尔泽在他们 1964 年的专著中没有直接讨论这个问题，因为此书的主要任务是评估美联储的逆周期货币政策。布鲁纳和梅尔泽主张将货币基础和货币供应量作为一个框架，从而产生更好的政策结果。然而，他们并没有像在随后的几十年里那样直接支持货币规则。他们提出的有关美联储前五十年表现糟糕的证据与弗里德曼在 1960 年出版的《货币稳定计划》（*A Program for Monetary Stability*）一书中首次提出的货币供应规则恒定增长率形成了呼应，并且对其进行了补充。

20 世纪 70 年代和 80 年代，布鲁纳和梅尔泽以及成立于 1973 年的影子公开市场委员会的其他成员主张奉行基于规则的货币政策。他们认为，只有货币当局充分了解经济的决定因素和随机结构，自由裁量政策才能成功。正如布鲁纳所说，"一个持续的货币增长机制（是）……在信息不确定和不断变化的状态下最好的风险最小化策略"。

影子公开市场委员会制定了根据经济增长规模或速度的永久性变化调整货币基础稳定增长率的政策规则。影子公开市场委员会的规则还认为，将货币基础增长率调整到其稳定目标应该是渐进的，并且应该对外公布。

后来，到 20 世纪 80 年代，布鲁纳和梅尔泽基于信息不确定性及其解释，对自由裁量货币政策提出了新的批评。他们认为，自由裁量政策所依据的宏观变量的预测是不可靠的，并且会出现较大的预测误差，而这些误差事关对经济造成打击的不可预测的随机冲击，其中包括技术冲击以及意外的政策行动。政策不确定性可能包括将暂时性变化误认为永久性变化、将名义冲击误解为真实冲击，以及基于不可靠预测做出的决策。

在 20 世纪 80 年代发表的几篇文章中，布鲁纳和梅尔泽在马蒂奥利讲座中对其进行了概括，他们比较了各国基于规则和自由裁量制度的通货膨胀和产出增长预测误差。他们对 20 世纪 70 年代和 80 年代的国家和事件进行了区分，其中一些货币当局专注于货币增长目标，而另一些则没有。他们还区分了固定汇率和浮动汇率事件。他们采用的方法是可以区分永久性和暂时性冲击的多状态卡尔曼滤波。他们发现，遵循浮动汇率制度和货币目标的国家比使用固定汇率的国家出现的预测错误（在暂时性部分）要少。

1987 年，梅尔泽根据实体经济的反馈制定了自己的适应性货币基础规则。根据该规则，货币基础的增长将实现价格稳定，方法是假设基础增长等于输出增长的移动平均值和基础速度增长的移动均值之间的差。

20 世纪 90 年代，中央银行和经济学界从货币总量规则转向利率规则，特别是泰勒规则。在他的最后一篇论文中，梅尔泽强烈推荐以基于泰勒规则为基础的政策。

梅尔泽与美联储历史

简介

在与布鲁纳一起出版了那份专题报告 40 年之后，梅尔泽在其两卷本巨著《美联储历史》中对报告中的许多主题进行了回顾。这本书是关于美联储的传记，是把美联储当作一个机构来写的，讲述的是由其领导人所做的决策，而不是像弗里德曼和施瓦茨曾经写过的那样的货币史。梅尔泽的分析方法远不止既定货币理论原则，它还包括政治经济学的原则，尤其是政府（行政部门、财政部和国会）与美联储之间的复杂互动。为了理解这本书和对有缺陷的理论（以及对中央银行独立性的政治冲击）的强调，除了阅读布鲁纳和梅尔泽的著作之外，有必要阅读本书的第一卷第二章，因为它提供了亨利·桑顿（Henry Thornton）、白芝浩和欧文·费舍尔（Irving Fisher）所信奉的古典货币主义的完整历史。这些经济学家介绍了货币经济学的基本原理，特别是中央银行政策与固定和浮动利率下的宏观经济（价格、产出和汇率）之间的关系、自由裁量权规则的案例、最后贷款人的规则以及名义利率和实际利率之间的区别。这些基本原则是决定美联储失败和成功的核心要素。梅尔泽认为，假如美联储遵循了经典货币理论（及其现代分支），它也许能够避免之前发生的三次重大失败：1929—1933 年的大衰退、1965—1982 年的大通货膨胀以及2007—2008 年的全球金融危机。此外，美联储的两大胜利（沃尔克 1979—1982 年成功的反通货膨胀以及 1985—2001 年的"大稳健"）则是执行稳健货币政策的结果。我现在给大家提供一个简洁而具有高度选择性的《美联储历史》导读。

卷一：1913—1951 年

联邦储备系统成立于 1913 年，是一个以真实票据原则和金本位为基础的独立的中央银行。其货币政策的执行与第一次世界大战前的英格兰银行一样，美联储被动地以贴现率重新贴现合格的商业票据。联邦储备系统是东北金融中心（东北金融中心希望建立一个欧洲式的中央银行）和全国其他地区（这些地区希望建立致力于满足地区信贷需求的地方储备银行）利益之间妥协的结果。然而第一次世界大战彻底改变了市场环境。大多数国家暂停了金本位制，美联储失去了作为财政部金融家的独立性，以优惠利率为购买美国国债提供资金。这成为通货膨胀的引擎。第一次世界大战之后，美联储遵循英格兰银行的做法提高贴现率，以遏制通货膨胀的大幅上升。1920—1921 年的严重经济衰退在政治上引起了激烈的反对，致使美联储不得不寻求一种基于公开市场操作的新货币控制形式。

1923 年，美联储第十次年度报告提出了货币政策的新方法。在布鲁纳和梅尔泽之后，梅尔泽解释了伯吉斯–里弗勒学说是如何成为随后几年严重政策错误的根源。如上所述，伯吉斯–里弗勒学说的前提是，成员银行不愿转向贴现窗口，而当美联储想要收紧政策时，就使用公开市场销售迫使他们进入贴现窗口，就像1928—1929 年打击股市投机时做的那样。相比之下，在 1924 年和 1927 年，美联储利用公开市场购买来对抗衰退，方法是向银行提供用来偿还贴现贷款的准备金。

衡量经济状况的两个指标是纽约和芝加哥这两个主要储备城市的成员银行借贷水平，以及短期名义利率水平。梅尔泽对这种方法持批评态度，因为该方法基于这样的假设，即银行没有考虑名义利率和实际利率之间的差异，只在需要时才借款，而其借款并不是为了盈利。

第一卷从伯吉斯–里弗勒学说的视角对美联储的政策行动进行了分析。梅尔泽认为，这个理论在 20 世纪 20 年代的两次小衰退中确实有效，但在 1930—1933 年之间却惨遭失败，因为这两个指标提供了误导信号，美联储将这两个指标的信号理解为货币状况宽松，没有必要或不希望进一步放松政策。由于经济低迷，

失控的炼金术：货币政策与通胀危机

所以名义利率较低，会员银行借贷水平较低，这反映了通货紧缩的预期。梅尔泽还指责美联储在 1929 年首先利用紧缩的货币政策制造了经济萧条，打破了 20 世纪 20 年代华尔街的繁荣。这是基于真实的账单，因为资产价格通货膨胀最终会导致普遍通货膨胀和通货紧缩。

第一卷的一个关键特征是，与弗里德曼和施瓦茨不同，梅尔泽并没有将美联储未能阻止银行业的恐慌归咎于其治理结构的深层次缺陷（储备银行和董事会之间的斗争），也没有归咎于本杰明·斯特朗（Benjamin Strong）。斯特朗担任美联储主席一直到 1928 年，其去世后的继任者无一人能够与他相提并论。梅尔泽认为斯特朗也遵循伯吉斯-里弗勒学说，也会犯下与其他官员相同的错误。因此，对于梅尔泽来说，正如布鲁纳和梅尔泽认为的那样，糟糕的学说是美联储第一次灾难性政策失败的关键原因。

20 世纪 30 年代中期，1933 年和 1935 年《银行法》的重大改革在法律上赋予美联储委员会更多的权力和独立性，但事实上，美联储屈从于美国财政部，并遵循债券支持政策，保持低利率，以帮助财政部为赤字融资。梅尔泽还将 1933 年大萧条结束后发生的再次通货膨胀完全归因于 1934 年财政部扩张性黄金购买政策和美元贬值政策。美联储唯一一次采取严肃的政策行动是在 1936—1937 年。当时，美联储遵循伯吉斯-里弗勒学说，将成员银行的准备金率提高了一倍，以消除累积的过剩储备。这一做法导致了 1937—1938 年的严重衰退。在这一点上，梅尔泽的看法与布鲁纳和梅尔泽 1964 年在美联储报告中的看法高度一致。

后来，美国财政部取消了对黄金流入的冲销措施（最初于 1936 年实施，以防止超额储备的积累），这有助于美国经济的复苏。第二次世界大战期间，美联储效仿财政部的做法，将利率与债券价格挂钩，像在第一次世界大战期间那样充当通货膨胀引擎。第二次世界大战结束之后，在财政部的控制下利率挂钩制度继续存在。梅尔泽精彩地记录了那场始于 20 世纪 40 年代末的战争，这场战争发生在美联储、财政部和政府之间，旨在结束利率挂钩、恢复美联储的独立性。1951 年 2 月，按照《联邦储备财政协议》，美联储恢复了对货币政策的控制，而《美联储历史》第一卷也就此结束。

卷二：1951—1986 年

第二卷以 1951 年威廉·麦克切斯尼·马丁（William McChesney Martin）成为美联储主席以及该系统恢复积极的货币政策开篇。梅尔泽记录了美联储重获独立之后对货币市场指标和伯吉斯-里弗勒学说的一个变体，即净自由储备目标的关注。正如他和布鲁纳在 1964 年的专著中所指出的，新自由储备理论导致美联储在 20 世纪 50 年代和 60 年代政策制定中犯下了严重的错误。

梅尔泽毫不留情地批评马丁对货币经济学的理解有限（尤其是他对航海术语的使用，例如"逆风而行"），因为根据他对美联储独立性（政府内部的独立性）的认知，货币政策应该服从于财政政策，而且他后来未能阻止董事会接受菲利普斯曲线和凯恩斯主义。梅尔泽不同意克里斯蒂娜·罗默（Christina Romer）和大卫·罗默（David Romer）的观点，他们认为美联储在 20 世纪 50 年代取得了巨大的成功。他认为，当时美国宏观经济表现出色的唯一原因是艾森豪威尔政府和后来的早期凯恩斯主义政府在财政上相对保守，相信预算平衡，相信遵守布雷顿森林体系黄金约束的重要性以及价格稳定的重要性。假如之前出现了巨额财政赤字，他相信马丁也已经将它们解决掉了。

　　梅尔泽随后记录了 1965 年在马丁领导下大通货膨胀爆发的始末。他着重描述了凯恩斯主义观点在肯尼迪政府 1962 年的经济顾问委员会以及随后在美联储工作人员和联邦公开市场委员会中的主导地位，还强调了他们对财政政策优于货币政策、使用精细的非稳定化政策以及在通货膨胀和失业之间采用菲利普斯曲线权衡的执念。萨缪尔森（Samuelson）和索洛 1960 年撰写了一篇颇具影响力的关于菲利普斯曲线的文章，美联储接受了文中表达的观点，即降低通货膨胀的好处超过了提高通货膨胀的代价。这意味着，在 20 世纪 50 年代至 60 年代，美联储将其政策反应函数的通货膨胀和实际增长权重从价格稳定转向增长。当林登·贝恩斯·约翰逊（Lyndon Baines Johnson）于 1963 年就任总统时，政府转向了扩张性财政政策，为迅速发展的国内项目和越南战争提供资金支持。

　　马丁领导的美联储通过使用"流动性对冲策略"（"平稳"政策）为财政部提供了便利，面对初期的通货膨胀压力，由于担心阻碍政府的计划，而迟迟不愿意提高利率。这为大通货膨胀奠定了基础。

　　这两卷的另一个主题，尤其是第二卷的主题是国际经济。布雷顿森林体系是 1945—1973 年的国际货币体制，而本书讨论了国际收支和美国黄金储备水平对美联储决策的影响。1958 年 12 月，在西欧国家宣布经常账户可兑换之后，美国货币黄金库存的下降尤其令人担忧。在 1960 年 10 月黄金价格（基于对肯尼迪当选后会采取扩张性财政政策的担忧）飙升之后，肯尼迪政府和美联储开始采取保护黄金的政策。这一时期美联储的主要政策是，

第二部分

对货币政策辩论的影响

与其他中央银行建立互换额度以及扭转操作。20 世纪 60 年代初，联邦公开市场委员会在进行政策审议时，有时会将国际收支和黄金储备作为其国内政策制定的影响因素。黄金和美元也为一些美联储官员维持价格稳定提供了理由。然而，1965 年后，美联储的政策越来越多地被国内事件所主导。这是导致大通货膨胀的另一个因素。

1970 年，亚瑟·伯恩斯（Arthur Burns）接替马丁担任美联储主席。梅尔泽特别针对其政策进行了批评，部分原因是他认为伯恩斯作为一位备受尊敬的经济学家，对这些政策应该更加清晰明了。梅尔泽对彭斯担心随之产生的经济衰退所造成的政治后果，而越来越不愿意收紧货币政策以遏制通货膨胀和通货膨胀预期上升的情况进行了描述。彭斯还屈从于尼克松和卡特总统的政治野心。伯恩斯也认同非货币力量（特别是油价冲击和工会权力）的重要性，他在 20 世纪 70 年代美国实行工资价格控制方面发挥了重要作用，而这导致了灾难性的后果。伯恩斯应对 1973 年的油价冲击不利，进一步加剧了通货膨胀。梅尔泽批评伯恩斯没有认识到名义利率和实际利率之间的重要区别。美联储认为，名义利率上升是货币紧缩的证据，而事实上名义利率只是反映了通货膨胀上升的预期。

1978 年 3 月，卡特总统用 G. 威廉·米勒（G. William Miller）取代彭斯，但他的表现比伯恩斯还要糟糕，在任仅一年多。到 1978 年，美国已处于重大的经济危机之中：通货膨胀率上升至两位数、失业率也随之飙升、美元正在崩溃、金融不稳定加剧，这是不断上升的通货膨胀与金融控制之间相互作用的结果。梅尔泽认为，这是美联储犯下灾难性政策错误的结果，与 1929—

1933 年的大萧条相当。

1979 年夏天，卡特总统任命沃尔克为美联储主席，其任务是消除通货膨胀和通货膨胀预期。梅尔泽对卡特的这个决定表示赞扬。1979 年 10 月，沃尔克开始了他的反通货膨胀行动，而他首先做的就是对政策制度进行重大调整，美联储决定不再使用利率而是使用货币总量（非债务准备金）作为其政策工具。沃尔克遵循稳健的货币原则并成功结束了大通货膨胀，梅尔泽因此给予其最高的评价。这是一个令人倍感痛苦的过程，其中经历了两次经济衰退和一次失业率上升，上升幅度超过了 10%。1980 年卡特实施的信贷管制阻碍了低通货膨胀信誉的恢复。除了赞扬沃尔克精明的指导，梅尔泽还对里根政府给予沃尔克的支持表示赞扬，这与 20 世纪 60 年代和 70 年代的政治干预形成了鲜明对比。20 世纪 80 年代中期恢复了低通货膨胀，格林斯潘接替沃尔克担任美联储主席，第二卷就此结束。

在 2010 年撰写的一篇后记中，梅尔泽记述了 1986—2010 年的情况。他对格林斯潘主席的"大稳健"给予了很高的评价——这是一个通货膨胀率低而稳定、经济增长高而稳定的时期——他遵循基于规则的货币政策，维持低通货膨胀的可信度。

梅尔泽批评了美联储自 2001 年以来的行动，批评将其政策利率保持在远低于泰勒规则利率的水平，以防止美国出现日本式通货紧缩，从而推动房地产繁荣，进而导致 2007—2008 年的全球金融危机。梅尔泽认为全球金融危机相当于之前美联储在 20 世纪的两次重大政策失误。他对时任美联储主席伯南克领导下的美联储处理金融危机的方式进行了批评：违反白芝浩的规定、2008 年 3 月前后不一的贝尔斯登救助行动以及让雷曼兄弟在 9

月份破产；遵循威胁其独立性的信贷政策；随着 2008 年年末量化宽松政策和前瞻性指导的实施，转向自由裁量政策。

结语

布鲁纳和梅尔泽的职业生涯漫长而辉煌。他们在货币经济学方面的研究成果对经济学界和世界各地的政策制定产生了巨大影响。布鲁纳和梅尔泽，以及弗里德曼和施瓦茨，都站在货币主义反革命的前沿，反对 20 世纪 50 至 70 年代盛行的凯恩斯主义正统理论，他们推动美联储、德国联邦银行、瑞士国家银行、英格兰银行和其他中央银行采取致力于价格稳定的基于规则的货币政策。布鲁纳和梅尔泽 1964 年的专著对美联储前 50 年的运作进行了评价，成为货币主义者反对美联储自由裁量稳定政策案例的一个重要组成部分。

他们 1964 年的专著补充了弗里德曼及其学生和合著者（施瓦茨、卡根、梅塞尔曼、梅格斯等人）的研究成果。该专著还补充和加强了弗里德曼关于逆周期货币政策风险的理论案例，以及弗里德曼和施瓦茨的《美国货币史》和《货币与商业周期》中的历史和经验证据。显而易见，布鲁纳和梅尔泽关注处于美联储失败核心的有缺陷的联邦储备理论以及他们的历史和经验证据，这些证据为他们反对美联储的做法提供了支持，同时确认了他们自己基于货币基础、货币乘数和货币供应量的货币政策框架。

布鲁纳和梅尔泽 1964 年的专著是他们后来许多著作的基石（其中大部分我在本章中没有讨论），包括布鲁纳和梅尔泽传导机制模型以及关于货币起源、不确定性、货币规则、货币需求和供给函数以及他们对凯恩斯主义经济学的分析的著作。

失控的炼金术：货币政策与通胀危机

本章强调的主要是梅尔泽在布鲁纳去世后撰写的两卷本《美联储历史》，这本广受好评的书已成为该机构的权威传记。正如我先前指出的那样，《美联储历史》第一卷中出现的许多情节和证据都源自布鲁纳和梅尔泽 1964 年的那本专著。

为什么美联储在其重大失败中表现得如此糟糕，而又在其成功中表现得如此出色？梅尔泽在《美联储历史》中给出了两个关键原因：（1）健全的货币主义学说和理论，（2）政治压力（不受制于政府的独立性丧失）。第一个原因主导了大萧条，而导致大通货膨胀的却是这两个原因。他认为，这两个因素还存在于全球金融危机中。布鲁纳和梅尔泽撰写他们专著的时间是 1964 年，就在大通货膨胀发生之前。他们对美联储前 50 年的批评强调了第一个原因，梅尔泽在《美联储历史》第一卷中继续了这一批评。

梅尔泽为成功的中央银行政策开出的关键药方是，遵循基于规则的货币政策、遵循基于规则的最后贷款人政策、着眼于中长期以及避免短期主义和微调。这些是桑顿、白芝浩和费希尔提出的原则，而梅尔泽在《美联储历史》第一卷第二章中也对此进行了强调。其中许多还出现在布鲁纳和梅尔泽 1964 年合作的专著中。布鲁纳和梅尔泽的视野跨越了 50 余年的时间，而其大量的作品都延续了他们最初的构想。

第九章

卡尔·布鲁纳与康斯坦茨研讨会

——尤尔根·冯·哈根

引言

我第一次参加康斯坦茨货币理论与政策研讨会是在 1982 年 6 月。会议在康斯坦茨城外大约 10 千米的赖歇瑙岛上勒辛那豪斯酒店的会议室举行。会议室是一个长方形的房间，桌子呈 U 形摆放。布鲁纳总是坐在左前方，手里拿着一份参会人员名单，引导大家参与讨论。会议组织负责人诺伊曼坐在他的旁边。他在会议前向我保证（并警告），在讨论中一言不发的人，不管是谁，今后都不会再被邀请。房间的前面有一块大黑板，演讲者和讨论者用粉笔在上面画图表并写下关键陈述。20 世纪 80 年代末，开始使用投影仪和幻灯片。房间的前面还立着一面"旗帜"：一面装饰着绿色、蓝色、红色、金色和黑色条纹的大旗，其顶部为深红色，上面写着黑色的 MV=PY。这是酒店经理雷斯特纳先生赠送的礼物，他非常喜欢布鲁纳和参会的经济学家，不过，除了这个方程式之外，他对经济学一无所知。

当时我是诺伊曼的博士生。考虑到他的警告，我便在讨论过程中适时举手并发表评论。听了我的发言，布鲁纳的回应是，我的思想被误导了。会议结束后，他跟我讲，不要因他的话而感到沮丧——即使有可能被批评，但积极参与学术讨论也是好的，也是重要的。作为波恩大学的一名博士生，我已经习惯了这个原则。但对于来自德国、奥地利和瑞士的许多年轻学者来说，相对于他们已经习惯的本国的大学文化来说，这是一个巨大的挑战。我个人觉得康斯坦茨研讨会令人敬畏，对于许多早年参加过、后来又继续参加该研讨会的德国、瑞士和奥地利的年轻学者来说无疑也是如此。与美国和英国著名经济学家的互动令人兴奋，他们的论文都是我备考和做博士研究时必须研读的素材。第一次参加康斯坦茨研讨会时，我们那一组的经济学家（他们的论文我们已经研读过）就有：罗伯特·J.巴罗（Robert J. Barro）、威廉·H.比特尔（Willem H. Buiter）、库克尔曼、亨德森、班纳特·T.麦卡勒姆（Bennet T. McCallum），当然还有布鲁纳和梅尔泽。但我自己和其他年轻参会者心目中的英雄却是阿纳托尔·B.巴尔巴赫（Anatole B. Balbach），他当时是圣路易斯联邦储备银行的研究主管。巴尔巴赫在布鲁纳的指导下，获得了加利福尼亚大学洛杉矶分校的博士学位。他对当前的研究十分了解，对其质量和相关性有很好的判断。但巴尔巴赫最优秀的品质是他的幽默感，他对我们这些年轻人很友好，让我们在如此卓越的学术环境中不会感到紧张。

起源、目的和组织

1969 年，布鲁纳被任命为康斯坦茨大学终身客座教授，该大学成立于 20 世纪 60 年代，致力于培养硕士研究生和博士研究生。布鲁纳立即启动了一个关于货币理论和政策的研究项目，并聘请了几个德国年轻人作为学术助理，其中包括诺伊曼。诺伊曼于 1966 年在马尔堡大学获得博士学位，论文研究的是西德和东德之间的贸易实践。在德意志联邦银行工作了几年之后，他渴望重新从事学术研究。在这方面，他和布鲁纳很像，布鲁纳的职业生涯初期就是在瑞士国家银行度过的。作为布鲁纳的助手，诺伊曼负责组织 1970 年举办的第一届康斯坦茨货币理论与政策研讨会。他在德国中央银行工作过几年时间，与德国中央银行行长保持着良好的关系，所以能够吸引许多德国中央银行的主要经济学家来参加这次研讨会。布鲁纳一定是非常喜欢他的表现，因为即使 1973 年诺伊曼离开康斯坦茨大学到柏林自由大学担任教授之后，他也一直将该会议的组织工作交由他办理。目前尚不清楚布鲁纳和诺伊曼是如何分配工作职责的，也不清楚布鲁纳是否在后来几年中将研讨会的负责工作正式交给了诺伊曼。正如梅尔泽在一次私人通信中写给我的那样："多年来，布鲁纳给出总体方案，绝大部分组织工作都由诺伊曼完成。由于他们有着相似的目标，并且合作得很好，所以据我所知……他们之间没有发生过激烈的冲突。只要对方所做的事情令布鲁纳满意，他就会放手让他们自己去做。"

第一届和第二届康斯坦茨研讨会在康斯坦茨大学校园举行。但在 1972 年，布鲁纳决定将研讨会转移到赖歇瑙岛上举行，因为，除了在布鲁纳的监督下住在酒店之外，参会者在那里几乎没有机会深夜外出狂欢。研讨会在勒辛那豪斯酒店举行，一些参会者住在岛上较小的酒店里。同样在 1972 年，布鲁纳引入会议晚宴，在戈特利本的瓦格豪斯酒店举行，一直持续到现在。戈特利本是斯坦茨湖瑞士一侧的一个历史小镇，从 1973 年起，诺伊曼每次都会雇船将所有参会人员运送到那家酒店去。

康斯坦茨货币理论与政策研讨会（表 9.1，本章表格统一置于本章末的附录表中）是布鲁纳在德国发起的首批倡议中的一个。

返回西欧之后，布鲁纳发现欧洲大陆的宏观经济学和货币经济学的发展状况十分糟糕，这让他倍感震惊。1999 年，布鲁纳的老朋友、前博士生、长期合著者梅尔泽在给我的一次私人通信中写道：

> 布鲁纳于 20 世纪 60 年代末回到欧洲，担任新成立的康斯坦茨大学的教授。有两件事情让他感到特别震惊：第一件是西德存在大量的马克思主义者和新马克思主义者；第二件是美国和德国在经济学研究和教学质量之间的差距。因特拉肯研讨会针对的是第一个问题，康斯坦茨研讨会针对的是第二个问题。总是有一些美国或英国的经济学家在研究前沿积极地工作。后来，科特韦格和波霍夫（Bomhoff）将一个高质量的荷兰元素加入其中。这些努力针对的是年轻人，尤其是那些将成为德国和欧洲其他地区未来经济发展的年轻助手。该会议还有一个主题是政策，总是会有一位主要的政策制定者提出自己的想法，并与学者们进行互动。我们了解了他们看问题的方式，而他们了解了我们分析问题的方式。我们希望找到一些共同点，也希望彼此更加开放。

在《第一届康斯坦茨货币理论与政策研讨会论文集》（*Proceedings of the First Konstanzer Seminar on Monetary Theory and Policy*）的导言中，布鲁纳解释道：

> 会议旨在鼓励欧洲，特别是德国在货币政策和货币分析领域开展实证和分析工作。欧洲的景象在许多方面是美国景象的翻版。将"货币理论"和"货币政策"划分为独立的、互不相关的话语领域的现象，很大程度上在欧洲仍然存在。但不适用于我们环境的理论是无用的，而没有分析作为基础的政策讨论或判断是危险的。生产性认知和可靠的政策都依赖于货币分析的发展，货币分析研究的发展会提供许多建议主张，决策者可以据此做出理

性的决策。

在同一个导言，诺伊曼补充道：

从现在起，康斯坦茨货币理论与政策研讨会每年举行一次，该会议的理念是，德国和其他欧洲国家关于货币理论的辩论应该摆脱其狭隘的国内视角。事实证明，欧洲的研究长期以来只关注国际上的研究新发展，特别是过去 10 年美国研究的发展。其后果是这里——不仅是德语国家——的货币理论研究没有跟上步伐，且经常与国际辩论脱节。一个欧洲货币理论常设论坛，如康斯坦茨货币理论与政策研讨会，有助于消除这种令人不满、最终可能致命的情形。它提供了启动和加强欧美货币理论家和货币政策机构成员之间直接对话的机会，并让德国的研究经受国际批评的考验。

这些声明传达了一种紧迫感，即德国和欧洲大陆的学术和决策文化需要变革，这是布鲁纳、梅尔泽和诺伊曼在筹办康斯坦茨研讨会时的感受。布鲁纳主要打算将其作为一种教育手段，将最先进的货币和宏观经济研究带给德国以及德语区学术界和中央银行界。从一开始，这个意图就反映在这样的事实中，即与其他会议相比，康斯坦茨研讨会更加强调开放的政策研究和思想交流。据我所知，该研讨会是唯一一个这样的会议，在会上，讨论者花更多的时间来评论一篇论文，而不是争相发表论文。与分配给作者和讨论者的时间相比，更多的时间被分配给现场的一般性讨论。在早期的会议上，整个下午两个半小时的会议会被冠名为"在主席进行介绍性调查后，对先前讨论中涉及的要点进行一般性讨论"。有时，会宣布举行一次单独的会议，作为先前讨论的延续，这里指的是先前的一次会议，会议上提出并讨论两份文件。在这些讨论中，布鲁纳鼓励公开而严厉的批评方式，这对德国学者来说是十分陌生的。当时，和许多其他欧洲中央银行一样，德国联邦银行没有设立研究部门。因此，学术界和政策制定者之间以康斯坦茨研讨会的方式公开交换意见也是不同寻常的。

康斯坦茨研讨会的目的就是要改变这种状况。这一意图都反映在会议设置的项目中。研讨会总是以一场非正式聚会开始，与会者在正式会议举行的前夜聚在一起饮酒交流，餐会最初在康斯坦茨大学的学生酒吧举行，后来改在勒辛那豪斯酒店进行。由于从德国和欧洲其他地区乘车到达康斯坦茨需要很长时间，即使在今天，所有与会者都必须在研讨会开始前一晚赶到那里。1970—1974 年，每次研讨会持续三天整，上午和下午各有一场会议。从 1975 年起，第二天下午的会议被取消，部分原因是让与会者有机会观光，部分原因则是让他们有机会进行联合研究。从 1984 年起，第三天下午的会议被取消，目的是让欧洲的参会者当天可以回家。美国的参会人员需要在酒店再住一个晚上，然后搭乘第二天早上的航班返回美国。布鲁纳始终坚持要求所有与会者必须从头至尾参加完整的会议。任何迟到或早退的人都不会被再次邀请参会，除非他有充分的、让布鲁纳信服的理由。从 1976 年开始，研讨会增设专家组会议以讨论当前经济政策问题。专家组成员为学者，最好是货币政策机构的代表。在后来的几年里，中央银行行长和地区联邦储备银行行长应邀作为演讲嘉宾出席会议。布鲁纳鼓励在这些问题上进行激烈的辩论。

将康斯坦茨研讨会与布鲁纳大约在同一时间开始的其他系列会议进行比较是很有意思的：卡内基-罗切斯特公共政策系列会议于 1973 年首次举行，由布鲁纳和梅尔泽联合举办。在 1973 年

第二部分
对货币政策辩论的影响

4 月会议论文集的引言中，布鲁纳和梅尔泽写道：

> 政策不仅取决于理论和证据，还取决于决策机构的结构以及制定、实施和改变政策的程序。该会议旨在将经济学家的注意力引向经济政策和制度安排的重大问题。我们希望，论文和会议将鼓励人们对政策、国家机构的影响以及国际机构对政策选择的影响进行更为深入的研究，卡内基–罗切斯特会议是一个开放的论坛。与会者之所以汇聚于此是因为他们对所讨论的问题感兴趣，并相信分析、证据和有见地的讨论会对公众和机构具有持久的影响。

这两个会议既有相似之处，也有明显的差异。相似之处在于它们都对经济政策感兴趣，坚信学术研究和实际政策制定应该而且能够从思想交流中受益，以及推崇公开辩论。在这一点上，卡内基–罗切斯特会议想要与布鲁金斯会议有所区别。在 1999 年给我的私人通信中，梅尔泽解释道："在我们看来，布鲁金斯会议对这个或那个函数进行了评估，但都没有将他们的工作与经济理论联系起来。在大多数情况下，卡内基–罗切斯特会议都与之相反。此外，布鲁纳总是喜欢就重要的政府报告召开会议，对其进行研讨。"

卡内基–罗切斯特会议的主题范围比康斯坦茨研讨会要广泛得多。它涉及公共政策的所有领域，而康斯坦茨研讨会的主题则局限于货币理论和政策研究。正如梅尔泽在写给我的同一封信中所说，"康斯坦茨会议更像是一家利用案例进行培训的机构。通过观察学习，学会开诚布公地批评，学会接受批评并改进工作，学习设计可证伪的假设等。"卡内基–罗切斯特会议则是由顶级研究人员参加的研究会议。布鲁纳举办康斯坦茨研讨会和卡内基-罗切斯特会议有着不同意图，这一点从论文发表的方式上就能看出来。除了 1970 年的第一次研讨会之外，康斯坦茨研讨会上提交的论文从未以会议文集或者特别期刊的形式发表。相比之下，在卡内基-罗切斯特会议上提交的论文从一开始就得到了发表，首先是在与会议名称相同的一个特别系列中，后来是在布鲁纳 1975 年创办的《货币经济学杂志》上。

布鲁纳和诺伊曼设法找到了一些私营企业赞助商，为康斯坦茨研讨会提供资金支持，这表明了他们的创业精神和创业技能。其中最突出的是德国票据交换银行——德国商业银行和德国储蓄银行。布鲁纳的朋友沃尔夫-迪特·贝克尔（Wolf-Dieter Becker）和格哈德·茨威格（Gerhard Zweig）在提供资金方面发挥了重要作用。两人都不是真正的货币经济学家，但他们都非常欣赏布鲁纳开诚布公的辩论风格及其自由市场取向，这在当时的德国是罕见的。后来，德国联邦银行、瑞士国家银行、荷兰中央银行、奥地利国家银行和国际清算银行也成为研讨会的固定赞助商。一些私人银行也经常捐款。1979 年，诺伊曼创立了康斯坦茨研讨会协会，一个筹集资金的慈善组织。在这个倡议上贝克尔和茨威格再次提供了帮助。几年来，该协会与德国税务当局进行了一场法律斗争，后者并不重视学术辩论的价值，而且认为在康斯坦茨湖畔举办的研讨会只是那些不配获得赞助的学者们演出的一场闹剧。

人员

在本节中，我将介绍布鲁纳积极组织的康斯坦茨研讨会的与会者。其中包括 1989 年的研讨会，因为尽管会议是在他去世后举行的，但当时他可能还是在某种程度上参与了本次会议的组织工作。不幸的是，1970—1989 年，没有完整的参会者记录。我有 1970 年、1977 年、1979 年、1980 年、1982 年和 1984 年的参会者名单（其中 1970 年的名单中只有参会者的姓名，没有工作单位信息）。其他年份的参与者只能从会议项目中进行检索，这些项目倒是一直存在，但很明显这只是个子集。在附录表中，"康斯坦茨年"是指我发现一个人被记录为参与者的第一年。多次参会的人很常见。事实上，布鲁纳和诺伊曼经常会先邀请一个人参会，但并未安排他参加任何会议项目，然后，如果他们对该参与者表示认同，下一年会邀请其参与讨论。最后，这个人将会受邀成为会议论文的作者。

表 9.2 报告了 1970—1988 年参加康斯坦茨研讨会的德国初级学者。这里所说的"初级学者"是指那些尚未进入德国学术机构的人。在德国，一个人的学术生涯相对较长，因此，一个人达到教授地位所需的时间也更长，这是因为他在中等学校学习花了更多的时间，并且作为博士后花了好几年甚至很多年的时间来完成另一篇被称为"*Habilition*"的论文（德语：博士毕业生专为获取教授资格所写的科研论文）。该表显示，康斯坦茨研讨会汇集了 20 世纪 30—50 年代出生的整整一代德国货币经济学家。诺伊曼出生于 1940 年 12 月，29 岁时组织了第一届康斯坦茨研讨会，因此正好处于该年龄组的中间位置。那次研讨会仅有 14 名初级学者来自德国，占 70 名参会者的五分之一。根据我的统计，在过去 20 年里，总共有 42 名初级学者参会。不过，初级学者的人数可能不止这个数字，因为还有很多人没有在会议上发表论文或者参与讨论活动。

表 9.2 还显示了参会者获取博士学位的大学，看得出来他们来自四面八方。因此，没有迹象表明布鲁纳在这方面有什么特别的偏好，他邀请参会者时并不考虑他们属于哪个学术流派，也不考虑他们具有什么样的意识形态取向。参与者获得博士学位的机构也有着不同的学术声誉。

我利用 1986 年和 1990 年德国经济协会成员名录以及互联网上的数据，对参会者的个人历史进行了一些研究，确定了在这些参与者中有哪些人后来获得了教授职位。在 20 世纪 80 年代和 90 年代初，人们普遍认为德国经济学教授会成为德国经济协会的成员，因此这是一个相当可靠的指标。表 9.2 显示，42 名初级学者中有 6 个人的教职记录缺失。在这 6 个人中，亚诺查（Janocha）是一名研究员，依然在基尔世界经济研究所工作。普菲斯特（Pfister）曾在德国经济专家委员会任职，后来跳槽去了一家大型银行。布歇尔（Buscher）在多个经济研究机构工作过。沃泽尔（Wurzel）的工作单位是经济合作与发展组织。也就是说，他们仍然继续着经济学家的职业生涯，并且在经济研究或经济政策领域表现活跃。然而，绝大多数人后来都在德国的大学担任了教授职务。该表还显示了他们在学术声誉和学术质量方面的差异。很显然，布鲁纳希望他邀请的初级学者是严肃而有前途的研究人员，他并不刻意邀请某一位精英。

但康斯坦茨研讨会并不是只针对来自德国的初级学者。表9.3 列出了在康斯坦茨研讨会第一个 10 年中来参加会议的其他欧洲国家的初级学者。来自奥地利和瑞士的参会者尤其多，此外，还有来自法国、英国、比利时、意大利和荷兰的参会者，他们都属于出生于 20 世纪 30 年代后半期或 40 年代前半期的那个群体。

然而，在学术质量方面，布鲁纳似乎对这个群体的（预期的）要求更高，因为我发现这些人后来的职业生涯都十分辉煌。其中一名成员马里奥·蒙蒂（Mario Monti）甚至成了意大利总理；安东尼奥·法齐奥（Antonio Fazio）后来成为意大利银行行长，而托马索·帕多亚·斯基奥帕（Tommaso Padoa Schioppa）和保罗·萨沃纳（Paolo Savona）担任了意大利政府部长。但总的来说，康斯坦茨研讨会的教育意图主要针对的似乎还是德国学者。

我把莱德勒和帕金列为表 9.3 中的"初级学者"纯粹出于年龄原因。事实上，这两位都已经是公认的学者。在参加第一届康斯坦茨研讨会之前，他们已经与布鲁纳认识好几年时间。在审阅本章初稿时，莱德勒向我解释道："像我一样，迈克尔和斯沃博达在 20 世纪 60 年代初中期就发现了（货币主义）的缺陷，并且已经认识到这是我们职业生涯中的一大优势！当然，对我来说，大约从 1964 年开始，布鲁纳一直是对我影响很大的人之一，当时我在伯克利，在加利福尼亚大学洛杉矶分校认识了他，在芝加哥我还认识了我的老师哈里·G. 约翰逊（Harry G. Johnson）——当然还有弗里德曼和施瓦茨！"

布鲁纳非常重视将康斯坦茨研讨会作为一种教育手段，通过对比来自德国的初级学者人数和表 9.4 中的高级学者人数就可以清楚地看出这一点。第一次研讨会只有 5 名高级学者参会，为初级学者的三分之一。仅凭这一点，它在当时的德国就一定是一个引人注目的事件。

在随后的几年时间里，鲜有德国资深学者被列入与会者名单。而真正参加研讨会的资深学者在当时德国都具有很高的学术地位，他们中的大多数人对货币理论和政策持有与布鲁纳截然不同的观点。海因茨·柯尼格（Heinz Koenig）、威廉·克雷尔（Wilhelm Krelle）和鲁道夫·里希特（Rudolf Richter）分别是曼海姆大学、波恩大学和萨尔布吕肯大学的系主任，并为使其系部在德国大学的经济系部中名列前茅做出了重要贡献。克雷尔和柯尼格都致力于大规模凯恩斯宏观经济计量模型的研究；克雷尔还是拉里·克莱因（Larry Klein）LINK 项目的德国合作伙伴，该项目旨在为世界经济建立一个模型。克劳斯·科勒（Claus Koehler）是德国经济专家委员会成员，而 1974—1990 年担任德国联邦银行委员会委员。他认为，货币在宏观经济中相对不那么重要，货币存量不受中央银行的控制，价格稳定可以通过银行流动性而非货币的稳定增长来实现。沃纳·埃尔利彻（Werner Ehrlicher）是德国财政部学术咨询委员会的成员、汉堡大学校长以及德国《信贷与资本市场》（*Kredit und Kapital*）杂志（现为《信贷与金融市场》*Credit and Capital Markets*）创始主编，该杂志出版了康斯坦茨研讨会的第一期会议论文集。诺伯特·克洛滕（Norbert Kloten）是德国经济专家委员会成员，并担任巴登-符腾堡州议会主席。沃尔夫冈·斯图策尔（Wolfgang Stuetzel）也是德国经济专家委员会成员。阿图尔·沃尔（Artur Woll）是锡根大学的创始校长，也是德国最具影响力的经济学教科书的作者之一。彼得·伯恩霍尔兹（Peter Bernholz）是法兰克福大学的货币经济学家和历史学家，后来移居到瑞士的巴塞尔。莱因哈德·波尔（Reinhard Pohl）和布鲁诺·努劳（Bruno Nullau）任职柏林的德国经济研究所，该研究所在当时具有坚定的凯恩斯主义倾向。虽然伊辛出生于 1936 年，但我把他列在高级学者表格中，因为他在 1970 年就已经是埃尔兰根-纽伦堡大学的正教授了。他于

1988 年成为经济专家委员会成员，1990 年成为联邦银行理事会成员；1998 年，他成为欧洲中央银行第一位首席经济学家。这一快速回顾表明，布鲁纳在挑选参会的德国高级学者时同样没有意识形态偏见。在表 9.4 中列出的人员中，只有伯恩霍尔兹、克洛滕和沃尔在 20 世纪 70 年代和 80 年代经常参加康斯坦茨研讨会。

布鲁纳邀请的德国高级经济学家相对较少，这可以从两个方面进行解释。一是布鲁纳可能认为，他的教育意图在这些资深经济学家中难以取得成功。二是他可能邀请了更多的资深学者，但他们却没有参会，因为在德国布鲁纳被视为坚定的货币主义者，而那时凯恩斯主义在德国正如日中天。我没有任何数据来支持或拒绝其中任何一种解释。

表 9.5 显示了 1970—1988 年来自美国的参会者。在这里，我们可以看到参会的初级学者和高级学者的比例相对较为均衡。而在初级学者中不乏后起之秀，比如罗伯特·巴罗（Robert Barro）、鲁迪格·多恩布施（Rudiger Dornbusch）、罗伯特·金（Robert King）、普洛瑟和肯尼斯·辛格尔顿（Kenneth Singleton）。较之德国的参会者，美国的参会者，尤其是初级学者，在研究方面更为领先、更加引人注目。这再次反映了布鲁纳的教育意图。布鲁纳经常邀请来自德国的年轻与会者参与对美国初级学者或者高级学者提交的论文讨论，或者反向操作，迫使双方展开公开的辩论。

表 9.6—表 9.8 列出了来自德国、其他欧洲国家和非欧洲国家的机构参会者，非欧洲国家主要指的是美国。这些表格表明，康斯坦茨研讨会也是一个中央银行家之间进行思想交流和公开研

讨的论坛，这是布鲁纳创办该研讨会的另一个教育意图。康斯坦茨研讨会吸引了大量来自联邦储备系统的经济学家，这可能与布鲁纳和梅尔泽与美联储的密切关系有关。在某种程度上，这可能也是帮助研讨会融资的一种方式，因为机构参与者需要自己支付住宿和旅行费用。这些表格还表明，当时欧洲还不存在一个中央银行家话语共同体，而研讨会为他们创造了一个这样的平台。

该会议的另一个组成部分是 20 世纪 70 年代和 80 年代参会的记者。在参会者名单上，我发现记者们来自不同的报社和杂志社，包括《商业周刊》、《纽约时报》、《法兰克福汇报》（*Frankfurter Allgemeine Zeitung*）、《美国新闻与世界报道》（*US News & World Report*）、《新苏黎世报》和《经济周刊》（*Wirtschaftswoche*）等。

主题和论文

表 9.9 列出了 1970—1989 年康斯坦茨货币理论和政策研讨会上发表的论文主题。我定义了 6 组主题：货币供应和控制、货币政策指标和目标以及中央银行政策的其他方面；理论和实证货币宏观经济模型，以及货币需求模型；国际宏观和金融问题，例如国际收支、资本流动和汇率，但没有特别关注货币政策；开放经济体的货币政策以及货币政策的战略层面；没有特别关注的货币宏观经济模型，如布鲁纳和梅尔泽在第一届康斯坦茨研讨会上提出的"货币主义者综合分析框架"，以及后来没有特别关注的货币政策理性预期宏观模型，以及所有其他内容。当然，就每组的具体主题而言，也存在相当大的异质性。此外，这些论文反映了 20 年来宏观经济学的发展，尤其是理性期望模型的兴起、中

央银行政策的战略层面分析以及中央银行信誉的建模。

　　这张表格给人的第一印象是，布鲁纳和诺伊曼将研讨会重点放在了货币宏观经济学和货币政策上。在总共 190 篇论文中，只有 3 篇被归于其他主题类。关于一般宏观经济学的论文有 9 篇，也相对较少。其中大部分是在 1978—1986 年发表的，当时宏观经济学中出现了理性预期和真实商业周期建模。与货币供应、货币控制和货币政策相关的论文数量最多，共有 61 篇。只有 6 年的时间没有发表关于这些问题的论文。但随着时间的推移，很明显人们将关注的重心从这些主题转向了国际宏观和国际货币政策。在康斯坦茨研讨会的第二个 10 年里，只有 10 篇论文专门讨论了货币政策问题，而国际宏观和金融组有 29 篇，国际货币政策组有 13 篇。相比之下，货币宏观经济学论文的数量更加稳定，前 10 年有 21 篇论文，第二个 10 年有 24 篇论文。

　　由于学院经济学家不重视在学术会议上发表论文，这种情况有助于布鲁纳和诺伊曼吸引一些由美国经济学家撰写的最优秀、最有影响力的论文，提交给参加康斯坦茨研讨会的大多数年轻欧洲经济学家谈论，这大大增加了研讨会的教育价值。弗拉蒂尼和哈根对 1970—1999 年康斯坦茨研讨会上发表的论文质量进行了详细评估。这里，我只是提一下，美国作者在前 20 年发表的一些论文进入了以下美国顶级普通经济学和宏观经济学期刊：《政治经济学杂志》（*Journal of Political Economy*，8 篇）、《美国经济评论》（*American Economic Review*，5 篇）、《计量经济学》（*Econometrica*，1 篇）、《经济学季刊》（*Quarterly Journal of Economics*，1 篇）、《国际经济评论》（*International Economic Review*，1 篇）、《经济文献杂志》（*Journal of Economic Literature*，

1 篇)、《货币经济学杂志》(10 篇)、《金融杂志》(*Journal of Finance*，1 篇)、《货币、信贷和银行杂志》(5 篇)、《国际经济学杂志》(*Journal of International Economics*，2 篇) 和《宏观经济学杂志》(*Journal of Macroeconomics*，1 篇)。这一时期还有一篇论文发表在《经济学杂志》(*Economic Journal*) 上，还有许多论文发表在知名度较低的期刊上。20 世纪 80 年代，德国和其他欧洲作者发表的论文也开始出现在期刊上，而德国作者明显开始从德国期刊转向国际期刊。

布鲁纳的货币主义理念在康斯坦茨研讨会中扮演了什么角色？当时许多德国经济学家怀疑研讨会就是货币主义在欧洲大陆的桥头堡。布鲁纳和梅尔泽在第一次康斯坦茨研讨会上提出了他们称之为聚合框架的货币主义宏观经济模型，并于 1976 年再次提出。在 1978 年康斯坦茨研讨会上，他们提出了一个劳动力市场的部分均衡模型，以替代菲利普斯曲线。该模型是对缺乏劳动力市场成分的综合框架的补充，但其中没有任何货币主义成分。在 1979 年康斯坦茨研讨会上，他们发表了一篇题为《信息结构与最优货币政策》的论文，但我无法检索到它。他们还与库克尔曼一起发表了一篇名为《滞胀、宏观经济和冲击的持久性》的文章，几年后，三位作者又联合发表了一篇名为《货币与经济活动、库存与商业周期》的论文。因此，布鲁纳和梅尔泽的货币主义宏观经济框架在康斯坦茨研讨会上只出现了两次，当然，他们的观点也都隐含在多年来对更为传统的宏观经济模型的许多讨论中。

布鲁纳和梅尔泽在第一届康斯坦茨研讨会上发表的论文部分解释了货币主义者的观点，即货币冲击是宏观经济波动的主要原因，这是一系列分析欧洲和非欧洲国家货币供应过程的论文的基础。这一观点催生了一项建议，即各国中央银行应控制货币供应，并使其保持在与价格稳定相适应的平稳轨道上。康斯坦茨研讨会上发表的一系列论文专门针对如何在实践中做到这一点展开讨论。其中许多论文重点关注的是货币存量控制领域技术方面的问题，以及中央银行应该如何操作才能实现这一目标。

根据布鲁纳的推理，一旦货币存量的可控性得到验证，各国中央银行就需要确定中期（一个月到一年之间的时间范围）的目标，以实现价格稳定，而由于测量滞后和反应滞后，这种做法仅在一两年的时间范围内是可行的。这引发了对货币政策（中期）目标的讨论，也成为这几年在康斯坦茨研讨会上发表的几篇论文的主题，探讨各种货币和信贷总量以及名义国内生产总值作为潜在货币政策目标的可能性。最后，各国中央银行和外部观察人士需要可靠的货币政策立场衡量指标，该指标不受私营部门对中央银行政策的内生反应的影响。这是货币政策策略的指标问题，也是多年来几篇论文的主题。

相较于其他方面，货币主义在这方面对康斯坦茨研讨会的影响更大。1970—1988 年，与此相关的论文经常出现在该研讨会上。个别国家——比如德国和美国——货币供应过程也受到了特别的关注，当然还有英国、法国、意大利、荷兰、挪威、瑞士、澳大利亚和南非等国家。布鲁纳和梅尔泽的方法非常重视各个国家银行系统和信贷市场的制度安排和监管。欧洲大陆的经济学家通常也对制度感兴趣，对制度的兴趣和分析及其在经济中的作用成为康斯坦茨研讨会的典型主题。从这点来看，布鲁纳或许将康斯坦茨研讨会视为激发美国同事对制度感兴趣的一种方式。然而，只有31篇论文讨论过与货币主义这一方面相关的问题。20世纪70年代末，研讨会上不再讨论货币供应过程这个问题。20世纪80年代依然还在讨论的是货币战略的不同方面（即货币控制技术、目标和指标）。

康斯坦茨研讨会是一场货币主义者的狂欢吗？很显然，在最初的几年里，该会议受到了货币主义的强烈影响。然而此后，它力图在货币主义的不同方面与货币宏观经济学以及政策的其他方法之间寻求更多的平衡。布鲁纳显然旨在将康斯坦茨研讨会建设成一个为德国和其他欧洲国家培训年轻学者的机构，在德国和其他欧洲中央银行行长中间建立一个话语共同体，而不是一个货币主义的堡垒。这充分证明了布鲁纳非常愿意与人分享自己的智慧。

然而，与此同时，参与康斯坦茨研讨会的这个群体一致认为，资本主义市场经济是一个内在稳定的系统，不需要政府的持续干预和控制，市场是比国家计划更有效的稀缺资源分配机制。在康斯坦茨研讨会开始举办时，这些都被明确地认定为货币主义者的信念，并遭到了大量德国和其他欧洲经济学家的强烈反对。到目前为止，历史表明货币主义者的信念是正确的，但在今天的欧洲和北美学院经济学界似乎已经不愿给予它们关注。人们无法证明这方面的因果关系，但康斯坦茨研讨会也许对这些信念的传播做出了不那么明显但十分重要的贡献。

对货币政策的影响

从一开始，德国联邦银行和瑞士国家银行就深度参与康斯坦茨研讨会，或者委派代表发表论文、参与论文讨论、参加辩论，或者为会议筹措资金。康斯坦茨研讨会是否影响了这两家机构对货币政策及其行为的思考？这是一个很难回答的问题，因为除了康斯坦茨研讨会之外，布鲁纳、梅尔泽和诺伊曼与这些中央银行都有着密切的关系。

尽管如此，但值得注意的是，20世纪70年代初，两家中央银行对其货币政策概念和行为的解释都发生了转变。在第一届康斯坦茨研讨会上，德国中央银行首席经济学家海因里希·伊姆勒（Heinrich Irmler）发表了一篇论文，解释说该行的货币政策分析和策略是以银行部门的自由流动准备金为中心，银行可以利用准备金创造新的信贷。鉴于固定汇率的限制，该行将最低存款准备金率视为实现其国内政策目标的主要工具，同时也对行政信贷控制表示赞同。然而，该行深信自己无法控制货币供应，认为货币存量是几个重要的指标之一，但最重要还是利率变化。

在第一届康斯坦茨研讨会上发表的另外三篇论文也与德国货币政策有关。尤尔根·西布克（Jürgen Siebke）对德国货币供应过程进行了分析，最后得出的结论是，通过影响货币乘数，就能够实现对货币的控制。曼弗雷德·威姆斯（Manfred Willms）的论文认为，作为货币政策目标，货币存量可能比利率更重要。诺伊曼则表示，货币股具有作为货币指标的有利属性。

1973年年初布雷顿森林体系的崩溃改变了联邦银行的货币政策条件。1973年3月，德国中央银行退出固定汇率机制，在其后的几个月里，该行试图将自由流动准备金保持在接近零的水平，结果，货币市场利率变得非常不稳定，自由流动储备失去了作为货币政策目标的作用。1974年12月，该银行公布了第一个货币目标，该目标是德国联邦银行理事会特定政治妥协的结果。

失控的炼金术：货币政策与通胀危机

在联邦银行内部，货币目标最初被视为一种实验，如果进展不顺利，就可能会被放弃。然而，银行认同中间目标的作用，认为这一目标，即中央银行货币存量，可以以合理的精度进行控制。在 1974 年的康斯坦茨研讨会上，也就是在第一个货币目标公布前大约 6 个月，时任德国中央银行统计部门主管的霍斯特·博克尔曼（Horst Bockelmann）发表了一篇题为《德国货币政策问题》的论文。2018 年 8 月在一次与我的私人通信中，德国中央银行前经济部门负责人赖纳·柯尼格（Reiner Koenig）写道：

> 20 世纪 70 年代和 80 年代，康斯坦茨研讨会对德国的货币政策具有重要意义，尽管它只是作为背景信息以更间接的方式进行影响。当时，关于货币主义的学术争论引起了德意志银行的关注，对促使其改变货币政策取向——摆脱过去对流动性储备的控制，转向货币目标的概念——发挥了很大的作用……如果没有当时美国货币主义者的努力，以及德国康斯坦茨研讨会对这一思想学派的宣传，作为货币政策决策基础的货币供应的复兴是不可能的。人们对康斯坦茨研讨会的赞赏还体现在以下事实上：在 20 世纪 70 年代和 80 年代的关键年份，总会有一些德国中央银行的高级代表——尤其是那些担任货币政策委员会委员并对联邦银行决策的制定负有特别责任的人——出席会议。

伊辛于 1990—1998 年担任德国联邦银行理事会成员，并经常参加早期的康斯坦茨研讨会，2018 年 9 月他在一次与我的私人通信中写道：

> 从一开始，联邦银行代表经常积极参加康斯坦茨研讨会。而会议上提交的不同主题的论文以及进行的辩论在法兰克福也会被广泛地讨论。从逻辑上讲，这是正确的，特别是在引入货币目标

的背景下。在这方面，布鲁纳本人发挥了重要的作用。德国中央银行奉行一种"务实的货币主义"，而它在康斯坦茨研讨会上经常遭到批评。这种观点的交流对联邦银行非常重要，这是我亲身经历的事实。

最后，赫穆特·施莱辛格（Helmut Schlesinger）（担任联邦银行经济部门的负责人多年，并于 1991—1993 年出任该银行行长）曾写信跟我说：

对德国联邦银行和研究货币政策概念的人来说，康斯坦茨研讨会是一个重要的场所。所有参会者都从关于布鲁纳、梅尔泽和诺伊曼的思想辩论中获益良多。在德国联邦银行内部，自由流动储备的概念正在转向作为中间目标的货币供应（以价格稳定为最终目标），他们的思想正好与这种转变相吻合。对于德国中央银行的代表来说，康斯坦茨研讨会也是他们讨论货币政策其他理论方法论点的地方，以加强新货币政策概念的可信度，并从批评中吸取教训。

这些陈述表明，康斯坦茨研讨会为德国中央银行新货币政策方法的出台提供了重要的理论支撑，起到了很大的激励推动作用。

该研讨会的第一篇关于瑞士货币政策的论文，由瑞士中央银行的迈克尔·加尔（Michael Gal）和约翰·拉德曼（John Lademann）撰写，于 1971 年在第二届康斯坦茨研讨会上发表。正如曾任瑞士中央银行首席经济学家的席尔特诺赫特所解释的那样，该行在 20 世纪 60 年代和 70 年代初的政策同样受到固定汇率的限制，重点关注银行的自由流动准备金。摆脱汇率限制之后，该行采用货币存量 M1 作为中间目标，并于 1974 年年末宣布了它的第一个货币目标。在瑞士中央银行，建议考虑货币控制政策的提议最初来自 20 世纪 70 年代初担任该行经济和统计部部长的拉德曼。拉德曼和他的同事亚历山大·加利（Alexander Galli）参加了早期康斯坦茨研讨会。伯恩霍尔兹指出，他们的提议是拉德曼与布鲁纳讨论之后的结果，是他在康斯坦茨研讨会上目睹了辩论之后的结果。在辩论中，瑞士中央银行被指责遵循了错误的政策，并被敦促放弃汇率目标以控制货币供应。在拉德曼的倡议下，时任瑞士中央银行行长的洛伊特维勒（Leutwiler）召集了一个工作组，提出了一项制定以供应为导向政策的建议。席尔特诺赫特在 1974 年任职瑞士中央银行后不久就加入了该小组。后来，他曾担任该行首席经济学家。席尔特诺赫特在给我的私人通信中写道，尽管加利当时正在布鲁纳的指导下撰写了关于瑞士货币供应的博士论文，并且已经"被布鲁纳和梅尔泽的货币主义思想所感染"，但工作组制定的新货币政策概念更多的是基于弗里德曼的研究，而不是布鲁纳的研究。席尔特诺赫特在撰写论文时研究了弗里德曼的理论。在获得苏黎世大学博士学位之后，他在沃顿商学院与克莱因共事了一段时间。在 1976 年康斯坦茨研讨会上，他发表了上述论文，解释他们的新货币政策方法，他的这次演讲引起了很好的反响。席尔特诺赫特曾回忆，在那次演讲之后，他与布鲁纳建立了非常密切的关系，布鲁纳经常给他打电话，与他讨论货币政策各个方面的问题。对于席尔特诺赫特来说，尽管无法确切地说出他及其同事在何时何处首次接触到了新的观点，但康斯坦茨研讨会无疑是研究人员和中央银行行长们的一个重要聚会点，而且毫无疑问为货币主义思想的传播做出了贡献。

第二部分
对货币政策辩论的影响

在与我的私人交往书信中，前瑞士中央银行董事兼首席经济学家格奥尔格·里奇（Georg Rich）回顾了在康斯坦茨研讨会上交换意见对于瑞士中央银行经济学家的重要性，他这样写道：

最重要的可能不是康斯坦茨研讨会，而是与布鲁纳的密切接触。随着向灵活汇率和货币存量政策的过渡，我们进入了一个新的领域，我们要感谢与布鲁纳和其他货币专家的交流。布鲁纳给了我们很多不同的建议，让我们有机会以论文和演讲的形式向公众展示我们的想法，并获得有益的反馈。关于康斯坦茨研讨会，我特别赞赏的一点是，布鲁纳邀请参会的不只是和他志趣相投的人。

货币目标帮助这两家中央银行抵御了施加在货币政策上的政治压力。对他们来说，新方法之所以成功，是因为与 20 世纪 70 年代和 80 年代欧洲其他中央银行相比，他们成功地实现了更大程度的价格稳定。很显然，瑞士中央银行和德意志中央银行都没有以严格、教条的方式实施货币目标。席尔特诺赫特回忆称，他在康斯坦茨研讨会上还曾因此受到过批评。货币目标旨在引导预期，并加强两家银行低通货膨胀政策的可信度。

如上所述，意大利银行的几位代表也参加了早期的康斯坦茨研讨会。当时，意大利银行深受莫迪利亚尼和麻省理工学院其他人的凯恩斯主义思想的影响。因此，让人感到有趣的是，布鲁纳竟然在 1971 年第二届康斯坦茨研讨会上安排了法齐奥和萨沃纳发表他们合著的论文。这篇论文提倡凯恩斯式的固定利率，而这种利率正是布鲁纳所深恶痛绝的。然而，两位作者一定感受到了布鲁纳和康斯坦茨听众对他们的友好，因此，他们成功地让意大利银行多次邀请布鲁纳来探讨货币政策问题。而蒙蒂的一份邀请让这种关系达到了顶峰。布鲁纳受邀参加 1987 年在米兰举办的为期一周的马蒂奥利讲座，聆听他讲座的包括意大利学者、中央银行家和其他银行家。这些讲稿后来由剑桥大学出版社出版，对布鲁纳和梅尔泽的货币主义宏观经济框架进行了最全面的阐述。

结论：康斯坦茨 50 周年研讨会

康斯坦茨研讨会实现布鲁纳的教育目标了吗？给予这个问题肯定的回答显然是不可能的。然而，可以公平地说，第一届康斯坦茨研讨会举办 50 年后，德国经济研究和美国经济研究之间的差距已经缩小。现在，最好的德国经济学家在世界各地重要的经济学会议上发表论文，同时也在顶级的专业期刊上发表他们的研究成果。如今，德国大学中最好的经济系会将最好的博士生安排到顶尖的美国大学经济系学习。我在此不谈因果关系，但我自己和我这一代许多德国宏观经济学家的经验表明，参加该研讨会，让许多德国年轻学者有机会接触到美国同行的研究成果，接受同行对自己研究成果的批评，建立个人关系和友谊。从这个意义上来讲，研讨会实现了它的目标。

另外一个目标也同样实现了，这个目标就是构建中央银行家之间以及他们与学者之间的公开辩论和思想交流的文化。今天，这种文化可以在许多欧洲和北美举行的会议和研讨会上体验到。从 20 世纪 90 年代开始，在理查德·波特斯（Richard Portes）的领导下，经济政策研究中心在促进和改善欧洲决策者和学者之间的对话方面做了很多工作。如今，我们对此已经习以为常。但 50 年前却不是这个样子。康斯坦茨研讨会在 20 世纪 70 年代和 80 年代为这一文化基础的奠定发挥了重要作用。

然而，康斯坦茨研讨会一个明显的成功标志是它今天依然非常活跃。它保持了开放而积极交流经济研究和政策的独特精神，当然，这要归功于其创始人。20世纪90年代末，诺伊曼把管理它的责任交给了我。在组织了20年的会议之后，我最近把领导权交给了我在波恩大学的同事基思·库斯特（Keith Kuster），他既是一名学者，又是一名中央银行家（他曾在欧洲中央银行和费城联邦储备银行工作过），似乎特别适合继续担任这一职务。与会者依然喜欢康斯坦茨研讨会独特的激烈讨论文化。2019年，我们举行了第五十届康斯坦茨货币理论和政策研讨会。在这次会议上，《信贷与资本市场》，也就是之前的《信贷与资本》杂志（发表了第一届康斯坦茨研讨会的会议论文集）发表了50年中6个最引人注目的研讨会的论文合集，证明该研讨会具有很高的学术品质。当时，我曾经问过康斯坦茨协会的现任成员，是否可以就此终止举办该研讨会。但经过投票，大家一致赞同将研讨会继续举办下去。

因此，康斯坦茨研讨会现在开始了它的第三个代际征程。该研讨会仍然是布鲁纳留给经济学界的部分遗产。参加会议的人秉承了他精神：为寻找真相和"将经济分析系统地应用于世界社会问题"而开诚布公地交换意见。

附录表：

表9.1　研讨会日程

年份	第一天	第二天	第三天
1970（周三、周四、周五）	上午、下午	上午、下午	上午、下午
1971（周四、周五、周六）	上午、下午、晚上	上午、下午	上午、下午、一般性讨论

失控的炼金术：货币政策与通胀危机

年份	第一天	第二天	第三天
1972（周三、周四、周五）	上午、下午	上午、下午	上午、下午、一般性讨论
1973	上午、下午	上午、下午	上午、下午
1974	上午、下午	上午、下午	上午、下午
1975	上午、下午	上午	上午、下午
1976	上午、下午、晚间小组	上午	上午、下午
1977	上午、下午、晚间小组	上午	上午、下午
1978	上午、下午、晚间小组	上午	上午、下午（一篇论文）
1979	上午、下午、政策小组	上午	上午、下午
1980	上午、下午、政策小组	上午	上午、下午
1981	上午、下午、晚间小组	上午	上午、下午
1982	上午、下午、晚间小组	上午	上午、下午
1983	上午、下午、晚间小组	上午	上午、下午（一篇论文）
1984	上午、下午、晚间小组	上午	上午
1985	上午、下午、政策小组	上午	上午
1986	上午、下午、政策小组	上午	上午
1987	上午、下午、晚间小组	上午	上午
1988	上午、下午、政策小组	上午	上午
1989	上午、下午、晚间小组	上午	上午

表9.2 德国参会初级学者

姓名	康斯坦茨研讨会年份	出生年份	任职大学（教授）	获取博士学位大学
赫尔曼·阿贝克	1970	1935	萨尔布吕肯	图宾根
迪特尔·卡塞尔	1970	1939	埃森	马尔堡

第二部分
对货币政策辩论的影响

续表

姓名	康斯坦茨研讨会年份	出生年份	任职大学（教授）	获取博士学位大学
W. 德雷克斯勒	1970	无	无	康斯坦茨
希伯·曼弗雷德	1970	1934	波恩	汉堡
彼得·亚诺查	1970	1938	无	基尔
迪特玛·凯思	1970	1937	埃森	汉堡
海尔穆特·米尔德	1970	1941	特里尔	无
汉斯·G. 莫尼森	1970	1937	维尔茨堡	汉堡
曼弗雷德·J. M. 诺伊曼	1970	1940	柏林	马尔堡
赫伯特·舒伊	1970	1940	汉堡	康斯坦茨
尤尔根·西布克	1970	1936	海德堡	波恩
H. 尤格·蒂姆	1970	1941	杜塞尔多夫	马尔堡
文岑兹·蒂默曼	1970	1935	汉堡	曼海姆
汉斯-尤尔根·孚日劳	1970	1931	康斯坦茨	海德堡
乌韦·韦斯特法尔	1970	1939	汉堡	基尔
曼弗雷德·威姆斯	1970	1934	基尔	波恩
尤尔根·沃尔特斯	1974	1940	柏林	曼海姆
迪特尔·杜文达格	1977	1938	斯派尔	明斯特
伯纳德·福瓦瑟	1977	1947	无	西根
尼古拉斯·K. A. 劳费尔	1977	1937	康斯坦茨	康斯坦茨
曼弗雷德·内尔纳	1977	1938	奥斯纳布吕克	波鸿
尤尔根·施罗德	1977	1940	曼海姆	美因茨
罗兰·沃贝尔	1977	1948	鹿特丹	基尔
亚历山大·沃尔伯特	1979	1944	吉森	康斯坦茨
汉斯·埃迪·洛夫	1979	1944	西根	康斯坦茨
汉斯-赫尔曼·弗兰克	1980	1943	汉堡	弗赖堡
沃纳·加布	1980	1939	埃森	曼海姆

续表

姓名	康斯坦茨研讨会年份	出生年份	任职大学（教授）	获取博士学位大学
沃尔夫冈·盖鲍尔	1980	1942	法兰克福	法兰克福
马丁·海尔维格	1980	1949	波恩	普林斯顿
伯纳德·托马斯·兰布	1980	1947	西根	西根
迈克尔·施密德	1980	1940	汉堡	曼海姆
赫伯特·布歇尔	1981	1950	无	柏林自由
尤尔根·普菲斯特	1981	1952	无	帕德博恩
马丁·克莱因	1982	1952	哈勒	波恩
维姆·古斯特斯	1982	1942	明斯特	明斯特
尤尔根·冯·哈根	1982	1955	印第安纳大学	波恩
阿克塞尔·A. 韦伯	1983	1957	波恩	西根
埃克哈德·沃泽尔	1983	1957	无	波恩
彼得·伯芬格	1985	1954	维尔茨堡	萨尔布吕肯
卡尔-海因茨·凯特拉	1985	1944	卡尔斯鲁厄	无
格布哈特·科格金斯纳	1987	1948	圣加仑	康斯坦茨
赫尔穆特·瓦格纳	1988	1951	汉堡	亚琛

表9.3　其他国家参会初级学者

姓名	康斯坦茨研讨会年份	出生年份	国家	工作单位
赫尔穆特·弗里希	1977	1936	奥地利	维也纳大学
冈瑟·蒂奇	1977	1937	奥地利	格拉茨大学
保罗·德·格劳威	1979	1946	比利时	鲁汶大学
保罗·雷丁	1979	1950	比利时	那慕尔大学
布鲁诺·S. 弗雷	1970	1941	瑞士	巴塞尔大学
亚历山大·斯沃博达	1971	1939	瑞士	日内瓦卫报国际公司

第二部分
对货币政策辩论的影响

续表

姓名	康斯坦茨研讨会年份	出生年份	国家	工作单位
恩斯特·巴尔滕斯珀格	1977	1942	瑞士	俄亥俄州立大学
沃尔特·瓦瑟瓦伦	1979	1946	瑞士	伯尔尼大学
埃米尔·克拉森	1971	1934	法国	巴黎多芬纳大学
帕斯卡·萨林	1972	1939	法国	巴黎多芬纳大学
安德烈·福坎斯	1975	1946	法国	巴黎高等经济商业学院
马里奥·蒙蒂	1973	1943	意大利	米兰博科尼大学
埃德·波霍夫	1977	1944	荷兰	鹿特丹大学
汉斯·根伯格	1976	1948	瑞典	日内瓦卫报国际公司
迈克尔·帕金	1971	1939	英国	曼彻斯特大学
大卫·莱德勒	1970	1938	英国	曼彻斯特大学
帕特里克·明福德	1976	1943	英国	利物浦大学

表9.4 德国参会高级学者

姓名	康斯坦茨研讨会年份	出生年份	大学
彼得·伯恩霍尔兹	1970	1929	法兰克福
海因兹·柯尼格	1970	1927	曼海姆
布鲁诺·努劳	1970	1920	柏林经济研究所
波尔·赖因哈德	1970	1928	柏林经济研究所
沃尔夫冈·斯图策尔	1970	1925	萨尔布吕肯
奥特马尔·伊辛	1971?	1936	埃尔兰根-纽伦堡
亚瑟·沃尔	1971?	1923	西根
克劳斯·科勒	1971	1928	汉诺威
威廉·克雷尔	1976	1916	波恩
沃纳·埃尔利彻	1977	1920	弗赖堡
鲁道夫·里希特	1979	1926	萨尔布吕肯

233

续表

姓名	康斯坦茨研讨会年份	出生年份	大学
诺伯特·克洛滕	1982	1926	图宾根

表9.5　美国参会学者

姓名	原属机构	康斯坦茨研讨会年份
艾伦·梅尔泽	卡内基梅隆大学	1970
米歇尔·弗拉蒂阿尼	印第安纳州立大学	1970
安娜·J.施瓦茨	美国国家经济研究局	1970
威廉·德瓦尔德	俄亥俄州立大学	1971
罗纳德·泰根	密歇根州立大学	1971
唐纳德·霍格曼	伊利诺伊州立大学	1971
哈里·约翰逊	芝加哥大学	1971
罗伯特·拉斯奇	密歇根州立大学	1973
罗伯特·阿利伯	芝加哥大学	1973
鲁迪格·多恩布施	罗切斯特大学	1973
本·弗里德曼	哈佛大学	1973
迈克尔·穆萨	罗切斯特大学	1973
詹姆斯·怀特	印第安纳州立大学	1974
拉里·斯贾斯塔德	芝加哥大学	1975
罗伯特·巴罗	罗切斯特大学	1976
雅各布·弗伦克尔	芝加哥大学	1977
约翰·拉特利奇	克莱蒙特学院	1978
托马斯·梅尔	加州大学戴维斯分校	1977
布莱恩·坎特	罗切斯特大学	1979
罗伯特·金	罗切斯特大学	1981
本·麦卡勒姆	弗吉尼亚大学	1981

续表

姓名	原属机构	康斯坦茨研讨会年份
查尔斯·普洛瑟	罗切斯特大学	1981
大卫·B.戈登	罗切斯特大学	1982
斯图尔兹·勒内	罗切斯特大学	1983
迈克尔·D.博尔多	美国科学院	1984
伊翰·乔德里	查尔斯顿大学	1984
迪恩·S.达顿	杨百翰大学	1984
肯尼斯·辛格尔顿	卡内基梅隆大学	1984
艾伦·斯托克曼	罗切斯特大学	1984
阿克塞尔·莱永胡武德	美国加州大学洛杉矶分校	1985
迈克尔·萨利米	加州大学教堂山分校	1985
斯坦利·布莱克	联合国儿童基金会	1986
希戎·康	印第安纳大学	1986
保罗·麦克奈利斯	乔治城大学	1987
乔治·冯·福尔滕贝格	印第安纳大学	1988

表9.6　德国机构参会者

姓名	康斯坦茨研讨会年份	机构
沃尔夫-迪特尔·贝克尔	1970	德国储蓄银行协会
海因里希·伊姆勒	1970	德意志联邦银行
埃伯哈德·凯泽尔	1970	德国储蓄银行协会
库尔特·里奇伯格	1970	德累斯顿银行
圣保罗·萨沃纳	1970	意大利银行
赫尔穆特·施莱辛格	1970	德意志联邦银行
R.吉玛	1970	无
格哈德·茨威格	1970	德国票据交换银行

续表

姓名	康斯坦茨研讨会年份	机构
霍斯特·博克尔曼	1972	德意志联邦银行
沃尔夫冈·盖鲍尔	1976	德意志联邦银行
威利·弗里德曼	1977	经济专家委员会
M. 施洛曼	1977	联邦经济部
威尔弗里德·扬克	1978	德意志联邦银行
赫尔曼·杜勒	1979	德意志联邦银行
鲁道夫·C. 克莱恩·齐尔贝斯	1979	德国储蓄银行协会
沃纳·施托伊尔	1979	德国救助者保护协会
克劳斯·维纳	1979	西德德意志银行
迪特哈德·B. 西默特	1981	德国储蓄银行协会
尤尔根·普菲斯特	1981	经济专家委员会
海因茨·赫尔曼	1982	德意志联邦银行
诺伯特·克莱因海耶	1982	德国储蓄银行协会
诺伯特·克洛滕	1982	巴登-符腾堡州银行
迪特里希·哈滕斯坦	1984	德意志联邦银行
迪特·希斯	1984	柏林中央银行
汉斯·贾克尔	1985	经济专家委员会

表9.7 欧洲其他国家机构参会者

姓名	康斯坦茨研讨会年份	国家	机构
迪米特里·迪米特里耶维奇	1970	南斯拉夫	中央银行
迈克尔·加尔	1970	瑞士	瑞士国家银行
保罗·萨沃纳	1970	意大利	意大利中央银行
安东尼奥·法齐奥	1971	意大利	意大利中央银行

对货币政策辩论的影响

姓名	康斯坦茨研讨会年份	国家	机构
约翰·拉德曼	1971	瑞士	瑞士国家银行
雅克·德·格鲁特	1972	比利时	比利时国家银行
查尔斯·古德哈特	1971	英国	英格兰银行
乔瓦尼·卡罗西奥	1973	意大利	意大利银行
马丁·M.G.法斯	1973	荷兰	荷兰国家银行
雅克·梅利茨	1973	法国	法国财政部
托马索·帕多瓦-希奥帕	1973	意大利	意大利银行
马库斯·米勒	1974	英国	英格兰银行
卡里·普乌曼	1976	芬兰	芬兰银行
库尔特·席尔特克内西特	1976	瑞士	瑞士国家银行
莱斯利·迪克斯-米雷	1977	英国	英格兰银行
亚历山大·加利	1977	瑞士	瑞士国家银行
比特·耶贝尔	1979	瑞士	瑞士国家银行
迈克尔·D.W.K.福特	1979	英国	英格兰银行
乔治·里奇	1979	瑞士	瑞士国家银行
彼得·E.米德尔顿	1981	英国	英国财政部
罗斯·让-皮埃尔	1981	瑞士	瑞士国家银行
彼得·科尔特韦格	1982	荷兰	财政部
布鲁诺·穆勒	1982	瑞士	瑞士国家银行
乌尔里希·科利	1984	瑞士	瑞士国家银行
朱塞佩·图利奥	1984	意大利	欧盟委员会

表9.8　美国及其他国家机构参会者

姓名	康斯坦茨研讨会年份	国家	机构
莱昂内尔·C.安德森	1970	美国	圣路易斯联邦储备银行

失控的炼金术：货币政策与通胀危机

续表

姓名	康斯坦茨研讨会年份	国家	机构
罗伯特·海勒	1970	美国	联邦储备委员会
吴文二	1971	日本	日本银行
詹姆斯·L.皮尔斯	1971	美国	纽约联邦储备银行
威廉·沃尔曼	1971	美国	纽约第一国民城市银行
理查德·G.戴维斯	1972	美国	纽约联邦储备银行
海伦·T.法兹	1972	美国	联邦储备委员会
保罗·米克	1972	美国	纽约联邦储备银行
托马斯·D.汤姆森	1972	美国	联邦储备委员会
基思·卡尔森	1973	美国	圣路易斯联邦储备银行
达德利·约翰逊	1973	美国	纽约第一国民城市银行
蓬迪·库里	1973	美国	国际货币基金组织
迈克尔·波特	1973	澳大利亚	澳大利亚储备银行
阿·伯格	1974	美国	圣路易斯联邦储备银行
詹姆斯·梅格斯	1974	美国	阿格斯研究公司
理查德·斯威尼	1975	美国	财政部
戴尔·W.亨德森	1976	美国	联邦储备委员会理事会
亨利·C.瓦利奇	1976	美国	联邦储备委员会理事会
乔治·弗里姆森	1977	加拿大	加拿大银行
罗伯特·温特劳布	1977	美国	美国众议院
罗伯特·奥尔巴赫	1979	美国	美国众议院
约瑟夫·比西尼亚诺	1979	美国	旧金山联邦储备银行
克劳斯-沃尔特·里切尔	1979	美国	国际货币基金组织
马克·H.威尔斯	1979	美国	明尼阿波利斯联邦储备银行
阿纳托利·B.巴尔巴赫	1981	美国	圣路易斯联邦储备银行 FB
马修·B.坎佐内里	1981	美国	联邦储备委员会理事会

续表

姓名	康斯坦茨研讨会年份	国家	机构
乔治·坎比亚索·罗伯特	1981	墨西哥	经济和社会政策局
埃尔南·科尔特斯·道格拉斯	1982	智利	政策研究中心
奥尔顿·吉尔伯特·R.	1982	美国	圣路易斯联邦储备银行
大卫·R.霍华德	1985	美国	联邦储备委员会理事会
加里·J.桑托尼	1985	美国	圣路易斯联邦储备银行
铃木吉男	1985	日本	日本银行
马文·古德弗伦德	1986	美国	里士满联邦储备银行
迈克尔·T.贝朗吉亚	1987	美国	圣路易斯联邦储备银行
小杰拉尔德·P.奥德里斯科	1988	美国	圣路易斯联邦储备银行
克里夫·W.斯通	1988	美国	圣路易斯联邦储备银行
莫里斯·戈德斯坦	1989	美国	国际货币基金组织

表9.9　康斯坦茨研讨会论文主题

年份	货币政策	货币宏观	国际宏观	国际货币政策	一般宏观	其他
1970	7	1	1			
1971	10	2				
1972	7	1		2		
1973	5	2	4			1
1974	7	2	3			
1975		5	6			
1976	3	3	2	1		1
1977	6	2	3			
1978	3	2	1		1	1
1979	3	1	1	2	3	

年份	货币政策	货币宏观	国际宏观	国际货币政策	一般宏观	其他
1980		4	4	1	1	
1981	2	4	1		1	
1982	4		1		3	
1983	1	4	3	1		
1984		2	4	2		
1985	1	4		2	1	
1986		2	3		3	
1987		1	3	3		
1988	2	2	4			
1989		1	6	4		
合计	61	45	50	18	13	3

第三部分

卡尔·布鲁纳和艾伦·梅尔泽的货币主义

第 十 章

促进和捍卫货币主义：对卡尔·布鲁纳四篇论文的思考

——大卫·莱德勒

引言

布鲁纳在 1968 年发表的著名文章《货币与货币政策的作用》中使用了"货币主义"一词，但该词并不是他创造的。这个词早在拉丁美洲关于通货膨胀的辩论中就已经出现，但毫无疑问，是布鲁纳对该词进行了升华，使其在宏观经济词汇中拥有一个崭新的重要位置。1970 年，弗里德曼在其题为《货币经济学的反革命》的论文中颇不情愿地使用了货币主义一词，并试图为其贴上自己的标签，但他的这个做法却进一步强化了该词的地位。货币主义从来都不是一成不变的。随着时间的推移，货币主义也在不断地演进。布鲁纳的版本——他之后很快在其《货币理论中的若干问题调查》一文中全面而详细地对其理论基础进行了阐述——与弗里德曼的版本完全不同。两者都是研究议程的产物，这些议程在很大程度上相互独立。它们会继续这样进行下去，正如克莱克和德弗罗伊阐述的那样，货币主义的演变将会继续凸显其理论的异质特性。

然而，早期所有货币主义最典型的一个特征就是反对公认的凯恩斯主义正统理论，而该理论在大萧条和第二次世界大战后主导了宏观经济学，认为货币因素最多只能算作决定经济行为的次要因素。20世纪60年代末，货币主义拥有了自己的标签，货币主义者开始投入巨大的精力，自信而又乐观地向凯恩斯主义正统理论发起挑战。但是，在初步取得重大成功之后，该学说也开始面临源于自身的日益严峻的挑战。布鲁纳在20世纪80年代发表了两篇主要论文，分别是1983年的《货币主义失败了吗？》和1989年的《宏观经济学之乱象》。从这两个充满焦虑的标题中，我们就能够看出布鲁纳对这些变化的反应。

本章不讨论布鲁纳对货币主义争论的总体贡献，更不讨论其对货币经济学的总体贡献。我在几年前就已经完成了这项任务。本章的目的更为温和：以上面已经提到的4篇论文作为参考点进行高度选择性的阐述——称之为系列快照可能是一个恰当的比喻——阐述布鲁纳一些思想的演变以及他提出这些思想的方式。本文首先描述的是1968年他在货币政策问题上采取的积极自信的反凯恩斯主义方法，并与弗里德曼的方法进行简要对比；然后讨论了他在1971年阐述的关于信息问题在货币经济分析中的作用的理论观点；在简要描述这一过程中出现的一些亮点以及随后十年中他的宏观经济理念与货币政策之后，我又阐述了他1983年针对这些年来出现的货币主义政策学说失败论进行的严厉批驳；最后是他1986年的桑顿演讲。关于这次演讲，我强调的重点是布鲁纳对货币主义理论基础优越性的再次重申，他仍然认为这是由基本的信息问题引起的。但我也关注了这样一个事实，即他对货币在经济生活中作用的观点所对应的不是凯恩斯主义经济学的某种版本，而是新古典主义经济学，有着明确的沃尔拉斯基础。随着对手的变化，他的语气也发生了变化。特别是在桑顿的演讲中，就像在描写货币主义者那一节结尾时所写的那样，布鲁纳现在的态度是防御性的，有时甚至有些犹豫，而不是像争议开始时那样充满自信。在应对政策问题时，也出现了这样的情况。

定义货币主义——布鲁纳和弗里德曼

在圣路易斯联邦储备银行的讲座上，布鲁纳首次使用了"货币主义"一词，可以说在这里使用它相当地应景。但是，对于此类公开演讲来说，演讲稿中出现大量脚注和参考资料，从某种程度上讲是不寻常的，表明他也想让听众注意到为政策主张奠定基础的大量理论和经验文献。在圣路易斯的演讲中，布鲁纳将美国经验的研究结果总结如下：

货币政策领域的广泛研究表明：（1）美联储的行动一直主导着货币基础的变动；（2）货币基础的变动在整个商业周期内主导货币供应的变动；（3）货币供应的加速或减速直接导致经济活动的加速或减缓。因此，货币主义者的论文提出了这样一个命题：美联储的行动通过由此产生的货币基础和货币供应的变动而传导至经济活动，从而引发资产、负债和新资产生产的相对价格调整。

这是一个非常简洁的陈述。两年后，弗里德曼用两页半的篇幅，以十一个不同的观点对他自己版本的货币主义关键主张进行了概括。在某些方面，布鲁纳的简洁和狭窄的范围仅仅反映了他的论述不够全面和开阔。例如，在演讲中，他讨论了货币政策的"弗里德曼滞后"，还讨论了他的分析能否调和通货膨胀和失业并存的问题，不过，在总结中他却没有提到这些问题。但这也反映了一个事实，即弗里德曼货币主义的某些已经确立的特征（布鲁纳后来接受了其中的一些）没有出现在他的演讲中。

因此，1968 年，布鲁纳没有提到"费雪效应"对名义利率行为的影响，而这一点在弗里德曼的著作中已经被经常提及。然而，他确实讨论了这些变量作为货币政策立场指标的不足之处，他也没有遵循弗里德曼的观点，即联邦储备系统应该受到一个简单政策规则的约束，利用其对货币基础的控制来建立稳定的货币供应增长率。相反，他向读者介绍了他和梅尔泽合著的一篇尚未发表（后来于 1969 年发表）的文章，其中他只认为，将"控制理论中的决策理论程序和概念应用于确定（货币政策）指标和目标的最佳选择是合适的"，留下了一个该分析会导致什么样规则的开放性问题。最后，与弗里德曼坚持货币主义理论中通货膨胀核心重要性观点——"通货膨胀始终是一种货币现象"——形成鲜明对比的是，布鲁纳没有特别强调货币增长作为通货膨胀决定因素的关键作用，尽管他的分析肯定暗示了这一点。他在圣路易斯的演讲更侧重于评估财政和货币措施对稳定政策的相对重要性和可靠性，尤其是对凯恩斯主义在这个问题上盛极一时的理念进行了挑战。

凯恩斯主义的"新观点"和布鲁纳的"货币主义主题"

20 世纪 60 年代末布鲁纳的货币主义也许对某些问题的重视程度不及弗里德曼，但它也深入探讨了弗里德曼较少关注的其他问题。首先，他和梅尔泽在过去十年中发展起来的货币主义货币供应决定观与当时非常有影响力的货币"新观点"之间存在很多相似之处和不同之处。后者源自约翰·格利（John Gurley）和爱德华·肖（Edward Shaw）1960 年的著作以及托宾 1963 年的著作，也与 1959 年出版的英国《拉德克利夫报告》的某些方面有关。

这种观点试图超越当时颇具影响力的 IS-LM 标准模型所体现的正统教科书中凯恩斯主义关于货币和金融问题阐述的缺陷，并引用了布鲁纳 1968 年圣路易斯演讲的匿名导言"编者注"，该观点强调资产（包括实物和金融资产）的作用，以及货币分析中的相对价格机制。在这些方面，它与布鲁纳自己处理同样问题的方法非常相似。但是，正如他在演讲中解释的那样，尽管货币主义强调货币作为一种支付手段的独特作用，但新观点将货币简单地视为一种金融资产，可以与其他许多资产一起以投资组合的形式持有，所有这些资产都同样容易相互交易，但除了固定在名义价值和无息之外，没有其他显著特征。此外，新观点对投资组合行为和金融中介进行的典型的非常精细的分析通常依赖于分析上简化但实证上不相关的假设，即价格水平和经济产出水平至少在一开始可以被视为由外部因素决定的。

由于新观点从这样的起点出发，正如布鲁纳所说，难怪其指数几乎没有改变货币数量的空间，也不会产生任何的影响。"在新观点的世界中，'几乎所有东西都和其他东西一样'。然而，这种无差别的状态并不是我们可观察世界的真实样貌"（布鲁纳1968，12）。他关注的是这个可观察的世界："货币主义者的研究策略与货币体系实证理论的构建直接相关。"为此，他希望通过将被分析资产的数量减少到三个，而不是减少到两个（货币和债券）来实现分析的可操作性，这两个资产在当时的 IS-LM 版本的"凯恩斯经济学"中仍然被广泛使用。这是托宾等凯恩斯主义者在讨论货币政策对宏观经济而非资产市场本身的影响时倾向于默认的版本。第三项资产是信贷，即公众对银行的负债。布鲁纳的货币主义试图将其纳入分析货币政策效果的正式框架。这种方

卡尔·布鲁纳和艾伦·梅尔泽的货币主义

法，就像新观点所阐述的那样，超越了当时的标准教科书处理方法，但与它们不同的是，它力求保持足够的可操作性，为货币体系与实体经济相互作用的系统实证研究提供基础，包括中央银行采取的货币政策措施对产出和价格行为的影响。

布鲁纳认为，这些研究为他所谓的"货币主义主题"提供了实证支撑。实证支撑分为两个版本："强"与"弱"。1968 年，他倾向于第一种（他后来在 20 世纪 70 年代的事件压力下改变了主意），认为这样的货币冲击是导致经济活动和价格水平变化的主导因素。第二种为其他因素留下了空间，这些因素源自实体经济或财政政策，从而产生独立的重大影响。更具体地说，无论哪种形式，本文都将货币供应量增长率的变化确定为关键的货币冲击，并声称货币增长的行为与货币基础（一个受中央银行控制的变量）的行为密切相关，但并非严格相关。当然，布鲁纳在这里强调货币增长变化的战略重要性与弗里德曼的观点是一致的。弗里德曼还将控制基础视为控制货币增长的关键。尽管如此，但布鲁纳根据实证得出的关于基数在数量上的支配地位是美国货币增长的一个决定因素的说法，比弗里德曼的说法更为有力。

布鲁纳仅基于联邦储备系统下产生的数据得出了这些结论，而弗里德曼（更具体地说，弗里德曼和施瓦茨）还关注了更早（1913 年之前）的实践。此外，布鲁纳在一个 1929—1933 年半周期的关键测试中使用的数据集有所下降。在这段时间内，货币供应量与总量相比减少了三分之一或更多，而基础却增长了整整 10%。因此，尽管货币增长对基础增长的明显依赖（但远非机械依赖）确实是布鲁纳最近（特别是第二次世界大战后）为其制定政策的货币体系的一个突出特点，但如果他更加关注早期数据，他可能会收到一些警告，即当货币体系面临压力时，这种关系可能比战后平静时期的数据所显示的更为脆弱，政策制定者也更难管理。正如我们将在下面看到的那样，这种脆弱性将在大约 10 年后的所谓沃尔克反通货膨胀期间成为一个重要问题。

信息和货币在布鲁纳货币主义中的独特作用

然而，论及政策实施，布鲁纳的货币主义和弗里德曼的货币主义之间的任何差异，与这些相互竞争的版本所提供的基础之间的差异相比，都是微不足道的。因为在解释宏观经济行为方面，他们通常强调货币在所有其他金融资产中的重要性。在这里，弗里德曼的方法特别强调了实证因素：历史记录表明，货币一直以来都很重要，而且现在仍然很重要，被广泛接受的凯恩斯主义学说歪曲了这一记录。因此，对他来说，这样的错误认知需要得到纠正。当然，弗里德曼曾于 1965 年写过一篇颇为著名的论文，从资本理论的角度对古老的货币数量理论进行了重新阐述，但在这篇文章中，他提出了自己的货币需求方程。除了告诉读者货币是"购买力的暂时居所"之外，他没有冒险去探究货币的性质是否有别于其他资产的特殊之处以及为什么的问题。他只是把货币"当作"能够产生不需要详细规范服务的耐用消费品。后来，1970 年在与谢菲尔德的一次口头讨论中，迫于罗伯特·克鲁尔（Robert Clower）等人的压力，弗里德曼就货币交换机制发表了自己的看法，他甚至宣称自己"对这类事情的兴趣并不比对制针工厂技术的兴趣高"。也许他是为了保护自己才使用了这个夸张的比喻，然而，他对这些问题不屑一顾的态度与布鲁纳对这些问题根本重要性的坚持还是形成了鲜明的对比。

第三部分

卡尔·布鲁纳和艾伦·梅尔泽的货币主义

正如之前已经指出的那样，布鲁纳认为，凯恩斯主义新观点的不足很大程度上是因为它将货币作为一种纯粹的价值储存，而这些价值储存中的任何一种都可以同等轻松地交换，因此它没有将货币在经济生活中的任何特殊作用归因于货币。相反，布鲁纳认为货币的重要性首先来源于其独有的可以直接与所有其他资产以及商品进行交易的特性。这些物品之间的交换必须是间接的，必须通过货币本身或者通过货币转移来完成。他认为，这一特性不仅在个体代理人的投资组合中，而且在整个市场经济中都赋予了货币特殊的作用，并为其实证重要性提供了制度基础。布鲁纳在 1968 年没有就此展开详细的阐述，而是建议读者参考他和梅尔泽 1964 年著作中的初步分析。虽然他在其中的阐述非常简洁，但我们不应该否认这样一个事实，即其版本的货币主义核心要义可以在"为什么需要货币？"这个问题的理论答案中找到。而这些答案的详细阐述随后便出现在布鲁纳 1971 年的著作以及布鲁纳和梅尔泽 1971 年一起撰写的著作中，其措辞激进而独特，致使克拉克将布鲁纳与阿克塞尔·莱乔霍夫德（Axel Leijonhuffud）一起归类为将当时新兴的"信息经济学"应用于货币领域的先驱。

布鲁纳的分析从一个"充满'摩擦'和市场条件不确定性的世界"开始，并继续假设，在这样一个世界中，经济代理人，鉴于他们最初的天赋，"发现获取信息并利用有效交易安排的机会是有利的"。这涉及在中间交易中，在整个市场和一段时间内使用"最高信息含量"——相对价格的主观不确定性程度最低的物品。这种间接交换的过程一旦开始，随后便会集中在通常称之为"钱"的少量物品的共同使用上来，通过这些物品，"个人减少了他们必须获取、处理或存储的信息量，减少他们参与的交易数量，以便用他们最初的资助换取最佳的一篮子商品"。

值得注意的是，布鲁纳在这里使用的词是"减少"而不是"消除"。在他看来，货币在间接交换中的使用使其更容易应对经济生活中普遍存在的不确定性，但仍为代理人投入更多资源来获取市场机会信息留下了充分的盈利空间。他们将如何以及在多大程度上这样做取决于具体的情况，包括使用和持有货币存量所带来的不确定性的保护程度。因此，在货币经济中，货币持有量和信息产生之间存在权衡，使这两个变量都对相关的相对价格作出反应。在这种经济中，作为一种推论，对于价格调整的频率和程度的选择似乎也是对市场波动程度和可能持续时间的不确定性的回应。这反过来意味着，广受议论的"工资和价格黏性"现象是其本质特征之一，尽管是内生变化的，但不像当代教科书文献中经常描述的那样，是一些市场受制于某些神秘的、定义不清的"摩擦"而产生的结果。

简而言之，正如凯恩斯（1936 年）所言，特别是最近由雷琼胡夫德（1968 年）重新解释的那样，布鲁纳的货币经济完全是非瓦尔拉斯的。他与这一流派的凯恩斯主义的分歧源于他对市场机制的更大信心——市场机制受"足智多谋、会评估、将利益最大化的人"的行为主导，能够应对它所带来的挑战——以及对政府这样做的能力缺乏信心，而不是对这些挑战本质的不同看法。他认为，这些差异本质上来讲是经验性差异，而不是意识形态差异。因此，布鲁纳对货币本质和货币经济问题的处理方法深深植根于他通过参考经验证据来解决争端的执念，而这反过来又是他自己对科学哲学系统研究的结果。正如我们将在下面看到的那样，在这一方面，他的货币主义虽然与弗里德曼的货币主义有很多共同之处，但与小罗伯特·E. 卢卡斯（Robert E. Lucas Jr.）和托马斯·萨金特和尼尔·华莱士（Neil Wallace）等新兴的新古典经济学有着根本的不同，后者将逻辑严谨性和与"第一原则"的符合性视为评估论证质量的主要标准。

压力下的货币主义：约翰逊对失败和后续事件的预测

1983 年和 1989 年，布鲁纳对 20 世纪 70 年代末和 80 年代初货币主义的所谓"失败"进行了分析，正如他在 1983 年的著作中，尤其是在约翰逊 1970 年美国经济学会理查德·T. 伊利讲座中提到过的那样，"失败"的某些方面早就被预测到了，这场讲座是应托宾的邀请而举办的，并非巧合。托宾是对货币主义持最严厉、最顽固态度的凯恩斯主义者之一，也一直是布鲁纳批评的对象。这场演讲对类似的历史模式提出了挑战，同时（在我看来）还具有重要的意义，这些模式不仅在凯恩斯主义革命的演变中可以看到，而且在那时，也可以在货币主义者反革命的演变中看到。但他冒险跨越历史分析，开始大胆预言。他还表示，无论当前的吸引力如何，货币主义最终将会失败，而凯恩斯主义将重新确立其理论优势。约翰逊认为，这种情况一定会发生，因为货币主义所解决的核心经济问题，即通货膨胀，其内在社会重要性不如失业问题，而失业很可能再次成为政策辩论的焦点。据其所言，货币主义如果无法或不愿意处理这个问题，就会失去吸引力，甚至失去其特定身份。

鉴于 1971 年的辩论状态，这种批评是否公允还另当别论。正如托宾所承认的那样，与布鲁纳对货币主义的辩护更相关的是，随后的经验表明，该批评严重偏离了经验标准。首先，正如约翰逊自己在《货币经济学文选》(*Selected Essays in Monetary Economics*) 导言中所承认的那样，在他为理查德·T. 伊利讲座撰写演讲稿时已经引起人们关注的通货膨胀很快就变得非常糟糕，因为美国和英国的政策制定者认为这是一个根本的社会学问题——成本推动现象，因此在很大程度上不受货币措施的影响，他们试图通过工资和价格控制以及货币宽松来解决这个问题。布雷顿森林体系的最终崩溃以及随之而来的两位数通货膨胀的出现，极大地提高了货币主义的可信度。此外，货币主义也被证明能够分析同时出现的失业现象。尽管直到 1974 年弗里德曼仍在犹豫要不要将自己的期望强化菲利普斯曲线（弗里德曼进行了著名的阐述）作为"缺失方程"，来处理通货膨胀与产出和就业之间的相互作用，但我们已经注意到，布鲁纳 1968 年就已经开始分析这个问题，并在 1971 年进行了进一步的研究。20 世纪 70 年代，许多人也进行了同样的研究，在这个过程中他们中的许多人采用了弗里德曼或者菲利普斯曲线的变体。

货币主义学说也在继续发展。1983 年，布鲁纳本人明确评论了约翰逊的预测，他是这样描述这个过程的：

我在以前的论文中描述的货币主义立场在几个方面发生了变化。对传导机制的分析得益于理性预期的出现。对脉冲冲击的分析和正常输出水平的操作在响应中发生了变化。更重要的是，对决策背景的日益关注导致货币主义者对一个社会的政治经济和政治机构的政治经济进行了更广泛的分析。尽管需要在细节和分析技术上进行很多改变，但所有这一切都涉及早期思想的系统演变。很难用"逐渐消失"来表达"凯恩斯主义主流"中的"身份逐渐丧失"。

这段话读起来像是对一个成熟的研究议程中有序进展的描述，尽管它可能也提到了布鲁纳从 1968 年关于货币冲击在产生短期波动中的作用的"强势"货币主义假设转向"弱势"和更折中的假设。但是，如果它对货币主义在 20 世纪 70 年代和 80 年代初的历程提供了一个大致完整的描述，那么为什么布鲁纳或者其他任何人都不得不为这一理论辩护，批驳货币主义失败论，或者在这一时期结束时宏观经济似乎陷入"混乱"的情况下，重申其信息的连贯性？

当然，事实上，布鲁纳在 1968 年讨论的政策领域和 1971 年分析的理论问题中都有更多的成果。具体来说，在 20 世纪 70 年代初，货币主义在预测凯恩斯主义反通货膨胀政策的崩溃以及随之而来的"滞胀"方面取得了明显的成功，致使其接受度显著提高，成为众多部门的政策指南。随后的经历并不总是令人愉快的，而且势必会玷污货币主义的声誉。此外，正如布鲁纳指出的那样，尽管理性预期假说的出现确实给宏观经济理论带来了好处，但从 20 世纪 70 年代新古典经济学创立开始，它就蕴含着另一个基本理念——坚持宏观经济学明确地基于瓦尔拉斯微观基础——这对货币主义构成了理论上的威胁，它比当时凯恩斯主义中的任何东西都要危险得多。尽管布鲁纳在引用的文章中没有提到任何一个挑战，但正如他 10 年前所做的那样，他确实对这两组问题进行了相当长的讨论，在一篇论文中主要关注政策问题，然后在另一篇论文中讨论理论问题。

20 世纪 70 年代政策实验中的货币

从 20 世纪 70 年代中期开始，中央银行进行了一系列货币政策实验，其共同点是宣布采用某些货币总量或总量的增长率目标。这些货币主义理论实验的根源是非常明显的，不过，其核心的增长目标是通过自主的政策选择而不是通过实施正式的规则来实现和保持的。布鲁纳1983年的论文主要讨论了美国的经验，但他也简要讨论了其他的案例，正是由于这个原因，他认为所有案例都与货币主义的主张相去甚远。然而，他确实（明显含有讽刺意味地）称赞加拿大银行和德国联邦银行创造了"一些没有触及决策实质的华丽辞藻"，而他向瑞士国家银行伸出了橄榄枝，当时瑞士国家银行的政策目标是经季节性调整的货币基础的增长率——这一点让他印象深刻——该目标没有任何立法约束，也似乎得到了公众内部反通货膨胀联盟的大力支持。但是，正如布鲁纳强调的那样，所有推崇货币目标的中央银行都有这样的共识："即使是对货币目标，尤其是货币目标的执行，基本上也是采取自由裁量方法。他们都一致明确或心照不宣地反对任何预先承诺的策略。"因此，尽管到1983年，他们都成功地减缓了货币增长和通货膨胀，但在他看来，其政策的"速度、幅度或不稳定地执行"并无货币主义特征。

事后来看，这种对于瑞士国家银行和联邦银行政策的笼统判断可能过于苛刻，正如托马斯·劳巴赫（Thomas Laubach）和亚当·波森（Adam Posen）指出的那样，事实上，他们的政策可被更好地描述为基于"严格的自由裁量权"，而不是基于布鲁纳货币主义所呼吁的基于规则的预先承诺。两者都以足够的坚定和谨慎来实施货币目标，以避免20世纪70年代末在许多地方出现的两位数通货膨胀以及由政策导致（原本要遏制）的严重衰退。此外，这两种不断演变的政策获得了足够的公众信誉和政治支持，从而一直持续到 20 世纪 90 年代。事后看来，伊兴为德国案例贴上的"务实货币主义"标签似乎对瑞士也适用。但考虑到布鲁纳在 1983 年所了解的情况，他认为货币主义者依然"对决策过程的自由裁量权以及由此产生的基本上不可靠的背景深感担忧"是完全恰当的。

这一判断无疑也受到了他特别关注的美国经验的严重影响。美联储在 20 世纪 70 年代中期试图控制通货膨胀时，已经开始明确关注货币增长，但也继续使用当地隔夜利率（联邦基金利率）作为其主要政策工具。当时其他地方也采用了类似的方法。例如，在加拿大，其明确的货币增长目标政策坚定以布鲁纳最忧心的 IS–LM 标准模型的一个外生性利率元素为基础，其中仅考虑了利率变化对货币需求的影响。利率变化对银行信贷市场的影响是布鲁纳货币供应决定理论的一个突出特点，但在这类政策行为的所有方法中都被忽视了，因此，不管他们再怎么说自己要实施货币增长控制，也很难指望布鲁纳会相信他们。事实上，忽视信贷市场效应被证明是危险的，这种案例有很多，这便是其中一个。20 世纪 70 年代，他们将利率控制与货币增长目标相结合，但无论在哪里尝试，效果都不稳定，尤其是在美国。

布鲁纳对货币主义者实验沃尔克通货紧缩的观点

1979 年 10 月，在新上任主席沃尔克的领导下，美联储大张旗鼓地采用了一种基于控制银行系统非借入准备金行为的新货币目标方法。非借入准备金只是布鲁纳偏好的控制变量货币基础的一个组成部分，尽管很大，但也包括借入准备金和公众持有的货币。布鲁纳似乎认为，这种方法与他的理想非常接近，如果美联储能够全心全意地致力于完成这项任务，那它应该是可以奏效的。

然而，实证研究使他相信，它并未产生预期的效果。1979年10月至1982年10月，美联储放弃货币增长目标恢复利率控制，导致利率升高，波动性增大，同时货币增长的波动性比之前更大。尽管如此，还是出现了"货币增长（平均）放缓"的现象。从1981年3月开始，尽管官方预测仍然持续乐观，但布鲁纳和他的影子公开市场委员会（创立于1973年，旨在对美联储的政策进行监督和评论）的同事们已经开始认为，这"将在今年晚些时候引发衰退"，随后在1982年，通货膨胀率出现了下降。正如布鲁纳后来指出的那样，这两个典型的货币主义预测都被证明是正确的。

布鲁纳注意到了这一事实所隐含的讽刺意味，即这似乎是官方预测的失败，而不是货币主义替代方案的成功。随后，媒体和许多学术评论家将"经济前景中意外出现的'未预见的、未预测的'衰退……归因于'货币主义'政策"，并将其视为"货币主义失败的初步的直接证据"。在这些学者中，布鲁纳给予了托宾特别的关注。在这个时期，托宾在多个不同场合曾断言，除了"鞋底成本"，通货膨胀几乎没有产生什么社会成本，因此就产出损失而言，降低通货膨胀是不值得的。如果反通货膨胀的货币政策辅以旨在对通货膨胀施加独立下行压力的"基于税收的收入政策"，这项任务将会被更好地完成。而货币主义者曾经承诺，在没有任何此类补充的情况下，可以完成向低通货膨胀的平稳过渡。

这些断言引起了布鲁纳全面而愤怒的反驳。作为货币主义者，对于货币在经济生活中的重要作用，他一直拥有自己的信念，所以他认为，通货膨胀的代价比托宾和其他人所说的要严重得多，但他们却忽略了这一点。20 世纪 70 年代初，"收入政策"未能控制住通货膨胀，主要是因为其中还隐含着再分配目标，而从那以后，没有任何事情表明重新执行该政策会产生不同的结果。与货币紧缩将会是无痛的预测——托宾方面的"非凡捏造"——大相径庭的是，货币主义者早就警告说，这些成本的大小总是与公众对美联储意图的信任程度成反比。

事实上，"美联储和所有其他中央银行奉行货币主义制度的说法，即使只在媒体和学院凯恩斯主义者中间传播，但仍然是骇人听闻的谎言"。特别是，美联储从未取得过任何信誉，正是这一事实导致了货币紧缩对经济造成了严重的实质性损害。正如布鲁纳所说，"与金融政策相关的低可信度和广泛的不确定性"的主要证据是，在这一战略实施期间"计入实际利率总额高且不稳定的风险溢价"。事实上，他得出的结论是，正如美联储实施的那样，"货币目标是一场骗局，是一种缓解美联储启动货币控制政策压力的战术手段"。

古德弗伦德和金的回顾性结论

考虑到布鲁纳的货币主义观点当时被歪曲的程度，谈及布鲁纳在 1983 年的著作中所表达的愤怒时，还是很值得同情的。但事后看来，在对美联储意图的最后一次评论中，他走得太远了。古德弗伦德和金根据联邦公开市场委员会这一时期的会议纪要所做的后续研究，对沃尔克的通货膨胀紧缩进行了更为微妙的阐释。委员会成员对控制储量持认真态度，但他们也担忧一心追求这个目标可能会导致不可接受的利率波动，特别是短期内因需求受到冲击而发生的波动。现实经验似乎很快证实了这些担忧。可以说，这里的稳定确实比存在已久的货币主义观点（包括布鲁纳的观点）所认为的更加脆弱。（回想一下布鲁纳对这一问题的战前证据稍显乐观和选择性的论述，这一点本章前面提到过。）正如古德弗伦德和金总结的那样，无论如何，联邦公开市场委员会加强了控制储备的决心，着眼于稳定利率，这样一来，在沃尔克通货紧缩期间，货币目标既不是老虎钳也不是借口……在某种程度上他们阻止联邦公开市场委员会管理短期利率。它们也不是……在没有对利率政策施加任何约束的情况下实施高利率的借口。联邦公开市场委员会承认，它必须表现出对货币目标的尊重，以享受其建立信誉的好处，因此有时不得不允许短期利率以被认为对实际活动或通货膨胀不利的方式进行变动。

但是，如果古德弗伦德和金的研究表明，布鲁纳和那些接受其判断的人对美联储的动机过于苛刻，那么也确认了他自己对美联储行动结果的早期结论。也就是说，不是用他的话，而是用古德弗伦德和金的话来说，"沃尔克通货紧缩的真正影响主要是由于其不完美的可信度"，而"观察到的上升波动和随后长期利率的顽固上升……是不完美可信度的关键指标"。简而言之，在谈及将货币主义作为分析经济事件和预测政策结果的手段时，布鲁纳在1983年公然宣称，就货币主义而言，1981—1982年的美国经济衰退实际上"不是失败而是成功"，布鲁纳的话过去和现在都是一个值得商榷的问题。

布鲁纳关于 20 世纪 70 年代货币主义政治失败的观点

即便如此，在 1983 年，布鲁纳承认了货币主义另一个重大的失败。1968 年，他将支持和反对货币供应增长规则的理由视为纯粹的与政策优化相关的技术问题。但到 1983 年，他得出结论说，这个问题还有很多地方需要探讨。在此期间，在当时新兴的"公共选择"学说的影响下，他深信中央银行不会按照政策优化模型的要求，在"公共利益"方面采取冷静的行动，因为它们是由自我利益最大化者经营的，其选择会受到政治因素的影响。因此，布鲁纳支持货币政策制度化，要求货币政策执行者遵守一条简单的规则，这一点布鲁纳表达得很清晰，布鲁纳坚持这一观点的原因不仅仅是担心中央银行行长能否获取足够的信息（弗里德曼在 1960 年提出这一观点时也是如此），而且更重要的是因为他认为有必要限制行长们的自由裁量权，以防止他们在追求自身利益时损害公众利益。

因此，布鲁纳承认货币主义在 20 世纪 70 年代遭遇了政治上的失败，这与约翰逊所预测的一样，只是和他设想的原因不同而已。该学说并未失去其独特的理论身份，但它未能将自己确立为货币政策实际行为的基础。

货币主义思想——强调有限的政府，强调政策的"制度化"——对于在公共领域活动的政治企业家来说，没有任何卖点。这些企业家需要的是能够实现其竞争生存战略的新计划或现有计划的改进版本。与货币主义未能渗透进政治市场的情况不同，凯恩斯主义思想的长期政治成功似乎与该市场的本质以及凯恩斯主义颇具竞争力的理论产品有关。

布鲁纳对新古典经济学的初步回应

然而，即使写了前一节结尾处的那一段话，但布鲁纳——

失控的炼金术：货币政策与通胀危机

《货币经济学杂志》和《卡内基-罗切斯特公共政策会议系列》的主编也不得不承认，如今宏观经济学内部的当代争论远不止货币主义和凯恩斯主义之间的简单冲突。如前所述，新古典经济学于20世纪70年代初开始在学术界兴起，到20世纪80年代初对货币主义宏观经济学的理论权威构成了威胁，而这些威胁比当时的凯恩斯主义理论或20世纪80年代初的通货紧缩构成的威胁更为严重。布鲁纳对这一理论挑战的全面回应直到1986年才在桑顿讲座中出现，但如果认为在这之前，他已经对宏观经济学的发展方式感到满意，那就大错特错了。他对"宏观经济混乱"的看法已经存在了好几年时间。

一开始，在20世纪70年代初，布鲁纳就发现新古典主义的两个核心思想——理性预期假说和卢卡斯批判——颇具吸引力，当它们第一次出现在卢卡斯1972年和1976年的著作中时，他对其表示了热烈的欢迎。两者都与他自己的货币主义理论显著特征相符，即强调代理人在决策中最大限度地利用稀缺信息，强调经济制度的演变，而这些因素自20世纪60年代初以来一直是他对货币在经济生活中重要作用进行分析的重要依据。因此，卢卡斯找到一种特殊的方法，可以将代理人最大化处理不完整信息并根据结果采取行动的方式规范化，他相信这种方式将颇受欢迎。长期以来，布鲁纳对基于凯恩斯经济计量模型的可自由支配宏观经济政策一直持怀疑态度，因此卢卡斯随后的表述给他留下了深刻的印象，即这些系统的"结构"必然会发生变化，因为代理人根据政策执行过程中向他们透露的有关政策行为的新信息，对之前显然已确立的战略进行了调整。在上文中，布鲁纳强调了沃尔克通货紧缩期间信誉所发挥的作用，这有力地证明了这些新古典主义创新与他自己不太正式的想法之间从根本上来说是相互兼容的。

然而，谈及新古典经济学对其他理论的最深渗透，那似乎就是它对布鲁纳货币主义所产生的持久影响。最初，在与梅尔泽和其他一些同事进行的实证研究中，布鲁纳效仿卢卡斯的做法，采用了相当于菲利普斯曲线的一个版本，在该版本中，产出和就业对通货膨胀意外情况做出反应，而不是像该文献中描述的那样，对导致通货膨胀偏离预期时间路径的实际变量的建模变化做出反应。但随着 20 世纪 70 年代被 80 年代所取代，他越来越怀疑新古典宏观经济学处理有关这些互动的经验证据的能力，这是一个非常重要的问题，因为他总是利用这些证据对理论的科学实用性进行验证。

布鲁纳的货币主义对新古典思想及真实商业周期理论的批判

在桑顿演讲中，他提出了以下问题：

短期货币非中性要求代理人要面对信息问题。卢卡斯的分析确定了一个特别容易处理的程序。代理人被假设拥有关于这个世界的（确定性和随机性）结构的所有信息。但关于当前状态的变量，他们的信息是不完整的。他们知道描述其局部情况的状态变量，但知道（原文如此）影响全球局势的滞后状态变量。（不完整的）信息允许对后者进行理性推断，并形成对状态变量的未来值。这一方案足以对短期货币非中性和长期中性做出解释。

然而，不幸的是，"这些信息问题的实证基础非常薄弱，至少在美国是如此。全球信息的累积滞后太小，无法为所提出的问题提供足够的决定性作用。一些实证研究还发现，感知到的当前货币信息确实会影响实际变量"。

新古典经济学还存在一个更为重要的理论问题。"具体的信息假设未能为货币分析提供充分的基础……信息和交易成本是我们现实世界的重要组成部分……如果想要货币分析有用，那就应该重视它们"。但"卢卡斯信息范式自然地与市场出清和完全灵活的价格关联在一起，而且做到了这一点"。

在桑顿讲座上，布鲁纳对其认为的20世纪70年代经典新古典经济学的经验和理论双重失败的分析是非常复杂的，正如已经指出的那样，这些想法最迟在20世纪80年代初似乎就已经开始出现。值得注意的是，在布鲁纳、库克尔曼和梅尔泽中，我们发现布鲁纳认为，新古典主义期望处理的核心信息问题需要重新制定，要求代理人不是从局部的本地数据来推断同一时刻在其他地方发生了什么，而是从暂时的本地数据来推断未来会发生什么。在这里，他也开始坚持认为，这一信息问题的跨时期重新表述需要这样的认知，即正如他在桑顿演讲中所说，随着时间的推移，"价格并不能完全反映所有持续的冲击……它们会根据感知到的更持久的条件进行调整……这种行为在许多情况下形成了对信息和交易成本现实状况的理性反应。定价行为在货币冲击和实际变量之间建立了联系"。

因此，经验上有用的宏观经济学要求认识到价格黏性的重要性。在同一次演讲中，布鲁纳特别蔑视当时的新古典主义论点，认为除非能根据"第一原则"对其作出令人满意的解释，否则这种现象必须被忽视。基于对科学哲学的更广泛理解，他对任何这样的原则是否都可能被可靠地确立持怀疑态度，此外，他还坚持认为,"经验规律性的断言无论是有效还是无效,都独立于其从更高层次理论中的逻辑推导。由于我们缺乏解释既定事实的理论,或者拒绝承认基于同样理由的经验规律性而否定既定事实,会使我们的相关知识变得贫乏"。

但最重要的是,布鲁纳在桑顿演讲中再次重申了他一贯的货币主义基本观点,即瓦尔拉斯方法——比如新古典经济学所使用的——不适合用来分析这种货币经济行为。他明确地抱怨说,和"全面信息假设复兴"遭遇到的情况一样,"真正的商业周期理论"——当时对卢卡斯风格的新古典经济学所遇到的困境的一种新的回应——因此也被"严重误解"。这种方法"似乎更多的是基于分析可操作性欲望,而不是相关经济学理论"。布鲁纳当然明白,货币可以通过"现金先行约束"或通过部署世代交叠模型框架的方式强制进入瓦尔拉斯体系,但他发现这些解决方案纯粹是形式化的,对货币在应对实际经济生活中的真正不确定性方面的作用只字不提。他承认,普雷斯科特的模型"可以通过一个货币方程进行补充,从而提供一个确定的价格水平。因此,货币力量将在价格水平而不是实际变量上按照瓦尔拉斯传统运作。但这一做法将与宏观经济行为的程式化事实相冲突……也与该模型的结构相矛盾,因为该模型没有为货币提供角色"。

他发现,金和普洛瑟未能将货币引入真实的商业周期模型,使货币和真实变量之间产生共同运动,从而与观察到的真实世界行为真正匹配。他们关键的创新是区分了"外部"货币和"内部"货币的差异,前者是指其名义规模会对价格水平产生影响的基础,后者由银行部门生产,其实际数量由技术冲击的产出结果决定。布鲁纳有些不安地指出,这种将货币引入瓦尔拉斯框架的方式，使由此产生的系统非常接近于当时的"内生货币供应"分析，而事实上，这种分析在他所称的"激进凯恩斯主义（后凯恩斯主义）经济学"中仍然十分盛行。然而，金-普洛瑟模型最令他恼火的不是这种理论上的不确定性，而是他认为其缺乏具体的经验内容："该模型表明……货币基础与货币供应表现出与价格水平类似的共同运动。此外，该模型还确保了实际内部货币和产出之间的协同运动，但却没有表明货币供应量与产出之间的关系或者价格水平与产出之间的关系。对于该模型来说，任何可能的模式都是适用的"。

这里没有足够的篇幅来充分描述布鲁纳对其认为的脆弱经验支持的详尽批评，他认为它们不仅支持这一特定版本的真实商业周期理论，而且还全面支持这种方法，该方法是其生成包含多种可能性模型能力的产物，以至于基本上无法证伪。正如他总结的那样，真正的商业周期游戏一旦开始，就会以十足的势头进行。我们将会继续遇到各种模型，它们以非凡的想象力"模拟"商业周期……然而，我认为，宏观经济学富有成效的发展不能沿着"新古典宏观经济学家"指示的道路发展。影响信息问题的关键条件及其对重要社会机构的影响在未来需要予以更多的关注。

然而，他对这一观点做了如下限定：但关于真实商业周期领域研究的案例值得……一些关注。重要的是……更全面地了解各种现象，这些现象可以纳入某一类具有完美信息的一般均衡模型中。这将加深我们对货币作用、货币安排和不完整信息的理解。

毕竟，在布鲁纳的长期观点中，理解最后提到的角色是货币理论的全部目的。他欣然认为，只要经验证据能够证明其贡献价值，正式的经济分析必须在这里发挥重要作用。

桑顿演讲中的货币政策

布鲁纳的桑顿讲座主要致力于他对当代宏观理论的货币主义批判，但在讲稿的最后几页，他又一次（虽然简短）阐述了他关于政策问题的观点，其叙述的重点重新转向他在 1968 年圣路易斯讲座上讨论过的一些主题，正是在那次讲座上，他第一次使用了这个标签。

我们需要认识到……合理的政策建议必须以我们的知识状况为条件。没有可靠知识水平作为依据的政策缺乏合理性。在这种情况下，我们没有充分的理由期望这样的政策会达到预期的效果，也没有充分的理由期望这些政策不会使所要解决的问题变得更糟糕，甚至会不会引发更严重的新问题。

但是，正如他所指出的那样，现在再次回到了他于 1971 年已经彻底讨论过的问题："宏观经济学的混乱自然使我们面临一个问题，即关于经济运作我们可以合理地期望获得什么样的知识"。在这一点上，他感到很悲观："关于经济基础结构，我们面临着普遍的不确定性。而且，我们永远无法克服这种不确定性"。因此，与过去相比，他现在对货币政策能够实现的目标感到更加的悲观。他的重点不再是提出一个明确的行动计划，而是指出应该避开的陷阱。

最重要的是，布鲁纳现在认为，制定货币政策时应该小心谨慎，尽力避免让事情变得更加糟糕。他同时认为，这一考虑甚至可能对货币主义的未来产生积极影响，可以将其作为政策决策的一个原则。如果当代宏观经济语境中，有些学说（比如，激进的凯恩斯主义和真实的商业周期理论）认为货币在经济中没有作用，而另一些（例如，主流凯恩斯主义和货币主义）则认为它有作用，那么，"最佳的政策选择应该在货币冲击确实重要的假设下进行。如果假设错误，也不会造成任何损害。否则，如果假设是错误的，那么按照这种假设行事将对经济造成潜在的严重损害"。此外，由于我们对影响经济的各种冲击知之甚少，他所说的"偶然行动，包括控制理论程序、微调、'行动主义'或'自由裁量'政策"——换句话说，他自 20 世纪 60 年代以来一直反对的那种凯恩斯主义政策在 20 世纪 80 年代仍然风险太大，无法得到支持。这一考虑为货币主义方法留下了空间。

当然，这一切都是布鲁纳与弗里德曼共同分享的核心货币主义理论的一个新的变化。货币主义者将"制度政策"方法视为最安全的替代方案，但在实践中可能需要什么安排，如今布鲁纳显然不愿意对此进行更为具体的阐述。在桑顿演讲中，他没有明确提出任何类似于弗里德曼所主张的政策规则。相反，他认为：

我们应该合理预期的最好结果是货币安排产生最小的冲击，从而（尤其是）降低长期价格水平不确定性和短期货币不确定性。这一预期使得我们专注于制定不会强化一系列其他冲击造成的经济后果的安排。这些主要的替代安排极有可能差别巨大……未来似乎可能会对这个问题进行一些有益的探索……这对宏观分析提出了一个挑战，即识别决策的实际背景，超越凯恩斯主义和新古典宏观经济学的人为的和不相关的实践。

结语

布鲁纳把问题留在了这里。将他 1986 年桑顿演讲的最后一段与其 1968 年在圣路易斯讲座中概括的自信而又明确的政策议程进行比较之后，再对货币主义这几年发生的变化进行更为深入的评论已经没有什么必要了。

但同样的比较或许还表明，关于我们对信息在货币经济中作用的理解程度及其对政策设计的限制，布鲁纳最初为此表现出了深深的忧虑（尽管不怎么受欢迎），在他生命的最后几年中，这种担忧渗透到了宏观经济辩论的总体框架中。当然，很难想象，假如20世纪90年代货币经济学的理论基调更加自信的话，那么，政策制定者和学者可能会接受通货膨胀目标最初隐含的极其温和的野心。同时，很难不让人产生怀疑的是，宏观经济学家甚至是普通经济代理人重新燃起的、随后的"大稳健"也鼓励的乐观情绪与随之而来的过度和不稳定没有关系。

第十一章

卡尔·布鲁纳的科学哲学：逻辑经验主义视角下的宏观经济学

——凯文·D.胡佛

一位哲学经济学家

布鲁纳回忆说，1942 年完成博士学位之后，他任职于瑞士国家银行的经济部，那时该部门死气沉沉，缺乏活力。这段时间的感受让他终生难忘，布鲁纳曾说："自诩为实干家的人往往是狂热的理论家，但他们似乎并没有意识到这一点。"政策制定者和所有人一样，都是"理论化的动物"，而搞清楚理论是如何通过隐性或显性的方式塑造经济认知和经济政策的却成为布鲁纳毕生的追求。布鲁纳虽然不是一个职业哲学家，但他却拥有一个哲学家的思维方式——对思维的有序性和精确性的偏好，以及将复杂的哲学思想应用于经济学的能力。20 世纪 50 年代初，他在加利福尼亚大学洛杉矶分校遇到了和他志趣相投的"思路清晰的科学哲学家"汉斯·赖欣巴哈（Hans Reichenbach）。他吸收了赖欣巴哈的《预测和经验》（*Prediction and Experience*）的内涵，在逻辑和科学哲学方面投入大量的精力，驱散了理论的迷雾，并逐渐构建了其经济学思维模式。

赖欣巴哈被称为逻辑经验主义哲学运动的主要领军人物之一。布鲁纳提到了其他几位具有类似取向并对其思想产生过影响的哲学家，包括恩斯特·纳格尔（Ernst Nagel）和 R. B. 布雷斯

第三部分

卡尔·布鲁纳和艾伦·梅尔泽的货币主义

韦特（R. B. Braithwaite）。逻辑经验主义是对逻辑实证主义的继承。逻辑实证主义者采取了极端的立场，所有有意义的陈述要么是逻辑和数学的陈述，要么是可证实的经验观察。每一个既不是逻辑或数学的必然真理，也不是可验证的经验观察的陈述，都是形而上学的，从字面上讲，都是毫无意义的，即正如休谟的名言所说，我们应该"将其……付之一炬：因为它只能包含诡辩和幻觉"。很少有哲学家坚持严格的逻辑实证主义。还有一个问题是，对科学实践更深入的理解让绝大多数人相信，科学理论所包含的不可或缺的术语在逻辑上不是真理，也无法直接凭经验进行验证。例如，夸克和永久性收入都无法直接观察到。然而，量子力学需要其中一个，而宏观经济学则需要另一个。哲学家们不愿称这种成功的科学为"无稽之谈"。当布鲁纳遇到赖欣巴哈时，逻辑经验主义者的主要问题是理解理论的作用，这些理论在某种程度上独立于经验观察，但又不可避免地受制于经验观察。

布鲁纳并非纯粹科学哲学的主要贡献者。相反，他毕生致力于实践哲学。受其在瑞士国家银行所遇到的问题的启发，他试图对其在加利福尼亚大学洛杉矶分校吸取的逻辑经验主义的经验教训加以发展，并将其应用于货币经济学和宏观经济学问题。他在做这件事情的时候表现出来的清晰性和一致性在经济学家中是罕见的。

布鲁纳在货币主义方面的地位众所周知，但其对经济学哲学和方法论的贡献却被弗里德曼的光芒所掩盖。一旦谈到关于方法论的研究成果，经济学家们第一个想到的很可能就是弗里德曼 1953 年的"实证经济学方法论"。布鲁纳在弗里德曼身上发现了很多值得钦佩的地方，但对于他的方法论却持批评态度——

269

或者至少是对其几十年来的阐述持批评态度。在布鲁纳看来，弗里德曼在表达其观点时缺乏语义精确性、使用了未充分形式化的语言，并且过分依赖隐喻和例子，而不是逻辑表达。布鲁纳的批评几乎没有引起任何关注。事实上，他几乎没有撰写过哲学方面的论文，只在一本科学哲学杂志上发表过一篇文章。从本质上来看，这其实是反证了弗里德曼的正确性——基本上是支持了他的结论，同时用严谨的逻辑分析取代了他松散的言辞。尽管布鲁纳认为弗里德曼的修辞方法是其方法论文章的弱点，但事实上，可能正是这种方法才让这篇文章通俗易懂，从而吸引了众多的读者。布鲁纳的文章严谨而富有启发性，但它既不容易理解，也没有被广泛阅读或引用。这篇文章本身并不重要，重要的是它对布鲁纳经济学著作中所反映的哲学立场进行了概括。我们必须看看这些著作，看看布鲁纳是如何始终如一地将哲学分析贯彻于经济学的实际问题的。

逻辑经验主义

尽管这篇文章缺乏直接的影响力，尽管人们笃信它只是让弗里德曼的方法论论点更加精确，但布鲁纳题为《"假设"和理论的认知质量》的论文仍然是我们理解其科学哲学的最佳起点。关于弗里德曼方法论论文的海量争论混乱不堪，60多年后仍然没有定论。弗里德曼名声显赫的原因是，他声称，"真正重要和有意义的假设都应该是对现实描述极其不准确的'假设'，因此，一般来说，理论越重要，假设就越不现实（从这个意义上来说）"。相比之下，布鲁纳将基本的困惑定位于关于假设含义的歧义上。他的论文将逻辑和语义分析集于一身，对辩论中"假设"

第三部分

卡尔·布鲁纳和艾伦·梅尔泽的货币主义

的七种不同用法进行了解释区分。尽管布鲁纳让这场辩论变得新颖清晰，但对我们来说，文中对其逻辑经验主义框架的背景阐述应该更有意义。这是他对自己哲学框架的唯一一次持续而又系统的解释。他阐述了理论在实证科学中的基本认知作用，并展示了这种方法论理解是如何指导经济学解决争论和积累知识的。

在其逻辑经验主义导师的带领下，布鲁纳对观察陈述和理论陈述进行了区分。他承认这种区分是务实的，承认观察本身可能在不同程度上带有理论色彩。观察是奇异的事实，能够使用一阶谓词逻辑进行描述。

当报告一项观察时，我们提出了一个存在主义的主张，例如，"失业率为 5.7%"。相比之下，理论涉及关于观察陈述的陈述和其他理论陈述的陈述。理论需要高阶逻辑和数学。理论具有普遍性，因为它适用于满足其条件的任何可能的情况。理论不涉及存在量化（例如，诸如"在时间 t 的 A 点有一个电子"或"2020 年 3 月 3 日的联邦基金利率为 0.27%"之类的说法），而是涉及全称量化（例如，"如果任何东西是电子，它就带有负电荷"或"所有完全竞争的经济体都是帕累托有效"）。通用运算符（"对任一……"）提出一般适用的声明，但不断言存在能证明这些声明的对象、情况或关系。"所有独角兽都有一只角"并不是说实际上有独角兽。存在运算符（"……存在"）不断言一般声明，但却断言特定的对象、情况或确实存在的关系（"现在我的花园里有一只独角兽"）。"长期债券收益率是同一时间范围内一系列短期债券收益率的几何平均值"是一个普遍的理论主张。相比之下，"10 年期债券收益率为 2.2%"是一个存在的事实主张。

存在运算符的缺失意味着理论对现实世界一无所知，除非它与经验前提相结合，即与观察事实相结合，而观察事实是演绎论证的初始条件，演绎论证又意味着初始前提本身的观察或潜在观察。将理论与现实世界联系起来的有两个部分。

首先，理论术语必须被赋予语义内容，使其能够直接或间接地与观察事实相一致。这是一个比逻辑实证主义观点更弱的要求，该观点要求每个有意义的陈述都必须是可以被单独经验验证的。相反，理论中的一些术语必须与观察的类别相对应，从而可以将理论推导与观察结果进行比较。布鲁纳很清楚，观察可能充满理论，因为理论本身可能有助于形成观测类别。例如，美国国会预算办公室发布了自然失业率的时间序列。这些不是直接的观察结果，而是基于预期增强菲利普斯曲线的一个特定模型的研究结果。

其次，因为演绎是为了保留真相，如果论证的前提（理论的或观察的）是真实的，那么结论（即经验预测）必然是真实的。但我们怎么知道前提是真实的？初始条件要么根据观察结果直接断言（例如，国内生产总值增长率为2.1%），要么规定为反事实主张，如政策分析中发现的主张（例如，假设美联储将联邦基金利率提高25个基点）。当然，布鲁纳并不排除观测误差的可能性。但如何建立理论前提呢？

布鲁纳认为有两种选项：

选项1，它们可以先验地被确立为第一原则，而不需要经验支持；

选项2，它们的真理可能基于经验观察。

选项1由理性主义者（如哲学家中的笛卡儿或经济学家中的米塞斯）倡导。布鲁纳立即拒绝了选项1，同时接受了选项2。

这一立场将他定义为经验主义者。但选项 2 仍然需要更多的支撑。

尽管布鲁纳没有明确提到休谟，但他清楚地意识到休谟的归纳之谜。归纳法是从特定实例中得出一般结论的推理形式。谜题是，"在什么基础上从任何有限数量的单一事实中推断出一个普遍的陈述是合理的？"休谟认为，尽管人们发现从细节中归纳出结论在心理上很有说服力，但这种推论没有逻辑依据。一个老生常谈的例子是，在看到 10 000 只白天鹅，而没有看到任何其他颜色的天鹅之后，我们没有任何逻辑理由断定第 10 001 只天鹅是白色的，或者断言所有天鹅都是白色。各种流派的哲学家试图以不同的方式解开休谟之谜。波普尔拒绝所有这样的解决方案，认为休谟的谜题表明没有什么归纳逻辑。我们所要做的就是接受这样的观点，所有的理论知识都是推测性的：普遍的主张无法得到证实，但它们可能是伪造的。无论看到多少白天鹅都不能证明所有的天鹅都是白的。

虽然没有引用波普尔的话，但布鲁纳接受了他纯粹的逻辑主张，只是他的立场更为微妙，它超越了对猜测和反驳的三种简单描述。

首先，布鲁纳承认无法通过列举进行归纳——比如，无法通过对天鹅的统计和分类进行归纳。理论是由通用量词构建而成的，仅这一事实就意味着：在科学界，我们很少对"所有的天鹅都是白色的"这样直截了当的说法感兴趣。但对布鲁纳来说，简单的列举性例子并不能揭示实际的科学理论。

其次，在布鲁纳看来，证伪是拒绝理论的必要条件，但不是充分条件。观察结果可能与理论不一致，也就是说，对其进行证伪。它们也可能与理论一致，即证实它。确认并不是归纳论证，它仅仅表明了理论与迄今为止的证据之间的兼容性。布鲁纳的观点与伊姆雷·拉卡托斯（Imré Lakatos）大约在同一时间描绘的区别，即反驳一个理论（即证伪）和拒绝它（即放弃它）之间的区别相似，但布鲁纳没有应用这一点。和拉卡托斯一样，布鲁纳认为没有一种理论是完美的，我们不排斥孤立的理论，而只排斥认真提出的替代理论。各种逻辑经验主义者和其他一些哲学家试图发展确认逻辑，但所有这些逻辑都是有问题的。布鲁纳简单地接受了这样一个观点：不同理论的证实程度可以进行比较，但不必详细说明这些理论的相对确认程度或者这些理论好与差的等级排序是如何确认的。

最后，在布鲁纳看来，知识是通过进化过程获得的。在这个过程中，更合适的理论通过证实竞争幸存下来，而其他理论则被人们拒绝。我们既不是从第一原则出发，也不是从完全明确的理论体系出发，而是从可观察的世界和我们自己的心理能力出发。基于第一原理的科学应该是：与我们在历史上认知进步的现实相冲突。科学很少通过遵循第一原则来进步，它以另一种方式发展和拓展。我们从经验规律开始，然后又回到越来越复杂的假设和理论。坚持笛卡儿原理会使科学陷入停滞不前的状况。此外，正如波普尔恰当地强调的那样，根本没有什么第一原则。

与理论不同的是，可观测的事物遍布全球，但如何看待它们完全取决于我们自己。我们的理论是认知资源的一部分，我们利用这些认知资源以我们希望的方式看待这个世界。虽然我们永远无法确定我们的理论是否正确，但如果没有它们，我们在认知上就会束手无策。对于布鲁纳来说，我们可以知道：（1）我们的理论和另一种观察之间存在矛盾；（2）一种理论被证实是好是坏是相对于另一种理论而言的。因此，他的科学策略是：（1）将被证实为最佳的理论作为我们的工作假设，以供实际使用；（2）尝试开发一个更好的理论，避免我们所支持的理论和经验观察之间出现矛盾。

布鲁纳在归纳主义和波普尔证伪主义的教条主义版本之间开辟了一条道路。在这一点上，正如在许多其他例子中看到的那样，布鲁纳是一个极端温和派，在极端之间找到了中间地带，但他这样做是出于原则性的原因，而不仅仅是出于愤怒或宽容的冲动。再举一个例子，布鲁纳拒绝瓦尔拉斯式的完美且完整的经济模型愿景。然而，他既不否认普遍均衡概念中所包含的相互依存概念的重要性，也不否认正式模型作为不协调决策中出现秩序的可能性的例证。但是，他承认，这些模型明显歪曲了我们在做出现实决策时所面临的无知程度，这减少了他对这些模型的钦佩之情。

关于瓦尔拉斯的愿景，布鲁纳不接受关于经济的"柏拉图式超级模型"观点——哲学家保罗·特勒（Paul Teller）称之为知识的"完美模型的模型"——而是支持一种零碎获取知识的模型。

布鲁纳认为：成功的认知选择了相对较小的因素子集，这些因素可以有效地解释给定现象的主要轮廓。

然而，作为一个激进的温和派，布鲁纳也反对认知多元主义，反对我们应该有一套不同的方法，且每种方法在自己的领域皆被认可。相反，他主张在学科内部和学科之间寻求统一的科学方法，同时拒绝将统一或先验第一原则的概念作为科学的起点或必要条件。

他努力实现科学统一的一个原因是他对理论体系的认可。一个简单的经验概括（例如，对于所有经济体来说，通货膨胀都与货币存量的增长率相关）是一个基本的理论主张。它超出了观察范围，但可以被验证。而对一个没有发现这种相关性的经济体的观察可能驳斥这种观点（但不一定会导致我们拒绝它）。然而，这种经验概括从分析的角度来看是肤浅的。一个更高层次、可以从中得出这些基本经验概括的经济理论（例如 IS–LM 标准模型、布鲁纳和梅尔泽自己的三资产扩展模型或动态随机一般均衡模型）为我们提供了更丰富的认知表达和更强大的分析能力，有助于我们对政策做出指导，或者了解其局限性。我们对这种认知资源的深切需求，在很大程度上有助于解释布鲁纳早期的观察，即决策者总会有一个内隐理论，而他的人生目标就是使这些理论更明确、更丰富、更成功。

尽管更复杂更高层次的理论可能是有价值的，但布鲁纳拒绝接受这样的观点。在他看来，许多经济学家的实践中都隐含着这样一种观念，即简单地从更高层次理论中推导出更低层次的理论会增加更低层次理论的可信度或真实性。演绎是一个保留真相的过程：如果它的前提是真的，那么它的结论就必须是真的。它不是一个塑造真相的过程：其前提的真实性只有在经验观察的基础上才能得到保证。同样，观察支持较低层次的理论概括，这反过来又支持更高层次的理论概括。正如布鲁纳所说，"意义的确认和分配实际上都朝着与逻辑推理相反的方向移动"。

经济学哲学

超越《"假设"和理论的认知质量》，布鲁纳对哲学的其他尝试主要涉及政治哲学，这超出了本章讨论的范围。尽管如此，布鲁纳还是在两篇文章中，对人们不同的概念进行了对比，这些概念定义了经济学和社会学以及其他领域（如政治学和心理学）之间的本质区别，并对经济科学的独特性质进行了最清晰的阐述。与其逻辑经验主义一致，布鲁纳是一个科学统一主义者，他反对自然科学和社会科学之间或经济学和其他社会科学之间存在不同的科学标准的观点。事实上，经济学与社会学在对待社会科学的方法上是不同的。但布鲁纳所希望的并不是接受这种差异，而是解决这种差异。

布鲁纳主要的领悟是，经济学始于（或应该始于）"REMM——足智多谋、具备判断能力、实现利益最大化的人"这一观念。尽管他没有承认这一点，但他的观点与罗宾斯对经济学的定义很接近，即经济学是"研究目的和具有替代用途的稀缺手段之间关系的科学"，同时也与波普尔将情境逻辑作为社会科学分析基本方法的主张非常接近。

在提倡 REMM 作为经济分析的起点时，布鲁纳再次成为激进的温和派。一方面，他拒绝将人视为完全由其无法控制的力量塑造的密码或惰性元素（"被动工程粒子"）的观点；另一方面，他也不接受将人视为"聪明但无情的计算机器"的观点。他认为慈善行为、对家庭的爱、同情，可以始终包含在 REMM 框架内。智谋可以被视为理性，但不能被狭隘地认为是对明确定义的优化问题的解决方案。我们通常太不了解相关细节（根据哈耶克的说法）或太不确定未来的可能性（根据凯恩斯的说法），无法对整体情况进行全面建模。布鲁纳不排除将形式优化作为解决狭义问题的工具。然而，从更加普遍的意义上来说，他将理性、判断和最大化视为适应人类局限性的应对策略。许多社会制度都是对我们的知识和认知资源的局限性进行足智多谋调整的结果。布鲁纳经常强调，货币最重要的不是一种交易手段或者价值储存——尽管它两者都是——而是一种制度，能够以足智多谋的方式处理我们无视信息和缺乏信息的状况。同样，布鲁纳反对赫伯特·西蒙（Herbert Simon）的术语"有界理性"——并不是拒绝西蒙的观念，而是反对他的这个观点："满足"是对理性的背离。当我们无知、不确定以及具有的计算能力有限时，"满足"正是理性或足智多谋所需要的。

对布鲁纳来说，REMM 是社会科学最好的模式。虽然有这一断言，但他没有将其提升为等同于先验第一原则的地位。相反，这是一个更高层次的理论前提，而其合理性只有在相对于人的其他概念的优越经验表现的基础上才能证明。布鲁纳认为，经济学——或多或少是在 REMM 的基础上进行的——事实上，在经验上比社会学更成功。在他看来，社会学的问题是缺乏一个成熟的理论。他认为，它还停留在经验概括的层面，而所谓的理论只不过是描述而已。这些描述是有用的知识——相当于为经济学磨坊提供了谷物——但没有提供认知工具来支持复杂的、与经验相关的理论或政策分析。由于缺乏如此发达的理论，社会学既不能预测政策行动的影响，也不能对制度的可能运作给出原则性的解释。

根据统一科学的共同前提和 REMM 的假设经验优势，布鲁纳成为经济学帝国主义的支持者——这一概念经常与加里·贝克尔（Gary Becker）的研究联系在一起，他经常将经济分析工具应用于社会学、人类学、政治学和社会心理学领域。对布鲁纳来说，经济学帝国主义是在非经济社会科学领域取得实质性理论进步的必然前提。

计量经济学

布鲁纳是一位经验主义者，因此，健全的计量经济学对于他理解经济科学非常重要，而他以自己的逻辑经验主义为基础，对常见的计量经济学实践进行了尖锐的批评。在他职业生涯的大部分时间里，他的主要目标是批评大型凯恩斯主义宏观经济计量模型建构者的实践，这些模型构建者包括劳伦斯、克莱因、詹姆斯·杜森贝里（James Duesenberry）、莫迪利亚尼、阿尔伯特·安多（Albert Ando）以及他们的同事和助手团队。他们开发了布鲁金斯模型、麻省理工学院—宾夕法尼亚大学—社会科学研究委员会（MPS）模型以及其他类似的模型。关键的一点是，布鲁纳认为，计量经济学从根本上来说讲的不是统计学和相关性。相反，它讲的是如何使用统计学来检验假设和理论。在布鲁纳看来，凯恩斯主义的宏观经济计量模型构建者专注于预测业绩，致使其建模实践与经济理论相脱节，遭受了关于评估本质接近逻辑文盲的困惑。作为历史问题，我们不一定同意布鲁纳对凯恩斯主义宏观经济计量项目的批评，也就是说，他们是否真的犯了他所说的方法论之罪。我们可以理解这样一个事实，即他的批评基本上是基于他的逻辑经验主义，或者说这些批评说明了科学哲学在他手中的意义。布鲁纳所要求的宏观计量经济学的逻辑，从根本上说，是他整个科学哲学的逻辑，即必须构建一个模型，当与可观察的初始条件相结合时，允许对可观察的测试陈述进行推断，这些陈述可以用可观察的数据确认或否认。他指责凯恩斯主义宏观经济计量模型的建模者对可用数据和理论概念之间的对应关系不够重视，并举例说明了将仅按等级排序的数据视为有意义的加法或乘法的错误。布鲁纳还认为，宏观经济计量建模者未能解释其模型的随机性。随机模型不进行点预测，而是生成做出概率性声明的测试语句。任何有意义的模型都必须排除世界上的某些状态，布鲁纳认为："如果没有正面内容的界定，就无法认真考虑任何认知主张，而只要主张是真实的，就不太可能出现一系列无意义的观察结果"。在这里，布鲁纳预计将重点放在黛博拉·梅奥（Deborah Mayo）和阿里斯·斯潘诺斯（Aris Spanos）倡导的"严格测试"上。只有当我们将其与另一种假设进行比较时，测试才是严格的，这种假设给了它所有失败或成功的机会。只有严格的测试才有证明价值。

在布鲁纳看来，凯恩斯主义的宏观经济计量模型项目是失败的，其失败的根本原因在于其对预测绩效的关注。布鲁纳并不否认预测的实用价值，但认为宏观经济计量建模者将具有实用价值的预测误认为是对其模型认知价值的有意义的测试。提供异常预测的预测无法对随机理论进行适当测试。需要确认的不是预测值与结果的接近程度，而是预测值的频率分布与从模型推导出的概率分布的接近程度。出于各种目的，客户可能希望有一个预测点，并在接近实际结果时对其进行评估。然而，这并不影响模型的真实性，因为随机模型通常不排除奇异预测，而是预测它们出现的相对频率。

为了满足客户的实际需求，宏观经济计量建模者不断对其模型进行调整，将导致新数据系统性偏离假设结构估计值的因素纳入其中，允许主观判断凌驾于从模型中推断出的实际预测。布鲁纳明确表示，他并不反对用新的数据来更新估计值，使其更加精确。相反，他反对这些程序切断理论模型和可观察结果之间联系的方式，这种方式削弱了观察结果作为理论逻辑显著检验的任何可能性。主观模型的调整鼓励经济学家对模型进行微调直到它适合他们的先验信念，而关注通过任何必要手段实现预测拟合最大化减少了理论模型在生成预测中的认知作用。经过充分调整后，布鲁纳认为，该模型的方程由隐式虚拟变量控制，这些变量保证了拟合，但没有任何解释。

布鲁纳还指出，大型宏观经济计量模型首选估算程序通常依赖于工具变量，这些工具变量的选择不是基于对其适当性进行仔细的理论和实证调查，而是基于非正式、偶然的理由和先验信念。加之对随机结构缺乏关注，使用这些工具变量的估算涉及大量未阐明的、隐含的假设，这些假设使测试统计数据与被测试的显式假设之间的联系变得毫无意义。布鲁纳不仅指责凯恩斯主义的宏观经济计量建模者，而且还指责一般的经济计量学家未能对模型进行严格的比较，从而使其能够确认或否认竞争理论的含义。在最基本的层面上，他严厉批评专注于零假设的做法。如果发现一个测试统计数据与零假设有显著差异，则很少会构成一个严格的测试，并且在强调相互竞争、严格维护的假设之间比较的方法框架内，通常不会提供太多信息。更广泛地说，布鲁纳认为，宏观经济计量学家未能将其大型经济计量模型作为区分理论（例如，凯恩斯主义理论和布鲁纳自己的货币主义理论）的适当工具，未能以能够满足这一目的的方式制定模型。他认为，大型宏观经济计量建模者没有认真评估 1972 年的 20 多个相互竞争的宏观经济计量模型。

失控的炼金术：货币政策与通胀危机

布鲁纳从不讳言，他指责凯恩斯主义宏观经济计量建模者"为了一种类似于占星术的数学命理学而放弃了经验科学，同时还指责其未能达到逻辑经验主义方法论的严格要求"。

在 20 世纪 60 年代和 70 年代货币主义者和凯恩斯主义者之间的辩论中，布鲁纳再次依靠逻辑和哲学分析来支持货币主义者。凯恩斯主义者倾向于"结构性"模型，遵循考尔斯委员会的传统，试图通过在方程组中提供系数估计来隔离变量之间的基本联系，这些方程组被认为可以捕捉因果影响的详细渠道。通常，这些系数估计是通过估计简化形式的方法获得的——统计回归方程，其中内生变量仅对外生变量进行回归。为了从简化的表格中恢复结构系数估计，考尔斯委员会的方法需要事先了解基本的功能结构。他们面临的主要挑战是，破解不同的结构以提供相同的简化形式。当且仅当如果先前结构中嵌入的限制允许从简化形式中恢复结构参数的唯一估计时，经济计量模型才被认为是"已确认"。

布鲁纳并不怀疑这种确认逻辑，但他首先反对的是，他认为结构建模者对于其结构模型从更高层次的模型或更深层的理论原理中的可推导性的看法不符合逻辑。在一个案例中，他批评了托宾的执念，即他的金融市场结构模型从马科维茨风险回报投资组合理论的函数形式的可推导性中获得了可信度。这与布鲁纳认为的确认逻辑相反，即事实证据在越来越高的层次上从观察向上传递到理论，而不是从更高层次的理论向下传递到更低层次的理论。

其次，布鲁纳认为凯恩斯主义的货币主义批评者否定了货币主义的证据，特别是莱昂内尔·安德森（Leonall Andersen）和杰里·乔丹（Jerry Jordan）在圣路易斯联邦储备银行的研究成果。因为它是从简化形式的估计中得出的，没有明确结构参数。布鲁纳否认，货币主义者和凯恩斯主义者观点之间的差异可以归结为一个共同模型中参数值的差异，例如 IS–LM 标准模型或者关于该模型的一种凯恩斯主义阐述。他认为，这场争论是关于更根本的理论分歧，无法根据凯恩斯主义模型中的特定系数估计来解决。在布鲁纳看来，对简化形式建模的攻击不合逻辑，因为凯恩斯学派的模型，即使是结构细节不同的模型，相对于货币主义者的模型来说，也隐含着不同的简化形式。支持或反对这些简化形式的证据相当于支持或反对整个学派的证据。虽然对同一理论学派内的模型进行区分可能在之后的某个阶段是有用的，但整体而言，对结构清晰度的坚持不会改变每个学派证据的重要性。

宏观经济模型的建立和聚合

布鲁纳激进温和的另一个例子是，他与其长期合作者梅尔泽特别倾向于中等规模的形式化宏观经济模型——特别是，他们对 IS–LM 标准模型的三种资产阐述——既不接受凯恩斯主义宏观经济计量学家用数百个方程建立模型的极端做法，也不接受弗里德曼几乎完全避免形式化建模的做法。

弗里德曼是货币主义者的盟友，但在布鲁纳看来，弗里德曼过于满足于低级因果假设，布鲁纳敦促他更准确地阐述货币主义理论。尽管弗里德曼屈服了，并试图将他的货币主义强行纳入 IS–LM 框架，但布鲁纳和梅尔泽发现他的这一努力并不成功，因为他过分承认他们与凯恩斯主义者的共同观点，即这两个学派基本上共享一个共同的框架，通过对共同模型的特定参数的估计，可以解决它们之间的差异。

不出所料，布鲁纳对其反对凯恩斯主义建模者的理由进行了更为详细的描述。例如，克莱因偏爱更复杂可行的模型。正如他后来所说：

与自然简单的简约观点相反，我认为经济生活极其复杂，成功的模型将尽可能多地构建复杂的相互关系。这就是为什么我喜欢大型经济计量模型和强大计算能力的原因。与简约原则相比，我更喜欢以下规则：最好开发使用最大的可行系统，该系统可以被我们管理，既能够解释简约系统，又能解释主要的经济规模。

对布鲁纳来说，克莱因执着于宏观经济计量模型和托宾执着于复杂金融市场模型背后的冲动是他们的"理性主义遗产"及其对第一原则的执着造成的。在这两种情况下，第一个原则就是执着于瓦尔拉斯模型，在该模型中，经济性原则上是通过解释每个独立代理人的决策问题来解释的。

在布鲁纳看来，凯恩斯主义宏观模型构建者并非忽视了数据，而是将施莫勒（Schmoller）与瓦尔拉斯进行了非凡的组合。布鲁纳认为，在渴望分解和实现瓦尔拉斯关于建立在个人基础上的完整经济模型的愿景时，凯恩斯主义宏观经济计量学家们失去了对行为经济学理论认知功能的把握，也失去了对经济现象进行解释的可能性，而这种解释可能不只是对数据的描述和分类。

对微观基础的执着，即宏观经济学必须以个人的微观经济行为为基础的观点，在经济学家中广泛存在。甚至被公认为发明了宏观经济学的凯恩斯（这种说法可能不那么正确），在解释聚合数据行为时也在很大程度上参考了个人的经济选择。然而，克莱因对凯恩斯提出了尖锐的批评，批评他未能提供微观经济决策问题与总体水平之间联系的正式解释。克莱因毕生致力于开发一个完整的非集计模型。

布鲁纳的立场更接近凯恩斯的立场，而不是凯恩斯主义者的立场。他坚持将 REMM 作为经济分析的最佳起点，因此他很自然地支持克莱因的微观基础冲动。然而，无论人类行为的基本动机是什么，他都认为没有理由相信先验的主张，即完整的非集计模型将被证明具有最大的认知或实际效用，特别是，从微观经济第一原则出发的聚合模型的可推导性保证了它们的真实性。尽管布鲁纳承认，可处理模型中的形式推导将对某些问题有用，但这类模型的理性范围很窄，无法充分发挥人类智慧的潜力，因此不太可能按照这些原则建立一个全面的经济模型。布鲁纳认为：凯恩斯主义宏观经济计量建模者施莫勒和瓦尔拉斯的组合……忽略了中间范围，在该范围内，分析以显式构建的、具有明确可评估形式的经验假设形式出现。布鲁纳一如既往地寻求一个有原则的中间立场。

然而，作为经验主义者，布鲁纳最终认为，聚合程度必须根据经验来判断：真相向上传导。对分解的渴望在一定程度上也是基于令人尊敬的经验直觉，即对分配过程或如他所说的配置过程的解释将使模型在经验上更加稳定。这种经验直觉是值得尊敬的，但布鲁纳认为它可能是错误的，人类互动和制度的本质应该是聚合趋势和分配细节之间存在粗略的分离。他对这个观点进行了解释，认为改变描述经济概率分布均值的力基本上与描述相对于受这些分布支配的个体均值的实现情况的力无关。例如，电力总需求可以从少量的聚合变量中进行可靠的预测，而任何个人的电力需求都可能过于特殊，即使使用大量的变量也无法进行准确预测。同样，在宏观经济方面，总国内生产总值和总物价指数可以使用几个聚合变量（如货币增长率）可靠地建模，但很难准确地对个人在收入分配中的位置进行预测。布鲁纳特别指出，少数聚合变量主导宏观经济运动的说法并没有排除配置过程对宏观经济变量的二阶效应。然而，对于大多数政策目的来说，二阶效应可以忽略不计，而聚合对配置效应的支配证明了布鲁纳偏爱小型聚合宏模型。

布鲁纳关于聚合变量支配地位的前提最终是一个经验前提，没有得到其逻辑经验主义的任何支持。他在这个问题上诉诸逻辑经验主义主要是为了驳斥微观基础和分解是一种先验的、方法论上的强制性立场的观点。布鲁纳认为，在某种程度上，进一步的解集不会稳定经济模型的经验行为（如他所说，建立"永久性"），但会使其被个人行为和制度结构的万花筒式变化所淹没。其主要的哲学观点是，某种聚合水平可能是构建一个认知上令人满意的经济模型的一个合理的停止点，并且可以有一个适当的总体宏观经济理论水平。

微观基础和新古典宏观经济学

当布鲁纳即将走到生命尽头时，凯恩斯主义的宏观经济计量建模者，他曾经的主要对手，因所谓的新古典宏观经济学的兴起而黯然失色，该学说的主要代表人物有卢卡斯、萨金特、芬恩·基德兰德（Finn Kydland）和普雷斯科特。他们提倡市场出清方法，并将穆斯的理性预期假说引入宏观经济学。那些认为人们的理论地位受利益或意识形态支配的人可能会觉得很奇怪，布鲁纳竟然不愿意加入新古典主义的行列。正如他所做的那样，新

卡尔·布鲁纳和艾伦·梅尔泽的货币主义

古典主义者信任市场，支持有限的政府，主张稳定的政策规则，反对技术官僚和政客的自由裁量权。布鲁纳以前的凯恩斯主义反对者显然看不到它们之间存在什么差异。托宾将新古典主义称为"货币主义二世"。布鲁纳之所以反对新古典主义主要是因为其科学哲学。

尽管布鲁纳特别欣赏卢卡斯带来的关注——尤其是他 1972 年发表在《经济理论杂志》（*Journal of Economic Theory*）上的文章所带来的关注——让人们开始关注信息在宏观经济中的作用以及价格理论方法的重要性，但是，他认为新古典主义的抱负，在许多方面，很难与凯恩斯主义宏观经济计量建模者的抱负区分开来。尽管新古典宏观经济模型通常很小——在大多数情况下不比布鲁纳和梅尔泽自己的模型大，而且肯定不会像布鲁金斯和麻省理工学院—宾夕法尼亚大学—社会科学研究委员会模型那样达到数百个方程的规模——但布鲁纳认为，新古典主义的抱负与凯恩斯主义宏观经济计量建模者的抱负在重要的方面非常相似：新古典宏观经济学通常采用完整的非集计瓦尔拉斯模型作为理想的理论类型。布鲁纳拒绝了这两个观点，认为这是对一小套先验的"笛卡儿"第一原则的不正当诉求。布鲁纳认为，微观基础理论"似乎也说服了新古典宏观经济学家，所有的工作都需要从'第一原则'开始，其他任何东西都是不可接受的。这样的方法论原则是对科学的嘲弄"。新古典微观基础的市场出清模型的任何优势都必须建立在经验基础之上，可以作为证据链的终点，但不能被视为不证自明、自我论证的前提。

认为新古典宏观经济学与凯恩斯主义宏观计量经济学建模者遵循相同的方法论是不寻常的，但在布鲁纳的哲学框架内，这是完全合理的。卢卡斯的批判是对大型宏观经济计量模型及其在政策分析中的应用的持续攻击。他的目标是克莱因和廷贝亨（Tinbergen）及其同道者，而主要论点从布鲁纳的一个观察开始：经济学家可以使用大型宏观经济计量模型进行很好的预测，因为他们愿意不断调整自己的结构，用他们个人的专业判断来代替违反直觉的预测，但代价是破坏他们的理论一致性或反事实政策分析的效用。然而，卢卡斯把问题归咎于聚合。宏观经济计量模型的困难在于，它们无法将经济进行分解，也无法捕捉个人面临的决策问题。

卢卡斯认为，模型的不稳定性是由经济中约束条件的不断变化造成的，这些约束条件改变了个人行为的模式，并产生了总体后果。此外，未将理性预期假设纳入模型意味着，他们认为个人容易犯系统性错误，从而进一步破坏估计的聚合关系的稳定性，但这种做法进一步破坏了预估聚合关系的稳定性，因为真实的人不太可能在一段时间内持续犯系统性错误。

卢卡斯认为，应对该批评的办法是提供足够的微观基础。正如他在之后的著作中所说的那样，经济学家必须对经济中个人的优化问题进行建模，只考虑给定的"品位和技术"，最终用微观经济学取代宏观经济学。该策略下的聚合关系应该完全适应不断变化的约束，从而变得更加稳定，不再需要太多的主观调整。

在某些方面，新古典主义者在微观基础的道路上没有凯恩斯主义的宏观经济计量建模者走得远。新古典经验模型通常更具聚合性，而早期的新古典模型侧重于与理性预期的融合。甚至在之后，更明确地寻求代表决策问题的新古典模型通常使用单个代表性代理（有时是几个），将国内生产总值及其组成部分作为直接选择对象，而不是试图对大量代理进行建模。重点是，新古典主义坚持将微观经济学的形式优化程序应用于这些总体问题。

最初，新古典主义者并不反对考尔斯委员会根据先验理论确保结构识别的方法。关于凯恩斯模型，新古典主义也并不反对其计量经济学方法。一方面，有人建议按照凯恩斯主义者的思路来阐述该方法，以纳入理性预期假设所隐含的复杂性。另一方面，人们认为凯恩斯主义者接受了错误的理论模型——实际上也并非反对该方法。早期的新古典模型接受了标准的经济计量测试，结果大多不尽如人意。

正如对凯恩斯主义宏观经济计量模型构建者所做的那样，布鲁纳对新古典主义所采用的经验证据标准提出了质疑，因为它们无法产生允许竞争理论之间进行比较鉴别的实证检验。卢卡斯通过模拟方法对这些模型进行了描述：模型采用模拟经济关键特征的显式计算机程序的形式，而该模型是否是真的问题则无关紧要。基德兰德和普雷斯科特追随卢卡斯的脚步，采用他的模拟方法，其重点是模型模拟所选定的经济特征的能力。他们还主张用校准代替计量经济学的估计——也就是说，间接提供基于其他信息的参数值，包括微观经济研究、国民核算典型事实，或者个人信仰——并通过模型与感兴趣特征的主观匹配来判断模型的性能。基德兰德和普雷斯科特采用了模拟数据的模型标准，但仅限于某些维度普雷斯科特曾说："一个模型能够很好但不完美地模拟这个周期。"结构性宏观计量经济学建模者坚持根据模型与数据众多维度的匹配程度来评估模型，这在校准主义观点上是错误的。他们认为，问题是经济计量估计对于数据的无趣特征过于敏感："与方程组方法不同，更符合数据的模型经济并不是所使用的模型经济，使用哪一种由目前已确立的理论所决定。"

在布鲁纳看来，基德兰德和普雷斯科特的方法论在多个方面都失败了。首先，将理论置于证据之上，通过暗示真相向下传导的方式来颠倒科学推理的逻辑。假设某种理论是正确的，而基德兰德和普雷斯科特的方法论没有提供逻辑上挑战该假设理论的方法，本质上是将其与经验证据分开。其次，布鲁纳认为，理论的目的是为理解数据提供认知资源，并且考虑到人类知识和智力的局限性，这种理论资源只能以零碎和比较的方式发展。通过先验地选定一个"目前已确立的理论"，基德兰德和普雷斯科特的研究基本上遵循第一原则——这样的做法，无论在哪里看到，布鲁纳都是不会接受的。这样做的时候，他们也抛弃了理论需要进行比较评估的观念，只有在比较和竞争的背景下才能有效阐述。即使调节到在有限维度上模仿的标准时，在布鲁纳看来，模仿依然是一个薄弱的标准。构建模拟数据的不兼容模型太容易了。人们真正需要的是对相互竞争的理论进行阐述，以便某些模型所允许的世界状态被其他模型所禁止。然后，辨别测试成为可能，相对确认的标准可以指导认知阐述和理论的发展。

尽管布鲁纳总是倡导形式清晰和逻辑精确，同时经常批评弗里德曼和凯恩斯主义者在这方面的失败，但布鲁纳认为新古典主义走得太远了——高估了从优化问题中得出的模型形式推导，并采用了给定的技术。布鲁纳再一次用同样的笔触对新古典主义者和凯恩斯主义者进行了抨击。他的观点包含三个方面。第一，像凯恩斯主义者那样，新古典主义者表现出对第一原则的笛卡儿式依恋。因此，尽管参考了数据，但他们未能采用真正的经验主义方法。第二，他们的方法论没有认识到逻辑理论层次，在这个层次中，真相是从观测的基础上建立起来的，而不是自上而下从理论上建立起来的。布鲁纳观点的第三个方面与他对科学事业的分层理解有关。对可驾驭性的考虑导致新古典经济学家使用简单的模型，在这些模型中，他们实际上能够解决优化问题。可驾驭性约束鼓励经济学家忽略与经验相关的制度事实，而这些事实很难从效用函数和生产函数中推导出来，可靠的低水平经验概括尚未得到令人满意的理论解释。布鲁纳认为，这种可靠的低水平概括的例子就是价格黏性：他认为，我们对价格黏性没有一个可接受的优化解释，但如果不承认其现实性，任何宏观经济计量模型都不可能在经验上取得成功。他问道："在医学上，是否仅仅因为我们还没有给出一个理论上令人满意的解释，就不能使用一种有可靠疗效证据的药物？"

鉴于他对新古典方法论的三重反对，布鲁纳强烈反对新古典主义坚持将形式化的微观基础优化模型作为唯一可接受的理论化形式。的确，形式化是有好处的；但"强行规定任何未明确和严格形式化的东西都不算数，也不可能贡献任何相关知识"，为获得令人怀疑的严谨性付出了过高的代价。在布鲁纳看来，将他所认为的被误导的方法论原则作为一根棍子挥舞，与真正的科学方法背道而驰，真正的科学方法是为了真诚地阐明理论，是为了让它们在竞争性的、比较性的环境中受到挑战，最终取得经验上的成功。新古典主义的方法论约束有可能导致忽视对知识的真正补充，而原因仅仅是这些知识没有被包装在一个可接受的先验框架中。

布鲁纳的实践科学哲学

人们总是抱怨经济学，尤其是宏观经济学的科学地位，担心重要的问题永远无法得到解决。至于为什么会出现这种情况，人们有各种各样的看法。马克·布劳格（Mark Blaug）认为，这个问题是由于过度关注形式理论和所谓的实证检验而造成的。他认为，经济学家原则上是波普尔式的证伪主义者，但实际上他们并没有对自己的假设进行严格的检验。布劳格认为，经验测试就像"降下球网打网球"。埃德温·库赫（Edwin Kuh）虽然没有否认布劳格的论点，但却将问题归咎于数据——它们太弱而无法辨别。布鲁纳既不同意库赫关于数据的主张，也不赞同布劳格关于理论的主张，他曾说："其错误很大程度上在于理论的非歧视性力量。无论我们有多少数据，如果对理论一无所知，就无法进行大量的测试。"在布鲁纳看来，科学是从中间发展的——既不是从没有束缚的理论的过度阐述到观察的发展，也不是从非理论的经验主义开始发展。在他看来，渐进式认知发展总是发生在观察和理论化的交汇处，并且总是以批判性的视角进行。我们必须培养有关可访问数据的相关理论和假设，并让它们相互竞争。任何领域，一旦将其理论与观察结果分离，或者保护特定理论或方法不受经验的严格审查，或者未能提出可能超越数据第一级经验概括以形成更普遍解释的理论，那么它在认知上就是失败的，根本不算是一门科学。

布鲁纳是个乐观主义者。他相信科学经济学是可能实现的。作为哲学家，他一生都在努力阐明这样一种经济学的合理方法。作为宏观和货币经济学家，他试图在自己的实践中实施这种方法。

第十二章

阿门·阿尔希安对卡尔·布鲁纳货币主义的深刻影响

——皮埃里克·克莱克

引言

1987 年，布鲁纳受《制度与理论经济学杂志》（*Journal of Institutional and Theoretical Economics*）之邀"谈一谈阿尔希安及其思想的演变"，他将这次邀请视为感谢阿尔希安的绝佳机会。他回忆道，他和阿尔希安"在 1950 年 12 月底的美国经济协会年会上首次相见……我想在加利福尼亚大学洛杉矶分校谋一个职位，阿尔希安对我进行了面试。这是一段长期友谊的开始，也是一次卓有成效的思想交流。这次交流塑造了我此后几十年的思想"。

在接受克莱默采访时，布鲁纳称，他与阿尔希安的会面"非常重要，与他进行的多次讨论最终使我对经济学的本质有了更为清晰的认识"。对于"你是什么时候成为货币主义者的？"这个问题，布鲁纳回答道，"回想起来，我觉得从我与阿尔希安的讨论中追溯这个问题实际上非常有趣"。

布鲁纳多次谈到阿尔希安对其理论研究的影响，在本章中我为此提供了一些事实基础。阿尔希安被认为是新微观经济学的领军人物，他不断指出信息在经济活动中的突出作用。我认为，布鲁纳所倡导的货币主义与阿尔希安对信息经济学的贡献密切相关。因此，我完全赞同莱德勒的观点，即布鲁纳的货币主义理论比弗里德曼更关注货币经济学的核心信息问题。

　　本章接下来要讨论的内容包括阿尔希安的论文《不确定性、进化和经济理论》对布鲁纳倡导的货币主义的影响。这一观点可以用缩写词 REMM 来进行概括，REMM 代表"足智多谋、具备判断能力、实现利益最大化的人"，由梅克林创造。我强调指出，布鲁纳和梅尔泽关于货币（作为交换媒介）出现的解释是基于布鲁纳和阿尔希安之间的"长期关系和……一些很早之前进行的讨论"。这强调了阿尔希安关于价格刚性和失业的理论对布鲁纳两个研究领域的影响：货币政策的传导机制以及货币和实际冲击的持续效应。

经济代理人的进化视角

　　1950 年，阿尔希安在《政治经济学杂志》上发表了题为《不确定性、进化和经济理论》的文章，从而奠定了其国际知名学者的地位。在这篇文章中，阿尔希安认为，通常由标准经济分析假设的利润或效用最大化标准只有在信息完备的情况才能够使用。因此，他建议回到马歇尔式的分析，并与达尔文进化自然选择的要点相结合。他强调，纯利润（与最大利润相反，代表"相关要求"）可以通过适应性行为实现，特别是通过试错和模仿，行为规则被证明是对观察到的成功的行为的模仿，例如传统加价、价格跟随、正统会计和运营比率、适当广告政策等。在认识到摆脱最大化标准的必要性之后，大多数传统的经济工具和概念仍然有用，尽管是在一个截然不同的、与生物进化理论非常相似的框架中。遗传、突变和自然选择在经济理论中对应的是模仿、创新和纯利润。布鲁纳将阿尔希安的贡献总结如下：

第三部分
卡尔·布鲁纳和艾伦·梅尔泽的货币主义

在这篇开创性的文章中，阿尔希安对普遍存在的不确定性进行了研究，其研究背景是应用于竞争性市场体系运作的进化分析。研究表明，即使在缺乏理性、利润最大化或任何有目的的行为的情况下，经济系统也会产生资源使用模式的合理排序。代理人的适应性和目的性行为增强了系统的适应性效率……基于完备信息的分析忽略了现实中太多重要的方面。

布鲁纳在两篇论文中推广了这个观点。布鲁纳和麦克林引入了 REMM 这个术语来描述他们关于社会中人的概念。布鲁纳认为，足智多谋、具备判断能力、实现利益最大化的行为有一个共同的基础……个体并非生来就是一块石板，空空如也……而是生来就具有生物和遗传遗产。然而，"最大化"一词不应按照新古典主义理论的通常意义来理解。事实上，布鲁纳强调：

与最大化行为相比，理性也许是该假说的一个更基本的组成部分。计算机和人脑有限的计算能力、收集和解释信息的成本以及到处弥漫的不确定性，阻碍了理性行为以直接最大化方式来表达。理性行为反而产生了一套或多或少有意识的程序规则。

因此莱德勒认为，布鲁纳的 REMM 是一种更加有趣、更加微妙的生物，而不是中级微观经济学教科书中机械地最大化的经济学侏儒，而后者目前也正在主导着宏观经济学。

此外，布鲁纳认为：足智多谋意味着人类进行搜索、探究、应对和实验，而不是被动的实体……因此，足智多谋为进化分析奠定了基础。在这种情况下，平衡来自个体之间相互作用的概念不仅对市场有用，当然，对各种各样的组织结构也有用。这提供了一种新的视野和对社会制度新的理解，其中货币占据了重要地位。莱德勒回忆道，"在布鲁纳看来，人类足智多谋的探索和探究可能会改变环境条件或者关于这些指定相关机会集的条件的信息。"他引用了布鲁纳和梅尔泽题为《货币的用途》的论文，试图将这种普遍的见解应用于对一组特定社会安排的分析。接下来我们就来讨论这个问题。

作为交换媒介的货币的出现

布鲁纳和梅尔泽 1971 年合作的作品是布鲁纳关于作为交换媒介的货币起源的最重要著作，而其中的解释要点在布鲁纳和梅尔泽 1964 年合作的作品中被首次阐述。这两篇文章早于阿尔希安关于这一主题的主要著作。因此，可以这样说，在这个问题上，是布鲁纳影响了阿尔希安，而不是阿尔希安影响了布鲁纳。然而，两位作者都认为，这些文章中表达的论点（非常相似）是他们共同提出来的。

阿尔希安曾表示：

我对与布鲁纳的长期交往表示尊重，对他的研究成果表示钦佩。而最能体现我尊重和钦佩的方式是，我以秘书兼记者的身份对我们之前讨论的要点进行了报道，当时我们都愿意承认我们有很多东西需要学习……感兴趣的读者会发现，阅读布鲁纳和梅尔泽后来在《货币的用途：交换经济理论中的货币》一文中阐述的更具概括性的形式化，会有所启发。

关键因素是缺乏关于家庭欲购商品质量的完整信息。搜索有关商品质量的信息涉及一些成本，而商品不同，成本则不同。在这种情况下，对于大多数家庭来说，信息成本相对较低的商品将成为交换媒介。

布鲁纳和梅尔泽曾在作品中表示：

如果关于市场机会和商品质量的信息既不是无成本获取，也不是平均分配，那么使用货币作为交换媒介就可以降低交换的资源成本……对于个人而言，货币是信息投资和分配给搜索所需劳动力的替代品。通过使用货币，个人可以减少他们必须获取、处理和存储的信息量，并减少其使用初始财富换取最佳商品的交易数量。

阿尔希安曾说：

这并不是缺少需求的双重巧合，也不是缺少搜索各种商品潜在买家和卖家市场的成本，也不是缺少记录，而是缺少可交换商品属性信息的成本，在交换经济中该成本会导致货币的使用条件是，某种商品在很大一部分人群中的识别成本很低，而其他商品则很高。

然而，布鲁纳的方法与阿尔希安的方法的不同主要体现在：首先，两位作者都认为，由于商品质量的信息不完善，所以导致专业中间商的出现，他们是评估商品属性的专家。然而，布鲁纳认为这是市场体系扩张的结果，这反过来又源于交换媒介的使用。但对阿尔希安来说，一些代理商在某些商品上的专业化是将金钱用作中介商品的条件。其次，布鲁纳强调，他的论点不一定包含一种单一的交换媒介，这是阿尔希安没有考虑到的可能性。最后，布鲁纳认为，使用某些资产作为交换媒介将提高其在信息成本方面的初始优势，而这种自我强化的过程在阿尔希安的分析中是不存在的。

价格刚性和失业

阿尔希安理论

阿尔希安与威廉·艾伦（William Allen）讨论了他关于价格

刚性和失业的理论，他们的讨论发表在他不同版本的著作及其题为《信息成本、定价和失业》的文章中。该文 1969 年首次在《经济调查》（*Economic Inquiry*）杂志上发表，随后又被收录于《菲尔普斯卷》。他强调，当时占主导地位的理论认为，失业是由于工资无法适应冲击造成的。反过来，工资僵化是由工会垄断、最低工资法，甚至惯例和禁忌等特别的方式造成的。阿尔希安的目标是找到与个人理性一致的关于工资僵化和失业的解释。

阿尔希安指出，他所提出的分析可以更广泛地应用于各种类型的资源，因此可以解释价格刚性以及非人力商品和人类服务的失业。某种特定资产的卖方获得的奖励是售价减去搜索成本，而买方支付的是售价加上搜索成本。此外，完美的流动性资产就是卖家可以立即达到其预期的最高价格而又无须搜索成本的资产。

阿尔希安解释了为什么大量商品的价格似乎是预先确定的：

客户可能更喜欢可预测的价格，增加某些队列的概率，减少了搜索……卖方消除了非预期波动的、临时的市场出清价格，可以为客户节省搜索成本。他可以通过保有更大的库存来缓冲临时的需求波动，从而使价格更具可预测性，如果客户接受排队等待的成本，他们将通过保证稳定（即预测）价格来降低搜索成本。

关于劳动力市场，阿尔希安的研究开始于这样的假设，即收集有关工作的信息涉及一些成本，当工人失业时，这些成本会降低。此外，总需求的变化使公众感到困惑。每个卖家都注意到当前产品的需求发生了变化，但他无法判断这是否也是总需求的变化，从而影响其他方面的选择。因此，当面临减薪时，一个工人可能无法意识到实际上是均衡市场工资下降了。因此，这名工人拒绝减薪（从而阻止工资调整）并失业以寻求更好的工作是合理的。失业率的上升源于工人的辨别力滞后，即信息提取问题。所有这些显然就是彼得·戴蒙德（Peter Diamond）、戴尔·莫滕森（Dale Mortensen）和克里斯托弗·皮萨里德斯（Christopher Pissarides）将搜索理论推广开来的原因。正如我们将在本节其余部分看到的那样，布鲁纳首先推广了这一理论（1970—1971年），然后将其用于自己的（1972年之后）研究工作中。

推广阿尔希安理论

布鲁纳赞同阿尔希安关于公认的价格理论无法解释价格刚性和失业的观点。他认为，这种情况是由于理论背后的充分信息假设造成的。因此，他建议通过阿尔希安提出的方法，将信息成本引入价格理论。布鲁纳称赞收录有阿尔希安的《菲尔普斯卷》，但他却参考了阿尔希安和艾伦的论文。下面布鲁纳的论述，阿尔希安提倡引入信息成本的程序与布鲁纳的想法不谋而合："买方的相关成本包括价格以及信息和调整的边际成本。同样，对于卖方来说，信息和调整成本必须从市场价格中扣除，以获得相关的净市场回报。"

这句话的含义与阿尔希安论述的含义相同，价格刚性和失业与个人理性是一致的。用布鲁纳的话来说就是，"我们以这种方式获得了价格理论……（它）特别解释了正是财富最大化行为导致未使用资源的出现，因此，相对短期价格刚性是在市场信息不完整的情况下，财富最大化行为的理性结果"。

总的来说，布鲁纳认为，阿尔希安提出的方法（正如《菲尔普斯卷》所体现的那样，也更普遍地被新微观经济学倡导）有两个重要贡献。第一，传统的价格理论阐述完全忽视了信息和调整成本的普遍存在。他们的充分认识使人们能够满意地解决与"刚性工资和价格"有关的其他令人困惑的问题。拟议的重新表述不涉及经济分析演变的任何根本性突破。相反，它是这种进化最自然的结果。它消除了继承价格理论的麻烦，并有效地扩大了其解释力。

近 20 年后，布鲁纳重申了这一观点，阿尔希安对失业问题的讨论逐渐在他脑海中引发了对继承价格理论的彻底反思。特别是，瓦尔拉斯范式，彻底忽视了与信息和交易成本现实密切相关的所有社会现象。到 20 世纪 50 年代末，阿尔希安越来越坚定地认为，这些成本构成了正确理解相对刚性价格、失业主要模式和许多社会制度的必要条件。我们面临的挑战不是克服和放弃所继承的价格理论，而是通过适当地结合这些成本来进一步发展它。

第二，这一发展也阻碍了经济学分成两个不同的、逻辑上不相关的分支，即微观理论和宏观理论。经济学只有一种经济分析，即价格理论，唯一的区别在于应用领域和问题范围。与价格理论的其他应用相比，货币和财政过程的价格理论在实质上更具聚合性。

第二个贡献完全符合布鲁纳的总体经济学概念，特别是货币主义概念。事实上，后来在接受克莱默的采访时，布鲁纳就声称，"货币主义的基本原则是重申价格理论的相关性，以了解总体经济中发生了什么。我们的基本观点是，价格理论是一个至关重要的范式——事实上，是经济学家拥有的唯一范式"。最后，值得注意的是，在同一次采访中，布鲁纳似乎表示阿尔希安关于失业和价格刚性的理论与其本人密切相关："这些（与阿尔希安关于失业问题的）讨论在阿尔希安的第一版教科书中阐释的很清楚。"

卡尔·布鲁纳和艾伦·梅尔泽的货币主义

使用阿尔希安的理论

从 1972 年起，布鲁纳与梅尔泽使用阿尔希安的理论来处理货币政策的传导机制以及货币和实际冲击的持续影响这两个问题。

货币政策的传导机制

在不同的场合，布鲁纳都坚称货币政策的传导机制是货币主义最重要的主张之一。对于布鲁纳和梅尔泽来说，货币主义的传导机制是这样的：货币的变化改变了相对价格，并启动了一个替代过程，将现有资本证券、贷款和当前产出扩散到市场。在他们看来，相对价格变动对货币政策向总支出的传导至关重要。因此，布鲁纳交替使用了"传导过程"和"相对价格过程"两个术语。事实上，他将传导机制视为相对价格理论的一种适当应用，以解释产出和就业波动。这一机制也是布鲁纳–梅尔泽模型的核心特征。

布鲁纳和梅尔泽认为货币政策的传导机制依赖于两种价格的相对行为。第一个是现有实际资本的价格，用 P 表示，即现有实际资本的价格。第二个是产出价格，用 p 表示，即用于建设新的实际资本和用于消费目的的物品的价格。此外，还涉及两种因果关系：货币基础的加速会导致 P 与 p 的比率增加，而这一比率的增加会导致总需求扩大。

P 与 p 比率的增加意味着新资本的价格相对于现有资本的价格下降，刺激了投资（即新资本的生产）。此外，P 与 p 比率的增加也会产生积极的财富效应，进而增加消费。因此，P 与 p 比率的增加通过投资和消费使总支出扩大。

布鲁纳和梅尔泽使用阿尔希安的价格刚性理论来处理第一种

因果关系。在对其模型的第一次正式阐述中，他们参考了阿尔希安和艾伦的观点，以确保 p 仅对货币冲击进行缓慢调整（而 P 则瞬时调整），因此 P/p 随着货币基础的加速而增加：

我们始终认为，对于我们考虑的资产，获取信息和调整的成本比产出的成本要小。因此，资产市场可以通过在我们分析相关的时间单位内适当调整资产价格来进行清理。产出价格调整不够迅速，无法维持产出市场的均衡。第一个原因是，产出和价格的调整涉及的生产过程比货币和信贷市场的调整过程更慢，成本更高。第二个原因（我们在这里不进行探究）是，获取信息的成本差异会导致买方和卖方预期的价格差异。第三个原因是，生产商通过允许库存变化来推迟产量和劳动力的调整。一旦支出的变化被视为系统性而非随机事件，产出和价格的调整就会加速。

价格水平黏性在该传导机制的描述中至关重要。事实上，如果 p 和 P 一样灵活，那么 P/p 就不会有变化，而传导过程将受限于利率渠道。莱德勒有力地强调了这一点，提出了货币主义传导机制与新古典宏观经济学之间存在的不相容性，指出新古典经济学的价格弹性假设为货币主义对传导机制的解释带来了问题。在货币动荡之后，投资组合的缓慢调整在这里至关重要……但如果价格水平在瞬间自由移动以保持市场出清，那么在此过程中，也会消除投资组合失衡。

尽管阿尔希安理论并没有明确展示在后来对传导机制的论述中，但信息成本被系统性地认为可以用来解释 p 的缓慢调整。

（货币和实际）冲击的持续影响

从 20 世纪 70 年代中期开始，随着证据的积累，布鲁纳缓和了他以前关于货币冲击在实际收入波动中的主导地位的立场。他认为，与此同时，产出的变化反映了货币和实际冲击的相互作用。这种变化的第一个表现可以在布鲁纳、库克尔曼和梅尔泽1980年发表的作品中找到。他们认为，20世纪70年代中期发生的滞胀导致的持续高失业率是劳动力生产率受到长期负面冲击的结果。

在他们的框架中，存在着与卢卡斯和拉平一样的、随时间推移对劳动力进行的推测；劳动力供应是当前实际工资与被视为永久（或"正常"）的实际工资之间差距的正函数。如果工人能够区分生产力的永久性和暂时性组成部分，他们就会立即降低对永久性工资的估计，以应对生产力的永久下降。假如当前的工资和预期的永久性工资相应下降，工人们就不会改变他们的劳动力供应。然而，经济代理人无法区分生产力的永久性和暂时性组成部分。一些工人错误地将生产力永久性下降理解为暂时性下降，因此，没有立即降低他们对永久性工资的估计。因此，当前工资便低于预期的永久性工资，从而导致这些工人用现在的休闲来代替未来的休闲，然后成为失业者。

此外，在冲击发生后，失业可能会持续很长时间。事实上，只要工人对永久性工资的估计没有完全调整到生产力的新的永久组成部分，他们就会一直失业。预期的弹性取决于永久性和暂时性冲击的相对频率。当人们不习惯于永久性冲击时，他们需要更长的时间才能相信，生产率冲击一旦发生就会是永久性的。在这种情况下，预期相对缺乏弹性，而失业则是持续性的：罕见的永久性冲击延长了滞胀期。

因此，失业的出现和持续源于阿尔希安所说的"辨别力滞后"——信息提取（或推断）问题。主要区别在于所涉及的混淆类型。对阿尔希安来说，这种混淆发生在总体冲击和特殊冲击之间（后来卢卡斯引用的那种），而对于布鲁纳、库克尔曼和梅尔泽来说，这种混乱是在永久性冲击和暂时性冲击之间产生的。

尽管布鲁纳在 20 世纪 80 年代初更加重视实际冲击，但他仍然认为货币冲击对解释产出波动至关重要。当时，解释货币非中性的主要理论要么基于"价格意外"（由卢卡斯引领），要么基于黏性的名义工资（由费舍尔引领）。然而，关于货币冲击对产出的持续影响，这些理论都不能给出令人满意的解释。解决这个问题正是布鲁纳、库克尔曼和梅尔泽的目标。

在本书的其他部分，库克尔曼将这一贡献总结如下：

布鲁纳等人提出了两种机制来解释库存调整缓慢的模型中商业周期的持续性。第一种机制基于卢卡斯-拉平框架：在价格和产出暂时不稳定的情况下实现了意外的高需求冲击之后，重建总库存，以避免缺货。这会暂时提高就业和实际工资。因为实际工资的增长预计是暂时的，所以企业为了节约劳动力成本，将这个过程分散延长。第二种机制归因于经济代理人对货币政策的永久性变化及其对总需求的影响反应迟钝：由于这种 PTC（永久性-暂时性混乱），企业低估了总需求增长的持久性，重建库存的速度比没有这种混乱的情况下要慢。就像他们随后意识到的那样，总需求的增长比他们最初认为的更持久，他们之后会对此进行补偿。因此，库存的重建会随着时间的推移而展开。

正如本章引言中所提到的那样，信息提取问题（永久性和暂时性冲击之间）再次成为关键。此外，黏性价格在这里也至关重要。价格应该：（1）在整个时期内是固定的；（2）在总体冲击之前设定（它们是"预先设定的"）。布鲁纳、库克尔曼和梅尔泽引用阿尔希安的理论来证明这两种假设的合理性。

对瓦尔拉斯经济学的批判

布鲁纳在去世之前撰写了一篇题为《宏观经济学的灾难》的论文，将货币主义定义为"非瓦尔拉斯传统的经典项目"。在本节中，我们将看到，这种对瓦尔拉斯经济学的明确拒绝与瓦尔拉斯作者通常假设的信息成本缺乏有关，而不是与其一般均衡观点有关。因没有考虑信息成本而拒绝瓦尔拉斯经济学，这是阿尔希安对布鲁纳影响的最后一个表现。

布鲁纳对瓦尔拉斯经济学一个重要的批评是，它无法对许多制度的出现，特别是货币的出现做出解释。布鲁纳认为：

基于缺乏信息和交易成本的瓦尔拉斯范式必然忽略了所有受这些成本运作制约的社会现象。在拥有充分信息而没有任何交易成本的情况下，就没有理由出现货币、金融中介和许多其他社会制度……任何具有正向价值的物品都有可能成为交换媒介。没有理由集中系统性地对物品进行选择，使其作为一种公认的具有明显规律性的交换媒介。我们有关货币和金融现实的重要问题仍然是瓦尔拉斯传统无法触及的。

简而言之，一个瓦尔拉斯的世界里没有货币、金融中介、商业公司或合同安排的角色。

瓦尔拉斯经济学的问题在于其完美的信息假设，而不是一般的均衡维度，这一点在涉及货币时就愈加清晰。事实上，布鲁纳赞扬金和普洛瑟在一般均衡模型中引入了布鲁纳和梅尔泽提出的信息成本类型：

金和普洛瑟……在一个完全指定的一般均衡理论的背景下清

305

晰地表明，上述基本信息模式为支配资产（即货币）交易的出现提供了充分的条件。他们还证明了在其特定结构中货币存在所需最少信息的问题。因此，货币似乎是一种降低信息问题和交易成本的制度性工具。

在新瓦尔拉斯主义经济学家中，布鲁纳将注意力集中在新古典宏观经济学的作者身上。对新古典宏观经济学的一种批评与理性预期假说有关。布鲁纳首先指出，"在过去的 15 年里，出现了一个显著的发展。该发展始于理性预期的引入"。乍一看，这一假设与他的经济代理人概念高度一致："理性预期的动机几乎没有争议，应该得到经济学家的认可。根据我们关于人的基本假设（足智多谋、具备判断能力、实现利益最大化的人），我们应该承认，在市场中运营的代理人将利用可获取的信息以最佳方式对相关未来进行评估。对于这个一般概念，人们应该不会存有异议"。

此外，理性预期模型吸引人的一个特点是，预期是由具有远见的决策者们设定的。早期的预期是通过推断过去的行为和忽略当前关于未来事件的可用信息来确定的。然而，理性预期模型却走向了相反的极端。他们的假设是，政策按照一个相对精确的规则运作，人们了解货币（和财政）当局使用的政策规则，并熟知经济结构，包括应对各种冲击的规模和时间。这些假设使模型在分析层面上易于操作，但实际上（正如它们通常所表现的那样）却忽视了不确定性、对经济结构认知不足以及获取信息和减少不确定性的成本，从而扭曲了经济学家对政策问题的看法。问题是，这一传统分析没有对信息的好处和获取信息的成本进行均衡对待。成本被假定为零或可忽略不计，而它们被忽略了……我们的结论是，强式理性预期观点不能被认为是一个严肃的实证假设。

对新古典宏观经济学的另一种批评涉及跨期均衡概念，布鲁纳曾说："对于他们'均衡方法'的关键部分，我也持有强烈的保留意见。"那么，新古典经济学有什么问题？对于这个问题，布鲁纳的回答是："在我看来，他们对平衡分析的解释似乎值得怀疑。这种特定的均衡分析意味着，所有价格都是相对于所有冲击的市场出清价格。价格反映了所有持续的冲击，无论其持续时间如何，无论代理人认为冲击是非常短暂的还是十分永久的。"

布鲁纳认为，与"强式理性预期"相关，跨期均衡将产生两个不幸的影响。首先，它无法解释为什么价格对当前条件（即价格黏性）的反应令人难以置信的迟钝。此外，他还认为这一事实与瓦尔拉斯持续市场出清模型不一致，因此在商业周期理论的发展过程中必须予以忽视，这似乎有悖常理。问题在于作为商业周期理论基础的持续市场出清假设。既然该假设因合同和定价行为的存在而被否定，那么，它就不能被作为商业周期理论的基础。因此，为了解释价格刚性，我们必须超越瓦尔拉斯传统，认识到信息和交易成本的相关性。

其次，分析得出的主要政策含义是政策无效命题。该命题指出，系统性货币政策不会影响总实际需求……假设价格立即出清市场，而公众了解经济的完整结构，了解政策规则以及提前知道政策行动，那么，这个命题就是无效的。

相反，如果公众获得的信息更少、更不确定，那么，货币政策行动的实际影响可能会持续更长时间。同样的，应该受到指责的不是该模型的一般均衡维度，而是信息假设。例如，布鲁纳、库克尔曼和梅尔泽建立的模型就是一个一般均衡模型。然而，就这个模型而言，相对刚性的价格揭示了受不完善信息制约的社会制度的运行状况，这些信息确保了货币事务——无论是冲击的实现还是政权的特征——与实体部门之间的联系。刚性并不意味着价格没有任何变动。它仅仅意味着价格没有完全反映所有的持续冲击。它们可能无法适应短期市场条件，只能通过调整来适应能够感知到的更为持久的条件。这种行为，在许多情况下，形成了对信息和交易成本现实的理性反应。

结语

在本章中，我已经强调了阿尔希安对布鲁纳的影响包括各种各样的话题，从社会中经济代理人的概念到对新古典宏观经济学的批评。因此，《制度与理论经济学杂志》邀请布鲁纳谈论阿尔希安及其思想的演变是很自然的事情，本章导言中提到的莱德勒的断言是完全合理的。

最后，我要说布鲁纳是一个非常珍视友谊的人。这一点在他与梅尔泽的关系以及他与阿尔希安的关系中显示得非常清楚。下面布鲁纳的这段话完美地说明了这一点：

阿尔希安能够以相对简单的手段熟练地进行精妙的经济分析，而且他从不参与过度分析的时髦游戏，也不会因为它们符合给定的分析方案就去追求那些人为的问题。他的探索性讨论总是引人入胜。我还知道，每当他以"我完全同意你的观点"开始争论时，他的讨论伙伴最终都会对结果感到惊讶。但在一个职业对话标准似乎已经衰微的世界里，他的讨论方式还总是那么礼貌文明。阿尔希安一直是，现在依然是一位真正的学者。愿他未来继续如此。

第十三章

卡尔·布鲁纳与米尔顿·弗里德曼：货币主义者的不同抱负

——皮埃里克·克莱克、米歇尔·德弗罗伊

引言

本章的目的是将布鲁纳的货币主义观点与货币主义学派最杰出的人物弗里德曼的观点进行比较。半个世纪以来，布鲁纳和梅尔泽发表了许多文章，出版了许多书籍和专著。他们创办了《货币经济学杂志》和《货币、信贷和银行杂志》，组织了卡内基-罗切斯特年度会议，一个凯恩斯主义经济学家和货币主义经济学家之间进行文明对抗的场所。这些会议还为卢卡斯、萨金特、基德兰德和普雷斯科特等年轻的创新经济学家提供了一个可以改变宏观经济思想的舞台。布鲁纳和梅尔泽还是所谓的影子公开市场委员会的创始人。最后不能不提的是，他们追求基于不同于弗里德曼货币主义愿景的理论抱负。本章节旨在证实这一点。

我们首先从由 J. 戈登编辑的一本书开始，书名为《米尔顿·弗里德曼的货币框架：与其批判者的辩论》（*Milton Friedman's Monetary Framework: A Debate with His Critiques*）（简称"戈登卷"）。这本书由三部分组成。第一部分是弗里德曼撰写的长篇文章《货币分析的理论框架》。第二部分是布鲁纳和梅尔泽、托宾、保罗·戴维森（Paul Davidson）和唐·帕廷金（Don Patinkin）的评论。第三部分是弗里德曼的回应。托宾、戴维森和帕廷金是

著名的凯恩斯主义经济学家，他们与弗里德曼已经争论了很长时间。相比之下，布鲁纳和梅尔泽是与弗里德曼类似的货币主义者。因此，读者可能认为，他们很大程度上会支持弗里德曼文章所表达的观点。然而，事实恰恰相反。他们的评论几乎和其他辩论参与者的评论一样严厉。这怎么解释呢？

我们的答案有两个层次。首先，我们推测，布鲁纳和梅尔泽对弗里德曼的观点感到失望，弗里德曼认为可以设计出一个共同的理论框架，既支持凯恩斯主义的经验命题，又支持货币主义的经验命题。事实上，布鲁纳和梅尔泽已经为自己设定了一项任务，即构建一个专门的货币主义理论框架，作为 IS–LM 标准模型的替代方案。而弗里德曼提出的共同框架就是 IS–LM 标准模型，所以他们自然会感到不快。

其次，还有一个更为宽泛的解释。在这里，我们有两位一流经济学家（布鲁纳和弗里德曼）的故事，他们都是在第二次世界大战之后开始自己的职业生涯的。他们有很多共同之处：他们支持马歇尔，反对瓦尔拉斯；他们相信市场经济的稳定，因此从政策制定的角度来看他们是反凯恩斯主义的；他们敏锐地意识到宽松的货币政策所带来的风险，并擅长使用严格的货币规则。简而言之，他们都属于货币主义学派。然而，他们对货币主义的渴望却大相径庭。布鲁纳认为，设计一种可以与 IS–LM 标准模型匹敌的货币主义通用模型的时机已经成熟。弗里德曼却没有那么雄心勃勃。对他来说，用一个宏大的理论取代另一个宏大理论并不重要。但他做出了许多开创性的理论贡献——永久收入假设、期望增强菲利普斯曲线模型和自然就业水平概念，以及关于最佳货币数量的论文等。总的来说，在弗里德曼看来，理论应用比理论本身更为重要。积极地说，他的首要目标是恢复货币的数量理论。消极地说，这是为了批驳凯恩斯主义理论及其政策处方。他想在经验层面展开这场战斗，他甚至这样写道："凯恩斯主义者和货币主义者的根本区别在于事实问题，而不是理论问题。"

本章描述的是关于经济学贡献的历史。这意味着，我们将把自己视为置身事外的观察者——借用亚当·斯密的说法，就是我们试图成为公正的旁观者。此外，我们还把经济学史看作是一个"否定的过程"。尽管我们对研究对象充满了钦佩之情（否则，我们不会从一开始就对他们展开研究），但我们还是用独特的方法、以批判的眼光来审视他们的贡献。

在本章的第一部分，我们对弗里德曼的"理论框架"论文、布鲁纳和梅尔泽对该论文的反应以及弗里德曼的回应进行了概述。第二部分，我们研究了弗里德曼和布鲁纳之间的共性和差异。第三部分，我们对布鲁纳-梅尔泽模型进行了概述与评估。在结论中，我们给出了更多的普遍性意见。

"戈登卷"争议

弗里德曼的贡献

弗里德曼的文章首先对货币数量理论的不同理解以及凯恩斯在《就业、利息和货币通论》中的贡献（他在本书最后一部分回应批评者时对其进行了回顾）进行了重构。尽管存在一些偏见，但这一重构在经济学史上当属一流的贡献。它给人的印象是对凯恩斯工作的高度赞扬。但其实，弗里德曼的评判是严厉的：

我认为，凯恩斯的理论是一种正确的理论，它简单易懂，集中于几个关键问题，具有潜在的实用性。我之所以拒绝它，不是因为这些原因，而是因为我认为它与证据相互矛盾：它的预测没有得到经验的证实。这一失败表明，它并没有找到影响短期经济变化的"真正"的关键因素。

弗里德曼撰写论文的动机在他的结论中得到了恰当的概括。这篇文章旨在记录他相信，经济学家之间的基本区别是经验上的，而不是理论上的。具有讽刺意味的是，尽管经过了艰苦的理论分析，但结果表明他还需要证明自己的论点是正确的。

弗里德曼的共同模型是一个高度简化的经济总量模型，包括简化的数量理论和作为特例的简化的收入支出理论。据他所说，几乎所有的经济学家都会接受这个模型。该模型包含 6 个方程（直接取自 IS-LM 标准模型）以及 7 个变量。因此，有一个"缺失的方程"需要由系统外的关系来确定。这种不确定性可以使用两种方式来弥补："简化数量理论"或"简化收入支出理论"。第一种解决方案假设实际收入是在系统之外确定的。弗里德曼认为，其大小可以使用瓦尔拉斯方程组来确定。在这种情况下，就可以使用"简单版本的数量理论"：货币供应量的变化只对名义数量产生影响。第二种解决方案假设价格水平是在系统之外确定的。

第一个解决方案并不常用。IS-LM 和瓦尔拉斯模型是获取经济成果的两种替代方法。它们基于不同的前提，其变量很难互换。此外，瓦尔拉斯分类并不意味着在经验上一定有对应物。至于第二种解决方案，称价格刚性是凯恩斯《就业、利息和货币通论》的标志，这是相当罕见的。我们可以在弗里德曼文章的历史部分找到他对这一点的辩解。他认为凯恩斯是一位马歇尔经济学家，但在价格和数量调整的相对速度问题上却与马歇尔看法相左。正如马歇尔的鱼类市场示例所示，他认为价格调整速度快于数量。继莱乔霍夫德之后，弗里德曼认为，在《就业、利息和货币通论》中，凯恩斯通过让产出比价格更快地对冲击做出反应，恢复了马歇尔的调整速度。只要经济低于完全失业水平，就有理由认为：需求激活会增加产出，而不会导致价格变化。

凯恩斯关于价格和数量相对调整速度的假设仍然是那些认为自己是凯恩斯主义者的经济学家和那些不认为自己是凯恩斯主义者的经济学家之间在方法和分析上的关键差异。无论第一组人在其他地方怎么说，但在正式的理论分析中他们都会将价格水平视为一个制度性数据。

弗里德曼的推理并未止步于上述对抗。他在关于调整过程的一节中再次尝试讲述了这个问题。等式 13.1 和等式 13.2 概括了他对价格和产出之间名义收入变化的短期划分的分析。

$$\frac{d \log p}{dt} = \left(\frac{d \log p}{dt}\right)^* + \alpha\left[\frac{d \log Y}{dt} - \left(\frac{d \log Y}{dt}\right)^*\right] + \gamma\left[\log y - \left(\log y\right)^*\right]$$

（13.1）

$$\frac{d \log y}{dt} = \left(\frac{d \log y}{dt}\right)^* + (1-\alpha)\left[\frac{d \log Y}{dt} - \left(\frac{d \log Y}{dt}\right)^*\right] - \gamma\left[\log y - \left(\log y\right)^*\right]$$

（13.2）

P 是价格水平，y 是实际产出，Y 是名义产出，α 和 γ 是参数，星号表示平衡值。根据弗里德曼所说的"简化数量理论"，货币创造率的增长被价格变化所吸收，而产出则以其均衡速度增长。该结果通过设置 $\alpha=1$ 和 $\gamma=\infty$ 获得，后者确保 $y=y^*$。相比之下，在凯恩斯主义理论中，只要经济低于充分就业水平，货币创造率的提高对产出的影响就会完全下降。这是通过设 $[(d\log P)/(dt)]^*=0$，

313

并且只要 $y<y^*$，$\alpha=\gamma=0$ 获得的。

上述公式当然是正确的，但对解决货币主义者和凯恩斯主义者之间的争端几乎没有什么帮助。这一切都取决于 α 的值，在理论层面这没什么好说的。因此，结论是必须根据经验在两者之间做出选择。这一结果似乎令人沮丧，但弗里德曼却不这么认为，因为它证实了他的主张，即争端必须通过经验而不是理论来解决。

布鲁纳和梅尔泽的评论

布鲁纳和梅尔泽不想加入弗里德曼认为可以接受他的框架的几乎所有经济学家的行列。首先，他们不赞成弗里德曼在货币主义和凯恩斯主义之间设计一个共同的理论框架的决定。他们的主要遗憾是弗里德曼对传导机制——货币数量变化对实体经济产生影响的渠道——缺乏关注。布鲁纳和梅尔泽坚信，IS–LM 标准模型不能用于这种目的，因为它只包含一个相对价格，即利率。它还需要一个相对价格。

他们曾在作品中表示：

我们认为，缺失的不止一个方程式。缺失的还有其他一些变量，比如相对价格、实际回报率、政府债务存量和政府预算等。如果无法提供更好的关于该模型的证据，那么我们就不能接受其可支撑短期宏观理论的陈述。有太多熟悉的周期特征被忽视或者忽略掉。

弗里德曼不能因为完全忽视了多通道传导机制的概念而被指责。其实，他在早期的几篇论文中就提到了这一点，不过只是顺带提了一下而已。写一篇理论框架文章本应该是一个理想的机会，来设计一个——可能基于布鲁纳和梅尔泽新模型——专门的货币主义一般均衡模型。让布鲁纳和梅尔泽失望的是，弗里德曼的文章中根本没有与此相关的语句。

这是布鲁纳和梅尔泽关于弗里德曼文章的主要争议点。但他们的指责可能更多。我们再来列举三点。首先，他们对他未能讨论货币乘数机制感到遗憾。虽然我们不会在随后的模型演示中融入该机制，但它在包含有银行业的模型版本中发挥着重要作用。其次，布鲁纳和梅尔泽对弗里德曼缺乏对货币基础内生成分的考虑表示遗憾，他们认为这是使体系恢复平衡的关键因素。最后，他们抱怨弗里德曼未能将财政政策纳入考虑范围。根据他们的说法，财政政策必须成为模型的一部分，其原因至少有两个。第一，财政和货币政策之间的相互作用在解释通货膨胀方面起着重要作用；第二，与预算过程对正常产出水平的长期影响有关：政府实际支出的增加意味着税收的增加。因此，实际资本存量、可用劳动力供应以及最终的正常产出都会减少。

弗里德曼的回应

弗里德曼对布鲁纳和梅尔泽评论的反应令人惊讶，他在《戈登卷》中写道：

的确……我真的很困惑，布鲁纳和梅尔泽本可以尽力夸大共同模式的作用的。

我的目标着实没有那么远大。它扼要阐述了一种基本方法，这种方法可以确定哪些实证问题需要研究，而这些研究又有助于对该方法进行进一步的阐述。

他写道，他的框架只是一个开始，并没有声称是对总体经济规模的短期波动的完整、充分的分析。

弗里德曼对其他批评的回应也是如此。在他早期的著作中，他已经认识到货币乘数和货币基础的内生性。"的确，货币变化和商业状况之间的双向关系是货币行动效果滞后可能会长期且多变的原因之一。"弗里德曼说。然而，他觉得没有必要专门撰文对此进行正式的评述，他认为"我们使用该模型的任何目的都不会因将货币供应量简单地视为外生变量而受到任何影响"。就财政政策而言，弗里德曼最初想当然地认为财政政策可能产生重大影响，但后来他逐渐改变了主意。因此，他的文章中没有出现财政变量是一个小小的奇迹。用他的话来说，"通过假设既没有政府支出也没有政府收入，我们可以忽略政府的财政作用"。

共性和差异

本节的目的是梳理布鲁纳和弗里德曼在基本方法选择上的一致性，以及他们选择不同理论分支的基本方法选择。为此，我们采用了德弗罗伊使用的一组方法学基准。当把弗里德曼的货币主义与布鲁纳的货币主义进行比较时，结果发现他们在八个基准上达成一致，但在四个基准上却不一致。表 13.1 和表 13.2 分别对这些共性和差异进行了总结。

表 13.1 弗里德曼货币主义与布鲁纳货币主义的共性

	弗里德曼货币主义	布鲁纳货币主义
1.1 经济学观点：马歇尔的观点（务实的观点）	√	√
1.2 平衡概念：静止平衡状态	√	√
1.3 微观基础：隐性的	√	√
1.4 方法论实证主义	√	√
1.5 市场体系运作的优先事项：固有稳定的	√	√
1.6 需求激活特征：产生不平衡	√	√

	弗里德曼货币主义	布鲁纳货币主义
1.7 指导中央银行运作的原则: 规则而非自由裁量权	√	√
1.8 长期货币中性	√	√

节点 1.1 布鲁纳和弗里德曼坚持马歇尔的经济学观点, 而不是瓦尔拉斯的经济学观点。

节点 1.2 他们拥有相同的平衡概念: 静止平衡状态。也就是说, 平衡被定义为一种状态, 在这种状态下, 代理人没有动机改变其行为。平衡不是实际的存在, 而是作为一个重心。换言之, 市场经常经历失衡。

节点 1.3 所有新古典主义经济学家都同意这样一种观点, 即总量取决于个体代理人的优化决策。"隐性微观基础"分歧意味着, 在个人决策过程中, 跳过家庭市场供求函数的正式推导是可以接受的。

节点 1.4 他们都坚持实证主义的信条, 根据这一信条, 理论命题的验证取决于他们的经验验证。

节点 1.5 他们认为市场经济本质上是稳定的。

节点 1.6 他们认为货币激活是对平衡状态的冲击, 其结果是产生暂时的不平衡。

节点 1.7 他们赞成货币增长规则, 反对中央银行的自由裁量权。

节点 1.8 他们认为, 通货膨胀总是一种货币现象。货币在短期内可能是非中性的, 但在长期内则不可能是中性的。

表 13.2 弗里德曼货币主义与布鲁纳货币主义的差异

		弗里德曼货币主义	布鲁纳货币主义
2.1 货币主义的使命	重新确定货币数量在名义收入变化中的中心作用	√	
	构建专门的货币主义框架		√
2.2. 焦点	简化的经济模型		√
	几种经验关系	√	
2.3. 准备使用 IS-LM 标准模型	是	√	
	否		√

		弗里德曼货币主义	布鲁纳货币主义
2.4. 对传导机制的关注程度	很少关注	√	
	非常关注		√

节点 2.1 弗里德曼和布鲁纳对货币主义的渴望程度不同。布鲁纳的项目更加雄心勃勃，因为它旨在使货币主义成为一个成熟的理论模型。布鲁纳与梅尔泽共同努力，力图使货币主义在与凯恩斯主义宏观经济学相同的理论水平上发展。他们想成为理论构建者。弗里德曼并非如此。他专注于政策，在他看来，否定凯恩斯主义理论并不需要建立另一种理论。

节点 2.2 他们在建立经济总体平衡模型的重要性上存在分歧。

节点 2.3 他们在 IS-LM 标准模型是否适合作为货币主义主张可以纳入的一般框架上存在分歧。

节点 2.4 他们在传导机制的重要性上存在分歧。

布鲁纳和梅尔泽这样先验的、雄心勃勃的计划看起来比弗里德曼温和的计划更具吸引力。然而，重要的是成就。布鲁纳和梅尔泽是否成功地完成了他们的项目，即建立一个能够替代 IS-LM 标准模型的新通用模型？本章的最后一节将回答这个问题。

布鲁纳-梅尔泽模型

布鲁纳-梅尔泽模型原型

布鲁纳-梅尔泽模型不是一个单一版本模型，而是一个多版本模型，第一个版本发表在 1972 年的《政治经济学杂志》上。多年来，他们不断对其进行完善，推出了几种变体，其中一些强调了金融中介的作用，另一些则对财政政策维度进行了更为详细的分析。不过，他们的所有模型中都包含两种见解：第一个是存在两个相对价格；第二个是他们借用了莱乔霍夫德关于调整速度差异的观点。所有模型还显示了不同于 IS-LM 标准模型的政策结论。

第三部分
卡尔·布鲁纳和艾伦·梅尔泽的货币主义

我们重建的布鲁纳－梅尔泽模型包括三个资产市场（货币市场、债券市场、实物资产市场）和一个产出市场。它还包括奉行财政政策和货币政策的政府。该原始模型包含了大多数模型都拥有的两个特征。第一个特征是缺乏劳动力市场。"公司"和"工人"这两个词在他们的模型中通常是找不到的。他们使用的是"生产者"和"购买者"，但并没有宣称他们模型中的代理人是自营职业者。第二个特征是同样的实物商品可以是最终商品，也可以是资本商品。作为最终商品，它是耐用的，因此可以在二手市场上进行交易。因此，对于同一个实物商品，有两个不同的市场。在他们称之为"产出市场"的第一个市场中，新生产的商品（y）以 p 价格进行交易。在第二个市场中，现有的商品充当资本商品。布鲁纳和梅尔泽将第二个市场称为"真实资产市场"，将其与货币和债券并列为资产市场集群。这个市场上的价格称为 P。最后一个市场是债券市场，政府债券以利率 i 进行交易。

布鲁纳和梅尔泽含蓄地指出，这三个资产市场都是拍卖市场，其中，代理人是价格的接受者，不存在信息问题，而调整是即时的。他们认为，产出的生产者是价格制定者。布鲁纳和梅尔泽的货币需求函数有几个论点，包括 i 和 P。他们选择 P 作为货币市场调整变量，y 的需求是私营部门和政府需求的总和。布鲁纳和梅尔泽认为，p 是产出和生产者对未来价格预期的递增函数。值得注意的是，他们认为产出市场价格黏性的前提是获取信息的成本很高。他们声称，这意味着生产者以缓慢的方式调整产出价格。出于同样的原因，他们还认为生产者和购买者只是在逐渐改变他们的预期。

政府通过征税为其支出提供资金。税收与 p 和 y 一同增加。

319

预算赤字可以通过发行债券和中央银行创造基础货币来融资。基础货币的变化也可能源于独立于预算之外的纯公开市场操作。这样的操作会使基础货币和政府债券的存量同时发生相反的变化。

经济中有两个相对价格：i 和 P/p 比率。在平衡状态下，产出处于正常水平（$y = y^*$），实际现有资产以再生产成本出售（$P/p = 1$），政府预算保持平衡。这种结果可以用图形来表示，那就是在 i-y 计划中 AM 和 OM 两条曲线相交叉（A 代表资产，O 代表产出，M 代表市场）。AM 关系表示债券和货币市场出清的点的轨迹。这种关系以正斜率呈现。货币基础的增加或政府债券发行的减少，会导致 i 在 y 水平不变的情况下下降。因此，AM 曲线向右移动。OM 关系表示产出市场出清的点的轨迹。这种关系呈负斜率。OM 曲线的位置取决于现有设备与新设备的比率。图 13.1 说明了 AM/OM 模型。

图 13.1 将模型的平衡输出（y^*）表示为平衡 AM 和 OM 曲线（AM^* 和 OM^*）的函数。曲线在点 A^* 处相交。与弗里德曼一样，布鲁纳和梅尔泽也对这样一种情况感兴趣：尽管经济处于平衡状态，但政府仍决定进行积极的货币扩张。他们的研究关注的是在这次货币冲击之后，经济恢复到均衡配置的机制——就图表而言，即它是如何从 A^* 移动到 A^{**} 的。在这两个点上，产出都处于平衡状态，但名义利率不同。

让我们假设，采取公开市场购买方式的货币冲击出现，同时导致货币基础的增加和政府债券发行的减少。基础货币的扩张瞬间提高了现有实物资产 P 的价格。鉴于产出市场的价格黏性，P/p 增加。随着生产者被诱导使用新的资产替代现有的实际资产，对新产出的需求也随之增加。此外，非人力财富的真正价值也

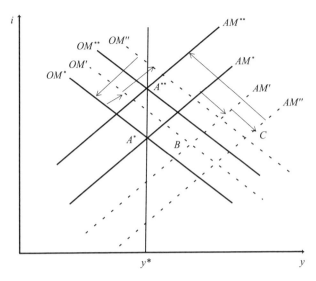

图 13.1 *AM/OM* 模型

在上升。这种积极的财富效应也导致消费支出增加。结果，*OM* 曲线向右移动（从 *OM'* 到 *OM'*）。点 *B*、*AM'* 和 *OM'* 的交叉点，绝对不是平衡位置，因为 *p* 和 *y* 比初始位置高。这种移动可能会继续——例如，将产出推至对应于 *AM"* 和 *OM"* 交叉点的 *C* 的水平。然而，反作用力也将会出现。首先，较高的产出价格导致生产者向上调整其价格水平预期，这一次将 *OM* 曲线移回左侧。其次，更高的利润率提高了税收，产生了预算盈余。这意味着货币基础和政府债券发行将出现内生性下降。基础资金资助的预算比例越大，*AM* 曲线左移的幅度越大。逐渐地，系统向 *A*** 点汇集，此时产出回到其平衡水平。所有货币价格（*p*、*i* 和 *P*）及预期的增长比例与基础货币的增长比例相同。

　　布鲁纳和梅尔泽坚信，他们的模型优于 IS–LM 标准模型。首先，他们声称，其模型提供了关于传导机制的更为丰富的描述，因为它包括了两个而不是一个相对价格。其次，他们的分析对 IS–LM 标准模型的政策结论提出了质疑。在 IS–LM 标准模型中，投资和货币需求的利率弹性在研究货币冲击的实际影响中起着至关重要的作用。如果经济陷入所谓的流动性陷阱（货币需求的利率弹性是无限的），货币政策将无能为力。如果投资对利率变动不敏感，也会得出同样的结论。相比之下，在他们的模型中，即使是在流动性陷阱的情况下（如果投资对利率变动也不敏感），P/p 的变化也会让货币冲动产生显著的实际效果——这是对希克斯的"经典"的报复！

批评意见

不幸的是，布鲁纳–梅尔泽模型经不起推敲。第一个批评是在这个模型中，一切都取决于 P 和 p 之间调整速度的差异。如果 P 和 p 具有同样的黏性，则 P/p 将没有变化，传导过程将和 IS–LM 标准模型一样局限于利率渠道。的确，金融资产市场会即时调整。但他们所称的真实资产市场并不是通常意义上的金融市场。因此，没有理由将适用于其他类型资产市场价格调整的即时性扩展到二手设备市场。在产出市场，黏性是合理的，因为它受到信息问题的困扰。然而，自从乔治·阿克洛夫（George Akerlof）的柠檬市场论文发表以来，众所周知，信息问题在二手市场尤其严重。因此，P/p 的上升最终是不合理的。

第二个批评意见涉及劳动力市场。布鲁纳–梅尔泽模型中没有劳动力市场。这是否意味着他们的经济是由个体经营者组成的？当然，他们没有明确地阐述这一点。如果是这样的话，另一个问题就会出现：为什么个体经营者需要购买自己能够生产的商品？第三个批评是布鲁纳和梅尔泽的许多假设似乎都是临时的。

二手设备市场和新旧设备之间的替代所起的中心作用是牵强的。选择用于解释 *AM* 和 *OM* 曲线返回其平衡位置的因素似乎也是临时的。同样，定价函数也是不合理的。获取信息的成本与黏性之间的联系也很难建立。

结语

在本章中，我们对弗里德曼和布鲁纳关于货币主义的发展愿景进行了比较。布鲁纳与梅尔泽期望，货币主义将取代凯恩斯主义的宏观经济学，并成为宏观经济学的主流方法。他们想改变理论。相比之下，弗里德曼的首要目标是说服政治家和公众，是时候放弃凯恩斯主义对市场经济运作的看法了。这一目标也贯穿于他的学术活动中，但这些都很难启动一场理论革命，最多是构建一个理论的货币主义框架。弗里德曼认为，通过历史和实证研究，有可能击败凯恩斯主义理论。

经济理论可以比作一台机器。一场科学革命——在宏观经济学中，从凯恩斯主义到动态随机一般均衡（DSGE）宏观经济学的转变——可以被视为机器的改变，标志着旧的机器已经过时。布鲁纳和梅尔泽为取代凯恩斯主义机器而展开了一场斗争——但毫无结果。弗里德曼对整台机器并不感兴趣，他感兴趣的只是其中的一个部件，该部件是一个既可以自主使用又恰好适合凯恩斯机器的配件。将货币主义视为可以成为不同机器备件的好处是，它的命运不再与它曾经属于的机器的命运联系在一起。大约在布鲁纳、梅尔泽和弗里德曼参与本文所述争议的同一时期，IS–LM标准模型和货币主义都成为卢卡斯革命的共同受害者。正如萨金特所言，这场革命"对货币主义–凯恩斯主义争论双方的粗暴对待是公正的"（萨金特，1996，540）。现在，几十年过去了，卢卡斯模型已经演变为真实商业周期模型，随后又演变成随机一般均衡模型，这样的演变仿佛是将同一台机器设置成不同的模式而已。但当观察最新版本机器的新奇之处时，我们会发现货币主义者的备件已经卷土重来。就像猫一样，弗里德曼货币主义似乎也有几条命，这也正是其抱持适度野心的结果。

第十四章

卡尔·布鲁纳的货币主义革命

——詹姆斯·福德

引言

一提到货币主义革命，人们就会想到弗里德曼，他已经成为该话题的核心。很多时候，他都被视为货币主义的唯一代言人，其他人只是他的合作者或者学生而已。只有在某些时候，人们才会认为布鲁纳，或者布鲁纳和梅尔泽，为货币主义作出了独立的贡献。即便如此，布鲁纳的地位也要低于弗里德曼，而这场革命本身——"货币主义革命"——也经常被冠以"弗里德曼的货币主义革命"之名。

在人们的脑海中，弗里德曼是早期货币主义者中最重要、最具影响力或者最努力的人。的确，论及实际说服力、改变态度以及政策方面的问题，将弗里德曼称为最重要的人应毫不为过。通过其著作及公众形象，他的确对许多人的思想产生了影响。如果我们谈的是改变专业经济学家的态度，那么这个说法可能会更加贴切——尽管他的公众形象再次发挥了重要的作用，当然也不能说他关于货币的主要著作及其影响没有产生任何的作用。但如果问题是关于货币理论中基础科学贡献重要性的话，弗里德曼的卓越贡献还是值得怀疑的。他最好著作的学术分量是毋庸置疑的，但他理论思考的范围和深度还是值得商榷的。他的经验性著作当然颇具力量，但这种力量与一些相当普遍或相当简单的命题有关："货币很重要"和"通货膨胀始终是一种货币现象"。他的理论图景仍然非常简单，远没有布鲁纳和梅尔泽的理论图景那么复杂。

然而，当涉及谁对货币主义理论图景贡献最大这个问题时，我们则会指向另一个人。换句话说，就是我们是否真的应该或者在多大程度上从单一的"货币主义者"角度来思考这个问题。很可能不行。毕竟，当布鲁纳和梅尔泽提出他们的双资产模型作为对 IS–LM 标准模型的挑战时，他们引用了托宾的观点，但没有引用弗里德曼的研究成果。尽管布鲁纳和梅尔泽对弗里德曼为"货币理论"的复兴和发展所做的贡献表示热烈赞扬，但他们也表示，是其他人提供了能够产生其研究结果的理论，他的研究成果既不充分，也不能作为实证工作的有用基础。他们显然认为，他们自己的框架十分优越，正如克莱克和德弗罗伊所指出的那样，他们对弗里德曼的批评和其他人的批评一样非常严厉。所以，一方面是弗里德曼，另一方面是布鲁纳和梅尔泽，可以说，他们不过是在构建不同的货币主义图景而已。

这场辩论的细节后来可能在某些领域产生了一些涟漪，但经过一段时间之后，人们便开始从历史的角度来看待这些分歧。一种是把自己当成主角，从该视角来审视其所称的"货币主义"革命。事实上，弗里德曼和布鲁纳都写过关于这场革命的文章，而他们对这一问题最直接的评论也在同一时间出现。

从表面上来看，布鲁纳的分析思考似乎更重要、更仔细。但这不只是其演讲所表现出来的特点，从实质上来看亦是如此，布鲁纳使用了更为复杂的理论术语对货币主义革命进行了描述和明确设想。这给人们留下的印象是：鉴于对布鲁纳货币主义革命的独特性和某些方面的优越性的认识，这种随意的、老生常谈的历史评价——无论货币主义革命或这两位作者的理论思想最终有什么价值，弗里德曼的货币主义革命都带来了巨大的科学进步——需要进行大幅度的修改。

弗里德曼的《货币理论的反革命》

　　弗里德曼的《货币理论的反革命》是一篇广为人知的文章，该文最初是提交给伦敦经济事务研究所的一篇讲稿，随后由该所公开发表。其中，弗里德曼首先赞扬了费舍尔，并对货币数量理论进行了描述。他指出，持续的通货膨胀影响预期，因此也会影响名义利率，直到 1930 年左右，人们一直认为货币流通速度非常稳定，而货币政策是稳定政策的主要工具。

　　随后，他对凯恩斯主义革命进行了探讨，并且一直追溯到 20 世纪 30 年代，但他表示他从当时的事件中吸取了错误的教训。关键的错误教训是，大萧条表明货币政策几乎没有或根本没有对抗经济活动下滑的力量。然后，他为遗漏了细节而道歉，在他看来，凯恩斯认为货币流通速度被动地随着货币数量或名义收入的变化而变化，而且比货币更重要的是自主支出及其与诱导支出的关系。他还说，凯恩斯认为价格是刚性的，但数量可能会迅速变化。因此，凯恩斯认为大萧条是由投资崩溃造成的。这是一个相当奇怪的推理，因为即使如弗里德曼和施瓦茨所说，大萧条是由货币供应崩溃造成的，价格仍然必须足够刚性，才能导致数量的大幅变化。无论如何，弗里德曼说，这一切的结果是，人们开始相信货币政策除了降低政府债务的利率之外，几乎没有什么重要性，而稳定的责任必须由财政政策承担以及通货膨胀是成本推动的结果。

他接着断言，大家都认同这些观点，并引用了一位作者——威廉姆斯的观点来证实他的这一说法。他还说，1964 年凯恩斯主义观点在美国达到高潮之前，现在很难在这个时间距离上意识到凯恩斯主义观点会被广泛地接受。用"在这个时间距离上"这样的表达方式来描述这六年似乎是一件奇怪的事情，但事实确实如此。

然后，他转而描述货币主义的反革命，并列举了一些促成因素。第一，尽管第二次世界大战之后预计会出现另一场萧条，但却出现了通货膨胀。他发现大规模失业和大规模通货紧缩是当时十分可怕的问题。第二，廉价货币政策已经失败——事实证明，保持低利率是不可能的，因此不得不放弃这一政策。第三，人们重新审视了大萧条的事实，然后发现，由于美联储的政策，1929—1933 年，正如他所说，货币数量有所下降，从而使大萧条变得更加严重。他补充道，与凯恩斯主义的调整速度以适应其他变化的观点相反，有证据表明，大萧条倾向于朝着与货币数量相同的方向移动，从而强化其影响。他称之为的"最后一击"是从两个关键问题上吸取的经验。

第一个关键问题是利率或货币数量是否能够更好地表明政策立场；第二个是货币政策和财政政策哪个更有力量。他并没有真正提到第一个问题，但谈到了第二个问题，即 1966 年，当时货币数量没有增长，但财政政策却极具扩张性。他说，其结果是1967 年上半年，在货币扩张恢复和随后的快速扩张之前，经济活动的增长速度明显放缓。然后，在 1968 年，当货币供应量迅速扩张时，税收被提高，而在那年年底，货币紧缩之后，经济放缓。在这两种情况下，货币和财政政策都朝着不同的方向发展，货币政策表现得更为有力。

然后，弗里德曼接着预测货币主义在英国的接受度会越来越高。关于货币主义革命的描述就此结束。在接下来的几页里，弗里德曼描述了他所谓的十一个货币主义关键主张，以及关于货币主义者之间存在不同观点的一些评论。一些人认为，微调是可能的，但弗里德曼等人则认为，对货币与实体经济之间联系的细节了解太少，因此无法从中获得益处。

这其中有一些有趣的地方——比如甚至没有提及弗里德曼，它们分别是弗里德曼对数量理论的著名重述以及他关于消费函数的著作。考虑到它们被称为反革命第一枪的频次，所以弗里德曼否认它们是反革命的一部分的说法值得关注。

更令人惊讶的是，这篇文章在理论上也不够强大：它有点肤浅，几乎没有触及当时的理论争议。这种情况或许可以进行这样的解释，即尽管经济事务研究所的听众远不是最不了解情况的群体，但这是一篇很受欢迎的文章。

然而，另一个问题是弗里德曼的想法就在他几乎没有触及的理论争议的下面。通过把这件事变成对大萧条、当代美国经验以及财政政策和货币政策哪个更有力这个实际问题的解释，弗里德曼给人们留下的印象是，根本就不存在严重的理论问题。因此，真正让人感兴趣的不是一般的低级论述，而是人们从这篇文章中可以看到的革命内容竟然如此有限。即使当他转向"关键主张"时，那里也没有什么令人惊讶的东西。他说，名义收入倾向于跟随货币数量，因此，通货膨胀是一种货币现象。然而，值得注意的是，许多主张实际上是一种或另一种折中式的陈述：似是而非、理论局限性的表述以及该理论结论不确定的原因等。

弗里德曼的其他讨论

也许有人会认为弗里德曼有些反常。但弗里德曼写的其他文章，虽然没有被归类于描述货币主义反革命的作品之列，但它们的确可以归属于这类著作。其中一些文章彼此之间非常相似，但与弗里德曼的观点截然不同。

与其他作品相比，弗里德曼的作品显得稍微丰满一些，颇具有代表性。文章开篇描述了大萧条之前货币政策的重要性以及凯恩斯主义经济学在削弱其重要性方面的作用，还给出了战后人们对货币政策几乎丧失兴趣的断言。有时，这些描述表面上看是站得住脚的，但实际上，它们的证据只不过是一些引文和观察，而这些观察又是从某人撰写的、未曾提及货币的文章中得到的。人们从未试图对这些想法进行调查或者确认那些被引用的观点或态度是否值得引用。此外，也没有人试图证明弗里德曼提出的证据是否具有代表性——最多只能算是断言，或者只能被视为臆测。然而，我们会发现当时似乎真的有人认为货币很重要。

再次谈及呈现货币主义立场时，凯恩斯主义分析的局限性和失败往往比其他任何理论都多。战后"廉价货币"政策的失败便是其中之一。凯恩斯主义对货币需求的处理通常是不够的，必须进行修改，将更多的资产，而不仅仅是货币和债券纳入其中。庇古效应被忽视了，正如弗里德曼不断以这样或那样的方式说的那般，它对凯恩斯主义形成了巨大的理论挑战。事实证明，财政政策并没有想象的那么有效。弗里德曼在他的作品中提到了弗里德曼和梅塞尔曼，当时他说，证据"非常有力"地表明，货币与收入的关系比投资与收益的关系更可靠。显然，这"导致了对货币角色的重新审视"，尽管它有多少时间来做这件事可能会受到质疑。无论如何，弗里德曼说，一个更为根本的问题是将货币理论重新表述为财富理论的一个分支，这一点却被忽视了。然而，这并不是对凯恩斯的革命性背离：想想凯恩斯吧。在政策方面，弗里德曼强调，他认为当时的趋势是从强调利率转向强调货币数量，但即使在弗里德曼的著作中，其思想的变化似乎只是程度问题，而不是原则问题。在处理其他问题方面，流动性陷阱对凯恩斯主义的重要性、庇古效应、廉价货币的失败以及弗里德曼和施瓦茨分析的大萧条的原因等也会经常出现，但其他问题则没有触及。弗里德曼 1968 年作品中的故事有一个非常糟糕的版本，而许多相同的元素直到弗里德曼 1987 年的作品中还一直存在。尽管那时他已经走上了假装反驳可以利用的菲利普斯的道路，而阴差阳错，这倒变成了对数量理论的极大贡献。可以说，弗里德曼关于货币主义革命的描述表现出了罕见的局限性——这似乎与他在这一主题上的写作风格极为相关。

布鲁纳的"货币理论的货币主义革命"

与弗里德曼 1970 年的作品一样，布鲁纳 1970 年的作品以讨论变化中的知识界为开篇。其出发点是《拉德克利夫报告》。他说，该报告一直对进一步分析货币问题感到沮丧。实证研究成果的逐渐增多及其对人们思想影响的增强促使人们的观点发生了改变，随后，以 1962 年国家经济研究局货币问题会议的举办为标志，一个新阶段从此开启。他认为——引用萨缪尔森的话来说——20 世纪 50 年代末和 60 年代末的不同就是从争论货币对经济活动是否重要转变为争论货币有多么重要。

　　他首先对问题的实质进行了描述，然后对其称之为货币主义立场的"决定性特征"进行了概括，并将其分为四组观点。第一个特征涉及传导机制问题。他说，公认的凯恩斯主义观点强调了利率对借贷成本的影响，而且认为它并不重要。另外，早期的观点，包括凯恩斯的观点，强调了利率变化对改变资产和消费商品相对价格的影响，或者相当于对改变现有实际资本价格的影响。有人认为，这改变了新资本的相对价格，但并没有对借贷成本产生任何影响。

　　在进一步评论这个问题时，他做了这样特别的推测，这种对相对价格理论的否定可能与凯恩斯明确承认的价格理论的一个根本缺陷有关。传统的价格理论不能够解释现有资源利用的短期变化。因此，需要重新构建价格理论，他说，重新构建价格理论时一定要认识到信息和交易成本的作用。

　　他借助 IS–LM 标准模型描述了这样做的后果。他说，凯恩斯主义的观点允许用曲线的斜率来描述传导机制。庇古效应带来了一种变化，这增加了一个 IS 曲线偏移，但他对此不屑一顾，称庇古效应的后续调整抹杀了其重要性，并基本上重申了最初的凯恩斯主义立场。更重要的是，他认为，强调资产相对价格的方法引入了完全独立于曲线斜率的渠道，因此引入了不属于凯恩斯分析的曲线偏移。他进一步指出，相对于实际资产价格变化的后果，实际余额效应显得并不重要，因此，货币主义对传导机制的分析认为，这部分总财富效应完全抵消了实际余额甚至金融资产效应。

　　第二个特征涉及私营部门的稳定性问题。对此，他说，有一种观点认为，造成 IS 曲线不稳定的原因有两个，单独一个原因或者两个原因一起都会导致这个结果。第一个原因来源于私营部门的内部动态。他说："从这一观点来看，私营部门互动产生的动态过程非常不稳定，至少在某些相关变量范围内是如此。"他没有做进一步阐述，但可能已经想到了乘数和加速器沿着萨缪尔森的路线相互作用所产生的那种令人惊讶的波动，或者可能是诸如菲利普斯所考虑的那些机制。第二个原因是商界的期望据说会受到与私营部门动态无关的外生变化的影响。

值得注意的是，与弗里德曼相反，布鲁纳表示凯恩斯主义者并不认为 LM 曲线的不稳定是由货币流通速度不稳定造成的。然而，他确实说过，货币主义者认为私营部门基本上是非常稳定的，政府部门的不稳定是未来政策的不确定性造成的。他进一步指出，货币主义者的观点产生了可检验的假设，指的是他没有引用庇古的某种观点，以及弗里德曼 1964 年提出的一个我认为鲜为人知的论点。

第三个特征，布鲁纳认为货币刺激的重要性是宏观经济动荡的主要根源。他指出，影响经济活动的事情可能很多，但这些观察毫无意义，货币主义者将货币冲动而非商业预期的变化视为对经济活动最重要的冲击。他简要地指出有三种重要的关系。一是产出的变化主要取决于货币增长，而财政政策或预期通货膨胀等其他因素所起的作用要小得多；二是价格变化取决于产出变化、资本积累率、某些预期以及通货膨胀率；三是决定资本积累和供应商对市场条件变化的预期模式的关系。他说，与周期性波动、通货膨胀、市场状况预期和资本积累相关的时段由政府实际和预期的财政政策所决定。

随后，布鲁纳使用这些关系证明，货币增长的变化一开始会促进产出的增长，但到了一定的时候，它主要影响的是通货膨胀。需要注意的一个细节是，不排除通货膨胀期间资本积累的变化会对产出产生长期的影响。他接着指出，出于这个原因，人们不能说某一特定的货币增长率是否具有扩张性，因为这还必须与近期的货币增长情况进行对比。然后，他陈述了他的另一个观点：货币加速和减速会影响产出和就业，但这种影响是暂时的。

他指出了其他四个可以使用该框架进行解释的问题。第一个是解释通货膨胀和产出波动共存的问题；第二个是不同货币增长水平的周期性变化；第三个是货币冲动的短期和长期影响之间的差异；第四个是为什么货币冲动及其效应之间的滞后取决于它们在货币增长中发生的温和或剧烈变化的程度。

第四个决定性特征是这样的观点，即分配的细节不会对经济的总体行为产生重大影响。他认为，这一点特别适用于价格和产出。因此，它们不会影响特定价格或数量相对于这些事物总量平均变化的变化。这种观点其实是对简单经济计量模型的一种假设的偏好，这一假设就是，更大规模模型可能提供的细节在理解总体效应方面并不重要。布鲁纳指出，这个问题是可检验的，并暗示了这种经验支持了货币主义者的观点，但没有做进一步的阐述。

在这样描述了货币主义者的立场之后，布鲁纳接着回应了对该立场提出的挑战，认为货币数量是一个内生变量。他问道，这一点是否损害了货币主义者所主张的因果关系，损害了弗里德曼和梅塞尔曼对测试的解释，或者损害了弗里德曼和施瓦茨的时间序列证据。关于前两个问题，他予以了否认，但承认托宾曾表明，货币与产出的时间序列模式没有显示出因果关系，称它们"没有提供支持货币主义论题的证据"，托宾的观点是必须得到明确的承认。然而，他的后续研究表明，在各种体制下，将时间序列证据与货币供应过程研究相结合都颇具说服力。他认为，有足够的例子表明，政策变化明显影响了货币供应，关于内生性的争论失去了意义。他再次指出，货币主义者的分析往往更为具体，他说，证据表明货币对收入有着直接的影响，而收入对货币的影响却没有那么直接。他在文章中提及弗里德曼、梅塞尔曼、安德森和乔丹，不是为了展示他们所做出的贡献，而仅仅是为了证明自己观点的正确，这似乎有点奇怪，但他就是这么做的。

然后，他试图通过讨论以下四个问题进一步阐明货币主义者的立场：第一个问题涉及财政政策的力量，第二个问题涉及利率对投资影响的调查证据。在讨论这些问题时，他解释了货币主义者的立场，但没有真正表明该立场的确比凯恩斯主义者的立场更优越。然而，在讨论其他问题时，他确实做到了这一点。

第三个问题涉及 1966 年 5 月美国货币紧缩和 1968—1969 年财政政策的影响。他指出，奥肯在关于意外结果和公众态度的评论中讨论了凯恩斯主义理论的难题，而且说他这样做让该理论变得更加空洞。1968—1969 年财政政策的难点在于，附加税与私人需求的激增有关。布鲁纳明确表示（但没做太多解释），关于第二种情况有令人满意的货币主义阐述。然而，他更多的是谈论了第一种情况。根据凯恩斯主义理论，货币政策是通过借贷成本来运作的，货币紧缩本应会减少投资，但他表示，事实上，第一个影响到的是消费。他认为，货币主义者的分析是优越的，因为它没有涉及具体的时间概念。

第四个问题涉及通货膨胀和反通货膨胀政策的影响。他评论说，货币主义分析通常对实际和名义数量以及实际和预期通货膨胀进行了区分，而凯恩斯主义分析很少这样做。然后，他讨论了通货膨胀与产出或就业的关系，以及降低通货膨胀的成本，他评论道：使用模糊名义利率和实际利率之间区别的分析工具难以成功地对这两个问题展开调查。

关于第一个问题，他叙述的大致内容后来才广为人们所知：货币扩张最初会提高产出，然后是价格，然后随着通货膨胀预期的调整，在适当的时候，平衡会重新恢复。关于反通货膨胀政策的成本，他使用了类似的术语进行了描述，只是他对通货紧缩期间确定预期变化的问题给予了比以往更多的关注（没有提出具体的理论）。

布鲁纳的其他讨论

与弗里德曼一样，布鲁纳也对一些相同的问题进行了讨论，但在大多数情况下，他并没有像弗里德曼那样，试图描述思维的历史发展。1983 年布鲁纳对辩论的方式进行了一些讨论，但他更关心的是如何解决这些问题，特别是当前的问题。布鲁纳 1989 年的作品有点像一部回忆录，但其中包含了类似于布鲁纳 1970 年作品中的讨论，并添加了一些关于财政挤出、理性预期、规则而非自由裁量权的理由，以及与货币主义关系不太密切的问题的评论。1993 年布鲁纳和梅尔泽做了一场完整的关于历史的讲座。其中，他们讨论了已经司空见惯的菲利普斯曲线的表达方式，并奇怪地认为弗里德曼和菲尔普斯在引入自然失业率方面取得了重大进步。这破坏了他们的讨论，但这场讲座更多的是在讨论一个普通的背景问题，而不是对货币主义革命本身进行描述。货币主义革命出现在后来的讲座中，其呈现的方式是一组相互连接的分析要素，但没有讲太多的历史。

结语：什么是货币主义革命，谁在进行货币主义革命？

令人感兴趣的是，布鲁纳和弗里德曼都认为，早在1970年，就已经有足够的革命（或反革命）可供描述了。事实上，他们并不孤单，因为约翰逊（1971年）也加入了他们的行列。从表面上来看，后者是对货币主义革命和凯恩斯主义革命的比较，其中，约翰逊对经济学中成功的科学革命特点发表了一些相当空洞的评论，但它可能更多关注的是凯恩斯主义革命，而不是货币主义革命，其真正动机尚不完全清楚。

到了1970年，货币主义革命对政策没有产生太大的影响，当然也没有在学术界获得多少共识。我认为有这样一种可能，就是描述货币主义反革命并不是真正的目标。弗里德曼和约翰逊的叙述都明显涉及社会学方面的话题，约翰逊就是如此。但对于弗里德曼来说，为他在经济事务研究所的朋友宣传货币主义可能也是一个目标，他肯定是想说服人们接受他已经形成的观点。

布鲁纳也在宣传，不过他的论述更为突出，因为他关于经济的论点颇具吸引力。这些讨论有一个显著的特点，就是布鲁纳的观点比弗里德曼的观点复杂得多。毫无疑问，弗里德曼成功塑造了一种伟大的权威形象，只是其中的大部分都是通过保持讨论的模糊性获得的。弗里德曼还更关心描述政策及其教训，而布鲁纳的描述更坚定地扎根于理论。然而，布鲁纳在关键的理论思想上要比弗里德曼精确得多，不仅是布鲁纳的讨论更为复杂，还因它们更具前瞻性。正如希尔所指出的那样，革命可能意味着一次向某种新形势的转变，也可能意味着一场回归某种旧形势的"革命"。很显然，弗里德曼倾向于将自己的"革命"视为后者——他的观点具有很强的滞后性。他一贯将货币主义革命描述为对凯恩斯主义革命的拒绝。布鲁纳的想法更具前瞻性，不断推动了理论的发展。

但值得注意的是，在这些方面布鲁纳和弗里德曼似乎对革命的内容有不同的看法。这并不是说，他们的描述没有相似之处——当然有，最明显的一个例子就是他们都认为货币政策既强大又重要。或者——很难不提这一点——到1970年，他们两人都认为这场革命与批驳菲利普斯曲线没有任何关系，不过，后来的研究发现，20世纪60年代凯恩斯主义在这一观点上存在着巨大的错误。这些研究表明，正是弗里德曼揭露了这一谬误，但在描述他的革命时，弗里德曼显然已经忘记了这一切。

但这些差异可能更为有趣。弗里德曼对庇古效应的强调相当神秘。正如我所指出的那样，他似乎对价格体系可能存在缺陷的说法感到非常愤怒，而凯恩斯主义者认为，对他来说，反驳这一说法比解释货币主义支持率的上升更为重要。布鲁纳对这种效应的否定更切中要害。即使这种效应可能会发挥作用，但它也从来不会成为政策的基础。没有人会放弃财政政策和需求管理会为经济带来成功的观点，因为实现了这一点，价格水平就会无限制地下降。但布鲁纳和弗里德曼在LM曲线不稳定性的重要性问题上也存在差异。

也许还有一个问题，为什么货币主义主要与弗里德曼联系在一起，而布鲁纳则被视为次要角色。他们的观点在很多方面——而不仅仅是在货币问题上——都很相似。布鲁纳（在 1970 年的论文和其他文章中）特别强调了以下观点：凯恩斯主义的主张从总体上来说没有经过检验，而货币主义理论是可检验的，而且在接受检验时表现得非常好。在一个相关的问题上，布鲁纳坚决反对不可检验的理论，因为它像是在进行"语言学分析"，而不是在提出有科学价值的理论。胡佛在本书第十一章中讨论过的布鲁纳的"足智多谋、具备判断能力、实现利益最大化的人"比弗里德曼的任何类似思想的理论化程度都更高。事实上，在这一点上，布鲁纳对弗里德曼提出了批评，批评它不允许进行充分的测试。同样，布鲁纳对这位有公益精神的政策制定者的怀疑与弗里德曼一样强烈。在其中的任何一种情况下，布鲁纳的分析可能会被认为比弗里德曼的分析要复杂得多。他对于革命性货币主义的描述无疑就是如此。但在这个问题上，它们之间也存在差异。"弗里德曼的货币主义革命"，无论是真的革命还是在描写革命，都是非常著名的，但"布鲁纳的货币主义革命"——及其独有的特点——不应该被忽视。

第四部分

卡尔·布鲁纳的
当代遗产

第 十五 章

永久–暂时困惑对新凯恩斯主义建模、通货膨胀预测和后危机时代的影响

——亚历克斯·库克尔曼

引言

在 20 世纪 70 年代末和 80 年代上半叶，布鲁纳和梅尔泽将相当一部分精力投入到了永久–暂时困惑（Permanent-Transitory Confusion，PTC）对货币政策和经济行为影响的研究中。永久–暂时困惑认为，即使当前和过去关于经济的所有信息都可用，但当前和过去的状态持续到未来的程度仍然存在不确定性。这项研究催生了一些公开发表的研究成果，我也作为合著者参与了其中一些成果的撰写。

即使在理性预期的情况下，永久–暂时困惑也极大地限制了对未来经济变量的准确预测。因为当前的决策是基于对未来的预期，所以它们对理解经济行为的重要性怎么强调都不为过。现代中央银行和新凯恩斯主义模型中关于通货膨胀预期的特定模块已经认识到了这一事实，即实际通货膨胀的一个首要决定因素就是通货膨胀预期。永久–暂时困惑指的是随机冲击由非平稳随机游动和短暂白噪声过程组成的情况，这两种过程都没有被直接观察到。然而，通过对随机冲击的观察，公众逐渐对永久–随机游动分量的演变有所了解。与此密切相关的困惑是持续–暂时困惑（Persistent-Transitory Confusion，PsTC），其中随机游动分量被平

稳随机过程代替。

在理性预期革命的早期，在一个长期名义中立和价格灵活的世界里，人们将大量的精力投入这种预期对货币政策短期和中期有效性影响的研究中。理性预期的强化版本早期遇到的困难之一是，根据这个版本，意外通货膨胀与随后出现的真实通货膨胀之间可能仅存在不相关的预测误差，这意味着货币政策对经济的影响应该是短暂的。这与大多数的经验证据相悖，这些证据表明，货币政策的影响是持久的，并导致了对可以协调理论与证据的概念机制的探索。所提出的机制涉及长期和短期投资（比如库存等）的调整成本以及永久-暂时困惑和持续-暂时困惑。

大约二十年后，新涌现的新凯恩斯主义文献提出了解决这种紧张关系的方法：将价格调整成本导致的价格黏性注入不完全竞争的真实商业周期模型以及明确认识到前瞻性通货膨胀预期对定价机构的影响。早期新凯恩斯主义模型有两个吸引人的特点：完全由微观构建以及可以用解析方法求解。实现这一目标的代价是假设内生变量主要或甚至纯粹是前瞻性的，因此，在理论和大量实验证据之间制造一个间隙，而这些证据表明，产出和通货膨胀既受后顾性因素的影响，也受前瞻性因素的影响。

后续版本的新凯恩斯主义模型试图通过部分偏离完全理性预期（如回顾价格制定者和价格的普遍指数化）的方法来解决这种紧张。本章想阐明的第一点是，在持续-暂时困惑或永久-暂时困惑存在的情况下，过去的信息将影响系统的所有内生变量，包括货币政策，即使在纯粹前瞻性模型的理性预期下也是如此。第二点是，使用美国专业预测机构调查的通货膨胀预测，以实证方式表明，这些期望利用过去关于通货膨胀的信息来预测未来，以及隐含的学习速度相对较低。

永久-暂时困惑的简要方法史

本节简要介绍了自 20 世纪 60 年代初以来永久-暂时困惑和持续-暂时困惑在货币经济学和宏观经济学各个领域的建模与应用。也许，第一个强调收入永久性和暂时性预期变化之间的差异对消费决策重要性的是弗里德曼，他还使用适应性预期对预期永久性收入进行实证建模。穆斯为适应性预期提供了一个合理的统计基础，指出当每次冲击都由（永久性）随机游走和（暂时性）白噪声组成时，最佳预期便具有了适应性。以下是穆斯模型的两个重要结果：（1）当前对未来的预期利用了过去所有关于被预测变量的观察，暗示永久性变化只是逐渐被检测出来的；（2）永久变化的速度与永久分量的第一差异的方差和暂时分量的方差的相对大小密切相关。

布鲁纳、库克尔曼和梅尔泽将穆斯的建模过程嵌入扩展的 IS-LM 标准模型中，以解释 20 世纪 70 年代的滞胀。该模型的特点是永久-暂时困惑对生产力、总需求、实际工资和（永久）收入的冲击。正如卢卡斯-拉平所强调的那样，实际工资的永久性和暂时性变化之间的区别对于就业决策很重要。如果一名工人认为自己的工资暂时偏低，他可能会自愿失业一段时间，以便利用这段时间来从事其他活动。然而，如果工人们认为他们的工资一直很低，他们很可能会继续工作，这对失业的影响将会更低。由于在理性的适应性期望下学习缓慢，生产力的永久性变化，以及因此产生的潜在产出和永久实际工资只会被缓慢地认识到。布鲁纳、库克尔曼和梅尔泽利用卢卡斯-拉平框架的这一特点，解释了20世纪70年代大通货膨胀期间失业现象持续存在的一个原因。

基德兰德和普雷斯科特1982年合作的论文让他们获得了诺贝尔经济学奖，这是一篇关于时间构建与汇总波动的论文。在这篇文章中，他们通过假设总生产率冲击由一个平稳的一阶马尔可夫过程和一个白噪声项组成（两者从未被单独观察到），引入了一个持续–暂时困惑。尽管持久性分量是静态的，但人们认为它接近非静态。然后，他们应用卡尔曼滤波器来模拟企业关于生产力的学习过程。

布鲁纳、库克尔曼和梅尔泽提出了两种机制来解释库存调整缓慢的模型中商业周期的持续性。第一个机制是基于卢卡斯–拉平框架：在存在暂时黏性价格和产出的情况下出现意外的高需求之后，总库存随后会被重新构建以避免缺货。就业和实际工资会因此暂时提高。因为实际工资的增长预计是暂时的，公司将这一过程分散开来以节约劳动力成本。第二种机制涉及对货币政策永久性变化的迟缓监测以及经济主体对总需求的影响。由于永久–暂时困惑，企业低估了总需求增长的持久性，重建库存的速度比没有这种困惑的情况下要慢。当他们随后意识到总需求的增长比他们最初认为的更为持久时，便对此进行了补偿。结果，库存的重建被分散进行。

一旦出现过高的通货膨胀，就必须付出诸多努力才能成功地将其稳住，但是人们在这一方面的迟缓认知成为完成这一任务的主要障碍。其原因是，对这些努力的迟缓认识导致了持续的非预期通货膨胀，从而导致了衰退。这是（目前）众所周知的稳定时期货币政策的可信度问题。使用穆斯的扩展程序，库克尔曼和梅尔泽开发了一个关于中央银行不完全透明度和可信度的模型。他们用它来解释为什么在引入中央银行独立性和通货膨胀目标之前，尽管长期菲利普斯曲线是垂直的，但中央银行仍然有动机保持其政策偏好的模糊性。

库克尔曼提出了一个总量和相对价格变化之间关系的理论，其基础即使在理性的世界中，当相对需求（无论是由实际变化还是货币变化引起的）和相对生产力发生永久性变化时，人们也无法立刻将它们识别出来。该理论表明，通货膨胀率的方差与相对价格变化的方差呈正相关。尽管预期是理性的，市场总是清晰的，但生产决策对相对价格的变化以及相对需求的暂时冲击的反应还是比较迟钝。

在早期的理性预期革命中，弗里德曼是首先提出下列观点的人之一，即排除一些包括萨金特和华莱士提出的案例在内的一些过于简单化的案例，其中假设模型的所有参数都是已知的而且唯一的不确定性与未来冲击有关，最佳预测的形成通常以缓慢的学习为特征。弗里德曼通过将最小二乘学习法应用于线性系统的可能变化的参数来证明这一点，该线性系统要么有一个滚动窗口，要么对过去的观测值进行逐步贴现。在这两种情况下，所得到的最佳预测器的特点是学习速度慢，将过去的观察结果注入对未来的预测中，从而在具有长期经典财产的货币模型中恢复货币政策的短期有效性。尽管新出现的最佳预测器通常适应性不太强，但它们的结构与经典的弗里德曼-穆特-卡加纳适应性预期的结构相似，即未来预测会根据过去的预测误差进行调整。

埃文斯和洪卡波希亚介绍了一种在参数不断变化的世界中进行最小二乘学习的通用方法，并将其应用于各种著名的经济模型。他们提出两种关于经济主体使用的过去数据的替代假设。一个是固定滚动窗口，另一个是恒定增益。一个有趣的问题是：如果系统参数最终稳定，这些学习过程在什么样的条件下才能汇聚成一个个人知道真实参数的理性期望均衡呢？埃文斯（Evans）和洪卡波希亚（Honkapohja）利用"预期稳定性"概念找到相关的条件。

2015 年，科比恩和高罗德尼琴科提出了一个新的实证检验假设，即对充分信息理性预期的貌似偏离应归因于信息僵化，而不是理性预期概念的失败。通过使用专业预测机构调查对美国的一些宏观变量的预测以及使用"共识经济学"数据集对其他国家的一些宏观变量的预测，他们发现了支持信息刚性假说的充分证据。这一假说的两个密切相关的版本被嵌套在同一个实证检验中。一种版本是个人不会不断更新他们的信息集。在此版本中，学习的速度与个人更新其信息集的概率直接相关。另一个版本是专业人士不断监测相关的宏观变量，但由于他们只接收到噪声信号，所以他们永远无法完全观察到真实状态。于是，他们通过一个信号提取问题形成并更新关于基本原理的观念，正如永久–暂时困惑和持续–暂时困惑的早期建模一样。

即使在包含永久–暂时困惑的纯粹前瞻性理性预期模型中过去也是未来的指南

早期的新凯恩斯主义模型，如克拉里达、加利和格特勒1999 年提出的模型（以下称 CGG，即三人姓名的首字母），纯粹是前瞻性的，这意味着通货膨胀的持续完全是由卡尔沃系数对个别价格的逐步调整造成的。然而，对菲利普斯曲线的实证研究表明，通货膨胀过程比卡尔沃系数能够证明的更持久。罗伯茨发现，新凯恩斯主义纯粹前瞻性的菲利普斯曲线与美国的数据不太吻合。特别是，该方程需要一些在理性预期下模型所没有的额外通货膨胀滞后。加利和格特勒以及斯坦森建议对纯粹前瞻性的菲利普斯曲线进行混合修正，该曲线与较高的通货膨胀持续性是一致的。其中，一定比例的后顾性生产者被假定将其价格设定为过去通货膨胀的一个函数。这一假设意味着后顾性企业的通货膨胀预期是不合理的。

本节显示，在存在持续–暂时困惑和理性预期的情况下，通货膨胀、产出缺口、预期通货膨胀和利率政策都取决于之前对于相关冲击的观察，即使是在纯粹的前瞻性模型中也是如此。这一结果的一个含义是，没有必要引入关于价格制定者的后顾行为的特别假设，以证明混合新凯恩斯主义模型中存在作为实证的过去变量是合理的。这在 CGG 模型的修正紧凑形式中得到了证明，该模型适用于在缺乏内生状态变量的情况下，自由裁量的最优货币政策。该模型变体的主要新颖之处在于，它明确承认存在与模型基本冲击有关的持续–暂时困惑。修改后的模型结构如下：

$$x_t = -\varphi \left[i_t - E_t \pi_{t+1} \right] + E_t x_{t+1} \qquad (15.1)$$

$$\pi_t = \lambda x_t + \beta E_t \pi_{t+1} + u_t \qquad (15.2)$$

$$u_t = p_t + \psi_t \qquad (15.3)$$

$$p_t = \rho p_{t-1} + v_t, \rho \leqslant 1 \qquad (15.4)$$

方程（15.1）是人们熟悉的新凯恩斯主义动态 IS 关系。它指出，产出缺口 x_t 是实际利率的递减函数，是下一时期产出缺口的递增函数。实际利率由名义政策利率 i_t 和预期通货膨胀率 $E_t \pi_{t+1}$ 之间的差值给出。方程（15.2）是标准的新凯恩斯主义菲利普斯曲线。它指出，通货膨胀取决于产出缺口、预期通货膨胀率以及加价或成本推动冲击 u_t。冲击是一个持续的马尔可夫分量 p_t 和一个短暂的白噪声过程 ψ_t 的总和，这两个过程都没有被单独观测到。v_t 和 ψ_t 是一系列不相关的相互独立的正态变量，平均值为零，方差为 σ_v^2 和 σ_ψ^2。在 σ_v^2 趋于零的特殊情况下，冲击 u_t 降低到 CGG 中成本冲击的规格。与 CGG 一样，货币管理局的目标函数是最大化

$$-\frac{1}{2}E_t\left\{\sum_{i=0}^{\infty}\beta^i\left[\alpha x_{t+1}^2+\pi_{t+1}^2\right]\right\} \tag{15.5}$$

α 是相对于通货膨胀偏离零通货膨胀目标的潜在产出偏离的权重，β 是贴现因子。由于中央银行不能在自由裁量权下真正地影响人们的观念，因此它将私营部门的预期视为方程（15.5）中的解决最大化问题的假设事实。这种优化的结果是一个可自由决定的策略规则。同时，以这一规则为条件，私营部门形成理性的观念。由于没有内生状态变量，政策问题的第一阶段就简化为以下静态优化问题顺序：在每个周期中，选择 x_t 和 π_t 以最大化

$$-\frac{1}{2}\left[\alpha x_t^2+\pi_t^2\right]+F_t \tag{15.6}$$

受限于

$$\pi_t=\lambda x_t+f_t \tag{15.7}$$

其中

$$F_t=-\frac{1}{2}E_t\left\{\sum_{i=1}^{\infty}\beta^i\left[\alpha x_{t+1}^2+\pi_{t+1}^2\right]\right\} \tag{15.8}$$

$$f_t=\beta E_t\pi_{t+1}+u_t \tag{15.9}$$

因为中央银行不能根据自由裁量权影响预期，所以，它将 F_t 和 f_t 视为假设事实。第一阶段优化问题的解决方案采用熟悉的形式

$$x_t = -\frac{\lambda}{\alpha}\pi_t \qquad (15.10)$$

在该背景下，这个条件意味着，当正向的成本冲击提高（降低）通货膨胀时，中央银行就会提高（降低）利率。这会导致一个负向的（正向的）产出缺口，从而导致通货膨胀和产出目标之间的权衡。中央银行应对通货膨胀的积极程度取决于每单位产出损失的通货膨胀减少的收益 λ，而非中央银行对产出与潜在产出偏差的相对关注程度。

u_t 未来值的最佳预测器

由于冲击是持久性和暂时性分量的混合物，推导冲击未来值的合理预期的第一步是获得冲击当前持续值的最佳预测器，该预测值以当前信息集 $It \equiv \alpha\{u_t,\ u_{t-1},\ u_{t-2},\ \cdots\}$ 为条件。该预测器为：

$$E_t p_t = E_t\left[p_t \mid I_t\right] = (\rho - \theta)\sum_{j=0}^{\infty}\theta^j_{u_{t-j}} \qquad (15.11)$$

其中

$$\theta = \frac{1}{2}\left[\frac{1+r}{\rho} + \rho\right] - \sqrt{\frac{1}{4}\left(\frac{1+r}{\rho} + \rho\right)^2 - 1} \qquad (15.12)$$

$$r \equiv \frac{\sigma_v^2}{\sigma_\psi^2} \qquad (15.13)$$

方程（15.3）和（15.4）中的随机结构是库克尔曼和梅尔泽（下称 CM）中方程（15.4）、（15.5）和（15.8）的一个特殊情况，条件是常数 A 等于零，最佳预测器被单独而不是放在公众期望与中央银行政策规则之间的纳什互动中考虑。一般情况下的最优预测器为 CM 中的方程（10a）和（10b）。方程（15.11）中的最佳预测值由 CM 中的方程（10a）获得，条件是最佳预测器被单独考虑，而该方程中的参数 B 等于 1。

方程（15.11）中当前持续分量的最佳预测器是有效预测未来冲击值的重要输入。因为克拉里达、加利、格特勒以及许多新凯恩斯主义者都认为，每个时期都有冲击的持续分量，克拉里达、加利和格特勒不需要利用过去来预测未来。但正如方程（15.11）中最佳预测器所暗示的那样，在持续–暂时困惑存在的情况下，所有的过去都与预测未来的冲击值相关。在推导内生变量平衡值的这种基本差异的结果之前，需要关注最佳预测器的一些特征。

将方程（15.11）滞后一个周期，

$$E_{t-1}p_{t-1} = (\rho - \theta)\sum_{j=0}^{\infty}\theta^j u_{t-1-j} \qquad (15.14)$$

使用方程（15.11）中的表达式可得

$$E_t p_t = (\rho - \theta)u_t + \theta E_{t-1}p_{t-1} \qquad (15.15)$$

重新排列

$$E_t p_t - E_{t-1}p_{t-1} = (1-\theta)[u_t - E_{t-1}p_{t-1}] - (1-\rho)u_t \qquad (15.16)$$

方程（15.16）是适应性预期的修改版本。对于特定情况$\rho=1$，它可简化为

$$E_t p_t - E_{t-1}p_{t-1} = (1-\theta)[u_t - E_{t-1}p_{t-1}] \qquad (15.17)$$

这就是我们熟悉的穆斯适应性理性预期。在一般情况和特殊情况下，人们都会根据周期t信号和$t-1$期预测之间的差异，调整其对t期持续（或永久）分量的预测。然而，在静态情况下（$\rho<1$），调整比较小，因为ρ越低，预测误差持续存在的可能性就越小。随着预测误差持续存在的可能性增加，当u_t的持久分量变得不平稳时，这种调节作用就会减弱并最终消失。

系数$1-\theta$是一个学习速度指数。相对于短暂白噪声的可变

性，持续分量创新的可变性越大（即 $r \equiv \dfrac{\sigma_v^2}{\sigma_\psi^2}$ 越大），该指数就越高。下文中将其称为学习参数。方程（15.11）中的滞后系数之和小于 1，并且在学习参数和 $\dfrac{\sigma_v^2}{\sigma_\psi^2}$ 增加。直觉是，随着信噪比的增加，过去对预测未来变得更为重要，因此被赋予更大的权重。方程（15.4）和（15.11）意味着，对未来冲击值的最佳预测如下：

$$E_t u_{t+j} = \rho^j E_t p_t, j \geqslant 1 \qquad （15.18）$$

内生变量平衡值的推导

将方程（15.10）代入方程（15.2）中的新凯恩斯主义菲利普斯曲线并重新排列得到

$$\pi_t = \frac{\alpha}{\alpha + \lambda^2}[\beta E_t \pi_{t+1} + u_t] \qquad （15.19）$$

前导一个周期并将周期 t 的条件期望值运算符应用于结果表达式得到

$$E_t \pi_{t+1} = \frac{\alpha}{\alpha + \lambda^2}\big[\beta E_t \pi_{t+2} + E_t u_{t+1}\big] = \frac{\alpha}{\alpha + \lambda^2}\big[\beta E_t \pi_{t+2} + \rho E_t p_t\big]$$

$$（15.20）$$

其中第二个等式来自方程（15.18），将该等式前导一个周期，将得到的表达式代入其中，并重复此过程 j 次得到

$$E_t \pi_{t+1} = \delta\rho\Big[1 + \delta\rho\beta + \cdots + \big(\delta\rho\beta\big)^{j-1}\Big]E_t p_t + \big(\delta\beta\big)^j E_t u_{t+j+1} \qquad （15.21）$$

其中

$$\delta = \frac{\alpha}{\alpha + \lambda^2} < 1 \qquad （15.22）$$

β 是贴现系数，因此，积 $(\delta\beta)^j$ 随着 j 的无穷大而趋于零，这意味着方程（15.21）中的表达式简化为无限收敛的几何级数。因此，该方程可改写为

$$E_t \pi_{t+1} = \frac{\alpha\rho}{\lambda^2 + \alpha(1-\alpha\beta)} E_t p_t = \rho\alpha q E_t p_t \qquad（15.23）$$

该表达式以及方程（15.11）中的最佳预测器的主要新颖信息是，尽管人们纯粹是前瞻性的，但他们下一周期通货膨胀的最佳预测器取决于过去对冲击 u_t 的观察。现在可以通过将方程（15.23）代入方程（15.19）来获得 π_t 的平衡简化表达式

$$\pi_t = \frac{\alpha}{\alpha + \lambda^2} \big[\beta\rho\alpha q E_t p_t + u_t \big] = \alpha q E_t p_t + \frac{\alpha}{\alpha + \lambda^2}(u_t - E_t p_t)$$

$$（15.24）$$

意味着实际通货膨胀也是冲击 u_t 过去值的分布滞后。同样的解释也适用于产出缺口。这源于 x_t 的简化表达式，该表达式的获得是通过组合方程（15.10）和方程（15.24）以及重新排列

$$x_t = -\frac{\alpha}{\alpha + \lambda^2} \big[\beta\rho\alpha q E_t p_t + u_t \big] = -\lambda q E_t p_t - \frac{\lambda}{\alpha + \lambda^2}(u_t - E_t p_t)$$

$$（15.25）$$

通货膨胀和产出缺口的简化表达式与克拉里达、加利和格特勒（1999年）中对应表达式的不同之处在于一个依赖于 $u_t - E_t p_t$ 的项。当 $u_t - E_t p_t$ 为正时，通货膨胀和产出缺口的简化表达式分别比其在克拉里达、加利和格特勒（1999年）中的对应表达式更大和更小。当 $u_t - E_t p_t$ 为负时，情况正好相反。可以看出，中央银行选择的利率的简化形式表达式为

$$i_t = \left(1 + \frac{(1-\rho)\lambda}{\varphi\rho\alpha} \right) E_t \pi_{t+1} + \frac{\lambda}{\varphi(\alpha + \lambda^2)}(u_t - E_t p_t) \qquad（15.26）$$

其中，$E_t \pi_{t+1}$ 是方程（15.23）的假设事实。和在克拉里达、加利和格特勒（1999 年）中一样，政策利率对预期通货膨胀的响应系数大于 1，以抑制预期增加带来的通货膨胀后果。这提高了实际利率，并通过减少产出缺口来抑制通货膨胀。持续−暂时困惑的存在导致附加项 $u_t - E_t p_t$ 的出现。根据 $u_t - E_t p_t$ 是正还是负，该项可能会进一步刺激收紧或放松货币政策。而 $u_t - E_t p_t$ 是正值还是负值，取决于当前的冲击是大于还是小于过去的冲击。

该分析得出的一般结论是，在持续−暂时困惑存在的情况下，内生变量的所有均衡值，包括政策决策，都受到冲击 u_t 的历史影响。尽管所有个人和中央银行都被认为是纯粹前瞻性的，但这种情况还是会发生，因为无论是在持续−暂时困惑还是永久−暂时困惑存在的情况下，预期理性都意味着过去是未来最佳的指南。在克拉里达、加利和格特勒纯粹的前瞻性模型中，对政策错误的认识存在滞后性，原因是对冲击持续性分量的未来创新预测不够完善。更为普遍的情况是，对政策错误的认识也存在滞后性，因为冲击的持续性或永久性分量与暂时性分量混合在了一起。

所有内生变量的平衡表达式中出现的附加项 $u_t - E_t p_t$，在发生相对较大的持续性或永久冲击时变得尤为重要。在这种情况下，预测持续性分量的误差可能会在一段时间内保持在零的一侧，导致一系列预测和政策错误偏向同一方向。这种情况更有可能发生在学习速度较低的时候。库克尔曼、卢斯滕贝格尔和梅尔泽提供了关于这一点的更多细节。在 20 世纪 70 年代的美国高通货膨胀期间，美联储的政策制定者和专业预测者系统性地低估了通货膨胀，因此推出了过度扩张的货币政策。就本节中提出的修改后的新凯恩斯主义模型而言，这一证据支持了这样一种观点，即在那个时期，美国经济受到持续的成本冲击，其持续性在很多年的时间里都没有被充分地认识到。

永久-暂时困惑在通货膨胀专业预测中的实证应用

前面的章节暗示，在以持续-暂时困惑或永久-暂时困惑为特征的随机过程中，理性预期是回顾性的。本节利用专业通货膨胀预测数据来检验那些直接衡量的预期是否依赖于过去的数据。这些数据来自美国专业预测机构调查（SPF），由费城联邦储备银行收集和维护。这些数据可用于对未来 1 年和 10 年的通货膨胀预期。它们基于每个季度收集的专业预测样本，然后对所有预测进行平均，得出每个季度的单一代表性数字。本节使用的是1981—2017 年未来一年的平均预测季度数据。

图 15.1 显示了实际通货膨胀和预期通货膨胀以及意外通货膨胀。从图中可以看出的主要规律是，通常情况下，在通货膨胀大幅持续下降的时期，意外的通货膨胀是负值，通货膨胀预期逐渐下降，这表明专业预测人员根据过去的通货膨胀走势调整他们的预期。这种情况在 20 世纪 80 年代上半叶沃尔克反通货膨胀的最后阶段尤为明显。在 1990—1997 年，同样的现象以一种较弱的形式出现，在此期间，通货膨胀出现了温和的下降趋势，而实际通货膨胀低于预期通货膨胀。在样本结束时再次出现这种情况，主要原因是通货膨胀一度低于2%的目标。在整个样本期内，有超过一半的时间，意外通货膨胀都是负值。这些时段由垂直和水平线突出显示，这些线在相关日期上创建了一些框。

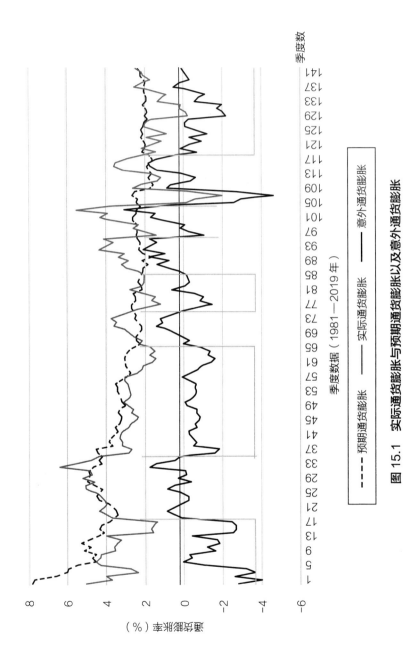

图 15.1 实际通货膨胀与预期通货膨胀以及意外通货膨胀

假设检验：专业预测机构调查预期在说明性的持续-暂时困惑框架内是后顾性的

本小节在持续-暂时困惑框架内对专业预测机构调查预期进行参数化，导出隐含的最佳预测器，并检测这些预期是否包含后顾性要素。为了实施这一检测，有必要使用某种以持续-暂时困惑或永久-暂时困惑为特征的随机结构，导出相应的最优预测器，并将其与直接测得的专业预测机构调查通货膨胀预期相拟合。在一个更广泛的独立项目中，可以对随机结构的几个可选参数化进行实验。但这超出了本章的讨论范围。因为本节的主要目的是说明，用于检测直接测得的预期是否包含后顾性元素的方法。可能的参数化很多，我只关注其中的一个。在对数据中的 π_t 进行了一些观察之后，为了分析方便，我决定将关注放在持续-暂时困惑上而不是永久-暂时困惑上。特别是，使用以下通货膨胀过程参数化：

$$\pi_t = A + p_t + \psi_t \qquad (15.27)$$

$$p_t = \rho p_{t-1} + \upsilon_t, 0 < \rho < 1 \qquad (15.28)$$

其中，A 是一个常数，φ_t 和 υ_t 分别是白噪声过程和随机创新。方程（15.27）表明，通货膨胀是持续性马尔可夫分量 p_t 和短暂的白噪声过程 φ_t 的总和，而这两者从未被单独观察到过。υ_t 和 φ_t 是连续不相关的、相互独立的正态变量，具有零均值以及各自的方差 σ_υ^2 和 σ_ψ^2。

鉴于周期 t 的信息，下一个周期通货膨胀的最佳预测器是：

$$\pi_t^e = E_t \pi_{t+1} = A + (\rho - \theta)\pi_t + \theta E_{t-1} p_{t-1} \qquad (15.29)$$

第二个等式指出，p_t 具有与方程（15.4）中相同的随机结构，其以周期 t 信息为条件的最优预测器则由方程（15.15）给出，信号 u_t 由信号 π_t 代替。加减 $\theta(A+\psi_{t-1})$ 项到方程（15.29）的右侧，得到：

$$\pi_t^e = (1-\theta)A + (\rho-\theta)\pi_{t-4} + \theta\pi_{t-1}^e - \theta\psi_{t-1} \qquad (15.30)$$

注意，尽管时间指数 t 是指季度，但 π^e 和 π 是以年为单位测量的。（$\pi_{t-1}^e \equiv E_{t-1}\pi_{t-1}$）以及，根据下面详述的符号惯例，$\pi_{t-4}$ 是 t 季度已知的去年的年通货膨胀率。为了保持同一年度预测范围内的实际通货膨胀率与预期通货膨胀率之间的可比性，t 季度（预测形成的季度）的实际年通货膨胀率定义为下一年度的年通货膨胀率，以 π_t 表示。这个符号意味着 π_{t-4} 是 t 季度已知的去年的年通货膨胀率。方程（15.30）可以通过将专业预测机构调查一年后的通货膨胀预测 π_t^e 回归到最新的可用年度通货膨胀数字（π_{t-4}）和上一季度的年度通货膨胀预测（π_{t-1}^e）进行估算。$(1-\theta)A$ 和 $-\theta\psi_{t-1}$ 分别是回归常数和残差。

通过这些调整，方程（15.30）的回归对应项为

$$\pi_t^e = c_0 + c_1\pi_{t-4} + c_2\pi_{t-1}^e \qquad (15.31)$$

其中

$$c_0 \equiv (1-\theta)A = 0.177, c_1 \equiv (\rho-\theta) = 0.058, c_2 \equiv \theta = 0.876 \qquad (15.32)$$

鉴于 c_i，$i=0$，1，2 的估计值，可以使用方程（15.32）中的关系获得 ρ，θ 和 A 的估计值。回归调整后的 R^2 为 0.95，而所有 c_i 均为正值且重要。尤其是，c_2 比 c_1 高得多，也更重要，支持了专业预测机构调查依靠过去预测未来的观点。表示学习持续变化速度特征的系数 $c_1 \equiv (\rho-\theta)$ 相对较小，这一事实表明，当通货膨胀过程发生大的持续性变化时，预测者将其内化的过程相

对缓慢。鉴于实际和预期通货膨胀以百分比衡量，结构参数的估计值为

$$\hat{\rho} = 0.93 \quad \hat{\theta} = 0.88 \quad \hat{A} = 1.43 \qquad (15.33)$$

跟踪专业预测机构调查预期波动的最佳预测器评估

评估最佳预测器在表征专业预测机构调查期望行为方面的拟合程度的一种方法是，通过方程（15.31）中的估计回归计算原始专业预测机构调查数据与其预测之间的拟合优度。调整后的 R^2 为 0.96 值表明拟合非常好。这可能被称为一步超前跟踪方法。因为这个方程中的一个回归因子是原始专业预测机构调查期望值的滞后值，所以这是一个相对容易的方法。

另一个较难的方法是，用 π^e_{t-1} 的积分形式代替方程（15.31）中的 π^e_{t-1} 生成拟合值。由于该方法使用了最优预测器的结构依赖性以及对过去通货膨胀的估计系数，而不是原始预期数据，因此得到的拟合值跟踪专业预测机构调查预期行为的能力构成了对最优预测器拟合的更强测试。我将此方法称为动态跟踪方法（Dynamic Tracking Method，DTM）。

为了生成变量 $\hat{\pi}^e_{t-1}$，鉴于最优预测器的结构和方程（15.33）中的估计值 $\hat{\rho}$ 和 $\hat{\theta}$ 的情况下，该变量取代动态跟踪方法中的 π^e_{t-1}，将方程（15.31）延迟一个周期，以表示 π_{t-5} 和 π^e_{t-2} 的 $\hat{\pi}^e_{t-1}$ 的估计值，然后再次将其延迟，并将所得表达式替换为第一个方程，以 π^e_{t-5} 和 π^e_{t-2} 的形式表示 $\hat{\pi}^e_{t-1}$。这样进行 T 次可得出 π^e_{t-1} 动态估计的以下表达式：

$$\hat{\pi}^e_{t-1} = \sum_{j=0}^{T} \hat{\theta}^j \pi_{t-5-j} + \hat{\theta}^T \pi^e_{t-(T+1)} \qquad (15.34)$$

鉴于 $\hat{\theta}$ 的大小以及由于 T 的设置，所以最后一项是二阶的，因此可以删除。π_t 的动态预测值随后通过将方程（15.31）中的 π_{t-1}^e 替换为 $\displaystyle\sum_{j=0}^{T}\hat{\theta}^j\pi_{t-5-j}$ 来获得。

专业预测机构调查预期的实际和动态预测值如图 15.2 所示。观察这两条曲线可以发现，动态跟踪方法的拟合是合理的。整个样品上两条曲线之间差值的标准偏差为 0.72%。1981—1990 年，预测值低估了专业预测机构调查预测，且相对较大。1990—1997 年，拟合度很高。1997 年以来，拟合度不如之前的好，但要比第一个子周期好，而预测值高估了专业预测机构调查预测。在第一个和最后一个子周期期间的偏差行为可能归因于跨子周期学习速度的变化，或者归因于在以通货膨胀过程相对持续变化为特征的时期，预测者还利用了一些信息，而这些信息不仅仅是对过去通货膨胀的观察。

说明适用于概括专业预测机构调查通货膨胀预期特征的随机过程所暗示的学习速度

方程（15.31）中的拟合随机过程有两个分量：一个是不随时间变化的，另一个是根据前一时期实际和预期通货膨胀的变化进行调整的。第一部分由方程（15.31）中的常数 c_0 表示，而随时间变化的部分由方程中的剩余项表示。因为常数项对学习速度有迟滞作用，所以它不能像穆斯（1960 年）纯适应性预期过程那样仅以几何分布滞后为特征。为了获得专业预测机构调查期望的估计学习速度的完整表征，我做了以下实验。首先，我找到了估计过程的通货膨胀稳定状态（Inflationary Steady State，ISS）路

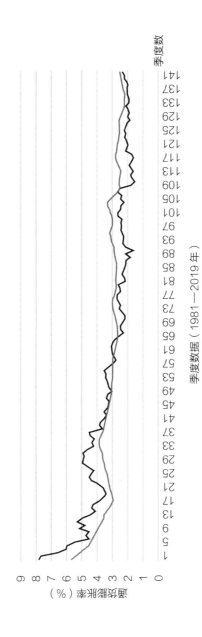

图 15.2 专业预测机构调查预期的实际值和动态跟踪方法预测值

径。通货膨胀稳定状态被定义为一条路径，沿着该路径，实际和预期通货膨胀等于相同的恒定通货膨胀 π_{ss}。通常，将条件

$$\pi_t^e = \pi_{t-4} = \pi_{t-1}^e = \pi_{ss} \qquad (15.35)$$

代入方程（15.31）并求解得到 π_{ss}。鉴于方程（15.32）中的估计参数，

$$\pi_{ss} = 2.68 \qquad (15.36)$$

其次，我使用估计的参数来确定固定通货膨胀率 $\pi\left(\pi^e = 2\right)$ 的值，它将永久地将这些预期维持在广泛接受的 2% 的目标。这可以通过将方程（15.31）进行下面的特殊化处理求解 $\pi\left(\pi^e = 2\right)$ 很容易地计算出来：

$$2 = \pi_t^e = c_0 + c_1 \pi\left(\pi^e = 2\right) + 2c_2 \qquad (15.37)$$

由此可得

$$\pi\left(\pi^e = 2\right) = 1.21 \qquad (15.38)$$

图 15.3 显示了作为时间函数的预期通货膨胀（以季度为单位）。要描述学习速度的特征，考虑以下实验：通货膨胀过程最初（周期 0）是沿着 2.68 通货膨胀稳定状态路径上升一直到并包括周期 3。从第四阶段开始，实际通货膨胀率下降到 $\pi\left(\pi^e = 2\right) = 1.21$，并永远保持不变。很显然，从这一周期开始，预期将逐渐降低，最终达到 2% 的目标。通过反复应用方程（15.31）和（15.32）可以获得显示期望值逐步调整的动态路径，并由逐渐降低的线表示。

毫不奇怪，该图证实估计过程意味着学习速度相当慢；在通货膨胀稳定状态和 2% 的目标之间，需要大约十个季度才能走到

半程，而完成 90% 的调整需要大约二十个季度。样本开始时的前四年，其中的意外通货膨胀始终为负值（图 15.2 中的 1981—1985 年），与这一发现大概一致。因为该周期对应的是沃尔克逐步反通货膨胀的后一阶段，所以它支持这样一种观点，即使做出了逐步稳定通货膨胀的坚定努力，通货膨胀预期也需要几年时间才能完全内化为事实。很显然，这一结论并不具有普遍性，应在有效的前瞻性指引（Forward Guidance，FG）的情况下予以限定。下一节将讨论这个问题。

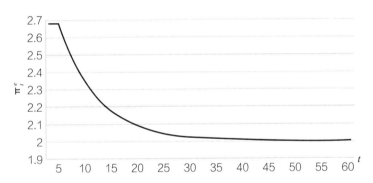

图 15.3　适用于概括专业预测机构调查通货膨胀预期特征的随机过程所暗示的学习速度

对全球金融危机之后经济和政策变化持久性的几点思考

全球金融危机导致了经济结构的各种变化，以及货币政策工具和监管制度方面的许多创新。菲利普斯曲线趋于平坦，危机开始时大幅降低的短期利率仍远低于其长期的惯常值。这场危机强化了长期无风险利率的长期下降趋势。

尽管信贷从雷曼兄弟倒闭几年后的低迷状态中恢复了过来，但新的贷款净额仍低于危机前的水平。零下限成为对货币政策经常而有效的约束。现在，量化宽松和前瞻性指引等新的货币工具通常作为利率政策的补充工具使用。资本需求已经收紧，中央银行的监管权限已经扩大，特别是在宏观审慎监管领域。

隐藏在这些变化背后的一个核心问题是，这些变化在未来可能会持续多久。一般来说，找到这一宽泛问题的答案需要依赖新的信息，而不是依赖前面章节中讨论过的相关随机过程的特征。例如，法律制度方面进行的监管和其他金融市场领域的改革，比如美国的《多德-弗兰克法案》（Dodd-Frank Act），以及欧元区银行业联盟的成立都应该被认为是持续性改革。新发行的次级抵押贷款支持证券的突然消失更是持续性的。相比之下，零下限约束和量化宽松的持久性则不那么明确。对诸如平缓菲利普斯曲线和低利率的持续性等问题进行判断时，可能需要将法律、制度、政治信息与相关随机冲击的过去价值信息相结合。

在过去十年中，前瞻性指引在美国和欧元区都获得了一些成功。通过部分影响长期预期，美联储在 2012 年 12 月发表的声明称，只要失业率高于 6.5%，通货膨胀率低于 1.5%，政策利率就不会提高，而超过 2% 的目标就会导致长期利率降低和经济刺激政策的出台。同样，在欧元区主权债务危机的顶峰时期，德拉吉戏剧性的"不惜一切代价"的声明帮助人们恢复了对欧元区生存能力的信心。

然而，必须强调的是，如果这些声明没有伴随着货币政策的进一步大规模扩张，那么它们的影响就会很快消失。前瞻性指引还导致了公众的误解，如美国 2013 年的"缩减恐慌"所示，它导致了长期利率的过早上升。尽管人们对前瞻性指引的作用褒贬不一，但它还是被许多别的中央银行所采用，并可能保持其作为货币政策工具箱中永久替补的地位。

通过将未来货币政策行动的预告视为未来将要实施的实际政策的噪声指标，前瞻性指引对预期形成的影响可以纳入前一章节中的随机框架之中。对随机信息结构进行这样的修改可以产生使用实际和过去的相关变量以及过去和当前的前瞻性指引公告的最优预测器。过去和当前的政策公告之所以都出现在最佳预测器中，是因为公告是噪声。对预测变量的过去信息与过去关于其未来行为的公告给出的相对权重由这两个信号中的噪声的相对大小确定。

其结果是，在前瞻性指引存在的情况下，最佳预测器仍然基于可用的当前和过去信息。但是，信息集增加了当前和过去对相关变量的预测。图 15.2 所示样本后期专业预测机构调查预期对实际通货膨胀发展相对不敏感的一个原因是，前瞻性指引的使用逐渐增加，同时存在一个固定的 2% 的通货膨胀目标。

结语

一个显而易见的普遍真理是，在对过去一无所知的情况下，对未来的预测只能是胡乱猜测。尽管过去和现在的信息对预测未来很有用，但这些信息并不完善。其主要原因是：第一，完全不可预见的事件无疑将在未来发生；第二，过去和当前观测中包含的关于这些观测的未来持续状态的信息是噪声。因此，经济和统计模型对预测的贡献自然仅限于做出这样的预测，这些预测侧重于识别当前和过去信息中可能持续到未来的部分。

为此，有两种互补的方法。一种是确定预测变量的行为在长期机构中的体现程度。变量的行为与稳定的法律机构或非正式机构的关系越紧密，其当前价值越有可能持续到未来。另一种更倾向于统计的方法是将经济变量视为随机过程，该过程由持续性（或永久性）分量和短暂性冲击组成，两者均不能被单独观察到。虽然比第一种方法窄了一些，但这种方法的优点是可以将对未来的预测简化为信号提取问题的解决方案。这种方法的一个早期例子是穆斯的理性适应性预期的统计基础。卡尔曼已经表明，一般来说，高斯信号提取问题的解决方案等于所有可用的过去和当前信息 I_t 的期望值，并且它是 I_t 的线性函数。

本章认为，通过从个人的学习过程中抽象出来，纯粹的前瞻性模型错过了现实的重要元素。本章利用美国专业预测机构调查直接衡量的通货膨胀预期来证明这些预期是回顾性的，并根据过去的通货膨胀来描述其行为。还简要介绍了自 20 世纪 60 年代以来信号提取问题在经济学中的应用。

早期纯粹前瞻性新凯恩斯主义模型遇到的问题是，对这些模型进行评估时，使用后顾性和前瞻性变量会使其拟合度显著提高。一些新凯恩斯主义文献试图通过假设价格制定者是（非理性的）后顾性的来缩小理论与证据之间的差距。使用众所周知的克拉里达、加利和格特勒框架以及受到持续-暂时困惑影响的成本冲击，本章表明，作为一个理论问题，这种单一的修改，即使在完全理性的预期下，也为经济行为和政策制定者的行为注入了后顾性因素。

将由一阶马尔可夫过程（由常数和白噪声增强）组成的通货膨胀过程的最优预测器拟合到从 20 世纪 80 年代初到 2017 年的

第四部分
卡尔·布鲁纳的当代遗产

专业预测机构调查通货膨胀预期表明，这些预期是后顾性的，并且具有相对较低的学习速度。全球金融危机导致了经济结构的变化和非常规政策工具的出现。这些变化大多持续至今，也引发了一些严重的问题，比如低通货膨胀和低利率以及更平坦的菲利普斯曲线等结构性变化可能会持续到未来的程度等。此外，政策制定者仍在了解新货币政策工具的有效性。这些学习过程要求使用埃文斯和洪卡波希亚开发和应用的关于类型变化参数的渐进式学习方法。这一过程正在中央银行等经济研究机构内进行，随着更多危机后观察结果的积累，这一过程可能会继续下去。

对经济生产能力长期大幅下降的迟缓认知导致对产出缺口的低估和过度宽松的货币政策的出台。布鲁纳、库克尔曼和梅尔泽使用穆斯的理性适应性预期在扩展的 IS-LM 框架内对永久-暂时困惑进行建模，认为 20 世纪 70 年代美联储主席彭斯领导下的滞胀是隐含的渐进式学习的结果。奥菲尼德斯、奥芬尼德斯和威廉姆斯使用实时数据，为这一观点提供了实证支持。布鲁纳、库克尔曼和梅尔泽使用永久-暂时困惑以及卢卡斯-拉平机制推动缓慢重建库存。在零下限的背景下，福德强调了框架内基础货币的永久性和临时性变化对经济影响之间的差异，在该框架中，这些变化是永久性的。本文得出的一个教训是，将永久-暂时困惑纳入此类框架是将过去注入对未来的期望中，而且通常会改变系统的动态行为。将过去当作预测未来的重要输入来建模理性预期的方法已经存在了很长一段时间，并且得到了广泛的应用。尽管如此，这些方法甚至将过去注入纯粹的前瞻性框架的这一事实偶尔会被遗忘，导致人们使用各种临时性的快捷方法来弥补理论和证据之间频繁出现的分歧。

显而易见的是，还存在其他持久性创造机制，比如投资、库存、劳动力投入和消费平滑的缓慢调整等。在包含一种或几种替代机制的理性预期模型中，即使在没有持续–暂时困惑的情况下，预期也将基于过去的信息。区分这种低迷预期的各种原因是一项艰巨的任务，超出了本章的框架。我的感觉是，随着旨在稳定通货膨胀的名义制度发生变化，永久–暂时困惑是通货膨胀预期调整缓慢的一个一阶原因。

总之，通过在一个纯粹的前瞻性模型中分析持续–暂时困惑的影响，将其与美国的专业预测机构调查通货膨胀预测相匹配，并调查之前的一些应用，我希望传达一个更普遍的信息：在政策自由裁量下，最佳渐进式学习是规则而非例外。很显然，如果中央银行诚实坚守一个规则，那么这一点会在期望形成过程中反映出来。信息技术在许多国家成功锚定人们的期望就是这种情况的很好例证。

在我结束这篇文章之前，需要进行以下澄清，而这些澄清一定程度上是与布鲁纳互动的结果。尽管布鲁纳以货币主义者而知名，但我认为，他对经济现象建模的观点要折中得多。他认为20世纪70年代的通货膨胀在很大程度上归因于彭斯错误而犹豫不决的货币政策，但也没有否认这样的观点，即被持续–暂时困惑放大的负面生产力冲击也对通货膨胀起到了推波助澜的作用。他1980年与梅尔泽和我共同在《货币经济学杂志》发表的论文证明了这一点。此外，正如布鲁纳、库克尔曼和梅尔泽所示，他毫不避讳地承认正式模型中存在黏性价格。

第十六章
卡尔·布鲁纳对货币供应理论的贡献

——胡安·巴勃罗·尼科里尼

序

　　1989 年 5 月 9 日，布鲁纳去世的那天，我正在着手撰写博士论文。我没有见过他，然而，从很早的时候起，他就一直是我的灵感源泉。虽然当时我还没有意识到这一点，但我已经是一个货币主义者了。我在阿根廷出生、长大，并在那里接受教育，我怎么可能不是呢？在我上大学期间，1980—1985 年，月平均通货膨胀率为 14%，最低不足 1%，最高接近 40%。每个学期，我都可以看到我在课堂上学习的数量理论在数据中以惊人的精度运行。我很幸运地在家乡的图库曼国立大学接受了经济学方面的教育，给我们上课的是一些杰出的教授，他们有的在美国完成了研究生学业，而其中的大多数是在芝加哥完成的。我的货币理论课（我上了三节课）的教学大纲里塞满了弗里德曼、布鲁纳和梅尔泽的论文。在研究生阶段，我对货币经济学的兴趣一直在增长：我的博士论文题目就是《论通货膨胀》。然而，布鲁纳对我职业生涯的影响并不仅仅局限于我从他的论文中学到的知识。近三十年来，我一直靠撰写论文和发表论文谋生。我有近三分之一的论文是在布鲁纳创办的《货币经济学杂志》上发表的。尽管，按照我的口味，编辑们在大多的时候都会不同意我的观点，但我一直认为《货币经济学杂志》是我论文的一个自然出口。无论如何，对我来说，能为这本杂志做出贡献是一种莫大的荣幸。

引言

　　哪些资产可以用于平衡交易？为什么？这些理论问题是货币经济学的核心，也是卡尔·布鲁纳的一些论文探讨的中心问题。在说明了布鲁纳的国籍以及出生和死亡日期之后，维基百科这样写道："他对经济学的主要兴趣就是探讨货币供应过程的本质"。这也是我在本章中重新讨论的主题。

　　也许，弗里德曼和施瓦茨提供了最广为人知的与这些问题中的第一个问题相类似的讨论。他们认为，交易性资产的相关衡量指标是与名义收入有着更稳定关系的指标。这种选择很方便，因为它提供了一种将模型中货币的理论概念与实证研究中使用的具体指标联系起来的方法，但这不是一个真实的答案。例如，在评估金融中介的技术进步或监管变化如何影响用于交易的资产类型以及每种特定资产的使用频率时，它没有任何指导意义。

　　我将布鲁纳的两篇论文作为回顾这一主题的起点。第一篇是他 1961 年发表的《货币供应理论的模式》，这篇论文为货币供应理论奠定了基础，其核心是外部货币和金融部门之间的互动。第二篇论文是他和梅尔泽合著的《金融中介机构在货币政策传导中的地位》，发表于 1963 年。在这篇文章中，他们讨论了这种相互作用对货币传导机制的影响。在我看来，这些论文试图以米尔顿·弗里德曼和其他人在 1956 年著作的《货币数量理论研究》（*Studies in the Quantity Theory of Money*）中研究货币需求的方式来研究货币供应。该著作的主要目的是论证货币流通速度（实际货币需求的倒数）不应被视为常数。相反，经济理论可以而且应该用来理解货币流通速度是如何对其他经济变量的变化做出反应的。从某种程度上来说，该理论捕捉到了该机制背后的主要力量，然后可以用来预测实际货币需求、实际产出和短期利率之间的关系如何随着经济的其他特征的变化而变化的。

同样，布鲁纳的这两篇论文代表了一种早期的努力，即认为货币当局选择的货币基础或外部货币与代理人在交易中使用的金融工具或内部货币之间的关系不应被视为外生的"乘数"。相反，经济理论可以而且应该用来理解并最终预测货币乘数是如何应对经济环境变化的。

令人感到遗憾的是，这一方面的研究并未取得成功。就连布鲁纳本人似乎对这个主题的兴趣也减弱了。第一个原因可能是，在这些论文发表后的二十年里，标准货币总量的不同成分之间的区别从经验上来看似乎并不重要——它们的行为方式几乎相同。因此，货币乘数似乎相对恒定。第二个原因是，到 20 世纪 90 年代初，学术界和政策界对货币总量行为的兴趣已经减弱。这种情况是在几篇实证论文发表之后发生的，这些论文有力地论证了 20 世纪 80 年代美国对 M1 的需求已经变得不稳定。其作者认为，整个理论体系与数据不相匹配，因此无法成为政策制定的可靠依据。

我认为，如果这些早期的努力能够更好地理解货币基础、存款人和金融机构之间的相互作用，那么有两件事就会有所不同。首先，更好的判断应该已经被用来正确衡量货币总量。也就是说，如果之前考虑到了监管的变化，数据就会已经证实货币需求直到现在都是非常的稳定。通过调整卢卡斯和尼科里尼的论点，我将表明，基于布鲁纳方法的简单理论暗示，20 世纪 80 年代发生变化的并不是家庭的行为方式。相反，由于 20 世纪 80 年代初美国发生了重要的监管变化，所以交易性资产的使用价值也随之发生了变化。事实上，监管改变了 20 世纪 80 年代初美国的货币供应。由于未能解释货币供应的这些变化，研究人员便错误地宣称货币需求已经变得不稳定。这一难题在当时产生了非常关键的影响，导致一些著名的货币主义者对货币总量对于通货膨胀的作用产生怀疑，还导致人们失去了对货币总量演变和作用的研究兴趣。其次，2008 年金融危机之后，许多中央银行将政策利率降至实际下限。他们虽然拿着一支枪，却没有子弹，于是决定扩大资产负债表以提供额外的调节能力。要了解资产负债表或其组成的变化如何影响资产价格——最终影响价格和劳动力市场——就需要一个关于所有这些资产的需求和供应的优秀理论。而这个理论就是布鲁纳在这些论文中所追求的理论。

到中央银行受到零利率下限约束时，三十年已经过去，在此期间，各国中央银行基本上没有开展过关于货币总量的研究，而学术界进行的此类研究也非常少。因此，中央银行资产负债表的变化被称为"非常规货币政策"，而这是帕廷金经典著作《货币、利息和价格》（*Money，Interest and Prices*）中的一项标准操作。本章的核心主张是，如果我们发展了布鲁纳在近六十年前提出的理论，今天我们可能会更好地理解这些政策的影响，而伯南克也不会在布鲁金斯学会的一次讨论中发表著名的评论："量化宽松的问题在于，它在实践中行得通，但在理论上解释不通。"

在本章中，我再次回顾了与卢卡斯合著的论文，该文发表在2015 年 7 月《货币经济学杂志》卡内基–罗切斯特–纽约大学卷上。在这篇文章中，我们解决了货币需求关系的不稳定性问题，

而该问题在 20 世纪 80 年代中期变得十分明显。我们认为，1982
年通过的新法规改变了代理人用于交易的工具。当使用包含了这
些变化的理论来研究数据时，我们会发现，一个多世纪以来，货
币需求一直十分稳定。我们研究的理论由普雷斯科特在 1987 年
提出，并由弗里德曼和基德兰德在 2000 年改进。该理论的目的
是了解代理人如何决定在每次交易中使用哪种资产的。在这篇文
章中，我们求解了一个一般均衡模型，在该模型中，代理人在每
一次交易时都可以从几种可用的工具中选择一种来处理他们的交
易。在均衡状态下，不仅货币总量，而且每种可能工具的数量都
被确定为一个货币政策函数。该理论还对每个资产支付的利率的
共同行为产生了影响。该模型是无限周期一般均衡模型，比布鲁
纳论文中提出的蓝图要复杂得多。

在本章中，我回顾了相同的证据，但遵循了另一条路线：我
探讨了一个更加简单、更接近布鲁纳精神的模型在多大程度上能
够取得类似的结果。尤其是，我们仍然停留在部分平衡静态模型
的范围内，只强调替代效应。我的结论是，假如布鲁纳掌握了我
们在卢卡斯和尼科里尼 2015 年论文中使用的数据，那他就会得
出基本相似的结论，而其理论框架更接近布鲁纳 1961 年论文的
理论框架。

一个世纪的 M1 需求行为

在本节中，我们遵循梅尔泽和卢卡斯的传统，回顾了过去
一个世纪美国 M1 与总产量之比的行为证据。在图 16.1（a）中，
我们绘制了 1915—1980 年美国 M1 与 GDP 的比率以及三月期国
库券名义利率的时间序列。这种明显的负相关关系在货币需求的

实证研究中已经被多次证明。但这些研究通常忽略了 M1 不同成分之间的区别。从某种意义上说，没有必要从理论上解决这个问题，因为正如前面提到的那样，这些成分似乎随着时间的推移而成比例地移动。因此，如图 16.1（b）和 16.1（c）所示，这种明显的负相关关系也可以在每个成分——现金和活期存款中看到。

然而，也有一些重要的例外情况——尤其是大萧条初期现金的大量增加以及第二次世界大战期间 M1 的大幅增加。但银行挤兑——在简单的货币需求模型中是不存在的——可以解释这种特殊的异常现象。总的来说，图 16.1 支持这样一种观点，在很长的一段时间里，现金和存款之间的区别几乎没有经验相关性。在图 16.2（a）中，我们将样本扩展到 2012 年。很显然，从 20 世纪 80 年代初开始出现了一个重要变化：虽然名义利率下降到类似于 20 世纪 40 年代的水平，但 M1 与产出的比率并未相应增加。这种情况是否也反映在 M1 的组成成分中呢？答案如图 16.2（b）和 16.2（c）所示：M1 的崩跌与存款行为的崩跌有关，与现金无关。

正如特莱斯和周所指出的，20 世纪 80 年代初是一个监管变化频发的时期。大萧条之后的监管框架包括 Q 条例，该条例禁止商业银行支付银行存款利息。Q 条例于 1980 年首次放宽，允许银行开立非商业支票账户（可转让提款通知书账户）并可以支付利息。后来，在 1982 年，银行被允许开立货币市场存款账户（MMDA），这些账户也可以由一些企业持有。

可转让提款通知书账户基本上与支票账户相同，但只有个人可以持有。与之相反，货币市场存款账户的流动性较低，因

第四部分

卡尔·布鲁纳的当代遗产

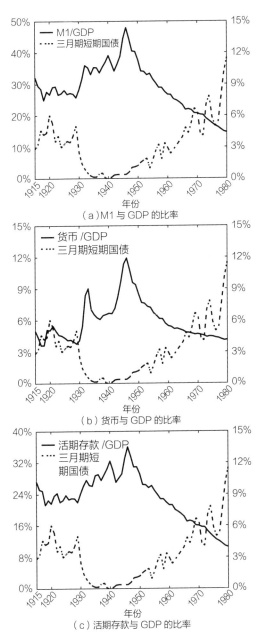

（a）M1 与 GDP 的比率

（b）货币与 GDP 的比率

（c）活期存款与 GDP 的比率

图 16.1　1915—1980 年美国货币需求成分与总产出比率的时间序列

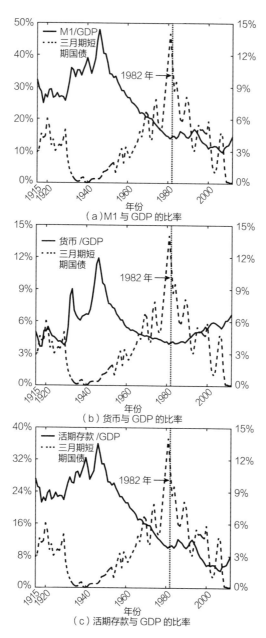

图 16.2　1915—2012 年美国货币需求成分与总产出比率的时间序列

为每月允许的交易数量有限（通常为六笔）。当时，美联储将可转让提款通知书账户与传统的零利息支票账户一起纳入 M1。然而，它还纳入了货币市场存款账户和其他储蓄账户，这是 M2 的一部分。货币需求稳定性的崩溃与时间的巧合引发了一个自然的问题：这种监管变化是如何影响家庭关于 M1 不同成分合意性决定的。根据下面描述的理论，一旦允许银行发行这些近似的替代品，它们就应该与现金和传统支票账户一起计入货币总额。

正如卢卡斯和尼科里尼所提出的，我们可以简单地将新创建的存款添加到 M1 中，构建我们所称的

新 M1=M1+ 货币市场存款账户

如果我们现在绘制新 M1 相对于产出和短期利率的时间序列，如图 16.3 所示，我们看不到任何不稳定的迹象。

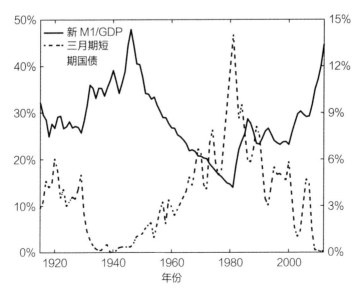

图 16.3　新 M1 与 GDP 的比率

三资产鲍莫尔-托宾模型

在上一节中，我们武断地决定简单地通过将新创造的存款相加构建一个新的货币总量。在本节中，我们使用了一个非常符合布鲁纳（1961 年）精神的模型来阐明这一决定。我们将从布鲁纳模型中获得的见解与鲍莫尔-托宾模型的见解相结合，从而将货币需求与货币供应决策相结合，进而表明，该模型可以使 20 世纪 80 年代初监管变化前后的实际货币需求行为合理化。

为此，我们研究了一个消费者必须在给定的时间间隔内为给定数量的消费 x 提供资金的问题。正如鲍莫尔-托宾模型所做的那样，我们假设，随着时间的推移，消费支出的流动是恒定的，交易性资产必须用于支付这些消费支出。

该消费者在该时间段内必须选择投资组合调整次数。每个投资组合调整的成本为 γx。这样一来，如果消费者进行了 n 次投资组合调整或者 n 次前往银行，则交易的总直接成本则为 $n\gamma x$。

与布鲁纳的观点一致，多个资产可以用于交易。我们认为，可以将三种交易性资产合并成一个交易性服务的生产函数。第一种是现金 C。此外，还有两种类型的存款：支付利息 i^d 的活期存款 D 和支付利息 i^a 的货币市场存款账户 A。下面，我们探索了几种技术来将这三种输入聚合到整个交易性服务中。

鉴于 n 次投资组合调整，资产 j 的平均持有量可用下式表示

$$\frac{\theta_j xP}{2n}, j = c, d, a$$

其中，$\theta_j \dfrac{j}{xP}$，因为 $j = C$，D，A。

因此，如果我们设 i 为政府债券的利率——非交易资产——

那么交易的机会成本见下式：

$$\frac{\theta_c xpi + \theta_d xP\left(i - i^d\right) + \theta_a xP\left(i - i^a\right)}{2n}$$

固定份额问题

作为第一个近似值，我们假设用于总交易服务的每种资产的份额为常数。注意，这意味着货币乘数的确是恒定的。因此，考虑到 1981 年之前只有两项资产，之后只有三项资产，我们假设 1982 年乘数只发生一次变化——到目前为止我们还没有对其进行解释。

在这种情况下，消费者的问题是使交易的总成本最小化，而交易总成本以最终商品的单位来定义，由下式表示

$$x\left(\frac{\theta_c\left(i - i^c\right) + \theta_d\left(i - i^d\right) + \theta_a\left(i - i^a\right)}{2n} + \gamma n\right)$$

鉴于利率（i_t，i_t^c，i_t^d，i_t^a）和参数 γ。假设向量（θ_c，θ_d，θ_a）是一个参数，代理人的唯一经济相关选择是变量 n。

请注意，如果两种存款类型支付的利率为零，就像 20 世纪 80 年代以前一样，那么，那么表达式则为

$$x\left(\frac{i}{2n} + \gamma n\right)$$

因为份额的总和等于 1。这类似于鲍莫尔-托宾的最优问题，它给出了众所周知的 n 的平方根公式

$$n = \sqrt{\frac{I}{4\gamma}}$$

更普遍一点而言，当存款利率不为零时，我们可以设

$$\theta_c\left(i - i^c\right) + \theta_d\left(i - i^d\right) + \theta_a\left(i - i^a\right) \equiv I$$

这是使用货币的机会成本。然后，其解决方案将由下式表示

$$n = \sqrt{\frac{I}{4\gamma}}$$

因此，这一讨论表明，决定货币与产出比率均衡值的相关变量应该是货币的机会成本，而不是短期利率，如图 16.3 所示。

为了检验数据是否与理论相符合，图 16.4 显示了新 M1 与短期利率和货币机会成本的交叉图。为了避免上述大萧条和第二次世界大战等事件的影响，我们现在将重点放在 1950—2012 年这个时段。为了展示监管变化的影响，我们首先在图 16.4（a）中显示了 1950—1981 年的数据以及拟合的对数-对数曲线。在这段时间，由于银行无法支付存款利息，因此利率和货币的机会成本是相同的，所以 $i = I$。

请注意，该证据与鲍莫尔-托宾的假设一致，因为拟合弹性等于 1/2。样本拟合操作的均方误差几乎为 0.10。

在图 16.4（b）中，我们展示了 1982—2012 年新 M1 和利率的交叉图，以及仅使用截至 1981 年数据的拟合曲线。数据呈现出一个负相关关系，但看起来比上一时期预计得要平坦。均方误差现在变为 0.24，这意味着相对于样本拟合增加了 0.14。根据上面的简单模型，这不是正确的参数，因为新 M1 中的一些成分确实需要支付利息；所以现在 $I<i$。正确的参数如图 16.4(c) 所示，我们绘制了 1982—2012 年的新 M1 和货币机会成本，以及使用截至 1981 年数据拟合的曲线。拟合明显优于图 16.4（b）。因此，均方误差现在下降到 0.20。所以，几乎三分之一的均方误差（相对于样本内拟合）的增加可以由该理论解释，甚至可以保持每个成分的固定份额。

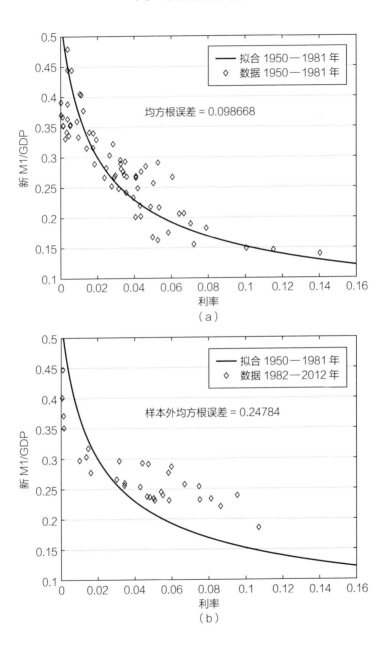

（a）

（b）

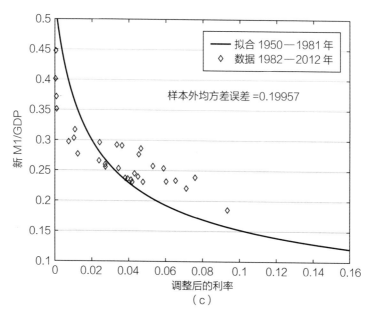

图 16.4 新 M1 实际货币需求的样本外拟合

内生份额问题

现在，我们假设总的交易性服务是三个交易性资产的一个恒定的规模收益函数 $f(C, D, A) = M$。为了简化记法，设：

$$r \equiv i, r^d = i - i^d, r^a = i - i^a$$

因此，问题是选择 n 和（θ_c，θ_d，θ_a）以最小化

$$\gamma nx + \frac{rC + r^d D + r^a A}{p}$$

受限于

$$nf(C, D, A) \geq xP$$

和

$$\theta_c + \theta_d + \theta_a = 1$$

注意，我们现在考虑到不同资产类型之间的平滑替换，因此乘数将不再是常数。然而，这一理论将无法解释 1981 年监管变化所隐含的乘数离散变化。我们将在下一小节中对此进行介绍。

这是一个凹问题，因此一阶条件对于优化是必要且充分的。这些是

$$\gamma nx = \lambda f(C_t, D_t, A_t)$$

$$\frac{r}{P} = \lambda f_C$$

$$\frac{r^d}{P} = \lambda f_D$$

$$\frac{r^a}{P} = \lambda f_A$$

使用前两个，可得

$$\gamma nx = \frac{r}{f_C P} f(C, D, A) = \frac{r}{f_C P} M$$

使用预付现金约束，可得

$$\gamma n^2 = \frac{r}{f_C} \qquad （16.1）$$

现在，混合最后三个，可得

$$\frac{r^d}{r^c} = \frac{f_D}{f_C} \qquad （16.2）$$

$$\frac{r^a}{r^c} = \frac{f_A}{f_C} \qquad （16.3）$$

这三个方程以及约束条件

$$nf(C, D, A) = xP$$

求解 n、C、D 和 A。

注意，由于产生交易的技术是恒定的规模回报，所以它可以写成

$$f_C C + f_D D + f_A A = M$$

然后

$$f_C \frac{C}{M} + f_D \frac{D}{M} + f_A \frac{A}{M} = 1$$

但使用上述条件，

$$\frac{r}{\gamma n^2} \frac{C}{M} + \frac{r^d}{\gamma n^2} \frac{D}{M} + \frac{r^a}{\gamma n^2} \frac{A}{M} = 1$$

或

$$r\theta_c + r^d \theta_d + r^d \theta_a = \gamma n_t^2$$

其中左边是货币的机会成本，而权重是内生的，如方程（16.2）和（16.3）所示。

因此，投资组合调整次数的解决方案与之前相同。当然，不同的是，现在 θ_j 的值，对于所有 j 来说，不再是恒定的，而是取决于利率。

为了获得进一步的见解，请考虑以下嵌套型不变弹性技术，方程式为

$$f\left(C, D, A\right) = \left[\varphi\left(\left[\theta C^{\rho_1} + (1-\theta) D^{\rho_1}\right]^{\frac{1}{\rho_1}}\right)^{\rho_2} + (1-\varphi) A^{\rho_2}\right]^{\frac{1}{\rho_2}}$$

条件（16.2）和（16.3）变为

$$\frac{f_D}{f_C} = \frac{(1-\theta)}{\theta}\left(\frac{D}{C}\right)^{\rho_1 - 1} = \frac{r^d}{r^c} \tag{16.4}$$

和

$$\frac{f_D}{f_A} = (1-\theta)\frac{\varphi}{1-\varphi}\left[\theta\left(\frac{C}{D}\right)^{\rho_1}\right]^{\frac{\rho_2 - \rho_1}{\rho_1}}\left(\frac{D}{A}\right)^{\rho_2 - \rho_1} = \frac{r^d}{r^a} \tag{16.5}$$

在这种情况下，货币组成部分的比率与其机会成本的相应比率成正比。还需要注意的是，在 $\rho_2 = \rho_1$ 的情况下，这些比例是恒定的。

作为示例，我们在图 16.5（a）和 16.5（b）中绘制了资产比率和机会成本比率的交叉图。数据与 $\rho_2 = \rho_1$ 的共同值一致，大致等于 1/2。

该理论以及图 16.5（a）和 16.5（b）中的验证表明，与具有恒定权重的模型相比，具有产生与不变替代弹性相对应的交易性服务技术的模型版本，在 $\rho_2 = \rho_1 = 1.5$ 情况下，将改善 1982 年以后的数据匹配。然而，鉴于数据和具有恒定权重的模型之间的显著匹配，加上这段时间内的利率变化没有那么大，我们推测，更为复杂的理论所提供的定量改进应该说是微不足道。因此，我们没有进一步推行这一战略。

统一框架

然而，我们确实使用了上面讨论过的技术变体提供了一个理论框架，而该框架可以解释美国过去整个世纪的货币供应行为。要做到这一点，我们需要假设交易性服务可以由一类流动性很强的资产（如现金和活期存款）和其他流动性较低的资产组合提供。流动性较低的资产的潜在优势是拥有更高的回报率。这一观点与巴尼特的观点一致，一方面，资产可以通过其流动性服务进行指数化，另一方面，可以通过其回报率进行指数化。

因此，我们将假设流动性资产也能够以更有效的方式发挥流动性较低的资产的作用。尤其是，我们设 D_1 为与现金结合以产生流动性交易资产的活期存款的数量，设 D_2 为用于发挥流动性较低资产作用的活期存款数量。然后，我们假设交易服务是根据

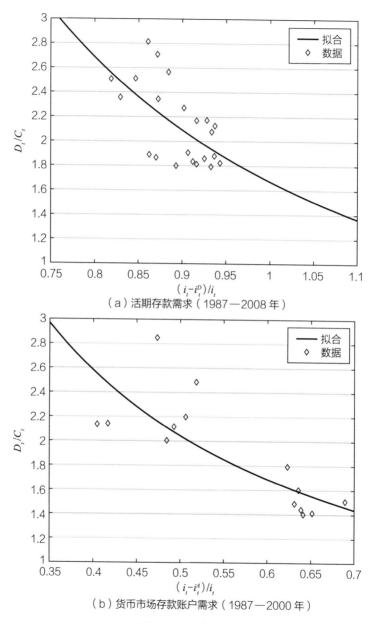

（a）活期存款需求（1987—2008年）

（b）货币市场存款账户需求（1987—2000年）

图16.5　存款需求

以下技术产生的：

$$f\left(C,D,A\right)=[\varphi\left(\left[\theta C^{\rho_1}+\left(1-\theta\right)D^{\rho_1}\right]^{\frac{1}{\rho_1}}\right)^{\rho_2}+\left(1-\varphi\right)\left(vA+D_2\right)^{\rho_2}]^{\frac{1}{\rho_2}}$$

其中，$0<v<1$ 表示使用流动性较低的资产作为货币市场存款账户的相对劣势。

最优问题与之前的问题非常相似，除了一点，即鉴于交易生产函数的最后一项上的线性结构，D_2 和 A 上的非负约束必须施加在该问题上。

一般来说，证明两个非负约束中的一个且只有一个将具有约束力并不重要，因此该平衡的特征是 $D_2=0$ 或 $A=0$。此外，假设 $v<1$，如果没有利差，则只有使用活期存款（所以 $D_2>0$ 且 $A=0$）。因此，通过不允许银行支付存款利息，Q 条例意味着，在平衡状态下，$D_2>0$ 且 $A=0$。然而，一旦限制在 1982 年解除，银行可以通过支付货币市场存款账户存款的利息来吸引代理人，随之产生的平衡意味着 $D_2=0$，$A>0$。尽管货币需求在监管变化之后依然保持稳定，但一个忽视存款 A 演变的错误衡量的总量将会导致货币需求不稳定的错误印象。

该参数与我们正在回顾的美国近百年货币史中的货币乘数行为基本上一致。在大萧条之前，因为名义利率非常低，所以 $i\simeq I$。活期存款可以支付利息，因此 A 在这段时间内没有任何优势。因为 $i\simeq I$，所以货币乘数变化很小。从大萧条到 1981 年，利率变化非常大，但原因是 Q 条例，$i=I$。因此，A 没有优势，乘数变化很小。考虑到这些证据，很难反驳货币乘数并非大致恒定的观点。从这个观点来看，布鲁纳的担忧似乎只是一种智力上的好奇。然而，一旦监管发生变化，A 相对于 D 的相对优势变得明显，在利率开始下降的那一刻，A 对 D 的替代便会迅速开始。这种替代意味着，当利率下降时 D 没有增加，表明当时货币需求关系不稳定。

同时，该参数允许货币乘数平滑变化，因为利率变化会影响替代支付方式的相对吸引力。因此，这种参数形式可以对 1982 年之后的数据提供更好的调整。

然而，必须强调一个直接的缺点。请注意，合理的预期是，随着短期利率趋近于零，货币市场存款账户支付的利率也趋近于零。因此，回报差异方面的相对优势也会归于零。因此，该理论意味着，2008 年后，一旦利率降至接近零，活期存款大幅增加，货币市场存款账户的存量也随之减少，这种情况本应出现逆转。自 2008 年以来，货币市场存款账户在新 M1 上的份额已经下降，活期存款的份额已经上升。然而，与理论所阐释的相反，货币市场存款账户的库存仍然相当可观。本小节的参数无法捕捉到这一事实。需要进行更深入的研究才能理解这种行为。

结语

家庭对出租车没有需求，但他们对交通有需求。2017 年明尼阿波利斯市出租车平均乘坐次数的减少并不反映明尼阿波利斯市民对交通的需求不稳定。正如我们所知，这只反映了技术的变化使优步和来福车等交通服务成为可能。同样，家庭和企业没有存款需求，但他们对交易性资产有需求。而技术或监管也可以改变替代资产提供交易服务的方式。

如今，世界的交易规模巨大，而这大体上意味着，资产比新

M1 中包含的三种简单资产更复杂。了解它们的行为必然意味着，模型比布鲁纳分析的第一批原型模型更复杂。在我们开始了解流动性是如何运作的，或者更重要的是，为什么它会不时停止运作之前，还需要做大量的研究工作。为了取得进展，我们当然需要超越本章中关于交易技术的假设。但是，用这些简单的模型捕捉简单货币总量行为的合理成功为取得进展提供了希望。

这些想法是布鲁纳在其应用尚不明显、其研究议程也逐渐消失之际而发起的货币供应理论探索的核心。2007 年开始的发达经济体金融市场崩溃为该应用提供了场景。令我感到遗憾的是，当时，中央银行几乎没有将布鲁纳几十年前设想的成熟且经过检验的理论用作指导。

第十七章

货币主义、新货币主义和卡尔·布鲁纳的遗产

——史蒂芬·威廉姆森

引言

布鲁纳为经济学专业做出了巨大的贡献，从某种程度上来说，其贡献又主要体现在机构的创立上。他创办了《货币经济学杂志》和《货币、信贷和银行杂志》，这两本杂志仍然是宏观经济学学术研究的顶级刊物。此外，他帮助创建了卡内基-罗切斯特（现为卡内基-罗切斯特-纽约大学）公共政策会议和康斯坦茨货币理论与政策研讨会，这两个研讨会现在依然都还在举办。这些介绍和发表宏观经济学研究成果的刊物和会议促进了学者之间富有成效的交流，是20世纪70年代和80年代宏观经济思想革命的重要力量。

虽然布鲁纳投入了大量的时间用于经济学研究，但同时也在设法让自己的理念为人所知。他自称货币主义者，通过与梅尔泽共同撰写的一系列著作，对货币主义思想进行了广泛的宣传。这些想法是如何产生影响的？特别是，布鲁纳的货币主义研究是如何影响新货币主义的，这些想法又是如何关联在一起的？

制定讨论框架将有助于对货币主义和新货币主义进行阐述。弗里德曼所信奉的纯粹货币主义包括以下关键思想：

（1）将资产分为两类——货币和非货币。货币由广泛用于交

易的资产组成；

（2）货币波动是实体经济活动波动的主要原因；

（3）通货膨胀是由货币存量增长引起的；

（4）以货币存量增长率为目标的基于规则的货币政策将既稳定总体实际经济活动，又控制通货膨胀。

那么，纯粹的货币主义是如何发展的呢？20世纪80年代初的美国沃尔克抗通货膨胀是货币主义者的一次重大成功。尽管有相当大一部分宏观经济学家（如托宾）认为，一个未耦合工资和价格控制的反通货膨胀计划不可能成功，但沃尔克的联邦公开市场委员会还是实施了一项未涉及工资和价格控制的低货币增长计划。随后，整体消费物价指数迅速下降，从1980年3月的14.6%峰值降至1983年6月的2.5%。货币主义者的另一个成功是，人们广泛接受了这样一个观点，即一个明确的系统性政策规则对货币政策绩效至关重要。

但并非所有的货币主义实验都取得了成功。虽然许多中央银行在20世纪70年代和80年代采用了各种形式的货币增长目标，但到了90年代这些目标大多都被放弃，取而代之的是明确的通货膨胀目标。此外，新凯恩斯主义目前在世界各地的许多中央银行都是一股强大的力量，已经与老派货币主义有所不同。虽然新凯恩斯主义者认为政策规则的选择非常重要，中央银行的关键作用是控制通货膨胀，但他们将货币政策视为一种强有力的逆周期工具，而不是不稳定的根源。事实上，各国中央银行的共识似乎是，有许多冲击可以导致通货膨胀和实际国内生产总值波动，货币政策的作用就是积极缓解这些冲击产生的负面影响。

新货币主义从何而来？将任何一个思想流派称为"新"都可

能存在不妥之处，因为新思想不可避免地会变老，同时变老的还有这些"新"派成员——然后这些人可能看起来又老又傻。但名字有什么含义？"新货币主义"这个名字是对一系列研究的统称，部分原因是合适的名字还没有被取出来，另一原因是新货币主义者认为他们与货币主义者有共同之处。特别是，正如货币主义者和凯恩斯主义者存在分歧一样，新货币主义者也反对新凯恩斯主义的某些观点，而其中一些反对意见也是相似的。新凯恩斯主义基本模型从分析中排除了所有资产——尤其是货币。然后在没有货币交换的情况下分析货币政策，似乎中央银行随意选择一个短期名义利率即可。对于一个新货币主义者来说，这样的做法即使不危险，也具有误导性，因为它忽略了中央银行干预的所有重要细节。

在深入研究细节之前，我们把新货币主义的主要原则概括如下：

（1）由于卢卡斯强调的原因，清晰的理论化至关重要。为了分析宏观经济环境中的政策干预，我们需要清晰地表明关于优化、动态、监管、偏好和技术的态度。

（2）区分货币资产和非货币资产是没有用的，因为资产存在于流动性连续体上，即使不用于交换（例如，安全抵押品），也可能承担流动性溢价。

（3）在希克斯之后，明确处理摩擦是很重要的。货币经济学不是将货币附加到公认的一般均衡框架中（例如，将货币置于效用函数中），而是从头开始开发具有明确摩擦的模型，从而产生资产交易。

（4）金融中介很重要。中央银行从根本上讲是资产转换，我们希望了解中央银行资产中介与私营部门中介之间的相互作用。

新货币主义与货币主义——至少与弗里德曼所信奉的纯粹货币主义的区别应该是显而易见的。虽然弗里德曼能够以非技术的方式阐明理论结构，后来理论家们又对其进行了充实，但他的货币理论最终被证明是明显的凯恩斯主义理论，而他似乎认为金融中介的细节不值得考虑。例如，弗里德曼忽略了对私人金融中介机构转换资产能力的 100% 准备金要求的潜在不利影响。此外，新货币主义者喜欢采取比货币主义者更广泛的方法来对待金融市场，新货币主义可能被认为是金融理论而不是货币理论。例如，所有金融中介机构都很重要，银行在我们对资产市场和货币政策的分析中不需要有特殊的地位，因为我们认为银行负债在某种程度上比其他金融中介机构的负债更"像货币"。

本章中我们主要关注的是布鲁纳的贡献及其与新货币主义经济学研究的关系。为了聚焦这些观点，我选择了布鲁纳和梅尔泽两篇具有代表性的文章，以便我们能够详细阐述这些观点及其与当前研究的关系。第一篇是《封闭经济的聚合理论》，其中提出了布鲁纳–梅尔泽模型的一个版本，该模型是分析货币因素和货币政策的聚合方法。第二篇文章是《货币的用途：货币在交换经济理论中的作用》，这是一篇关于货币经济学微观基础的文章。

正如我将展示的那样，实际上，相较于弗里德曼的纯粹货币主义，布鲁纳和梅尔泽 1976 年确定的模型与托宾 1969 年确定的模型有着更多的共同点。因此，与新货币主义者一样，布鲁纳对经济中的所有资产感兴趣，同时也对中央银行的另类资产互换对不同方面的影响感兴趣。但布鲁纳和梅尔泽 1976 年确定的模型缺乏明确的理论和动力学，从新货币主义者的角度来看，这是不利的。在布鲁纳和梅尔泽1971年确定的模型中，布鲁纳对货币理论的基本原理表示同情，并对使资产交换变得有用的基本摩擦表示理解。在新货币主义者看来，这是值得称赞的，但布鲁纳和梅尔泽以非技术性的方式来应对这个问题。这些想法很有趣。然而，在现代语境中，我们需要更明确的东西。为了展示布鲁纳和梅尔泽如何能够以更富有成效的方式开展工作，我构建并分析了一个模型——当然，利用了我们自1971年以来所学到的知识——该模型旨在明确捕捉布鲁纳和梅尔泽1971年确定的模型所追求的东西，至少是其中一部分东西。

布鲁纳-梅尔泽模型

布鲁纳和梅尔泽创建了一个符合理性预期革命之前典型宏观经济建模方法的模型。例如，他们的框架与希克斯、梅茨勒、帕廷金和托宾的理论传统紧密相关。这些模型源自凯恩斯，最初的目的是为凯恩斯主义思想提供某种结构。该方法在需求和供应功能层面上是静态的和简化的形式，除了对偏导数的特殊符号限制之外，几乎没有参数限制。这类模型通过附加动力学来进行扩展，并且从20世纪60年代开始，通过大规模宏观经济计量模型对其进行了评估，而其中一些模型现在仍然还在使用（例如，联邦储备委员会构建的FRB/US模型）。

尽管布鲁纳和梅尔泽对凯恩斯主义经济学的某些方面持有异议——比如，大规模宏观经济计量模型和信贷配给思想——但从现代的角度来看，他们的方法似乎与托宾等阐述的方法几乎没有什么区别。此外，众所周知，托宾并不是货币主义者。布鲁纳和梅尔泽没有将货币资产和非货币资产之间的差异视为其框架的基础，而是采用了一种多资产方法——与新货币主义思想相一致的方法。此外，布鲁纳-梅尔泽模型展示了凯恩斯主义的货币短期非中性，以及货币政策可能起作用的长期均衡。这当然与宏观经济学家所认为的"新古典综合派"一致，而这一点似乎是20世纪60年代末凯恩斯主义的专业共识。

此外，正如本章导言中所讨论的。布鲁纳和梅尔泽偏离了弗里德曼货币主义思想中的核心观点。根据布鲁纳和梅尔泽的说法，一个"理论能否被称为货币主义理论，主要看它是否符合下面三个条件"：（1）"系统走向的长期头寸是由股票——特别是货币存量决定的，而不是由流动性决定的"；（2）"货币变化的调整涉及货币、其他资产和新生产之间的替代"；（3）"经济体系稳定"。关于这三个条件，值得注意的是，布鲁纳-梅尔泽模型没有中性结果。而弗里德曼的纯粹货币主义似乎最根本的就是货币长期中性，但在布鲁纳-梅尔泽模型中，通过公开市场操作实现的货币供应水平增长，从长期来看，将影响资本存量和产出。虽然在布鲁纳和梅尔泽的框架中，"长期头寸……由股票决定"可能是有意义的，但在现代动态经济模型中，它几乎没有意义，在这些模型中，我们是从政策规则对动态结果的影响来考虑政策效用的。

布鲁纳和梅尔泽关于货币主义理论必须具备的第二个必要条件——货币政策之所以重要，是因为货币和其他资产之间的替代关系——从表面上看，是一个有用的想法。然而，货币经济学家长期以来一直认为，这种替代不应被视为我们模型的结构性特征。例如，萨金特直接批评了托宾的模型，因此，它也可以被视为对布鲁纳-梅尔泽模型的批评。萨金特的论点大致上是卢卡斯对资产在经济中作用建模批评的延伸。总的来说，货币一开始是一个定义不明确的概念，而我们衡量它的方式会随着时间的推移，随着监管环境、技术和政策制度的变化而改变。货币替代其他资产的方式也是如此。

例如，当进行公开市场操作时，其结果将取决于中央银行是否支付准备金利息，是否有隔夜未偿准备金，以及准备金利率是否保持不变。首先，考虑一下没有隔夜未偿准备金的情况。这样的话，至少在短期内，公开市场操作可能是非中性的。在这种情况下，公开市场购买——外汇储备与政府债务的互换——就很重要，因为外汇储备最终将转换为货币，而货币和政府债务并不是完美的替代品。然而，如果有未偿还的有息准备金，并且中央银行对政府债务进行公开市场购买，那么，如果政府债务短期到期，公开市场购买将大致中性，前提是准备金的名义利率保持不变。在这种情况下，有息储备和有息政府债务本质上是完美的替代品，因此用一个换另一个没有区别。

如果我们考虑私人金融中介机构的资产转换作用，资产替代性问题甚至就会变得更加复杂。通过将流动性差、期限长、风险高的资产转变为流动性高、期限短、风险低、在交易中频繁易手的资产，商业银行就可以盈利并在社会中发挥有益的作用。同样，从某种程度上来说，影子银行以收购长期资产并将其转化为短期隔夜回购协议而闻名，在某些情况下，该协议可以替代短期政府债务。当伯南克领导美国联邦储备系统的联邦公开市场委员会进入 2008—2014 年三轮大规模购买（LSAP）长期资产的时期时，他们主要依赖的是包括布鲁纳和梅尔泽模型在内的一系列模型。事实上，在 2012 年杰克逊霍尔研讨会上，伯南克对大规模购买进行了这样的阐述：

人们认为，通过这种购买影响经济的机制是所谓的投资组合平衡渠道，该渠道基于许多著名货币经济学家的观点，其中包括弗里德曼、莫迪利亚尼、布鲁纳和梅尔泽等。这一渠道的关键前提是，出于各种原因，不同类别的金融资产并不是投资者投资组合的完美替代品。

但这一基本原理忽略了一个事实，即中央银行的大规模购买计划的运作与其和私营部门金融中介机构在资产转换能力方面的优势差异有关。在美联储进行大规模购买期间，美国有大量未偿准备金余额，因此，大规模购买实际上是隔夜准备金与长期政府债务和抵押贷款支持证券的互换。所以，隔夜储备似乎与以其交换来的长期资产有很大不同。这些资产显然是不完美的替代品，因此，正如伯南克所做的那样，我们可能预计，长期债券收益率会下降，长期资产的价格会上升。但储备是安全的隔夜资产，私人金融中介机构可以将长期资产转换为安全的隔夜资产（Repo），而我们可能认为这些资产是接近完美的储备的替代品。所以，也许我们应该期望大规模购买基本上是中性的。

更糟糕的是，准备金由受监管的金融机构持有，这组金融机构只是所有金融市场参与者的子集。但政府债券的交易范围要广得多，是回购市场的主要抵押品，而回购市场准入比储备市场准入受到的限制要小很多。因此，通过将准备金换成长期资产，中央银行实际上可能会造成损害，因为这样做减少了有效抵押品的存量，加剧了安全资产的现有短缺，降低了实际利率。根据这种观点，大规模购买可能会降低实际利率，伯南克可能认为这是一件好事，但较低的实际利率可能只是安全资产严重短缺——效率低下的一个症状。

卡尔·布鲁纳与基本货币理论

弗里德曼对经济学最有影响力的贡献可能是他的实证研究。然而，弗里德曼并不反对理论研究，例如，当他在 1968 年的作品中阐述货币政策作用的观点时，就提供了菲利普斯曲线的理论。他将菲利普斯曲线视为他必须解决的一个经验规律，认为这一规律与他关于中央银行试图盯住实际数量是徒劳的观点一致。此外，在弗里德曼 1960 年的作品的货币理论部分，他还阐明了政府在提供安全支付手段方面的作用。

但很明显，弗里德曼对经济理论的细节似乎不感兴趣：当他提出一个理论时，很少涉及符号和方程式。此外，据我们所知，他认为探索货币理论的基础并不重要。资产交换克服了哪些基本摩擦，我们可以从中吸取什么？这些问题似乎不是弗里德曼开展研究的动机。在纯粹的弗里德曼货币主义中，货币的定义取决于它所发挥的作用，而困扰于这些作用的细节也无助于我们政策的制定。

布鲁纳也许是一个不同类型的货币主义者，因为他似乎发现货币理论中的问题很有趣。布鲁纳和梅尔泽 1971 年的作品就是一个很好的例子，该著作旨在为货币交换经济学做出贡献。为什么货币经济比易货经济表现得更好？从根本上来讲，布鲁纳和梅尔泽 1971 年的作品将货币的作用归因于信息摩擦。关于出售的商品和服务的质量以及资产质量的信息不完善，而交易人也没有充分了解市场价格。在不存在安全且易于识别的支付方式的经济体中，经济代理人在信息获取上花费了过多的资源，他们放弃了可能的帕累托改进交换，而这种交换可以通过健全的支付方式获得。特别是，易货经济中效率低下的一个症状是交易链过长。例如，为了用 a 交换 z，对于经济代理人来说，成本最低的方法可能是用 a 换 b，然后用 b 换 c，以此类推，直到代理人可以用 y 交换 z。

在新货币主义文献中，威廉姆森和赖特 1994 年的作品与布鲁纳和梅尔泽 1971 年的作品有一定的关系。但威廉姆森和赖特的研究并没有受到布鲁纳和梅尔泽著作的影响，因为他们在进行研究时并不知道有这篇文章（尽管威廉姆森和赖特 1994 年的作品中引用了布鲁纳和梅尔泽 1971 年的作品的内容）。威廉姆森和赖特模型的一个关键特征是对不确定性进行了定性，并确定了它在支持使用法定货币交换方面所起的作用。在他们的模型中，不存在双重巧合摩擦来突出信息摩擦在货币交换中的作用。但与布鲁纳和梅尔泽 1971 年的作品的观点相反，他们认为易货交易情况下没有交易链。相反，由于战略互补性，易货交易呈现出多重均衡。也就是说，如果生产出高质量的商品，则商品在交换中就会被广泛接受，而如果商品在交换时被广泛接受则高质量的产品也会被生产出来。还有其他一些研究成果建立在威廉姆森和赖特 1994 年的作品的基础之上，特别是基姆 1996 年的作品以及贝伦森和罗彻托 2004 年的作品。

布鲁纳和梅尔泽 1971 年的作品有点过于雄心勃勃，因为，对于这位有技术头脑的经济学家来说，他们的模型太过复杂。处理一个信息摩擦就已经足够困难，更不用说在具有异质代理和多个商品的模型中处理多个信息摩擦了。也就是说，自 1971 年以来，经济学家们一直在开发富有成效的方法来处理布鲁纳–梅尔泽问题的要素。20世纪70年代，信息经济学和机制设计取得了重要进展。此外，还有大量关于搜索和价格分散的文献，比如伯德特和贾德1983年的作品。另外，所有这些关于信息、机制设计和搜索的文献都已经在新货币主义文献中得到应用，从而促进我们对货币和其他资产在经济中的作用的理解。

在下一节中，我提供了一个例子，用以说明一个现代货币经济学方法是如何有效解决布鲁纳和梅尔泽1971年的作品中感兴趣的问题的。我们将通过一个模型来明确布鲁纳和梅尔泽1971年的作品中讨论的一些现象。

尝试为布鲁纳和梅尔泽1971年作品中的一些观点建模

为了说明用以分析布鲁纳货币思想的新货币主义方法，我们将设计一个新模型，其中包含几个阶段的货币理论研究的模型，比如重叠生成模型和具有随机匹配和资产不可分割性的模型。鉴于目前货币经济学中已知的情况，我们当然可以采取一种更普遍，也可能更有效的方法来解决这个问题，这个例子具有简单明了的优点。考虑到空间限制，我们可以很快完成这项工作，而且不会有太多的麻烦。

我们将使用重叠世代结构来捕捉需求的双重耦合摩擦，为了简单起见，我们将假设商品和资产是不可分割的。然而，交换并不总是一个不可分割的物品交换另一个不可分割的物品，因为我们将允许交换彩票，这是一种非凸性情况下常见的方法。概率将起到与价格相同的作用。尽管在现实世界中彩票并不经常用于分配，但在本文中这是一个有用的抽象概念。此外，还有随机匹配，它在这里是一个方便的建模特征。

该模型说明了信息在货币交换中的作用。也就是说，根据过去30年或更长时间的货币经济学领域的重要成果，我们认为有限的记录（本质上是不完美的记忆）和有限的承诺是导致货币交换的关键摩擦。在缺乏有价值的法定货币的情况下，易货交易会出现，但效率很低。正如布鲁纳和梅尔泽所设想的那样，潜在的长交易链是导致这种低效的主要原因。

在该模型中，时间被设定为$t=0$，1，2，3…在每一个周期t中，都会出现一个具有单位质量的双周期代理人的连续体。在$t=0$时，还会有一个具有单位质量的单周期代理人的连续体（初始的）。设t世代为在周期t内出生的代理人，在$t=0$，1，2，3…周期，-1世代被定义为初始代理人。那么，在每一个周期里，都会存在着两种类型的代理人：t世代的年轻代理人和$t-1$世代的老年代理人。

所有商品都是不可分割的，而且以一个单位的数量来生产。当年轻时，一个t世代的代理人能够以成本c_d生产一个单位的非耐用商品，该商品只有$t-1$世代的老年代理人才能消费，从而产生效用u。当年老时，t世代中的一个代理人，在$t=0$，n，$2n$，$3n$…周期，就能够以c_d成本生产一个单位的耐用商品，该商品只能由身为$t+n-1$世代成员的老年代理人消费，产生效用u_d。我们将假设$c_d > u_d > u > c > 0$，$u^2 - cc_d > 0$，以及$c_d + c > u + u_d$。假设代理商不打折。每一个周期里，每个老年代理人都会随机匹配一个年轻代理人。

为了方便，我们将具有$t \in \{0, n, 2n, 3n \cdots\}$的$t$世代代理人称为耐用商品生产商，将具有$t \in \{n-1, 2n-1,$

$3n-1\cdots\}$ 的 t 世代代理人称是耐用商品消费者，而将 t 周期年轻代理人生产的非耐用商品称为 $t-1$ 世代的消费商品。每一代人的每一个成员都从下一代人年轻时可以生产的非耐用消费品中获得效用，但只有某些周期的经济主体才能生产或消费耐用商品。

一个关键假设将会成为有限的承诺。也就是说，不能强迫任何人进行生产。

信用均衡：完美记忆

首先，根据柯薛拉柯塔 1998 年作品的内容，我们将假设存在完美的记忆。也就是说，当年轻代理人和老年代理人相遇时，后者了解前者在前一周期里的行动。那么，这里就会存在一个均衡，即在每个周期的每次相遇中，每个年轻代理人都会为老年代理人生产一个单位的消费商品，并将其转交给老年代理人。初始代理人然后就会获得效用 u，而每一个 t 世代代理人，因为 $t=0$，1，$2\cdots$都会获得效用 $u-c$。这种平衡得到了非均衡触发策略的支撑，即年轻时不为老年代理人生产消费商品的年轻代理人在年老时什么也得不到。也就是说 $-u-c>0$，考虑到有限的承诺，很容易证明这种均衡属于帕累托最优。此外，在这种均衡中，每个人都缺乏生产耐用商品的动力。

这是一种由非均衡隐性威胁支撑的礼物般的均衡，但我们可以将其解释为信用均衡。从本质上讲，每个代理人在年轻时都可以通过生产换得一笔信用余额，而在年老时再将这笔信用余额兑换成消费。

易货均衡：无记忆

接下来，我们将假设记忆是不完美的。特别是，当年轻代理人和老年代理人相遇时，前者对后者以前的行动一无所知。在这种情况下，资产交换将成为支撑贸易的必要条件，唯一可用的资产就是由 0 代、n 代、$2n$ 代……生产的耐用商品。唯一的均衡将是：这些耐用商品生产商提供耐用商品，然后这些耐用商品将用作商品货币，直到在未来 $n-1$ 个周期里被耐用消费品消费者消费掉，之后又会生产出新的耐用商品，以此类推。

为了证明这是一个均衡，我们将通过从消费耐用商品的周期开始逆向努力来构建它。假设任何交易中的老年代理人都向年轻代理人提出"要么接受，要么放弃"的邀约，而该邀约还是以彩票形式呈现的。也就是说，t 周期的老年代理人（$t-1$ 代的成员）提出以概率 $q(t)$ 交换他或她所拥有的一个单位的物品，用以交换年轻代理人（t 代成员）可以以概率 $p(t)$ 生产的一个单位的商品。假如在周期 $t=n-1$，$2n-1$，$3n-1$…一个老年代理人和一个年轻代理人相遇，而老年代理人拥有一个单位的耐用商品。也就是说，拥有耐用商品的老年代理人在与耐用商品消费者进行交易。如果扣留货物，老年代理人就无法获益，因此 $q(t)=1$，所以老年代理人解决了

$$\max_{p(t)}\left[p(t)u\right] \tag{17.1}$$

受限于

$$-p(t)c+u_d \geq 0 \tag{17.2}$$

也就是说，老年代理人选择年轻代理人生产一个单位的老年代理人消费品的概率，但受到年轻经纪人是否接受交易的限制。约束条件（17.2）隐含的是，年轻代理人收到耐用消费品时会把它消费掉。这应该是最好的，因为这位年轻代理人可能会在下一个周期与另一位年轻代理人交换该耐用商品，并获得他们具有

回报 $u < u_d$ 的消费商品。因为 $u_d > c$，老年代理人的最佳选择是 $p(t) = 1$，因此，最佳的交换将是一个单位的耐用商品换取一个单位老年代理人的消费商品。注意，与任何彩票模型一样，一个隐含的假设是，有一种随机化装置，能够通过编程以预先指定的概率将一个物品从一个代理人手里转移到另一个代理人手里。

接下来，回到前一个周期 $t \in \{n-2, 2n-2, 3n-2 \cdots\}$，在这个周期中，假设一个拥有耐用商品的老年代理人遇到了一个年轻代理人，而这位年轻代理人既不是耐用商品生产者，也不是耐用商品消费者。如上所述，老年代理人将放弃概率为1的耐用商品并解决

$$\max_{p(t)}\left[p(t)u \right] \qquad (17.3)$$

受限于

$$-p(t)c + p(t+1)u \geqslant 0 \qquad (17.4)$$

但我们已经确定，当年老时，年轻代理人将设置 $p(t+1) = 1$。所以，上述问题的解决方案是 $p(t) = 1$。因此，通过归纳可知，当一个老年代理人拥有耐用商品并与一个不消费耐用商品的年轻代理人交易时，该耐用商品只需一件换一件，换成老年代理人的消费品。

然而，对于生产耐用商品的代理人——$t \in \{0, n, 2n \cdots\}$ 世代的成员来说，问题会有所不同。在 $t \in \{1, n+1, 2n+1 \cdots\}$ 周期里，老年代理人解决

$$\max_{p(t),q(t)}\left[p(t)u - q(t)c_d \right] \qquad (17.5)$$

受限于

$$-p(t)c + q(t)p(t+1)u \geqslant 0 \qquad (17.6)$$

根据以上分析，我们确定 $p(t+1)=1$，因此，鉴于参数限制，该问题的解决方案是 $p(t)=1$ 和 $q(t)=\dfrac{c}{u}$。也就是说，对耐用商品生产者来说，最有利的交易是让年轻代理人交出概率为 1 的老年代理人的消费品，以换取概率小于 1 的耐用商品。

这种均衡在结构上是独特的。设 U_t 表示处于均衡状态的 t 世代成员的预期效用。然后，$U_{-1}=0$——也就是说，初始代理人不消费，而且

$$U_t = u - \frac{C^d C}{u} > 0 \qquad （17.7）$$

因为 $t \in \{0,\ n,\ 2n,\ 3n\cdots\}$。耐用商品生产者消费和生产的概率为 $\dfrac{c}{u}$。注意

$$u - \frac{C^d C}{u} < u - c \qquad （17.8）$$

意味着，耐用商品生产者获得的预期效用低于从帕累托最优信用均衡中获得的效用。此外，$t>0$ 代中既不是耐用商品消费者也不是耐用商品生产者的成员——$t \notin \{0,\ n-1,\ n,\ 2n-1,\ 2n\cdots\}$ ——获得预期效用

$$U_t = \frac{c}{u}(u-c) \qquad （17.9）$$

均衡交易的代理人获得效用 $u-c$，但其中 $1-\dfrac{c}{u}$ 的代理人没有获得任何效用，因为耐用商品的原始生产者为了从其贸易伙伴那里赚取盈余而对供应进行了限制。在均衡状态下，在周期 $t \notin \{0,\ n,\ n+1,\ 2n,\ 2n+1\cdots\}$ 中，$\dfrac{c}{u}$ 的代理人拥有耐用商品并可

以进行交易，而 $1-\dfrac{c}{u}$ 的代理人没有耐用商品，因此就无法交易。所以，既不是耐用商品消费者，也不是耐用商品生产者的代理人所获得的预期效用低于从信用均衡中获得的预期效用，因为 $c<u$。最后，耐用商品消费者——$t \in \{n-1，2n-1，3n-1\cdots\}$ 世代的成员——获得预期效用

$$\frac{c}{u}(u_d-c) \tag{17.10}$$

这意味着，$\dfrac{c}{u}$ 的耐用商品消费者交易并获得了效用 u_d-c；其余的没有进行交易没有获得任何效用。在我们的参数限制下，这些耐用商品消费者获得的预期效用低于 $u-c$——他们在信用均衡中获得的效用。

无记忆：货币均衡

接下来，假设与上一小节中的环境完全相同，可以使用同样的技术生产非耐用商品和耐用商品，而且没有记忆。那么，在这种情况下，与上一小节的差异将会是存在不可分割的法定货币，而初始代理人将其视为馈赠。特别是，–1 世代的每个成员都被赋予一个不可分割的法定货币单位。这种货币被认为是完美的耐用商品，任何私人经济代理人都无法生产。

当老年代理人和年轻代理人在任何 $t \notin \{0，n，2n\cdots\}$ 周期相遇——也就是说，当年轻代理人不是耐用商品生产商，而老年代理人拥有一个单位的货币时——如果老年代理人不与拥有概率为 1 的年轻代理人以货币换商品的话，那他们将一无所获。一个 t 周期拥有货币的老年代理人解决了

$$\max_{p(t)}\left[p(t)u\right] \tag{17.11}$$

受限于

$$-p(t)c + p(t+1)u \geq 0 \qquad (17.12)$$

所以，解决方案是

$$p(t) = 1 \qquad (17.13)$$

如果

$$p(t+1) > \frac{c}{u}$$

而

$$p(t) = \frac{p(t+1)u}{c} \qquad (17.14)$$

如果 $p(t+1) < \dfrac{c}{u}$。

在周期 $t \in \{0,\ n,\ 2n\cdots\}$ 中，如果一个老年代理人遇到一个年轻代理人，年轻代理人可以选择拒绝交易并在 $t+1$ 周期生产耐用商品。如果年轻代理人做了这样的选择，那么，他们知道耐用商品将在随后的周期里进行交易，直到在 $t+n$ 周期被耐用商品消费者消费。在交易过程中，交易条件将与我们在易货均衡中确定的条件相同。也就是说，在耐用商品交易的每一个周期，交易中的年轻代理人肯定都会为耐用商品而放弃一个单位的老年代理人的消费品。因此，t 期的老年代理人解决了

$$\max_{p(t)} \left[p(t)u \right] \qquad (17.15)$$

受限于

$$-p(t)c + p(t+1)u \geq u - \frac{cc_d}{u} \qquad (17.16)$$

所以，在这些周期里

$$p(t) = 1 \qquad (17.17)$$

如果

$$p(t+1) \geq 1 - \frac{c}{u}(c_d - u) \qquad （17.18）$$

而

$$p(t) = \frac{u}{c}p(t+1) - \frac{u}{c}\left(1 - \frac{cc_d}{u^2}\right) \qquad （17.19）$$

如果

$$p(t+1) < 1 - \frac{c}{u}(c_d - u) \qquad （17.20）$$

在这里，我们假设，如果耐用商品生产者对于生产耐用商品和接受货币没有特别的偏好，那么他们接受了货币。

货币均衡则是一个序列 $\left\{p(t)\right\}_{t=0}^{\infty}$，其性质是 $p(t)$ 在每个周期中被首选为对 $p(t+1)$ 的最佳响应。该均衡如下：

（1）稳定货币均衡（SME），其中 $p(t)=1$，在 t=0，1，2⋯周期。

（2）稳定非货币均衡（SNE），其中 $p(t)=1$，在 t=0，1，2⋯周期。

（3）非稳定货币均衡（NME），其中 $p(t)=1$，在 t=0，1，2⋯s 周期，而 $p(t+s)<1$，在 t=1，2，3并且 s=0，1，2。

首先，在稳定货币均衡中，$p(t)=1$ 是对所有 t=0，1，2⋯周期的 $p(t+1)=1$ 的最佳响应，不论 t 周期的年轻代理人是否为耐用商品生产者。也就是说，如果一个老年代理人在未来每个周期中一定会用货币交换老年代理人的消费商品的话，那么，对于每个年轻代理人来说，用老年代理人的消费品换取概率为1的货币是最优选择。对于耐用商品生产者来说，尽管这个经纪人可以从他年老时遇到的那个年轻代理人那里提取盈余，但最优的做法是接受货币，而不是拒绝货币并生产耐用商品。

接下来，在稳定非货币均衡中，一个年轻的代理人期望在下一个周期没有任何东西可以换取货币——也就是说，$p(t+1)=0$——老年代理人不能诱使年轻代理人为了货币而放弃商品，因此，对所有 t 周期的 $p(t+1)=0$ 的最佳响应是 $p(t)=0$。在这种均衡中，耐用商品生产者只要有机会就会进行生产，而我们获得了与上一节中纯易货相同的均衡。

非稳定货币均衡更为复杂。在这样的平衡中，我们可以让 $p(t)=1$ 持续若干个周期，但随后 $p(t)$ 可能会以自我实现的方式降到1以下。一旦走上 $p(t)<1$ 的道路，这种状况将永远不会改变，而该均衡路径将由两个差分方程确定。换句话说，如果 $t \notin \{0, n, 2n\cdots\}$——那位年轻代理人不能生产出耐用商品——那么，

$$p(t+1) = \frac{c}{u} p(t) \qquad (17.21)$$

而如果 $t \in \{0, n, 2n\cdots\}$，年轻的代理人就具有生产耐用商品的选择权，则

$$p(t+1) = 1 - \frac{cc_d}{u^2} + \frac{c}{u} p(t) \qquad (17.22)$$

所有这样的平衡点都汇集于一个 n-循环，其中，在 $t=i$, $n+i$, $2n+i\cdots$ 和 $i = 0, 1, 2, \cdots, n-1$ 周期里 $p(t)=p_i$。因此，可得

$$p_i = \left[\frac{\dfrac{cc_d}{u^2}}{1-\left(\dfrac{c}{u}\right)^n} \right] \left(\frac{c}{u}\right)^i \qquad (17.23)$$

因此，在非稳定货币均衡中，货币兑换商品的概率限定在零以上。也就是说，在这些平衡中货币极限值不可能为零，但这种情况在许多货币模型的非稳定均衡中很常见。虽然耐用商品从来都不是在均衡状态下生产的，但生产该商品的威胁阻止了货币在非稳定货币均衡中的价值。在图 17.1 中，我们描绘了非稳定货币均衡中 $p(t)$ 的路径，其中，根据方程（17.23），从第一天起，经济就处于 n-周期。

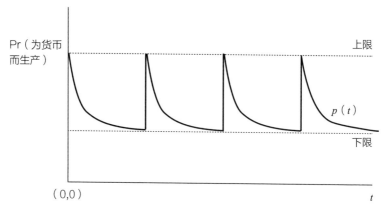

图 17.1 非稳定货币均衡

因此，一旦我们引入货币，就会出现很多均衡，但只有一个均衡提供了对易货经济的帕累托改进。在 $p(t)$ 永远等于 1 且货币被估值的固定货币均衡中，存在资源的帕累托最优分配。事实上，在这种平衡中，每一个经济代理人都得到了与在拥有信用和完美记忆的经济中同样的效用。特别是，初始代理人获得了效用 u，而后代的每个成员都获得了 $u-c$。这是"货币就是记忆"原则的一个例子。在货币发挥促进交换作用的模型环境中，这种作用的产生是因为缺乏记忆或记录。通常，货币可以减轻记忆的缺失，但这可能无法完全替代记忆。我们所举的例子是一个极端案例，其中，货币实际上就是记忆。也就是说，没有记忆的货币经济能够和拥有完美记忆的非货币经济体一样实现相同的资源分配。

$p(t)$ 永远等于 1 的稳定货币均衡也是对易货均衡的帕累托改进。稳定货币均衡中的每个人都做得更好，包括初始代理人、潜在的耐用商品生产者和潜在的耐用商品消费者。注意，在易货经济中，耐用商品生产是效率低下的表现。在高效率的固定货币均衡中，不生产耐用商品。

尽管稳定货币均衡可能效率较高，但其他均衡的效率却都很低。首先，如图 17.1 所示，因为 $p(t)=0$ 的非稳定货币均衡与易货均衡相同，所以均衡分配是帕累托低效的。其次，非稳定货币均衡是由稳定货币均衡主导的帕累托，但不是可与易货均衡相比的帕累托。要看到这一点，请注意，对于非稳定货币均衡中的某些代理人来说，在 $p(t)=0$ 的均衡中，效用对于每一个代理人都至少一样高。也就是说，耐用商品生产者在非稳定货币均衡和易货均衡之间并不重要，但当 $p(t)$ 下降时，他们的境况比在稳定货币均衡中更差。但对某些代理人来说，效用必然会更低。尤其是，在 $p(t)<1$ 的周期里，t 世代的成员如果不是耐用商品生产者，那么他们在非稳定货币均衡中获得的效用一定比在稳定货币均衡中获得的效用更低。例如，假设我们考虑方程（17.23）中规定的 n-循环均衡，其中 $p(t)$ 在 $t=0$，1，2…周期里遵循了此路径。相对于易货平衡，初始代理人逐渐开始消费，因此状况会越来越好。此外，任何耐用商品生产者在易货均衡和非稳定货币均衡之间都是无关紧要的。然而，$t\notin\{0,n,2n\cdots\}$ 中的

代理人在非稳定货币均衡获得的效用均为零，而其中一些在易货均衡中获得了严格的正效用。

底线是，法定货币有消除信息不完善和易货型经济体效率低下问题的潜在能力。然而，法定货币经济本身可能就无法有效运作。中央银行可能会解决一些不确定性问题。例如，泰勒规则经常被认为可以解决新凯恩斯主义模型中的不确定性问题。

讨论

那么，我们用这个模型做了什么？原则上，它充实了布鲁纳和梅尔泽关于货币交换作用的部分推理。特别是，他们认为，在缺乏货币的情况下，经济代理人会"使用间接或迂回的交换方法"，而这些方法需要资源成本。事实上，在没有记忆而又缺乏货币的情况下，模型中的经济代理人就会进入耐用商品的交易链。此外，就效用而言，这些耐用商品的生产成本超过了消费这些商品所产生的效益（即效用）。生产这些耐用商品之所以有利可图，是因为它们在一个渴望交换媒介的经济中有效地充当了商品货币。因此，经济代理人愿意花费资源来创造这样的交换媒介。

布鲁纳和梅尔泽认为，与迂回交易相关的资源成本是由信息摩擦造成的，而且在我们的模型中也是如此，不过这些信息成本似乎与布鲁纳和梅尔泽之前考虑的不一样。这说明，自1971年以来我们对货币经济学有一定程度的了解：尽管易货交换是存在信用摩擦和缺乏有效交换媒介的经济体的关键特征，但导致货币交换的关键摩擦更多地与抑制信用市场的摩擦有关，而不是与易货交换相关的摩擦有关。我们的模型可以在完美的记忆下高效运行。也就是说，信用支撑帕累托最优分配，不需要进行资产交换。但在缺乏记忆的情况下（一场严重的信用摩擦导致信用市场瘫痪），货币就会发挥作用。一旦我们引入一个法定物品，就会出现一个有价值货币的均衡，在这种情况下，经济代理人就会放弃使用耐用商品的迂回交换方法。

这个例子还表明，清晰明确会带来益处。在正式经济模型中写下我们的想法时，其中的基础是偏好、禀赋、技术和信息结构，我们能够根据清晰明确的福利标准来评估均衡结果。此外，意外结果也会出现。我们不是试图（或者不应该试图）对我们所有的先验思想进行逆向工程，而是试图从中学习一些东西。

结语

布鲁纳于 1989 年去世，但他的影响力依然十分强大。他所创建的经济学研究机构（期刊和会议）都非常成功，并且继续在促进有价值经济思想的传播方面发挥着作用。此外，他创造的观点已经被纳入当前的研究和经济政策中。

也就是说，他信奉货币主义的思想学派——货币主义——取得了不同程度的成功。货币主义观点有助于抑制通货膨胀，并让人们认识到控制通货膨胀是中央银行的一项任务。但事实证明，货币主义者的政策处方对持续的通货膨胀目标没有帮助。此外，自称为新货币主义者的经济学家，比如说，不会考虑使用布鲁纳-梅尔泽模型来解决宏观经济学中的问题。但新货币主义者一直对货币的基本作用感兴趣，布鲁纳和梅尔泽也是如此。

考虑到 20 世纪 70 年代和 80 年代布鲁纳似乎非常喜欢鼓励新的研究，所以我不敢肯定对于该领域超越其成就的方式他是否会持反对态度。了解我们的观点来自何处非常重要，而且我们当然可以将许多好的想法追溯到布鲁纳身上。但我想，如果三十年之后，该领域还和今天一模一样，没有任何发展，那么我们绝大多数人都将会感到失望。